Manual de História do Direito

Grupo Editorial Nacional

O GEN | Grupo Editorial Nacional – maior plataforma editorial brasileira no segmento científico, técnico e profissional – publica conteúdos nas áreas de concursos, ciências jurídicas, humanas, exatas, da saúde e sociais aplicadas, além de prover serviços direcionados à educação continuada.

As editoras que integram o GEN, das mais respeitadas no mercado editorial, construíram catálogos inigualáveis, com obras decisivas para a formação acadêmica e o aperfeiçoamento de várias gerações de profissionais e estudantes, tendo se tornado sinônimo de qualidade e seriedade.

A missão do GEN e dos núcleos de conteúdo que o compõem é prover a melhor informação científica e distribuí-la de maneira flexível e conveniente, a preços justos, gerando benefícios e servindo a autores, docentes, livreiros, funcionários, colaboradores e acionistas.

Nosso comportamento ético incondicional e nossa responsabilidade social e ambiental são reforçados pela natureza educacional de nossa atividade e dão sustentabilidade ao crescimento contínuo e à rentabilidade do grupo.

José Fabio Rodrigues Maciel
Renan Aguiar

Manual de História do Direito

11ª edição

revista, atualizada, ampliada e reformulada

gen | saraiva jur

■ Fechamento desta edição: *24.10.2025*

Publicada pelo selo **Saraiva JUR**
Uma editora integrante do GEN | Grupo Editorial Nacional
Travessa do Ouvidor, 11
Rio de Janeiro – RJ – 20040-040
www.grupogen.com.br

■ **Atendimento ao cliente: (11) 5080-0751 | faleconosco@grupogen.com.br**

■ Capa: Tiago Dela Rosa

■ **CIP – BRASIL. CATALOGAÇÃO NA FONTE.**
SINDICATO NACIONAL DOS EDITORES DE LIVROS, RJ.

M138m
11. ed.

Maciel, José Fabio Rodrigues, 1970-
Manual de história do direito / José Fabio Rodrigues Maciel, Renan Aguiar. - 11. ed. - Rio de Janeiro : Saraiva Jur, 2026.
23 cm.

ISBN 9786584004443

1. Direito - História. I. Aguiar, Renan. II. Título.

25-101172.0 CDU: 34(09)

Carla Rosa Martins Gonçalves - Bibliotecária - CRB-7/4782

A Isadora, Gustavo, Sofia e Eloá, alegrias maiores da minha vida.
Aos tios Beatriz e Nicanor, que, na estrada da vida, guardaram a minha bicicleta
para que eu tomasse outro veículo, o do conhecimento.
Minha eterna gratidão.
José Fabio Rodrigues Maciel

A Dulce e Tomás, pelo futuro.
Renan Aguiar

SOBRE OS AUTORES

José Fabio Rodrigues Maciel

Mestre pela Pontifícia Universidade Católica de São Paulo (PUC-SP). Graduado em Direito pela Universidade de São Paulo (USP). Advogado. Professor de História do Direito e de Direito Constitucional, com diversas publicações na área.

Renan Aguiar

Professor adjunto da Universidade Federal Fluminense (UFF). Vice-presidente da Comissão de História do Direito do Instituto dos Advogados Brasileiros. Doutor pela Universidade Federal Fluminense (UFF). Mestre pela Pontifícia Universidade Católica do Rio de Janeiro (PUC-Rio). Bacharel em Direito pela Universidade Federal do Estado do Rio de Janeiro (UNIRIO). Foi diretor geral da Escola Superior de Advocacia do Rio de Janeiro (OAB/RJ), coordenador do Centro de Assessoria Jurídica da UFF e professor da PUC-Rio.

NOTA AO LEITOR

A 10ª edição do *Manual de História do Direito* foi amplamente acolhida no meio acadêmico, tornando-se referência nas faculdades de Direito. Professores e estudantes têm reconhecido a obra como uma das mais completas e didáticas sobre o tema.

Esse reconhecimento, no entanto, não levou os autores à acomodação. Ao contrário, eles renovaram o compromisso com a qualidade do conteúdo, revendo e aperfeiçoando o texto para torná-lo ainda mais acessível ao estudante que tem seu primeiro contato com a disciplina.

O resultado é esta 11ª edição, revista, atualizada, ampliada e reformulada. Destacam-se as modificações no Capítulo 15, bem como o aprimoramento de conceitos e institutos distribuídos ao longo de toda a obra.

Este *Manual* tem origem no volume *História do Direito* (publicado até a 8ª edição), da antiga Coleção Direito Vivo. A partir da 9ª edição, ganhou autonomia e consolidou-se como obra independente, com novo projeto gráfico e conteúdo significativamente ampliado.

A revisão da obra incluiu a reestruturação de temas já presentes e a incorporação de novos enfoques, o que a tornou mais completa e alinhada ao programa de História do Direito, ministrado nas faculdades de Direito no Brasil.

Mantiveram-se dois recursos pedagógicos valorizados por docentes e alunos: as indicações de filmes e os blocos de questões ao final dos capítulos, que auxiliam na fixação do conteúdo e no aprofundamento dos temas abordados.

No Capítulo 15, que aborda o período republicano brasileiro, optou-se por encerrar a análise no item "O Supremo Tribunal Federal nos Governos Collor e Itamar". A decisão segue um recorte metodológico que delimita o estudo ao período de 1985 a 1994, com o objetivo de preservar o distanciamento crítico em relação a eventos ainda em fase de consolidação interpretativa. Nesse arco, a Nova República é tratada como ciclo de transição e reorganização institucional, não como objeto de avaliação exaustiva de seus desdobramentos posteriores.

O subitem 15.7.6.1, dedicado ao Plano Real, marca o início de um novo ciclo histórico, caracterizado por uma inflexão jurídico-econômica que redefine o papel do Estado e a aplicação da Constituição de 1988. Por essa razão, optou-se por não avançar, nesta edição, na análise de períodos posteriores. O encerramento no item 15.7.7 constitui o fecho lógico do percurso analítico da transição Sarney-Itamar, evidenciando um STF ainda relativamente periférico na arena política, mesmo após os novos mecanismos institucionais trazidos pela Constituição.

Conclui-se, assim, a narrativa do período formativo da Nova República, sinalizando o início de um novo ciclo interpretativo. Atualizações futuras, especialmente sobre os eventos pós-1994, serão incorporadas em edições subsequentes, com o devido rigor historiográfico e à luz do amadurecimento da bibliografia e das fontes disponíveis.

SUMÁRIO

INTRODUÇÃO

O *Manual de História do Direito* parte de uma convicção fundamental: não há sólida formação jurídica sem o estudo da História do Direito. A disciplina não deve ser entendida como apêndice cronológico ou mero relato de eventos passados, mas como um instrumento metodológico de leitura crítica do fenômeno jurídico em suas origens, permanências, rupturas e reinterpretações políticas. O olhar histórico não apenas amplia a compreensão do Direito, como também permite reconhecer suas múltiplas camadas de construção social, institucional e simbólica.

Desde as primeiras páginas, a obra enfrenta dois vícios recorrentes no ensino jurídico: o evolucionismo linear, que presume um progresso necessário rumo a formas jurídicas supostamente superiores, e o continuísmo acrítico, que ignora descontinuidades, disputas e apropriações seletivas do passado. Em oposição a essas distorções, este manual oferece ao estudante ferramentas analíticas que incluem crítica de fontes, comparação entre contextos e distinção entre texto normativo e prática social.

A periodização adotada não visa à reprodução linear do processo histórico, tampouco endossa narrativas de continuidade automática. Ela cumpre uma função essencialmente didática: organizar os conteúdos de modo progressivo e articulado, oferecendo ao estudante condições para, em etapas posteriores, aprofundar questões metodológicas e problemáticas historiográficas que o próprio texto introduz.

Os Capítulos 1 e 2 posicionam o Direito como objeto de conhecimento e apresentam o campo da historiografia jurídica, destacando os principais referenciais teóricos e metodológicos. São explicadas as distinções entre crítica interna e crítica externa de fontes, o uso criterioso de conceitos jurídicos e categorias analíticas, bem como as abordagens comparativas entre doutrinas, instituições e práticas. De modo central, introduz-se a diferença entre norma estatal e prática sociojurídica, um dos pilares metodológicos da obra, que previne leituras anacrônicas e orienta a leitura crítica de documentos e sistemas normativos. Também se oferece ao estudante um conjunto de orientações sobre como interrogar fontes históricas, organizar fichamentos e construir sínteses interpretativas com rigor acadêmico.

Nos Capítulos 3 a 8, o leitor é conduzido por um amplo panorama das formações jurídicas antigas e medievais. O percurso inicia-se com as experiências normativas de sociedades ágrafas, destacando que o Direito não se limita à escrita, mas está profundamente enraizado nas práticas sociais, rituais e estruturas de poder que o produzem e interpretam. A seguir, exploram-se os modelos do Oriente Próximo: egípcios, hebreus e povos mesopotâmicos, evidenciando o papel das cidades, da escrita, do comércio e da religião na construção das normas e instituições jurídicas.

O Capítulo 5 volta-se ao Extremo Oriente, com foco na Índia e na China. Ali se analisam as matrizes religiosas e filosóficas na organização normativa e a relação entre burocracia, tradição letrada e organização política. O leitor percebe como diferentes civilizações construíram sistemas jurídicos complexos em diálogo com suas respectivas culturas, valores e formas de governo.

O manual então se debruça sobre as experiências clássicas de Atenas e Roma. Sobre Atenas, discute-se o processo de laicização do nomos e a relação entre democracia, retórica e institucionalidade. Sobre Roma, examina-se o surgimento de um engenhoso sistema jurídico, marcado por técnicas argumentativas refinadas, categorias jurídicas sofisticadas e uma administração normativa que deixaria marcas profundas no Ocidente. A queda do Império Romano do Ocidente e a transição para a Alta Idade Média introduzem o universo do pluralismo jurídico e da personalização do direito, cenários nos quais múltiplas ordens normativas coexistem e se sobrepõem.

Esse trajeto culmina na formação do *ius commune*, uma combinação de fontes, métodos e tradições que moldaria tanto o ensino jurídico universitário quanto a prática forense na Europa medieval e moderna. O *ius commune* constitui o pano de fundo da cultura jurídica ocidental e fornece parte substancial da linguagem jurídica ainda utilizada.

O Capítulo 9 aprofunda a recepção universitária do direito romano a partir do século XII, destacando o papel das universidades, das glosas, dos comentários e da sedimentação doutrinária na conformação de categorias e institutos duradouros. Mostra-se como esse saber jurídico, ainda hoje relevante, resulta de complexo diálogo entre teoria, prática e ensino.

A parte central do Manual promove o contraste entre tradições jurídicas. O Capítulo 10 analisa o *common law*, enfatizando sua base jurisprudencial (*judge-made law*), a autoridade do precedente e a trajetória institucional própria, comparando-o criticamente com a tradição romano-germânica. Já o Capítulo 11 apresenta uma introdução ao direito islâmico, explorando seus fundamentos teológicos e jurídicos (charia), suas fontes e suas escolas interpretativas. Esses capítulos funcionam como passarelas conceituais, permitindo ao estudante identificar semelhanças, diferenças e cruzamentos entre modelos normativos distintos.

O foco se volta, em seguida, para a história jurídica luso-brasileira no Capítulo 12. São analisadas as matrizes visigóticas, romanas e canônicas que fundamentaram o ordenamento jurídico português, bem como o papel das Ordenações Afonsinas, Manuelinas e Filipinas na estruturação institucional e na experiência colonial brasileira. Observam-se a circulação de modelos jurídicos, suas adaptações às realidades locais e os conflitos entre norma escrita e práticas sociais, revelando uma experiência jurídica marcada por tensões constantes entre herança normativa e exigências do cotidiano.

O Capítulo 13 trata da construção do Estado Moderno, entendido como um campo de tensão entre unicidade normativa (via codificação e centralização) e pluralismo jurídico persistente. Por meio de estudos de caso e autores de referência, o texto dialoga com questões centrais do Brasil contemporâneo, como administração da justiça, informalidade, produção normativa e acesso à cidadania.

A Independência do Brasil inaugura um novo ciclo institucional, explorado nos dois capítulos finais. O Capítulo 14 discute o período imperial, abordando a constitucionalização, a criação dos cursos jurídicos, a formação da magistratura e os projetos de reforma. O Capítulo 15 analisa a República, com foco em temas como trabalho, cidadania, federalismo e as disputas em torno de diferentes projetos de modernização jurídica.

Ainda no Capítulo 15, a análise da Nova República (1985-1994) adota um recorte metodológico consciente, que encerra a narrativa após a estabilização econômica do Plano Real, evitando interpretações apressadas de eventos contemporâneos e preservando o distanciamento crítico necessário para um exame rigoroso da história recente.

Ao longo da obra, o itinerário formativo é explicitado com clareza. Cada capítulo define resultados de aprendizagem e oferece evidências compatíveis, compondo um roteiro transparente que favorece tanto o estudo individual quanto a organização didática em sala de aula.

O objetivo central do Manual é reforçar o sentido humanístico do Direito, conectando seus institutos às transformações sociais e políticas, e mobilizando abordagens históricas, sociológicas, filosóficas e jurídicas. Trata-se de oferecer não apenas uma linha do tempo, mas ferramentas de análise crítica que permitam ao estudante explicar as matrizes formativas do direito, identificar continuidades e rupturas, comparar tradições normativas e produzir sínteses interpretativas aplicáveis aos desafios jurídicos contemporâneos.

Ao final, o que se busca é formar não apenas um leitor da história jurídica, mas um jurista crítico: alguém capaz de usar o passado como ferramenta de compreensão do presente, com método, rigor e responsabilidade. Porque a maneira como narramos o passado condiciona, em grande medida, as alternativas de interpretação e decisão no presente jurídico.

Capítulo 1

DIREITO COMO OBJETO DE CONHECIMENTO

Ao fazer a indagação sobre como é possível estudar o direito, surgirá naturalmente a pergunta sobre o que é o direito. Esse questionamento percorrerá toda a história do pensamento jurídico sem um conceito mínimo e comum àqueles que se debruçaram sobre o tema. O caminho intuitivo parece ser aquele que busca a determinação de unidades conceituais mínimas e comuns aos estudos da matéria. No entanto, rápida pesquisa em manuais ou obras consagradas ao assunto levará o leitor a sucessivas frustrações diante da imensa coleção de conceitos disponíveis, tornando o estudo ainda mais complexo. Infrutífero, tal caminho pela quantidade e diversidade de conceitos levaria o estudante à possível conclusão sobre a impossibilidade de conceituar-se o direito. Fruto da carência de unidade conceitual, de paradigma compartilhado pelos estudiosos, o direito permanece a ser conceituado.

Outro caminho possível para a determinação do conceito de direito poderia ser a identificação no meio social ou sociojurídico sobre o que é o direito, ou seja, a percepção social sobre as características mínimas para classificação de um fenômeno como jurídico. Tal caminho desembocará em tautologias, oferecendo a dimensão do fenômeno social "direito", mas seria insuficiente para a solução dos complexos problemas da teoria jurídica, imperceptíveis no meio social.

Talvez, antes da pergunta sobre o que é o direito, fosse importante a seguinte indagação: Para que conceituar o direito? Intuitivamente a resposta poderia ser: para saber o que é o direito, para conhecê-lo. As possíveis respostas do porquê conceituar o direito recaem na necessidade de conhecê-lo, compreendê-lo, ou, ainda, designá-lo, determiná-lo, revelar a conexão do vocábulo com ideias, objetos, proposições, ou seja, por trás da necessidade de conceituação pode estar presente a intenção de determinar o significado correto ou verdadeiro. Caso a preocupação realmente fosse com a retidão do uso do vocábulo direito, ou com a identificação das práticas ou ideias que podem qualificar-se como direito, determinando o que ele é e consequentemente o que não é, estar-se-ia diante de um problema da linguagem. A primeira forma intuitiva de buscar seu conceito pressupõe a possibilidade da existência de um acordo entre os juristas, uma convenção mínima para o uso da palavra "direito". Tal posição pode ser nomeada por convencionalista, já que entende que existirão diversas versões sobre o significado da palavra, mas intenta determinar o uso convencional que dela é feito pelos juristas. A segunda forma de buscar o conceito de direito – por meio dos elementos empíricos – pressupõe a existência de elementos essenciais que o determinariam antes de qualquer definição nominal do fenômeno, e, após o batismo, a palavra direito especificaria um conjunto essencial, imutável do núcleo do fenômeno ou ideia[1].

Os procedimentos ora descritos mais obscurecem que esclarecem. A discussão entre convencionalismo e essencialismo é inócua e talvez insolúvel, pois, por intermédio do essencialismo, imagina-se um núcleo universal e imutável que seria designado por um vocábulo, ignorando-se a reelaboração e reconstrução da linguagem. Já no convencionalismo os acordos sobre os nomes não guardam, necessariamente, nenhuma relação com dados da realidade, sendo aleatórios e cambiáveis sem predeterminações oriundas do próprio fenômeno. Se as palavras não revelam essência dos fenômenos, é prudente adotar uma postura pragmática e suspender o juízo sobre a questão, afirmando apenas que não existem condições plausíveis de possibilidade para a determinação da essência das coisas e muito menos de seu oposto: o da inexistência absoluta de essências.

A aceitação da imprecisão não submete o pesquisador a um saber fragilizado, mas obriga-o a tomar atitudes diante de seus objetos de estudo e conceituações, como a estipulação e a redefinição. Tais atitudes são, é certo, estratégias para escapar das construções essenciais e convencionais e ao mesmo tempo delimitar o campo linguístico em que se utilizará o termo direito. Na estipulação o pesquisador define os contornos do campo semântico segundo seus interesses investigatórios; já na redefinição há o aperfeiçoamento de um uso comum da linguagem, transformando-o em conceito controlável e de limites determinados[2]. Assim, a redefinição e estipulação são estratégias para a criação de conceitos operacionais, ou seja, conceitos que têm por objetivo permitir o início de uma investigação sem a problematização infinita sobre o que é o direito. O conceito operacional permite o avanço da análise de problemas científicos sem que se ponha termo ao debate conceitual que o precede, mas do qual não pode ser eterno dependente sob pena de impedir o avanço de qualquer estudo. Se a determinação exata sobre o que é o direito fosse condição necessária para o estudo dos seus diversos ramos, não existiriam produções técnicas sobre o direito penal, a filosofia do direito, a história do direito.

Os conceitos operacionais servem aos estudos empíricos e teóricos, comportando-se como conceitos provisórios que servem aos propósitos de determinado estudo. Não seria propício o uso do conceito normativo-estatalista de direito (conjunto de normas coercitivas impostas pelo Estado) para o estudo do direito anterior ao Estado. Pode-se estipular um conceito e observar num determinado contexto a existência de um conjunto de processos regularizados e de princípios normativos, considerados justificáveis num dado grupo, que contribuem para a criação e a prevenção de litígios e para a resolução destas através de um discurso argumentativo, de amplitude variável, apoiado ou não pela força organizada[3]. Esse conceito seria plausível para a análise do direito pré-estatal e, caso algum normativista entendesse que tal conceito não é o de direito, a ele seria respondido que a preocupação da pesquisa não era exatamente

---

1 Carlos Santiago Nino, *Introducción al análisis del derecho*, p. 12-14.

2 Tercio Sampaio Ferraz Junior, *Introdução ao estudo do direito*: técnica, decisão, dominação, p. 16.

3 Boaventura de Sousa Santos, *O discurso e o poder*, p. 72.

partir de um conceito de direito universal e intertemporal, mas simplesmente observar o fenômeno descrito pelo conceito. Dessa forma, os conceitos operacionais permitem o avanço de pesquisas independentemente da solução de problemas teóricos sobre a conceituação do direito.

Para a história do direito, os conceitos operacionais não são apenas importantes, mas necessários, pois como compreender o processo histórico da propriedade antes de sua existência? É necessária a construção de um conceito suficientemente amplo, que abarque as diversas relações do ser humano com o domínio de bens imóveis, permitindo, assim, a análise das descontinuidades e rupturas históricas que proporcionaram o surgimento da propriedade tal qual a conhecemos hoje. Desse modo, institutos jurídicos, ideias e práticas jurídicas devem ser conceituados de maneira a permitir e estimular as pesquisas e não as limitar.

1.1. O LUGAR DA HISTÓRIA NO ESTUDO DO DIREITO

Os objetos de estudo do direito determinam e são determinados pelo objetivo do pesquisador em sua empreitada. Assim, existe quantidade variável de métodos e objetos, segundo a pesquisa a ser desenvolvida. Para uma análise antropológica do direito deve-se partir de um conceito de direito impróprio para o direito civil, filosofia do direito, direito tributário. O pesquisador, agente circunscritor de seus estudos em um campo científico determinado, identificará seu objeto – o direito – segundo sua vontade e as imposições do campo de pesquisa em que pretende desenvolver seus estudos, estabelecendo uma conceituação possível, ou melhor, autorizada pelos estudos precedentes e reconhecidos por determinada comunidade de especialistas. De maneira ampla, é possível a identificação de dois enfoques no estudo do direito: o dogmático e o zetético.

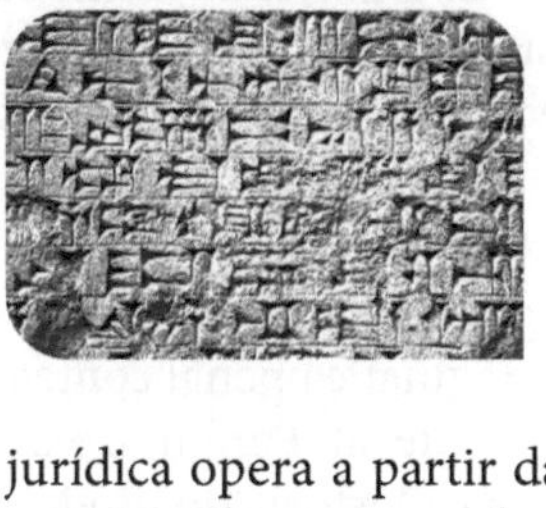

1.1.1. Dogmática

Os estudos dogmáticos do direito são aqueles que partem de uma "verdade" inquestionável e preestabelecida, preocupando-se especialmente com ações que busquem a solução de controvérsias jurídicas. Centrada no resultado a ser atingido – o fim do conflito jurídico – a dogmática jurídica opera a partir da redução da complexidade linguística do fenômeno social, enxergando-o com as lentes da norma jurídica e do conjunto interpretativo proporcionado pela norma jurídica (dogmática jurídica). No seio dos estudos dogmáticos podemos conceituar, por exemplo, o direito penal como: o conjunto de "normas jurídicas" mediante as quais o Estado proíbe determinadas ações ou omissões, sob ameaça de característica sanção penal[4].

---

4 Heleno Cláudio Fragoso, *Lições de direito penal*: parte geral, p. 3.

A dogmática moderna, na tradição romano-germânica, é cega aos acontecimentos externos ao conjunto normativo estatal do direito, apartando de seu estatuto teórico reflexões que ignorem tanto o Estado como a norma jurídica estatal. Assim, como o direito penal, disciplina que opera sua complexidade teórica a partir da norma jurídica estatal, temos o direito administrativo, o civil, o tributário, o previdenciário etc. No entanto, a dogmática, ao delimitar, grosso modo, seu campo de análise a partir da norma jurídica estatal, impõe a impossibilidade da análise de fenômenos não qualificados pela estatalidade. Como poderia ser possível a compreensão dos efeitos sociais da aprovação de uma lei cujas normas aumentem a pena para determinado crime? Parece claro que a resposta a tal pergunta não pode ser encontrada nos limites da dogmática jurídica, pois buscaram no questionamento os efeitos sociais e não os efeitos jurídicos. Os estudos sobre os efeitos jurídico-positivos preocupar-se-ão com o uso da norma; já aqueles típicos à criminologia arguirão sobre a eficácia social da norma, ou seja, se a norma que aumentou a pena foi capaz ou não de, preventivamente, coibir ações criminosas tipificadas. A história do direito, disciplina alheia aos usos exclusivos das normas jurídicas estatais e seus efeitos jurídicos e judiciais, não se constitui como disciplina dogmática.

1.1.2. Zetética

Ao lado dos estudos dogmáticos do direito figuram outros, tais como os da sociologia do direito, da filosofia do direito e da história do direito. A especificidade desses estudos pode ser encontrada em seu "não dogmatismo", ou seja, a abordagem de seus problemas não vinculada ao dogma da norma estatal ou das construções interpretativas desses dogmas. São estudos que têm por função o conhecimento: o conhecer. A dogmática incorpora uma função diretiva, limitando o campo conceitual a partir de um núcleo estável e indiscutível (conjunto normativo estatal e suas interpretações), já o estudo zetético, no qual pode ser incluída a história do direito (cujos pressupostos não são dogmas, mas premissas que permitem ao pesquisador questioná-las ou substituí-las sem prévia alteração do ordenamento jurídico)[5], determina-se como o estudo especulativo que, ao condicionar-se à cognição, contrasta com a dogmática preocupada com a ação diretiva para solução dos conflitos jurídicos.

Ao historiador do direito tanto a dogmática como a zetética figurarão em suas reflexões, pois é possível não só uma análise da história da dogmática penal contemporânea, mas também um estudo sobre a retórica jurídica medieval. Porém, a partir da classificação dos estudos em zetéticos e dogmáticos, ocupa, a história do direito, a primeira posição, ou seja, de uma disciplina que busca reconstituir, mesmo que de forma provisória, as ideias e práticas jurídico-sociais em determinado contexto histórico, social, intelectual, não partindo, portanto, de um princípio que fixe a norma jurídica atual como ponto de partida inescusável ao pesquisador.

---

5 Cf. Theodor Viehweg, *Tópica y filosofía del derecho,* p. 101-103.

Como disciplina zetética, a história do direito compartilhará com outras disciplinas uma série de características, tais como o questionamento sem os limites estabelecidos pela norma jurídica e sua compreensão, típicos da dogmática; o uso de linguagem predominantemente informativa e não diretiva como na dogmática. Ou seja, a historiografia diferencia-se da dogmática não exatamente pelo tipo de objeto de estudo, mas pelos métodos de análises e as limitações impostas a esses métodos. Se desejarmos uma análise sobre uma norma vigente, poderíamos conhecê-la a partir do contexto intelectual em que tal norma foi concebida na teoria jurídica e prescrita pelo poder competente, buscando identificar as correlações de força, em um campo determinado de elaboração da norma, tentando evidenciar o que se desejava com a norma. Tal estudo não vincula qualquer prática dogmática que pode ignorar os sentidos históricos dos termos, atualizando-os constantemente, como é feito no processo de mutação constitucional.

O desligamento da zetética das soluções de casos jurídicos que provoquem resultados sociais, ou seja, seu descompromisso com uma função que imprima efeitos práticos na vida cotidiana, permite o alargamento das atividades especulativas com intuitos explicativo, justificativo e de compreensão. No entanto, a especulação zetética não se apresenta ilimitadamente, pois acaba por limitar-se, ainda que de forma não vinculante e obrigatória, como acontece com a dogmática em relação à norma jurídica, a pressupostos e premissas impostos por determinado campo de conhecimento, que por si é um fator limitador, diferenciando-se dos limites da dogmática, grosso modo, pela não obrigatoriedade do uso da norma jurídico-positiva.

Pode-se dizer que tanto a dogmática jurídica quanto a zetética têm limites aos questionamentos, sendo, no caso da primeira, impostos formalmente pelo Estado e informalmente pelo campo dos estudos dogmáticos. Já no caso da zetética, as limitações são colocadas exclusivamente pelo campo de estudos em que ela está inserida. Dessa forma, pode-se observar que tanto a dogmática quanto a zetética têm limites argumentativos, ambos impostos pelo campo de especialistas e, no caso da dogmática, a partir do século XIX, outro limite adicional: o Estado, por intermédio da norma jurídico-positiva.

INDICAÇÃO DE FILME

Os miseráveis (França). Direção de Josée Dayan. 2000.

O filme é uma adaptação da obra homônima de Victor Hugo. A história se passa na França, na primeira metade do século XIX, e conta a vida de Jean Valjean, que ficou preso por 19 anos por roubar comida. Após cumprir pena, muda de vida, inicialmente com a ajuda de um Bispo, e acaba adotando outra identidade. Torna-se um empresário de sucesso, mas se vê diante do policial Javert, obcecado em cumprir a lei, que não acredita em sua reabilitação. Com temática histórico-social, o filme levanta questões envolvendo justiça, ética, moralidade, entre outros valores.

QUESTÕES

1. Após ler o texto a seguir, responda à pergunta proposta:

"Sempre que se fala em Justiça surge no nosso imaginário a figura de uma mulher com os olhos vendados, carregando em uma de suas mãos a balança e em outra a espada. A venda tem como função básica evitar privilégios na aplicação da justiça, sendo a balança o instrumento que pesa o direito que cabe a cada uma das partes e a espada item indispensável para defender os valores daquilo que é justo, já que a norma sem a possibilidade de coação dependeria apenas das regras de decência e convivência de cada comunidade, o que seria ineficaz para garantir o mínimo ético indispensável para a harmonia social. Podemos dizer que a espada sem a balança é força brutal, assim como a balança sem a espada tornaria o direito impotente perante os desvalores que insistem em ser perenes na história da humanidade" (José Fabio Rodrigues Maciel, Por que a Justiça é "cega"? *Carta Forense*, set. 2005. Disponível em: http://www.cartaforense.com.br/conteudo/colunas/por-que-a-justica-e-cega/136).

Pergunta: Justiça é apenas aplicar a lei? O que acontece se esta estiver eivada de injustiças?

2. Qual a importância de ter contato com outras áreas do conhecimento para uma melhor interpretação e um melhor entendimento do ordenamento jurídico?

3. A partir da obra de Victor Hugo, *Os miseráveis*, qual a relação que se pode estabelecer entre a dogmática positivista e a zetética? Cite exemplos presentes na obra mencionada (ou no respectivo filme).

Capítulo 2

DIREITO E HISTORIOGRAFIA

O discurso histórico sobre o direito determina-se comumente em função do próprio direito, ou seja, subordina-se às finalidades persuasivas dos discursos dogmáticos. Tal estratégia discursiva funda-se na capacidade de a tradição legitimar opiniões provocando adesões às concepções jurídicas que dos elementos históricos se utilizam. A par do elemento conservador da tradição, a sensação de universalidade traduz-se à dogmática jurídica quando da ignorância ou negação do diferente, seja na cultura ou no tempo, provocando a identificação de institutos jurídicos como universais e não histórico-contingenciais.

A evolução é outra forma de legitimar o discurso através da história, mas, ao contrário da tradição, valoriza o atual e tende a considerá-lo estágio superior ao do direito do passado, porém passível de atualizações futuras. Nesse caso, valoriza-se o processo evolutivo no qual o direito está inserido, provocando a sensação de continuidade linear da história.

São muitos os vícios no trato da história do direito, e grande parte deles estiveram a serviço não da história, mas da dogmática jurídica. Rápida análise de alguns manuais de dogmática jurídica, em especial de suas introduções históricas, permite a descoberta de anacronismos, evolucionismos reducionistas e tantos outros vícios metodológicos que se perpetuam de forma inconsciente e imprudente pela formação do jurista. Entre os vícios metodológicos mais comuns na história do direito, o evolucionismo merece destaque especial. Agregado à história do direito não apenas por descaso metodológico, mas por opção teórica, o evolucionismo contou com ilustres juristas em sua defesa e propagação de ideias.

Martins Junior, um dos primeiros historiadores do direito nacional, filiou-se, por influência de Spencer, como tantos da Escola do Recife, ao evolucionismo, dedicando o primeiro capítulo de sua *História do direito nacional* a explicar as leis superiores da evolução do direito, tido como um quase ser estruturado e vivo, nascendo, evoluindo e finando-se em condições determináveis[1]. O evolucionismo de Martins Junior aproxima-se do senso comum de hoje, que não hesitaria muito em considerar que o Direito-organismo evolui com o organismo social e do mesmo modo que ele, seguindo a marcha geral da história, movendo-se no tempo e no espaço através dos povos e dos países, surgindo do plasma primitivo do fato ou do costume, para especializar-se nas regras legislativas e nos códigos[2]. A legitimação do evolucionismo funda-se na ideia subjacente de que, sendo o presente melhor que o passado por possuir, no caso

---

1 J. Izidoro Martins Junior, *História do direito nacional*, p. 10.

2 J. Izidoro Martins Junior, *História do direito nacional*, p. 15.

do direito, instrumentos tecnojurídicos mais adequados para a solução de problemas jurídicos, o passado, consequentemente, é rudimentar, e do passado ao presente realizou-se um processo de evolução natural graças às leis gerais e naturais da evolução das sociedades e do direito.

A perspectiva evolucionista impõe ao historiador lentes de um binóculo contemporâneo que aproxima o passado, mas limita o campo de visão pela agenda contemporânea, provocando a leitura da história a partir de um fim conhecido – o presente. A falta de autonomia dada ao estudo do passado e sua subordinação ao presente provoca erros, como o da leitura de cartas régias medievais protetoras da inviolabilidade domiciliar como ancestrais dos direitos de inviolabilidade presentes na tradição jurídica contemporânea. As cartas régias buscavam garantir a proteção, em uma ordem pluralista e conflituosa, pois, diante da competição política entre poder central e periféricos, garantia-se não o indivíduo, mas a própria pluralidade[3]. Com o evolucionismo perde-se a perspectiva daquilo que não ocorreu, mas poderia ter ocorrido, pois a celebração do presente impede a visibilidade daquilo que poderia vir a ser a atualidade, já que trata o presente como um fim natural.

Ao lado do evolucionismo prospera, ainda, a ideia de continuidade como permanência histórica, segundo a qual as instituições jurídicas preservam seu espírito, sua essência em contextos temporais diferentes. O discurso histórico da continuidade é típico da Escola Histórica do direito, que buscava identificar o espírito do povo manifestado no direito dos povos germânicos, na tradição germânico-romana, tornando o direito uma manifestação contínua do espírito germânico. O discurso da continuidade provoca a perda de independência da história do direito, transformando o discurso histórico num mero instrumento de legitimação do discurso dogmático. A Escola Histórica fortaleceu tal concepção quando depositou no espírito do povo – a ser identificado pelas tradições – a expressão legítima do direito, fortalecendo a necessidade dos estudos históricos sobre o direito com a função de identificar suas fontes, que, por sua vez, confundiam-se com a própria tradição. Assim, o estudo da história do direito se traduz em uma forma de legitimar o discurso dos estudos da dogmática jurídica e não em uma disciplina de saber descomprometido com a instrumentalidade da dogmática jurídica.

O engano da continuidade está presente na descontextualização do direito, na crença infundada de que institutos jurídicos com prescrições semelhantes em épocas distantes gozavam da mesma atribuição de sentido percebida pelo historiador contemporâneo. Os possíveis sentidos atribuíveis pelo pesquisador de hoje refletem suas preconcepções, as quais não existiam no passado. Assim, uma história que parta de textos legais ou costumes com o intuito de interpretá-los, visando sua adequação a uma época distinta, acaba por recorrer a processo de reelaboração e adequação dos costumes ou textos legais ao mundo do investigador. O erro da Escola Histórica é erro comum, em especial, dos romanistas tradicionais quando trabalham os institutos romanos e os comparam com o direito contemporâneo, sem nenhum estudo sobre a função dos institutos na sociedade romana. Confusões semânticas são caras à continuidade

---

3 António Hespanha, *Panorama histórico da cultura jurídica europeia*, p. 21.

histórica, pois as semelhanças entre palavras de mesma origem etimológica podem sugerir um mesmo instituto, como, por exemplo, no caso da família, que no direito romano incluía não apenas a noção conhecida contemporaneamente, mas acrescentava escravos e criados[4].

Os dois erros metodológicos indicados nos parágrafos anteriores gozam de matriz comum: a descontextualização. Tanto no evolucionismo quanto na continuidade como permanência, ignora-se a autonomia do passado e suas diversas influências políticas, sociais e econômicas, em busca de justificativa para a ideologia implícita da continuidade. Nesses casos o historiador vê o passado a partir do presente sem se preocupar com as condicionantes históricas de outrora, mas atento ao estágio atual da evolução ou de manifestação dos antigos institutos jurídicos. Evolucionismo e continuidade como permanência são, no entanto, instrumentos úteis ao discurso de legitimação conservadora do direito, pois em ambos os casos as rupturas e os processos descontínuos são ignorados e retirados da história, fazendo crer em continuidades e evoluções naturais e inexoráveis sob as quais indivíduos, coletividades e ideias são incapazes de interferir.

2.1. O MOVIMENTO DOS ANNALES E A NOVA HISTÓRIA

A história tradicional, visando o fortalecimento do poder instituído, incorporava duas estratégias:

1) vinculação da continuidade do exercício do poder por intermédio do direito;
2) elevação do senhor, rei, à condição de superioridade, por meio de suas glórias narradas.

O senhor glorioso, assim como outros senhores gloriosos, por sua condição de austero, de líder, justificava seu exercício contínuo de poder, provocando a identificação da continuidade no exercício do poder com direito de exercer tal poder. A história, assim, constituía-se em uma história da soberania[5]. No final do século XIX, a historiografia tradicional dá sinais evidentes de esgotamento. Michelet, com sua *História da perspectiva das classes subalternas*; Coulanges, com sua *História das instituições romanas*; Lavisse, editor-geral da *História da França*; Cunningham e J. E. Thorold Roger, na Grã-Bretanha, e Hauser, Sée e Mantoux, na França, com seus *Estudos de história econômica*, mantêm o debate fora dos círculos de história política. Além dos historiadores, Comte, Spencer e Durkheim engrossam as fileiras dos críticos à história centrada no político e no documental[6].

---

4 Cf. António Hespanha, *Panorama histórico da cultura jurídica europeia*, nota 1. *Vide* também item 6.2.4.1, *infra*.

5 Michel Foucault, *Em defesa da sociedade*, p. 76.

6 Peter Burke, *A Escola dos Annales*, p. 18-21.

2.1.1. Primeira geração dos Annales

A partir da década de 1920 surge na França um grupo de historiadores que, reunidos pela revista Annales, criada em 1929, apresenta novos métodos e conceitos sobre a história. A Escola dos Annales notabilizou-se por incorporar elementos metodológicos e conceituais da antropologia, sociologia, economia, linguística, abandonando a narrativa dos eventos e problematizando o objeto de estudo histórico como social, antropológico, econômico, ou seja, o movimento dos Annales buscou dotar o estudo histórico da complexidade escondida por trás das grandes sínteses narrativas da historiografia tradicional. Nos primeiros anos da fundação, denominada, em sua primeira publicação, *Annales d'historie économique et sociale*, em 15 de janeiro de 1929, houve predomínio dos historiadores econômicos, mesmo que a intenção deliberada da revista, a partir de 1930, fosse a história social. O predomínio dos economistas talvez, como sugere Burke[7], tenha se dado por influência de Marc Bloch que, ao lado de Lucien Febvre, liderou a primeira geração do Movimento dos Annales.

Marc Bloch notabilizou-se por *Os reis taumaturgos*, obra em que o autor, apesar do interesse pela política contemporânea[8], aborda a Idade Média sob o prisma do que futuramente seria denominado história das mentalidades. Os reis taumaturgos têm por tema a crença medieval de que os reis tinham o poder de curar doentes por um simples toque. Abordando transversalmente a política ao associar a ideia de divino ao monarca, nesse trabalho, a política é abordada não pelos discursos, documentos ou ações oficiais, mas pela crença social num rei quase divino[9]. Além da escolha de um objeto não convencional para a história de sua época, Bloch, ao determinar um período histórico, o fez sem perder a duração temporal que poderia possuir a mentalidade medieval, como mostrou ao revelar que, mesmo no século XVII, o costume permaneceu, proporcionando a observação do fenômeno do toque do início ao fim em sua longa duração (do século XIII ao XVII).

Os trabalhos de Bloch incorporaram ao estudo do comportamento social na história a psicologia, a antropologia e a sociologia, algo pouco comum na época da publicação de seus trabalhos. Após *Os reis taumaturgos*, Bloch insistiu na ideia de história de longa duração e história comparativa com *Les caractères originaux de l'histoire rurale française*, acrescentando a essa última o método regressivo, pelo qual a leitura do passado tem como ponto de partida o presente. A influência durkheiminiana na obra de Bloch, presente desde *Os reis taumaturgos*, é mais evidente em *A sociedade feudal*, onde as ideias de "consciência coletiva", "representações coletivas" e suas linguagens são completadas pelo tema durkheiminiano da coesão social. Em *A sociedade feudal* os laços de dependência ou a coesão social, na sociedade feudal, são explicados de maneira funcionalista, ou seja, como uma adaptação ao meio social constituído após as últimas invasões bárbaras (muçulmanos, húngaros e escandinavos)[10].

---

7 *A Escola dos Annales*, p. 34.

8 *Os reis taumaturgos*, p. 26.

9 Marc Leopold Benjamin Bloch, *Os reis taumaturgos*, p. 45; *passim*.

10 Peter Burke, *A Escola dos Annales*, p. 36-37.

Ao lado de Bloch, Lucien Febvre é o outro grande mestre da primeira fase do movimento dos Annales. Notabilizando-se por seus estudos sobre o Renascimento e a Reforma na França, teve como principal obra *Le problème de l'incroyance au XVI e siècle: la réligion de Rabelais*. Febvre, ao discutir sobre a religiosidade de Rabelais, impõe a dúvida sobre a homogeneidade do pensamento dos franceses do século XVI, contribuindo, assim como Bloch, para uma abertura da história de sua época aos estudos antropológicos, psicológicos[11] e, principalmente, ao estudo da história a partir de problemas e não exclusivamente como disciplina que busca reconstituir o passado, mas dar respostas aos problemas existentes no passado. Como discípulos de Febvre destacaram-se Fernand Braudel e Robert Mandrou, este último deu continuidade ao estudo sobre a mentalidade francesa, continuação de Rabelais. Mandrou e Braudel passaram a divergir quanto à pesquisa histórica, preferindo o primeiro manter a fidelidade à história psicológica desenvolvida por Febvre; já Braudel preferiu a inovação metodológica, como a intensa absorção de elementos estruturalistas no seu pensar a história, priorizando a história econômica e social. Braudel acabou por se tornar o principal nome dos Annales e inaugurador de uma segunda geração nesse movimento[12].

2.1.2. Segunda geração dos Annales

Fernand Braudel é o herdeiro dos Annales e o grande nome da segunda geração. É fortemente influenciado por Febvre e entusiasta do modelo da história de longa duração, incorporando tal perspectiva ao lado da abordagem interdisciplinar. Em *O mediterrâneo e o mundo mediterrânico na época de Filipe II*, retrata um mundo sem sujeitos, um mundo de estruturas das quais os homens são prisioneiros. Assim, para Braudel, não há nenhum indivíduo totalmente e por si mesmo inacessível; toda iniciativa individual está enraizada em uma realidade mais complexa, em uma realidade "entrelaçada", como diz a sociologia[13]. O seu estruturalismo justifica a longa duração, pois sendo a sociedade estruturada, o reconhecimento das estruturas só se torna possível quando observarmos sua existência a partir de suas evidências ao longo da história. A pesquisa do historiador não pode resumir-se em eventos ocasionais, mas deve revelar as estruturas sociais que permanecem ao longo da história. O conhecimento da continuidade diante das mudanças requer reconhecimento das estruturas invisíveis à história cronológica dos eventos, e, para tanto, Braudel reconhece três dimensões temporais:

1) a geográfica – analisa a relação do homem com seu meio ambiente, buscando fundamentar no meio físico a causa para características de uma coletividade ou a justificativa para determinadas mudanças não estruturais no inter-relacionamento social;

---

11 Cf. Lucien Paul Victor Febvre, *Combates pela história*, p. 205-216.

12 Peter Burke, *A Escola dos Annales*, p. 84.

13 Fernand Braudel, *On History*, p. 10-11.

2) a social – na dimensão social do tempo, a conjuntura econômica, o progresso científico, as instituições políticas, as mudanças conceituais convergem para a revelação das estruturas sociais;
3) a individual – esta terceira dimensão temporal, explicitada por Braudel em *Mediterrâneo*, é derivada da história tradicional e prioriza o indivíduo para que este manifeste a estrutura à qual está preso.

No final da década de 1960 e início da década de 1970, as novas gerações formadas pelos Annales justificam, mais que as anteriores, uma ideia de movimento em contraposição à ideia de Escola. A partir dessas décadas, os Annales não apresentam nenhuma liderança intelectual clara; são vários os autores e concepções sobre história. Os novos nomes são: André Burguière, Jacques Revel, Jacques le Goff, François Furet, Michel Foucault, Pierre Nora, Emmanuel le Roy Ladurie.

A herança estruturalista de Braudel foi amplamente absorvida e radicalizada por esta nova geração que passa a privilegiar a história das mentalidades em detrimento da história econômica, sempre presente nas gerações anteriores. A história de longa duração pregada por Braudel se transformará na história imóvel de Ladurie, que tentará incessantemente descobrir as estruturas por trás da história, o motor da história, o estável gerador da instabilidade. No entanto, a terceira geração, que nos primeiros anos radicalizou o estruturalismo, passa à dissensão em torno dele, abrindo espaço inclusive para a nova narrativa tão criticada pelas primeiras gerações dos Annales, como é o caso de Paul Veyne.

2.1.3. Terceira geração dos Annales

O movimento da terceira geração, além de incorporar o estruturalismo, prefere a história das mentalidades à história econômica. Iniciada por Febvre como psicologia histórica e desenvolvida, ainda na era Braudel, por Mandrou (que em 1968 publicou estudo de psicologia histórica sobre os magistrados e feiticeiros na França do século XVII) e Philippe Ariés, já como história das mentalidades, com seu estudo sobre a ideia de infância na Idade Média (*L'enfant et la vie familiale sous l'ancien regime*), a história das mentalidades contribuiu, como afirma Peter Burke, para estabelecer uma ponte entre a história das mentalidades baseada em fontes literárias (por exemplo, Rabelais de Febvre) e a história social, que negligenciava o estudo de valores e atitudes[14].

A psico-história continua na terceira geração desenvolvida por Le Roy Ladurie e Delumeau, ambos herdeiros de Febvre e influenciados por Freud e autores freudianos. Mas é na história das mentalidades, do imaginário social e da ideologia que se destacam os trabalhos dos herdeiros de Febvre, em especial Le Goff e Georges Duby. Além da história das mentalidades, ainda na terceira geração, tem destaque a história serial, que buscou quantificar as análises históricas. Merecem atenção nesse gênero historiográfico os estudos sobre a alfabetização, de François Furet, e os trabalhos de Vovelle sobre as

---

14 Peter Burke, *A Escola dos Annales*, p. 83.

mudanças no pensamento e no sentimento mediante o processo de descristianização ocorrido nos anos da Revolução Francesa[15].

Surgem, no final dos anos 1970, críticas que distanciam os historiadores da terceira geração entre si e das concepções iniciais dos Annales. Segundo Burke[16], tais correntes podem ser classificadas em três grupos: antropológico, político e narrativo. O primeiro corresponde ao grupo que absorveu as ideias de Bourdieu e Certeau, Goffman e Turner, promovendo a crítica antropológica dos trabalhos dos Annales, em especial aqueles realizados pela história das mentalidades. O retorno à política descende da crítica à história estruturalista, revalorizando o agir em detrimento das ideias centradas no elemento estrutural determinista que marcou os Annales. A história narrativa dos eventos, assim como a história política, critica a impossibilidade de os acontecimentos interferirem em outros acontecimentos e insubordina-se ao estruturalismo dos Annales. O movimento dos Annales, já em seu crepúsculo, torna possível uma avaliação, ainda que apressada, sobre seu papel para a historiografia: contribuiu para a reelaboração da história, em especial na discussão sobre objetos e métodos, transformando a historiografia de sua época e legando aos subsequentes rico arsenal teórico. É esse arsenal que utilizaremos nas páginas seguintes deste livro.

2.2. A HISTÓRIA CULTURAL

A história cultural, antes das influências antropológicas que lhes ditaram os seus destinos mais recentes, produziu, em seu período clássico (1800 a 1950), obras como *A cultura do Renascimento na Itália* (1860), de Jacob Burckhardt, e *Outono da Idade Média* (1919), de Johan Huizinga. Tais autores, a partir da interpretação e da identificação de semelhanças entre os clássicos das diferentes artes, identificavam o espírito de uma época (*Zeitgeist*), produzindo o que se denominou história da cultura ou história do espírito (*Geistesgeschichte*). Burckhardt destacava os elementos "recorrentes, constantes e típicos" que emergiam após sua imersão nas artes do período que estudava. Em *A cultura do Renascimento na Itália*, identificou e descreveu o individualismo, a competitividade, a autoconsciência e a modernidade na arte, na literatura, na filosofia e até na política do Renascimento Italiano; já em *História cultural da Grécia*, evidenciou a tensão do "individualismo incorrigível" e da paixão pela fama com a exigência de subordinação do indivíduo à cidade. A história cultural clássica, como bem apontou E. P. Thompson, supervalorizou a homogeneidade cultural e ignorou os conflitos sociais e econômicos, amontoando informações, escondendo distinções e produzindo noções excessivamente consensuais e holísticas, sem distinguir, por exemplo, as culturas das diferentes classes sociais, bem como das diferentes gerações[17]. A crítica de Thompson foi levada a sério pela nova história cultural que se espraiou por diversos países do mundo.

---

15 Peter Burke, *A Escola dos Annales*, p. 89-91.

16 Peter Burke, *A Escola dos Annales*, p. 93.

17 Cf. Peter Burke, *O que é História Cultural?*, p. 16-19.

A "nova história cultural" constituiu novos campos de análise por onde se fixou. Nos Estados Unidos, reuniu, especialmente, historiadores da literatura, da arte e da ciência; na França, a história cultural competiu com a história das mentalidades e com a história do imaginário, mas paulatinamente se firmou com Roger Chartier e outros historiadores. Na Alemanha e na Holanda, a "nova história cultural" posicionou-se no espaço que fora ocupado por Burckhardt e Huizinga, mas com enfoque especial à "história do cotidiano". Na Itália, Carlo Ginzburg e Giovanni Levi, entre outros, desenvolveram a micro-história, uma reação à história social que aplicava modelos econômicos e sociais excessivamente genéricos para a interpretação histórica[18]. No Brasil, a história cultural firmou-se nos departamentos e institutos de história no final do século XX, emergindo especialmente das críticas teóricas e metodológicas, em especial pela crítica ao historiografar como mera coleta de provas para esquemas econômicos e estruturas sociais previamente concebidas. Independentemente de serem ou não denominados historiadores culturais, Ciro Flamarion Cardoso, João Fragoso e Manolo Florentino, entre outros, colaboraram para uma abordagem cultural da história no Brasil.

Afinal o que é história cultural? Ou melhor, o que é cultura? São duas as grandes dimensões de cultura: (i) a que designa o conjunto de obras que expressam esteticamente elementos de uma determinada sociedade; e (ii) a que identifica o conjunto de práticas comuns que exprimem como se vive e se pensa em determinados contextos históricos e espaciais[19]. A cultura, em sua segunda dimensão, funciona como uma moldura que delimita e demarca o que é "natural" e "normal", oferecendo certa previsibilidade aos agentes históricos e, também, aos seus intérpretes – os historiadores[20]. Assim, subentende-se, sob o paradigma da nova história cultural, que a realidade é uma construção cultural, cabendo ao historiador desenvolver suas pesquisas, sabendo que o seu pensar não reflete diretamente a realidade, pois esta é perceptível apenas por meio da intermediação de convenções, esquemas e estereótipos culturais que variam de uma cultura para outra[21].

A escolha de novos tipos de objetos de pesquisa (culturais) impôs aos historiadores a releitura (com novos métodos) de antigos documentos oficiais; esses novos objetos exigiram também a incorporação de outras fontes às pesquisas, como entrevistas (história oral), imagens (história pictórica) e objetos materiais (história material). Essas novas fontes, como a dos objetos materiais, contribuem para a interpretação das práticas cotidianas, por exemplo, quando se corrobora a ascensão do individualismo pela substituição de xícaras por cumbucas de uso coletivo e/ou da troca dos bancos coletivos por cadeiras individuais. Tais novas questões obrigam o historiador a trabalhar com estudos de outros campos do saber, como: linguística, artes plásticas, arqueologia, sociologia e antropologia. Reflexo dos novos estudos culturais, as perguntas como: "quem são os agentes na história?", "quem são os indivíduos?", ou "quais são os grupos?" povoam a história cultural e são respondidas com o auxílio da Filosofia, das Ciências Sociais e de outras áreas do conhecimento.

---

18 Cf. Peter Burke, *O que é História Cultural?*, p. 16-19.

19 Cf. Roger Chartier, *A Ordem dos Livros*: leitores, autores e bibliotecas na Europa entre os séculos XIV e XVIII, p. 8.

20 Cf. Justo Serna; Anaclet Pons, *La historia cultural*: autores, obras, lugares, p. 8-11.

21 Cf. Peter Burke, *A escrita da história*: novas perspectivas, p. 11 e 15.

Na segunda metade do século XX, os historiadores exploraram intensamente modelos deterministas de explicação dos eventos históricos, especialmente na história econômica e social. O determinismo histórico parte de estruturas sociais rigidamente concebidas para explicar a sucessão de eventos históricos, o que pode ser comandado pela economia, pela geografia, pelos movimentos populacionais ou por outras estruturas. A nova história cultural surgiu da crítica aos grandes e genéricos modelos explicativos, enfatizando haver certo grau de liberdade de escolha das pessoas comuns para a constituição de suas estratégias de vida, bem como da existência de culturas invisibilizadas pelas generalizações estruturalistas. Os historiadores culturais ofereceram mais complexidade às interpretações históricas quando admitiram que os indivíduos são dotados de capacidade para traçar seus próprios destinos, explorando a cultura na qual estão inseridos e as inconsistências dos sistemas sociais e políticos[22].

No fluxo crítico à história estruturalista, surgiu também a micro-história, um gênero historiográfico fruto da obra de historiadores como Carlo Ginzburg, Giovanni Levi e Edoardo Grendi. A análise de trajetórias individuais ou de pequenos grupos e de aldeias foi a alternativa escolhida por esse grupo de historiadores italianos para que as experiências concretas, individuais ou locais, reingressassem na história. O primeiro clássico desse ramo da historiografia foi da autoria de Ginzburg (*O queijo e os vermes*) e se baseou nos registros da Inquisição do século XVI, no nordeste da Itália. Esses documentos revelaram que um indivíduo acusado de heresia (Menocchio) era alfabetizado e possuía uma cultura literária impossível de ser identificada pela historiografia tradicional. Menocchio era um homem comum de uma vila comum e o seu resgate permitiu que se compreendesse melhor a cultura camponesa de sua época, bem como se evidenciasse a existência de redes de trocas e empréstimos de livros, algo desconhecido pela historiografia[23].

A nova história cultural preencheu grandes lacunas da historiografia e desestabilizou os modelos estruturalistas da história com (i) o estudo das práticas (práticas religiosas ao invés da teologia; da fala e não o da linguística; do experimento no lugar do estudo da teoria científica); (ii) o estudo das representações culturais, das construções dos imaginários sociais, das ideias; (iii) o estudo das memórias, das ações; (iv) o estudo da cultura material como contribuição para a compreensão de mudanças socioculturais; e (v) o estudo do corpo com a identificação cultural dos gestos, da higiene.

2.3. A HISTÓRIA POLÍTICA: CONTEXTUALISMO LINGUÍSTICO E HISTÓRIA DOS CONCEITOS

A nova história política é fruto da reviravolta linguística promovida pela ruptura do pensamento da segunda metade do Século XX com o estatuto epistemológico do Positivismo Filosófico, do Empirismo Lógico e da Filosofia Analítica. O Segundo Wittgenstein, Karl Popper, Thomas Kuhn, Gadamer e outros pensadores promoveram um movimento de

22 Cf. Peter Burke, *A escrita da história*: novas perspectivas, 1992, p. 31.

23 Cf. Peter Burke, *O que é História Cultural?*, p. 60-64 e 82.

crítica que lançou as bases para novas perspectivas epistemológicas, especialmente, a partir da linguagem. Entendida não mais como veículo de representação da realidade, a linguagem adquiriu sentido segundo o seu uso, revolucionando todos os campos do conhecimento. Na história, o contextualismo linguístico é caudatário desse movimento e tem como seus principais expoentes: Pocock, Skinner e Koselleck.

2.3.1. O contextualismo linguístico

A impossibilidade de o intérprete libertar-se de seu aparelho cognitivo contemporâneo, a inexistência de conceitos atemporais e a aversão ao anacronismo conduzem o pensamento metodológico da Nova História Política. A fuga do labirinto de nossas próprias experiências, no entanto, é possível quando se busca explicar não apenas o significado do que foi dito, mas o que o autor pode ter intencionado dizer em seus debates linguísticos específicos. A reconstrução de um conceito (de uma proposição) impõe que se investiguem as comunicações que poderiam ser convencionalmente executadas por meio da proposição escolhida, reconstruindo as relações entre a proposição e seu contexto linguístico[24].

Os autores, submersos num contexto conflituoso, para delimitar sua superioridade e a de sua teoria, produzem alianças e adversários, buscando a concretização prática de suas ideias. Segundo essa chave de compreensão, a elaboração do texto de teoria política é uma ação, cujo significado se confunde com a sua intenção, obrigando o deslocamento do objeto de análise historiográfica da ideia para o autor e do conteúdo abstrato da teoria para a ação do autor, num jogo de linguagem historicamente constituído[25]. Os trabalhos da teoria política devem ser identificados como atos de fala de atores específicos, em resposta a conflitos particulares, em contextos políticos determinados, no interior de contextos linguísticos próprios ao tempo de sua formulação.

Deve-se a Austin o conceito de ato de fala, desenvolvido pelo filósofo inglês, a partir das investigações do Segundo Wittgenstein. Ambos constituíram um conjunto teórico, segundo o qual toda comunicação é uma forma de ação. Para esses autores não é possível estudar-se a linguagem fora dos contextos do agir humano. O ato de fala é, acima de tudo, uma *performance* que vai além do mero texto, podendo, em certas ocasiões, prescindir de palavras. Um ato performativo é uma comunicação que não se limita a transportar um conteúdo semântico, seus enunciados e proposições, como atos de fala (*performances*), não são passíveis de aferição segundo critérios de verificabilidade. Grandes oradores, especialmente os mais performáticos, são bons exemplos de como é possível promover o prazer e a atenção de plateias, mesmo sem conteúdo que o justifique, como se a linguagem fosse um simples veículo do interesse em manter a atenção da plateia[26].

---

24 Cf. Quentin Skinner, p. 57-89; 87; 90-102.

25 Cf. Marcelo Gantus Jasmin, História dos conceitos e teoria política e social: referências preliminares, p. 28.

26 Cf. J. L. AUSTIN, A plea for excuses, 1971, *passim*.

Nos termos da pragmática, tal como apresentada por Austin, a unidade de significação deixou de ser a proposição linguística, sendo substituída pelo ato de fala e tendo como pressuposto a compreensão da linguagem não como veículo de representação do real, mas como uma ação, cuja *performance* constitui versões da realidade que, para serem bem-sucedidas, não dependerão exclusivamente dos elementos linguísticos. Assim, uma ação se desenrola necessariamente no interior de determinado contexto, cujo sentido não pode ser estabelecido de modo absoluto, pois a variação contextual irá sempre contaminar a determinação do sentido[27].

A alta abstração do conceito de ato de fala, por apelo didático, foi reduzida em três dimensões, por Austin: (i) o ato locucionário como dimensão linguística estritamente considerada, ou seja, as proposições utilizadas na fala e sua relação com o mundo; (ii) o ato ilocucionário como núcleo do ato de fala, representando a força performativa, ou seja, o potencial de operação que possui o ato; e (iii) o ato perlocucionário como o momento final, ou seja, as consequências do ato. No entanto, o filósofo inglês reconhecia que a identificação das regras que comandam a linguagem é tarefa inexequível[28].

Foi a partir da leitura de Austin que Skinner constituiu seu modelo metodológico, segundo o qual a correta compreensão histórica de uma proposição/ideia só é possível no interior do contexto no qual foi produzida, devendo o contexto linguístico ser reconstruído para que as proposições da teoria política, expressões de atos de falas, tenham sentido para um determinado tempo histórico. Com isso, Skinner substituiu os exames das proposições e das sentenças pela análise do ato de fala em determinado contexto, com determinada finalidade e de acordo com certas normas e convenções[29].

Autodenominando-se um estudioso da intertextualidade, Skinner concentrou suas análises em textos individuais, identificando os contextos que dão sentido ao texto, ou seja, quais são suas fontes; quais as teses desejam: desacreditar, satirizar, ironizar ou repudiar; quais as visões pretendem avalizar; a quem pretende criticar. O estudo é conduzido a um mundo mental muito particular, o mundo da intertextualidade de um dado contexto histórico, no qual se pode perceber coerência ou incoerências entre os textos, entre os atos de fala. Assim, os estudos das convenções linguísticas, das crenças e das práticas estão a serviço da análise do texto, o que oferece uma compreensão dos atos de fala, indo muito além do próprio texto, por meio da compreensão das motivações do autor para escrevê-los[30].

Após ter sido alvo de muitas críticas, em especial pela publicação de J. Tully, *Meaning & Context*[31], Skinner revisou algumas de suas posições, especialmente sobre a interpretação, reformulando-as na introdução do seu livro sobre Hobbes[32]. Na obra, Skinner assevera que a busca pelo significado correto do texto ou da proposição não tem sentido, pois um texto terá muitos outros significados, além daqueles intencionados

---

27 Cf. Paulo Ottoni, John Langshaw Austin e a Visão Performativa da Linguagem, p. 120-133.

28 Cf. Jaqueline Stefani; Andreia Borba, John Austin e a filosofia analítica da linguagem, p. 33-35.

29 Cf. Quentin Skinner, Meaning and Understanding in the History of Ideas, p. 87; 90-102; Peter Endemann; Emmanuel Zagury Tourinho, Linguagem e Instituições Sociais em Skinner e Austin, p. 208-218.

30 Cf. Quentin Skinner, Meaning and Understanding in the History of Ideas, p. 87; 90-102.

31 Cf. James Tully, *Meaning and Context*: Quentin Skinner and His Critics, *passim*.

32 Cf. Quentin Skinner, *Razão e retórica na filosofia de Hobbes*, p. 17-31.

pelo autor, porém, é possível descobrirmos o que o autor pretendeu fazer com o que disse. Um discurso, além de ter um significado, é uma ação, é composto por atos de fala.

2.3.2. História dos conceitos

A história dos conceitos propagou-se como historiografia da filosofia e dos pensamentos político e social, tendo se desenvolvido a partir das tradições da Filologia e da Hermenêutica. Elaborada, em seu momento inicial, por Otto Brunner, foi particularmente crítica ao modo como a historiografia liberal transpunha à realidade medieval conceitos do liberalismo moderno, por exemplo, a separação entre a economia e a política e a oposição entre o público e o privado[33].

Segundo Koselleck, a História dos Conceitos foi provocada pela forma descuidada com que se transferia para o passado expressões modernas ou, ainda, da prática de tratá-las como constantes fundamentalmente imutáveis[34]. Assim, a principal crítica da História dos Conceitos ao modo de se fazer história situa-se na contextualização incipiente das ideias e dos conceitos do passado, o que produz, invariavelmente, análises anacrônicas[35].

Diante da inconversibilidade do que foi desenvolvido pela linguagem no passado, a compreensão dos usos dos conceitos só é possível pelo estudo das formas com as quais os historiadores interpretaram e modificaram os sentidos dos conceitos do passado[36]. Assim, os conceitos não têm, em si, história, sendo essa história a de suas recepções, o que exige do historiador a análise de unidades conceituais articuladas com uma linguagem local e em dado contexto temporal. A forma de historiografar de Koselleck é aquela na qual os registros dos conceitos e de seus usos são subsequentemente mantidos, alterados ou transformados[37]. Consequentemente, a separação entre linguagem e história social é ativada e, com ela, a necessidade metodológica de associar mudança linguística à história dos eventos. Trata-se de pôr os conceitos políticos e sociais em relação com a continuidade ou a descontinuidade das estruturas políticas, econômicas e sociais, o que resulta em ter como tema favorito a elaboração conceitual produzida em tempos de mudança rápida[38].

Da separação entre linguagem e fatos históricos e a necessidade de reconexão entre ambos, a variação da representação conceitual de um estado de coisas pode variar, segundo Koselleck, da seguinte forma: (i) o estado de coisas e o conceito permanecem ambos estáveis ao longo de um período de tempo; (ii) o conceito e a realidade trans-

---

33 Cf. Marcelo Gantus Jasmin, História dos conceitos e teoria política e social, p. 31.

34 Cf. Reinhart Koselleck, *Futuro Pasado*: para una semántica de los tiempos históricos, p. 111-113.

35 Cf. Reinhart Koselleck, *Uma história dos conceitos*: problemas teóricos e práticos. *Teoria e História*, v. 5, n. 10, *passim*.

36 Cf. Reinhart Koselleck, *Futuro Pasado*: para una semántica de los tiempos históricos, p. 105-107.

37 Cf. Reinhart Koselleck, *Futuro Pasado*: para una semántica de los tiempos históricos, p. 108-110.

38 Cf. Marcelo Gantus Jasmin, História dos conceitos e teoria política e social: referências preliminares, p. 33.

formam-se simultaneamente; (iii) os conceitos mudam sem que haja uma mudança concomitante da realidade, ou seja, a mesma realidade é conceituada de modo diverso; e (iv) o estado de coisas muda, mas o conceito permanece o mesmo.

A separação esquemática entre linguagem e história é um artifício metodológico, e não a aceitação natural desse divórcio, pois é inegável, para Koselleck, que todas as experiências só se tornam experiências pela mediação da linguística. É o que torna a história possível. No entanto, linguagem e história devem permanecer separadas analiticamente, pois nenhuma das duas pode ser subsumida da outra[39].

2.4. A HISTÓRIA PARA O DIREITO

O caminho para evitarem-se os equívocos históricos reside no fortalecimento da metodologia de pesquisa e na precisa delimitação de seu objeto de estudo. A história como narrativa contínua, como visto anteriormente, leva o pesquisador ao cometimento de erros e induz o resultado das pesquisas a uma reedição do senso comum. No processo de delimitação do objeto e determinação da metodologia de pesquisa, algumas reflexões prévias devem fazer parte do processo de escolha, pois, como parte de uma teoria da história, tais reflexões possibilitam melhor escolha de métodos e objetos.

2.4.1. Direito, poder e Estado

A relação entre poder e direito costuma ser traduzida pela relação entre o macro poder e o direito positivo. Fruto de preconcepções ideológicas e teóricas, a identificação do direito com o direito estatal e do poder como expressão da força do Estado tem suas origens na formação do Estado moderno e nas concepções positivistas de direito que, por intermédio das teorias jurídicas estatalistas, arraigaram-se no imaginário jurídico. Tais concepções, alheias a formas de expressão de poder que não o do Estado, negligenciaram as relações presentes na sociedade e as normatividades não prescritas em lei. É com o avanço da antropologia e seu exercício metodológico para livrar-se do etnocentrismo que se pode apreciar formas e estruturas de poder independentes do Estado. A virada antropológica contribuiu para o reconhecimento da existência em "sociedades primitivas" de juridicidade independentemente da existência de Estados ou direito escrito, abrindo a possibilidade para que a antropologia passasse a observar não apenas o exótico, mas sua própria cultura, também exótica à sua maneira[40].

O reconhecimento da pluralidade de poder abriu perspectivas de análise para a história do direito, tornando seu objeto de estudo mais amplo e inter-relacionado com os objetos da história social, da antropologia histórica e outros ramos dos estudos

[39] Cf. Marcelo Gantus Jasmin, História dos conceitos e teoria política e social: referências preliminares, p. 33-34.

[40] Boaventura de Sousa Santos, *O discurso e o poder*, p. 64-68.

históricos que tratam do exercício do poder. A virada antropológica permitiu, assim, redimensionamento do direito como expressão do poder, não submetendo os estudos históricos do direito aos das histórias oficiais presentes nos conjuntos legislativos.

Ao lado do pluralismo político, o pluralismo jurídico apresentou-se como possível consequência, mas, apesar dos exemplos históricos da Idade Média, a ser abordada adiante, a submissão do direito à política continua a provocar distorções metodológicas quando se considera o poder como ação de um grupo ou pessoa em busca de um fim racionalmente determinado, pois tal concepção trataria a história do direito como a intenção racional para acúmulo de poder por um grupo, tornando a investigação histórica predeterminada e ordenada em função de um único fim: o poder. Dessa forma, com o reconhecimento de que o direito está submerso em um caldo de normatividades oficiais ou não, que se entrelaçam com vontades de poder consubstanciadas em normas jurídicas criadas ou recepcionadas em contextos temporais e espaciais, o estudo da história do direito torna imprescindível a análise dos diversos contextos aos quais o conjunto normativo do passado esteve submetido.

2.4.2. Perspectivas epistemológicas: texto e contexto

Não existe metodologia para o estudo da história do direito, mas diversos métodos podem ser adotados e conjugados para o desenvolvimento de uma pesquisa histórica, comportando diversas metodologias e delimitações de objetos. Entre as delimitações mais correntes na historiografia contemporânea, a preocupação com o contexto histórico recebe especial importância, tanto pela ignorância da historiografia tradicional, em relação aos diversos contextos históricos, como pela displicência com que foi tratado por parte do movimento dos Annales, em especial as primeiras gerações. O contexto histórico pode ser dividido didaticamente em:

1) temporal – entende-se a análise da história partindo do momento histórico em que o objeto de estudo está inserido, evitando-se análises anacrônicas.
2) espacial – é o que circunscreve o objeto de estudo em uma sociedade, cultura, grupo social.

A análise histórica do direito, assim como outras historiografias, pode incorrer, como afirmado anteriormente, em uma análise que pressuponha o presente como fruto da continuidade linear do passado, obscurecendo o caráter muitas vezes revolucionário de certos eventos e ideias.

A visão teleológica da história, como ação voltada para um fim determinado, impede a observação das descontinuidades, obliterando o tempo passado pelo tempo presente. É claro que o presente se constituiu pelo desenrolar dos tempos anteriores, mas instituições, papéis sociais, linguagem técnica são heranças, não imposições do passado ao presente. O uso de determinado instituto do direito romano na Idade Média ou atualmente se dá pelas condicionantes históricas de cada época e não como fruto da linha natural do tempo. Os institutos romanos vigentes em épocas posteriores ao Império Romano, como na Alta Idade Média, podem ter tido seus sentidos modificados, não correspondendo com exatidão ao instituto romano, mas a uma nova versão. Adaptado aos novos interesses políticos, econômicos e sociais, o instituto romano perde suas delineações originais para dar lugar a um instituto com nome similar, mas de conteúdo diverso, que atenderia aos interesses do novo contexto temporal.

A continuidade histórica, dividida por Hespanha[41] em permanência e evolução/ progresso, pode ser fruto de inocência ou carência metodológica, mas representa também o interesse pela naturalização do direito e das estruturas de poder, podendo ser uma forma de justificar o presente através do passado, tornando o passado o exemplo a ser seguido ou ao qual não se deve retornar, conservando-se as estruturas de poder mediante o discurso legitimado pela força da tradição presente na cultura jurídica, na dogmática jurídica, por suas autoridades passadas ou pelo testemunho do presente como momento superior.

À evolução na história corresponderia o processo de libertação do presente em relação ao passado, enquanto a permanência corresponderia à justificação do presente pelo passado. Ambas as formas – evolução e permanência – podem utilizar a história como forma de legitimação do *status quo* atual. A intertemporalidade oferece um núcleo de verdade a ser revelado pela interpretação em qualquer momento histórico, provocando familiaridade entre o intérprete e o momento passado, como se os contextos do passado fossem idênticos aos contextos aos quais o estudo no presente estaria submetido. Assim, o problema da intertemporalidade, traduzido pela continuidade histórica, seja evolução ou permanência, é a ignorância dos diversos fatores aos quais estavam submetidas as relações sociais, políticas e jurídicas pregressas[42].

Além do contexto temporal, o respeito ao contexto espacial complementa a análise histórica comprometida com a autonomia do passado em relação ao presente. Os contextos espaciais são diversos, podendo ser um contexto político, social, econômico, intelectual, ou seja, pode-se determinar o contexto segundo a escolha do objeto de estudo. A importância da análise espaço-contextual reside principalmente na possibilidade de conhecerem-se as diversas condicionantes históricas às quais estiveram submetidos diretamente eventos, ideias, obras literárias, concepções jurídicas, permitindo o resgate dos elementos que poderiam ter influenciado nas ações e ideias de um momento histórico. A pesquisa contextual permite o desenvolvimento do conhecimento sobre as subjetividades constituidoras de determinado contexto, fornecendo um conjunto de elementos que poderiam ser ignorados pela pesquisa atemporal.

Da sociologia surgiram os contextos sociais; da política, contextos políticos; da antropologia, contextos antropológicos, tornando-os diversos e diversificados. Boaventura de Sousa Santos[43], por exemplo, identificou o contexto doméstico, cuja forma institucional é a família; o espaço da produção, que tem como forma institucional a empresa; o espaço da cidadania, em que a forma institucional é o Estado; o espaço mundial, cuja forma institucional são contratos, acordos e organismos internacionais. No interior desses espaços, a intersubjetividade se realiza produzindo uma série de

---

41 António Manuel Hespanha, *Panorama histórico da cultura jurídica europeia*, p. 35.

42 António Manuel Hespanha, *Panorama histórico da cultura jurídica europeia*, p. 36.

43 *Pela mão de Alice:* o social e o político na pós-modernidade, p. 124-125.

saberes acerca da vida cotidiana. Ainda, segundo Santos[44], os espaços são detentores de racionalidades que determinam a produção desses conhecimentos: a maximização da afetividade para o espaço doméstico; a maximização do lucro, no espaço da produção; a maximização da lealdade, no espaço da cidadania; e a maximização da eficácia, no espaço mundial. Cada um desses espaços representa um contexto. Haveria, portanto, o contexto doméstico/família, da produção/empresa e da cidadania/Estado – unidades de produção de subjetividades. No entanto, como o homem não está circunscrito a apenas um espaço intersubjetivo, interage em diversos deles, produzindo seu conhecimento. É óbvio que o pesquisador não se transporta ao passado, mas busca reconstituí-lo e se deixa influenciar pelo conjunto de elementos históricos que influenciou seu objeto de estudo, mesmo que tenha a consciência de que sempre será um homem de sua época com suas preconcepções próprias.

Fruto das recentes opções por análises contextuais da história, surge o debate que opõe texto e contexto. O primeiro modo de se historiografar concentra-se nos elementos textuais, atualizando-os ou reconstruindo-os racionalmente, enquanto a forma contextual busca reconstruir a historicidade. Oposição comum na história intelectual ou ainda na história das ideias, a historiografia que busca reconstruir racionalmente as ideias de alguns pensadores e as atualiza racionalmente, diante de novos conhecimentos, compromete-se com a reescrita ou reinterpretação das ideias desse ou daquele autor, utilizando, sem dúvida, elementos anacrônicos em suas redescrições, mas isso não significa a inexistência de valor acadêmico de tais empreitadas, apenas acentua sua preocupação com uma reconstrução racional a ser utilizada contemporaneamente. Em tal posição toma-se o texto como elemento literário, que deve servir a contextos diferentes, segundo a livre apropriação que dele se faz. Parece que tal prática historiográfica pode ser apropriada para estudos sobre ideias e obras intelectuais, onde a preocupação não é a reconstrução histórica, mas inapropriada quando se objetiva conhecer ideias e seus condicionantes históricos.

A defesa da história textual centra-se na impossibilidade de o pesquisador penetrar no passado, pois, sendo refém de seu próprio tempo e contexto espacial, jamais reconstruiria historicamente o passado. Dessa forma, tal reconstrução sempre estaria submetida aos processos de releituras. A crítica à história contextual é procedente, mas quando tomada de forma absoluta pode vir a tornar o próprio saber algo impossível, transformando-se numa concepção relativista extremada, pois, se não podemos, mediante reconstruções históricas, apresentar uma visão do passado por estar comprometida com o presente ao qual pertence o historiador, da mesma forma nada pode ser dito sobre o passado, ou seja, a história não existiria. Essa última posição coincide com as correntes historiográficas que recentemente associam a prática historiográfica à prática literária, identificando a história com a literatura, sendo uma versão da outra. Parece prudente considerar que para uma análise histórica a história contextual se mostrou capaz de embrenhar-se em investigações impensáveis àqueles que privilegiam o texto, mas a análise textual, quando descomprometida com a análise propriamente histórica, tem valor irrepreensível.

---

44 *Pela mão de Alice:* o social e o político na pós-modernidade, p. 125-126.

2.4.3. Funções da história do direito para o estudo jurídico

A função precípua da história do direito na formação dos bacharéis encontra-se na desnaturalização da permanência ou evolução, em fazer o jurista observar que o direito relaciona-se com o seu tempo e contexto (social, político, moral) e que o direito contemporâneo não é uma nova versão do direito romano ou uma evolução do direito medieval, mas, sim, fruto de um complexo de relações presentes na sociedade e que progride a par das forças indutoras capazes de modificá-lo, transformá-lo, revolucioná-lo.

O discurso da permanência pode ocultar interesses por meio de um discurso em que se pregue a permanência de conceitos e regras sob o fundamento da tradição, da coerência com o espírito de um povo que teria regras, valores e conceitos. A ideologia da evolução, por outro lado, busca tornar natural a necessária modificação, desqualificando por motivação temporal o que é antigo, pois a evolução, como processo inexorável, tudo deve aperfeiçoar. Assim, entender a instituição histórica do positivismo, da racionalidade jurídica, da propriedade e de tantos outros temas históricos pode proporcionar ao estudioso do direito visão diferenciada da dogmática jurídica e do direito contemporâneo. Uma visão livre para refletir sobre os dogmas do direito contemporâneo sem torná-los amarras à compreensão do fenômeno jurídico[45].

2.4.4. A história do direito no ensino jurídico

A história do direito no ensino jurídico brasileiro não gozou de períodos estáveis que proporcionassem o amadurecimento da historiografia jurídica. Sua ausência nos currículos dos cursos de direito deu-se por negligências, preconceitos e até mesmo por incompreensão dos legisladores quanto ao papel dessa disciplina para a formação do bacharel. Para uma compreensão do percurso da história do direito no Brasil, faz-se necessária a leitura de documentos históricos, de obras consagradas ao ensino jurídico, assim como de textos sobre a história do direito e história do Brasil.

No Império, antes da criação dos cursos jurídicos no Brasil, motivada pelo projeto de lei da autoria dos deputados Januário da Cunha Barbosa e José Cardoso Pereira de Melo, de 5 de julho de 1826, a Câmara dos Deputados discutia a inclusão de história da Legislação Nacional no currículo dos cursos jurídicos brasileiros. Os debates em torno da história do direito dividiram-se, então, em dois grupos: os contrários à inserção da disciplina e os favoráveis. Os argumentos dos que se opunham à disciplina histórica concentraram-se na inexistência de uma história legislativa nacional, o que, necessariamente, levaria os alunos ao estudo das legislações adotadas pela antiga metrópole. Para alguns deputados, como Almeida de Albuquerque e Custódio Dias, a presença dessa disciplina proporcionaria aos estudantes uma educação calcada em valores e

45 António Manuel Hespanha, *Panorama histórico da cultura jurídica europeia*, p. 15-16.

institutos estrangeiros (portugueses), prestando, assim, um desserviço à legitimação do direito brasileiro e à instituição da nação brasileira. Os argumentos dos favoráveis à inclusão da disciplina histórica fundaram-se na vigência do direito de origem portuguesa, recepcionado pela Constituição, e tiveram em Lino Coutinho, Sousa França e Clemente Pereira fiéis defensores[46]. A corrente contrária à história legislativa, vitoriosa no debate parlamentar, impôs a primeira derrota da história do direito, excluindo, assim, a disciplina histórica dos currículos dos cursos de direito que viriam a ser criados em Olinda e em São Paulo, conforme o estatuto legal de 11 de agosto de 1827.

No início do período republicano, objetivando a criação de um nacionalismo jurídico que rompesse com as bases do direito português e eclesiástico[47], a disciplina de história do direito nacional é introduzida nos currículos acadêmicos pela Reforma Benjamin Constant (Decreto republicano n. 1.232, de 2-1-1891). Acolhida pela Lei n. 314, de 30 de outubro de 1895, no que tange ao ensino da história do direito nacional, a Reforma Benjamin Constant sobrevive até 1901, quando entra em vigor o Código dos Institutos Oficiais de Ensino Superior, que retira da grade curricular dos cursos oficiais a história do direito nacional, sendo mantida tal ausência pela Reforma Rivadávia Corrêa (Decreto n. 8.659, de 5-4-1911). Essa ausência é mantida pela Reforma Carlos Maximiliano (1915) e pela Reforma Francisco Campos (1931). Em 1962, de forma mais flexível, o parecer 215 da Comissão de Ensino Superior e seus sucessores – Resolução n. 3 do CFE (1972) e a Portaria n. 1.886/94 – não incluíram a história do direito em seus currículos mínimos.

O desprestígio da história do direito nos currículos jurídicos, cujo estudo obrigatório resumiu-se a pouco mais de dez anos, e o desinteresse dos historiadores pelo tema acabaram por criar uma lacuna nas reflexões jurídicas. No Brasil, somente neste século as publicações sobre história do direito deixaram de ser raras. O impulso no desenvolvimento do tema tem por uma de suas bases a Resolução CNE/CES n. 9, de 29 de setembro de 2004, que incluiu no Eixo de Formação Fundamental dos cursos de direito estudos que envolvam conteúdos essenciais sobre antropologia, ciência política, economia, ética, filosofia, história, psicologia e sociologia.

Percebe-se que a resolução determinava a matéria história, mas as faculdades de ciências jurídicas adotaram em massa o ensino de história do direito, fato que permitiu gradual desenvolvimento do ambiente acadêmico sobre o tema, que historicamente sempre havia sobrevivido com poucos espaços para o debate científico. O ambiente era ainda mais desolador se incluirmos ao desprestígio o processo de revolução que a historiografia vive desde 1929, quando o estudo da história passou, a partir da fundação da Escola dos Annales, na França, por profunda reformulação. Até então se fazia narrativa de fatos políticos e militares, quando os historiadores começam a introduzir no estudo da história métodos e objetos das ciências sociais, alterando radicalmente o ofício de historiografar.

As narrativas e descrições legais, predominantes nas obras de história do direito, para o historiador herdeiro dos Annales, são desprovidas de sentido. A história não deve apenas narrar, mas propor compreensões, assim como não pode preocupar-se

---

46 Aurélio Wander Bastos, *O ensino jurídico no Brasil*, p. 26-27.

47 Aurélio Wander Bastos, *O ensino jurídico no Brasil*, p. 138.

exclusivamente com os grandes acontecimentos, mas com as práticas sociais, com as mentalidades de uma época, ou seja, com um conjunto infinito de objetos que poderiam ser abordados por metodologias diversas.

O quadro desolador ao qual estava submetida a historiografia jurídica brasileira, no entanto, tende a modificar-se. A obrigatoriedade do estudo de disciplinas entendidas como de formação humanística, com a sua consequente adoção em exames e concursos, como é o caso de história do direito, filosofia, sociologia, economia, antropologia e ciência política fornece ao estudante o instrumental crítico para a compreensão da história, permitindo a análise qualificada exigida pela historiografia contemporânea. Se as disciplinas propedêuticas, acima relacionadas, tradicionalmente ocupam-se de teorias gerais, cabe à história do direito o fornecimento dos objetos de estudo contextualizados historicamente, fornecendo uma compreensão dos problemas sociais, econômicos e políticos que envolvem o fenômeno jurídico brasileiro, por meio de suas continuidades e rupturas.

A crescente inclusão da disciplina de história do direito nos currículos jurídicos tem provocado aumento significativo das publicações e debates, proporcionando o nascimento de um ambiente acadêmico propício ao desenvolvimento das pesquisas histórico-jurídicas, contribuindo, numa época em que as humanidades possuem a real dimensão de sua historicidade, para o preenchimento das lacunas na formação dos juristas. É, portanto, este o quadro atual da historiografia jurídica nacional: construção de um saber imerso na desconstrução dos dogmas do passado.

INDICAÇÃO DE FILME

Um filme falado (França). Direção de Manoel de Oliveira. 2003.

O filme conta a história de uma professora de história que viaja com sua filha em um cruzeiro. Ela visita lugares a respeito dos quais lecionava, mas nunca havia conhecido: Marselha, Nápoles, Atenas, Istambul, Egito e Aden. O filme propõe-se a fazer um contraponto entre passado e presente, bem como levantar questões a respeito de diferenças linguísticas entre gerações e diferenças culturais entre países.

QUESTÕES

Em relação ao texto a seguir, responda à questão proposta:

"Como o conceito de soberania na atualidade adentra em crise, visto que em um mesmo território os Estados nacionais não são mais absolutos no legislar, tendo de respeitar regras de direitos humanos e de direito internacional, por exemplo, entra também em crise a própria ideia de unicidade do direito. Surge com vigor, até como solução para a crise, nova percepção de pluralismo jurídico, que admite a existência, no mesmo espaço geopolítico, de mais de uma ordem jurídica, apesar de nem todas serem reconhecidas oficialmente como tal" (José Fabio Rodrigues Maciel, Pluralismo e unicidade na busca de segurança jurídica, *Revista Sociologia Jurídica*, n. 6, jan./jun. 2008. Disponível em: http://www.sociologiajuridica.net.br/numero-6/250-pluralismo-e-unicidade-na-busca-de-seguranca-juridica-jose-fabio-rodrigues-maciel).

1. Como a história do direito auxilia a compreensão da nova realidade relatada no texto?
2. Teria o movimento dos Annales representado, de fato, a "Nova História" em oposição à "Velha História", como mencionam os primeiros fundadores do movimento, assim como seus refundadores e herdeiros?
3. Se considerarmos que os setores estigmatizados pela primeira geração dos Annales como uma "Velha História" eram na sua inteireza retrógrados, como surge o movimento dos Annales, se somos fruto de nossa própria história?
4. Quais as principais transformações trazidas pelo movimento dos Annales no entendimento da história? Qual a relação dessas transformações com o estudo do direito?

Capítulo 3

O DIREITO DOS POVOS SEM ESCRITA

3.1. A DIFICULDADE DE DIAGNÓSTICO

A história do direito normalmente é estudada a partir da época em que remontam os mais antigos documentos escritos conservados, sendo essa época diferente para cada povo, para cada civilização. Há, inclusive, e não há como negar, civilizações que, mesmo não se servindo da escrita, atingiram níveis espetaculares de desenvolvimento, inclusive superando o nível da evolução jurídica de certos povos que se servem da escrita. Como exemplo podemos citar os Incas na América do Sul e os Maias na América Central que, mesmo sem desenvolverem a escrita, tiveram grande desenvolvimento econômico e social.

Quando falamos no direito dos povos sem escrita, temos enorme dificuldade em conceituá-lo, já que com base em estudos arqueológicos é possível reconstituir os vestígios deixados pelos povos pré-históricos, como moradias, armas, cerâmicas, rituais etc., com os quais é possível determinar a respectiva evolução social e econômica. Mas o direito requer, além desses itens, o conhecimento de como funcionavam as instituições na época em questão, o que é deveras difícil de se reconstituir. Podemos dizer que essa "pré-história" do direito escapa quase inteiramente ao nosso conhecimento? Não, tendo em vista que, no momento em que os povos entram na história, a maior parte das instituições jurídicas já existem, mesmo que ainda misturadas com a moral e com a religião, como o casamento, a propriedade, a sucessão, o banimento etc.

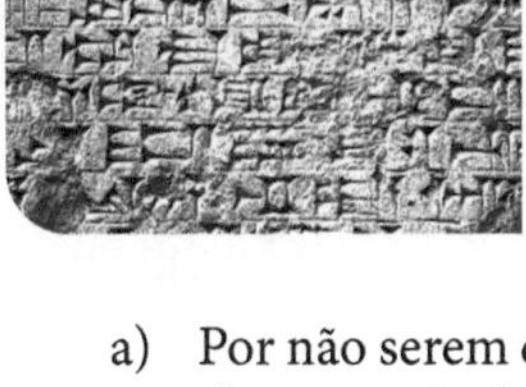

3.2. CARACTERÍSTICAS GERAIS

As principais características dos direitos dos povos sem escrita podem ser assim definidas, como pontua John Gilissen[1]:

a) Por não serem direitos escritos, os esforços de formulação de regras jurídicas abstratas são bastante limitados. Observe-se que mesmo os escritos, como

1 John Gilissen, *Introdução histórica ao direito*, p. 35.

o Código de Hamurabi, praticamente não possuíam regras abstratas, sendo praticamente uma compilação de casos concretos.

b) Como cada comunidade tinha o seu próprio costume, pois vivia isolada, praticamente sem contato com outras comunidades, há grande diversidade nesses direitos.

c) A diversidade ora apontada acaba por ser relativa. Tendo em vista que a base de organização social humana era semelhante, há inúmeras coincidências entre os vários direitos que surgem. Mas as diferenças também existem, influenciadas por vários itens, como clima, recursos naturais, número de indivíduos etc.

d) Direito e religião ainda estão umbilicalmente entrelaçados. Como há grande temor em relação aos poderes sobrenaturais, é ainda difícil distinguir o que vem a ser regra religiosa e o que vem a ser regra jurídica. Não existe distinção entre religião, moral e direito, estando essas funções sociais bastante interligadas e confundidas.

e) São direitos ainda em formação, em gestação, longe das instituições que conhecemos e que são definidas nos sistemas romanistas ou do *Common Law*, que estudaremos adiante. Não há definição do que é justiça, regra jurídica etc.

Alguns autores defendem que nesse estágio não podemos falar em regras jurídicas, em direito propriamente dito. É o caso de Marx e Engels, por exemplo, que consideram o direito ligado ao Estado, e afirmam não existir direito nos grupos sociais que não atingiram o estádio de organização estatal. Atualmente, admite-se caráter jurídico dos povos sem escrita, levando-se em conta que existiam meios de constrangimento para assegurar o respeito às regras de comportamento.

3.3. FONTES

Característica corrente dessa fase do direito, a fonte pode ser considerada quase exclusivamente o costume, ou seja, a forma tradicional de viver em comunidade, as normas estabelecidas consensualmente pelos membros do grupo[2]. A obediência ao costume era assegurada pelo temor dos poderes sobrenaturais e pelo medo da opinião pública, especialmente o medo de ser desprezado pelo grupo em que se vivia. Naquela época, um homem fora do seu grupo, vivendo isoladamente, podia considerar-se fadado à morte.

Penas normalmente impostas:

a) morte;

b) penas corporais;

c) banimento (exclusão do grupo social).

[2] John Gilissen, *Introdução histórica ao direito*, p. 37.

Outras fontes do direito dos povos sem escrita:

a) regras de comportamento impostas por quem detinha o poder (primórdios das nossas atuais leis);
b) precedente judiciário: os que julgavam, mesmo que involuntariamente, tinham tendência de aplicar aos litígios soluções dadas anteriormente a conflitos semelhantes;
c) provérbios e adágios (poemas, lendas etc.).

3.4. DIREITO COMO ORIGEM FAMILIAR

A história do direito, auxiliada pela etnologia jurídica, também estuda os diferentes tipos de estrutura familiar e social que se podem reconstituir. É com base nesse estudo, muitas vezes confrontado com o modo de vida e organização social dos povos ainda hoje existentes que desconhecem a escrita, como os povos originários nas Américas e os aborígines na Austrália, que podemos reconstituir as instituições criadas por esses povos, base da organização jurídica.

O casamento é uma das instituições mais arcaicas e mais permanentes, sobrevivendo com intensidade ainda em nosso tempo. É a reunião mais ou menos estável entre duas pessoas de sexos diferentes. Já nas sociedades primitivas o incesto era proibido, sendo tratado como verdadeiro tabu; quem o praticasse poderia sofrer sérias sanções, inclusive a pena de morte. Nessa época a poligamia, união de um homem com mais de uma mulher, era frequente; a poliandria, casamento de uma mulher com mais de um homem, era praticamente inexistente.

Tipos de estrutura em que se sustentavam as bases familiares

Sistema matrilinear (não confundir com matriarcal)	Quando a família está centrada na linhagem da mãe. Quem sai de casa é o homem.
Sistema patrilinear	Centrado na linhagem do pai. O chefe de família é o pai, e quem sai de casa é a mulher. É, inclusive, a base do direito Romano, em que o *pater familias*, o chefe do núcleo familiar, exerce amplamente a autoridade, indo até ao direito de vida e morte dos seus membros.

3.4.1. O clã

Independentemente do sistema adotado pela sociedade chega-se sempre, pela ampliação dos laços consanguíneos, à formação de grupos relativamente extensos – os clãs. É neles que há origens comuns e, dessa forma, identidade cultural, o que facilita a unificação.

O culto aos antepassados era um dos principais itens de união entre as famílias, já que reforçava laços. O desenvolvimento e mesmo a sobrevivência dos membros das famílias acabavam dependendo da coesão dos seus membros e da relação de confiança estabelecida dentro dos respectivos clãs.

O clã acabou por ser considerado uma unidade. Se alguém atacasse um membro do clã, todos se sentiam atacados, e a revolta era contra o clã ao qual pertencia o agressor, e não contra a pessoa física específica que cometera o mal – a vingança era comum a todos.

Nos clãs já surgem inúmeras instituições de direito privado, como o casamento, a sucessão do chefe, a adoção etc.

3.4.2. A etnia

Como regra, os clãs que se enfrentavam, por proximidade, normalmente tinham nome comum, mesma memória, consciência de grupo, costumes próprios, a mesma língua. Considerando que vingança gera vingança, deixar que os próprios clãs resolvessem suas pendências podia levar grupos inteiros ao extermínio. Percebendo essa inconsequência, alguns grupos abdicavam de aplicar a própria vingança e colocavam essas decisões nas mãos de membros dos vários clãs que compunham determinado grupo. Surge com isso uma comunidade com espectro mais amplo que o clã, que é comumente chamada de etnia – é o início da formação de um Estado.

Uma justiça unificada limita a solidariedade ativa e passiva das famílias e dos clãs. Gradualmente, as vinganças privadas prejudiciais às etnias, que significam o seu enfraquecimento ou mesmo a sua destruição, são substituídas por novas regras, como a lei de talião, que visava reparar o dano impondo o mesmo prejuízo ao agressor.

A justiça adotada pelas etnias confia frequentemente nas forças sobrenaturais para solucionar os conflitos. Uma das espécies de prova que recorria ao sobrenatural era a ordália, ou seja, na falta de certeza sobre um delito, e sendo uma pessoa acusada de tê-lo cometido, atirava-se essa pessoa na correnteza de um rio. Caso sobrevivesse, era intervenção divina e isso provava a inocência. Caso não, estava provada a culpa.

A etnia constitui a estrutura sociopolítica superior, agrupando número indeterminado de clãs. Caso a junção de clãs não obedeça a esse processo, certamente os conflitos surgirão com muito mais facilidade. Exemplo disso são os atuais Estados africanos que, após a Segunda Grande Guerra, deixaram de ser colônias dos países europeus, mas cuja divisão de fronteiras não respeitou as linhas divisórias das várias etnias. O resultado é evidente: guerras e genocídios sem fim.

3.5. O DIREITO DAS COISAS

Como os clãs são considerados um todo coletivo, a propriedade privada demora bastante a aparecer no estudo das sociedades primitivas. A individualidade é bastante restrita, estando o homem ligado aos membros do seu clã.

Da mesma forma que o indivíduo se sente ligado aos membros do clã, este, como um todo, o considera sua parte, estendendo ao conceito de indivíduo aquilo que a ele se liga mais estreitamente, como é o caso das armas, dos frutos colhidos, da canoa etc.

Além de os pertences terem caráter sagrado, sendo por isso invioláveis, sob pena de sanções sobrenaturais, também não diziam respeito ao indivíduo, mas à linhagem, ou mesmo ao clã do qual fazia parte. Portanto, os bens eram em princípio inalienáveis.

Com a morte de um indivíduo, muitas vezes o que lhe pertencia era enterrado ou queimado com ele. Em tempo de vacas magras as necessidades econômicas falam mais alto do que certos misticismos, o que faz com que os membros de determinados clãs permitam que os sobreviventes herdem determinados objetos, como armas e alimentos. Surgem com isso as primeiras formas de sucessão de bens[3] – mais um instituto jurídico.

Nos povos primitivos os bens de consumo, especialmente os alimentos, foram precocemente alçados à condição de alienáveis, ficando evidente que a propriedade mobiliária precedeu de longe a propriedade imobiliária. Isso porque para os primitivos o solo era sagrado, tido como a sede de forças sobrenaturais, já que era nele que ficavam os restos mortais dos antepassados.

O chefe não era considerado proprietário do solo, sendo ele pertencente a toda a comunidade. Mesmo que as parcelas fossem repartidas pelo chefe entre as famílias, isso era por curto lapso de tempo. Depois da colheita, por exemplo, toda a terra voltava a pertencer ao clã como um todo. Por isso afirma Gilissen que não existia apropriação por prescrição aquisitiva; qualquer que fosse a duração da detenção de uma parcela, ela devia sempre retornar à comunidade. O solo, cultivado ou não, pertencia ao chefe da terra e, por ele, à comunidade. A terra era evidentemente inalienável, sobretudo a estrangeiros[4].

Nas etnias que permaneceram nômades, o desenvolvimento da propriedade comum era privilegiado, porque o rebanho era considerado pertencente a todos. Já nas etnias em que ocorreu a sedentarização, com a colheita dando lugar à agricultura, houve uma tendência natural à individualização das coisas, contribuindo para a solidificação da propriedade privada.

Com a sedentarização dá-se início à distinção entre terras comuns cujo uso pertence à comunidade, como as florestas e pastos, e as parcelas cultivadas pelas famílias. Surge com isso a noção de propriedade familiar, depois individual do solo, e ao mesmo tempo a de sucessão imobiliária e de alienação de imóveis. É o começo da distinção cada vez maior entre ricos e pobres, já que a apropriação do solo leva a desigualdades sociais e econômicas. Motivos da desigualdade econômica: partilhas sucessórias, diferenças de fertilidade, acidentes meteorológicos, entusiasmo no trabalho etc.

Como desigualdades econômicas implicam necessariamente desigualdades sociais, acabam por surgir classes sociais cada vez mais distintas e uma hierarquização da sociedade. O mundo passa a ser dividido em classes sociais.

O próximo passo é o recrudescimento dos agrupamentos sociais, que tem como resultado a formação das cidades. Junto com o adensamento populacional que surge

---

3 John Gilissen, *Introdução histórica ao direito*, p. 44.

4 John Gilissen, *Introdução histórica ao direito*, p. 44.

junto com as cidades, vem a necessidade de fiscalização, de recenseamento, ao mesmo tempo que a troca de informações é acentuada. A simples transferência oral de informações não é mais suficiente, há a necessidade de registrar os fatos – surge a escrita. A partir daqui já não são mais "povos sem escrita".

3.6. DIREITO, TABU, RELIGIÃO E PROPRIEDADE

O direito constitui-se, na sociedade, ligado, até certo ponto, com o tabu – este, uma proibição convencional determinada pelos costumes de uma comunidade. Com a evolução cultural, tanto o tabu como o direito acabam por se mesclarem com a religião, vivendo longo período atrelados à Teologia.

Como havia grande temor aos poderes sobrenaturais, fica muito difícil distinguir a regra religiosa da regra jurídica, ainda mais porque o culto aos antepassados era um dos principais itens de união do clã, o que reforçava os laços familiares. É por isso que se identifica com menos dificuldade estar na ocorrência de crises religiosas o contexto em que o direito acaba por buscar em si mesmo a razão de sua existência. Normalmente, essa existência é voltada para a realidade econômica, sendo que muitas vezes, para não dizer sempre, tem viés claramente conservador, fato que auxilia na manutenção do *status quo*, já que é o direito instrumento de gestão subordinado à realidade econômica.

Percebe-se, portanto, que as transformações do direito percorrem mais os caminhos da magia e da religião do que os da independência, a qual se dá a partir da formação de um sistema jurídico laico. Mas essa transformação não é patente, havendo amplos campos cinzentos, isto é, zonas de confluência entre os itens mencionados. É que mesmo o direito considerado laico sofre a influência da religião, já que é embasado pelos ditames da sociedade dominante, e essa está, de alguma forma, impregnada do elemento religioso. Exemplo disso é o princípio da nossa Constituição Federal, o da dignidade humana, princípio claramente sustentado no ensinamento cristão: do amor ao próximo. Também o texto do preâmbulo da constituição de 1988 traz o termo "Deus", referendando a influência citada.

Nas sociedades sem escrita, por exemplo, as controvérsias primeiramente resolvem-se no plano individual, no clã, ou pela autoridade do chefe, guerreiro ou espiritual, ou pela lei de talião, que nada mais é do que a retaliação, isto é, a vingança proporcional ao dano causado, o olho por olho, dente por dente. Com o desenvolvimento social, com a organização dos vários clãs e etnias, ocorre uma embrionária organização estatal, que passa a intervir nas relações dos particulares. Mas essa intervenção dá-se apenas para impedir que a vingança ou outra reação (pela desproporção) comprometa a harmonia do grupo, levando-o até mesmo à autodestruição. Tal unidade harmônica – de raízes religiosas e ligada ao sagrado – resguarda também o bem comum, ou seja, a terra, sagrada por guardar os antepassados.

Com o avanço das relações entre grupos sociais, entre etnias, cada vez mais a esfera pública do direito sobrepõe-se à esfera privada, e tem, como resultado, o fato de os interesses coletivos passarem a ser colocados acima dos individuais. Assim, tem-se nos dias atuais a convivência das duas esferas que, em determinados momentos, coincidem, gerando, às vezes, dificuldades para separar o direito público do direito privado. É nesse contexto que ganha destaque a função social da propriedade, que é a proteção de interesse coletivo que limita o uso privado da propriedade, entendida aqui não só como a imobiliária.

Ao avaliar mais rigorosamente a questão da relação jurídica com a religião e o tabu, percebe-se que, em qualquer fase, o direito tem, como uma de suas características fundamentais, o fato de ser um conjunto de regras sobre a transmissão não violenta de propriedade (portanto voltado apenas àqueles que a possuem) e contra a transmissão violenta, mais uma vez protegendo os possuidores. Conclui-se, portanto, que – independentemente da configuração jurídica dos povos e do grau de influência da religião, do sagrado – a base da justificação jurídica está na proteção da propriedade, e não necessariamente nos aspectos éticos e morais que regulam determinada sociedade. É esse um dos fatores que justificam a clara separação entre direito e Justiça, ícones que, em muitos povos, são ainda vendidos como se uma coisa só fosse.

Como consequência percebemos que, por mais que tenhamos sistemas jurídicos diferentes e, devido à colonização impetrada a outros povos pelos de origem europeia, os sistemas que imperam neste continente sejam considerados mais bem elaborados, mas não existe, efetivamente, um direito positivo que possa ser alçado à condição de superior, melhor do que os outros, mas, sim, direitos mais ou menos adequados historicamente para regular certas relações de produção e de propriedade. É nesse contexto que se devem respeitar os direitos hindu, muçulmano, indígena e outros. O problema está em como fazer o direito coincidir com a justiça em qualquer sistema jurídico, como forma de neutralizar as arbitrariedades dos que detêm a propriedade, ou melhor, fazendo com que as propriedades sejam sempre utilizadas em benefício do coletivo e do indivíduo, e não apenas no interesse do particular.

INDICAÇÃO DE FILME

A guerra do fogo (França/Canadá). Direção de Jean-Jacques Annaud. 1981.

O filme conta a história de três membros de uma tribo, em período anterior à linguagem, cerca de 80.000 a.C., que saem em busca de uma chama, após a fonte natural de fogo de sua tribo ter sido extinta. No caminho, encontram uma tribo que tem o domínio do fogo. O filme aborda questões como linguagem corporal, sobrevivência humana e evolução.

10.000 a.C. (EUA/Nova Zelândia). Direção de Roland Emmerich. 2008.

O filme acompanha uma tribo nômade que conta com uma profecia para a escolha de seu líder. Após ter grande parte da tribo capturada, o jovem líder parte em uma jornada que o levará a ter conhecimento a respeito de outras culturas primitivas.

QUESTÕES

1. Discorra acerca das fontes do direito na época dos povos sem escrita, relacionando-as com as nossas atuais fontes do direito.
2. Se o direito dos povos sem escrita é considerado a pré-história do direito, qual o motivo de continuar a estudá-la?

   Em relação ao texto a seguir, responda à questão proposta:

   "Alguns pensadores gregos, essencialmente sofistas, entendiam que a *physis* estava relacionada com a natureza, com o fenômeno, e que o *nomos* tinha relação com o que era adquirido pelo costume. Ora, o que pertencia ao domínio do *nomos*, no caso a lei escrita, seria susceptível de ser transgredido, já que era algo imposto, fruto de uma convenção. Neste aspecto a *physis*, na qual se insere o direito natural, deve prevalecer quando for divergente da lei escrita" (José Fabio Rodrigues Maciel, Physis e Nomos, *Carta Forense*, set. 2007, disponível em: http://www.cartaforense.com.br/conteudo/colunas/physis-e nomos/893).
3. É possível fazer a mesma discussão supra-apresentada antes do advento da escrita jurídica?

Capítulo 4

ORIENTE PRÓXIMO: EGITO, HEBREUS E MESOPOTÂMIA

Três são os principais fatores históricos responsáveis pela transição das formas arcaicas de sociedade para as primeiras civilizações da Antiguidade:

a) surgimento das cidades;
b) invenção e domínio da escrita;
c) advento do comércio.

Os mais antigos documentos escritos de natureza jurídica aparecem por volta de 3100 a.C. no Oriente Próximo, tanto no Egito como na Mesopotâmia. É que a simples transmissão oral da cultura passou a ser insuficiente para a preservação da memória e da identidade dos primeiros povos urbanos, já que tinham uma estrutura religiosa, política e econômica diferenciada.

Os povos do Oriente Próximo

Egito	Não nos transmitiu até agora nem códigos nem livros jurídicos; mas foi a primeira civilização da humanidade que desenvolveu um sistema jurídico que se pode chamar individualista.
Mesopotâmia	Foi a região que conheceu as primeiras formulações do direito. Os Sumérios, os Acadianos, os Hititas e os Assírios redigiram textos jurídicos que se podem chamar "códigos", os quais chegaram a formular regras de direito mais ou menos abstratas.
Hebreus	Localizados entre o Egito e a Mesopotâmia, não atingiram desenvolvimento tão grande do direito, mas registraram na Bíblia, o seu livro religioso, um conjunto de preceitos morais e jurídicos que foram perpetuados – influência direta no direito canônico e no direito dos muçulmanos.

A Mesopotâmia e o Egito tinham algumas diferenças em seus aspectos geográficos, políticos e econômicos, fato que influenciou sobremaneira os institutos jurídicos dessas civilizações.

Geografia

Os mesopotâmicos e egípcios formaram suas civilizações em torno dos rios Tigre, Eufrates e Nilo, respectivamente.

Semelhanças:

Ambos os povos foram beneficiados por um solo propício à agricultura e à navegação fluvial, essencial para o transporte de mercadorias e sofisticação do comércio.

Diferenças:

Nilo: período de cheias e recuos das águas previsíveis e estáveis – influência na religião, como a imortalidade do faraó e sua associação com a divindade.

Tigre e Eufrates: instáveis – a monarquia representa a luta de uma ordem humana, com todas as suas ansiedades e fragilidades, para se integrar ao universo.

Política

Egito: monarquia unificada, com um poder central bastante definido, titularizado pelo faraó.

Mesopotâmia: civilizações baseadas na organização em cidades-Estado.

Economia

Tanto na Mesopotâmia como no Egito o comércio era elemento crucial na consolidação dessas civilizações, sendo que as cidades daquela dependiam bem mais do comércio que o Egito, o que diferenciará o desenvolvimento do direito privado nessas duas civilizações.

Semelhanças:

Têm como aspectos comuns o cultivo de alimentos e a navegação fluvial.

Diferenças:

Egito: rico em vários materiais (ouro, cobre, marfim etc.). Só não possuía a madeira, sendo importada do Líbano.

Mesopotâmia: carente de minerais (exceção do cobre), resultando em uma dependência muito maior do comércio.

4.1. EGITO

Os egípcios, assim como os hebreus, tinham uma polícia extremamente organizada. O território era governado pelo monarca e dividido em dezenas de regiões administrativas, cada uma dirigida por um chefe de polícia. Já o poder judiciário, até pela origem "divina" dos faraós, concentrava-se na classe sacerdotal, sendo que eram as principais cidades que forneciam os juízes para o tribunal supremo responsável pelo julgamento dos crimes mais graves.

O processo egípcio tinha as seguintes características:

a) acusação como um dever cívico das testemunhas do fato criminoso;
b) polícia repressiva e auxiliar da instrução, a cargo de testemunhas;
c) instrução pública e escrita;
d) julgamento secreto e decisão simbólica.

Menes, um dos faraós do Egito, determinou pela primeira vez o cadastro populacional, de forma que todas as pessoas tinham que comparecer junto ao magistrado e declarar seu nome, profissão e meios de subsistência. Pelos documentos até hoje encontrados, percebe-se que os recenseamentos eram comuns, delineando ter sido essa civilização extremamente evoluída, já que havia grande controle do Estado sobre os cidadãos e sobre os bens em geral.

4.1.1. Breve história

A civilização do Nilo tem uma longa história de cerca de quarenta séculos, que se inicia a mais de 3000 anos a.C. Localizada na África Setentrional, tem como limites o Mar Mediterrâneo ao norte, a Líbia a oeste, o Sudão ao sul e o famoso Mar Vermelho, por onde fugiram os hebreus do jugo egípcio, a leste.

A principal característica do Egito foi e é o fato de ter o rio Nilo cortando o seu território por aproximadamente mil quilômetros. Como visto, a inundação periódica do rio, entre julho e outubro, garante a fertilidade, o que sempre permitiu amplo cultivo de alimentos.

Todo o poder político era concentrado nas mãos do faraó, que era divinizado, confundido com o próprio deus. Cumpria ao faraó garantir a ordem, a soberania do Egito e a prosperidade do povo.

Quanto à questão jurídica, apesar de nenhum código ter sido até hoje encontrado, os costumes parecem ter sido rapidamente superados pelo direito escrito, promulgado pelos faraós, como a principal fonte do direito egípcio.

4.1.2. Características do direito

Os períodos do direito individualista são marcados por um estado jurídico próximo daquele que os romanos conheceram nos séculos II e III na nossa era. Como exemplo, vamos citar o direito na época entre III e a V dinastia (séculos XXVII-XXV a.C.), denominado Antigo Império.

O poder era concentrado no faraó, havendo grande limitação aos proprietários de terra. A nobreza feudal desapareceu, propiciando que a pequena propriedade se disseminasse pelos territórios egípcios. Aliás, os governos sempre conviveram com a possibilidade de o poder ser descentralizado e as cidades mais distantes ganharem mais autonomia em relação ao governo central do faraó.

O que mostra o avanço intelectual e organizacional do reino é o fato de o rei governar com os seus funcionários. Os chefes dos departamentos de administração formavam um verdadeiro "Conselho de Ministros", presidido pelo vizir, uma espécie de chanceler. Os funcionários eram agrupados em departamentos específicos, como finanças, registros, domínios, obras públicas, irrigação, culto, intendência militar etc. Como hoje, os funcionários eram remunerados e todos podiam ascender às mais altas funções, seguindo rigorosa carreira administrativa.

Como mais um elemento administrativo, os tribunais também eram organizados pelo rei. O processo era escrito, pelo menos parcialmente. Prova disso é que junto a cada tribunal estava instalada uma chancelaria, encarregada da conservação dos atos judiciários e dos registros de estado civil.

Vale ressaltar que nenhum texto legal do período antigo do Egito chegou ao conhecimento do homem moderno. No entanto, são inúmeros os excertos de contratos, testamentos, decisões judiciais e atos administrativos encontrados até o momento. Some-se a isso a grande quantidade de referências indiretas às normas jurídicas em textos sagrados e narrativas literárias.

4.1.3. Principais institutos

Códigos: discute-se se os egípcios tiveram um direito codificado ou não. Entendemos ser estéril essa discussão, já que até o momento não foram encontrados textos que atestassem diretamente esse fato. O que realmente importa, independentemente de algum arqueólogo em breve achar hieróglifos que comprovem a codificação, é que tiveram um direito extremamente evoluído, sendo em vários pontos comparado ao direito romano, que surgirá mais de dois mil anos após. Essas informações sobre as leis egípcias chegam até nós de forma indireta, quer pelos textos dos julgamentos que se preservaram, quer pela literatura, que abordava amplamente o tema.

Contratos: a lei, portanto, é considerada pelos historiadores a principal fonte do direito, superando os costumes. Era ela promulgada pelo rei, depois do parecer de um "Conselho de legislação". Como se verá no estudo do direito romano, a um direito público centralizador corresponderá um direito privado individualista. O direito privado entre os egípcios ganhava autonomia e os contratos eram celebrados livremente entre os cidadãos, e obrigatoriamente deveriam ser escritos. Primeiramente era feito entre as partes; dentro de um processo evolutivo, a redação desses documentos passou para os denominados escribas, precursores da nossa atual escritura pública, que redigiam o texto e colocavam sua assinatura para validar o documento. O direito dos contratos era bastante desenvolvido, sendo conservados documentos que atestam a existência de atos de venda, de arrendamento, de doação, de fundação etc.

Família: não há sinais de solidariedade clânica entre os egípcios, sendo todos os habitantes considerados iguais perante o direito, sem privilégios. A célula social por excelência era a família em sentido restrito: pai, mãe e filhos menores. Além de marido e mulher serem colocados em pé de igualdade, todos os filhos, tanto filha como filho, eram considerados iguais, sem direito de primogenitura nem privilégio de masculinidade. Os filhos ganhavam a emancipação após atingirem determinada idade, o que os diferenciava dos romanos, sociedade na qual os filhos só ganhavam a emancipação se esta fosse concedida pelo patriarca, o *pater familias*.

Testamento: a liberdade de testar era total, salvo a reserva hereditária a favor dos filhos.

Coisas: todos os bens, imóveis e móveis, eram alienáveis. A pequena propriedade predominava. O estudo dos documentos encontrados sugere que havia enorme mobilidade de bens, já que os recenseamentos eram periódicos.

Penal: não aparece de modo algum severo, em comparação com os outros períodos da Antiguidade, apesar de também prever penas cruéis, como trabalhos forçados, chicotadas, abandono aos crocodilos etc.

No denominado Regime Senhorial, que surge a partir do fim da V dinastia, houve mudanças no direito egípcio, acompanhadas de grande retrocesso. No direito público havia ingerência total de uma oligarquia baseada na nobreza sacerdotal, além de hereditariedade dos cargos e diversas formas de imunidade. No direito privado o retrocesso não foi diferente, com o reforço do poder paternal e marital, desigualdade no domínio das sucessões, com privilégios para os primogênitos e para os homens. Os contratos tornaram-se escassos.

Foi nesse período que o Egito entrou no regime de economia fechada, enquanto as províncias se separaram do poder central. Somente no século XVI a.C., com a XVIII dinastia, o sistema jurídico voltou a se assemelhar ao do Antigo Império.

4.2. HEBREUS

Os hebreus são semitas que viviam em tribos nômades, conduzidas por chefes. Retornam do Egito, o denominado êxodo, por volta do século XII a.C., instalando-se na Palestina, entre os hititas e os egípcios. O êxodo, fuga do povo hebreu da perseguição e da escravidão faraônica no Egito, foi comandado por Moisés, grande líder e legislador.

O direito hebraico é um direito religioso, embasado em uma religião monoteísta, bastante diferente dos politeísmos que grassavam na Antiguidade. Dessa forma, o direito é dado por Deus ao seu povo, sendo, portanto, imutável. Só a Deus é permitido modificá-lo, concepção que reencontraremos nos direitos canônico e muçulmano. Os intérpretes, os rabinos, podem interpretá-lo adaptando-o à evolução social, mas sem modificar os fundamentos básicos.

A bíblia hebraica é um livro sagrado, no qual constam as bases jurídicas do povo hebraico. Divide-se o Antigo Testamento em três partes:

1) Pentateuco: tem para os judeus o nome de Torá, ou seja, a "lei escrita" revelada por Deus. A Torá é atribuída a Moisés, sendo composta de cinco livros: Gênese, Êxodo, Levítico, Números e Deuteronômio.
2) Profetas: que abordam principalmente o aspecto histórico.
3) Hagiógrafos: com enfoque nos costumes e tradições.

O Código da Aliança, que consta no Êxodo, tem grande similaridade com as codificações mesopotâmicas, especialmente com o Código de Hamurabi. A Bíblia, além de fonte formal de direito, também ainda é a principal fonte histórica para conhecimento do povo hebreu.

4.2.1. Breve história

A Bíblia é a principal referência para conhecermos a história do povo hebreu. Consta nas escrituras sagradas que, por volta do século XVIII a.C., Abraão recebeu um sinal de Deus para abandonar o politeísmo e viver em Canaã (Palestina). Jacó, neto de Abraão, lutou com um anjo de Deus e teve seu nome mudado para Israel. Foram os doze filhos de Jacó que deram origem às doze tribos que formaram o povo hebreu. No século XVI a.C. os hebreus migraram para o Egito, sendo escravizados pelos faraós por aproximadamente quatro séculos. A fuga do Egito foi comandada por Moisés, que recebeu no Monte Sinai as tábuas dos Dez Mandamentos. A peregrinação pelo deserto durou 40 anos, até receberem um sinal de Deus para voltarem à terra prometida, Canaã.

Durante o reinado de Davi os hebreus atingiram grande prosperidade, sendo Jerusalém transformada num centro religioso. Posteriormente ao reinado de Salomão, filho de Davi, as tribos dividiram-se em dois reinos: Reino de Israel e Reino de Judá. É nesse momento que surge a crença na vinda de um messias que juntaria o povo de Israel e restauraria o poder de Deus sobre o mundo.

No século VIII a.C. teve início a primeira diáspora judaica, resultado da invasão babilônica. Nova diáspora aconteceu com a invasão dos romanos séculos mais tarde, o que fez com que os hebreus se espalhassem pelo mundo, mantendo ao mesmo tempo a sua cultura e a sua religião. Foi somente em 1948, após a Segunda Guerra Mundial, com a criação do Estado de Israel, que o povo hebreu voltou a ter uma pátria definida.

4.2.2. Características do direito

Os hebreus criaram três tribunais, cada um com funções específicas:

1) Tribunal dos Três: julgava alguns delitos e todas as causas de interesse pecuniário.
2) Tribunal dos Vinte e Três: recebia as apelações e os processos criminais relativos a crimes punidos com a pena de morte.
3) Sinédrio (Tribunal dos Setenta): era a magistratura suprema dos hebreus, sendo composto por setenta juízes. Tinha como incumbência interpretar as leis e julgar senadores, profetas, chefes militares, cidades e tribos rebeldes.

A organização policial exerce influências até hoje. Eles dividiam suas cidades em quatro partes, sendo que cada uma era inspecionada por um prefeito de polícia. É a mesma lógica dos nossos atuais distritos policiais.

4.2.3. Principais institutos

Família: tinha estrutura patriarcal, sendo vitalício o pátrio poder, com o pai respondendo pelos atos ilícitos que porventura os filhos praticassem. As filhas podiam ser vendidas como escravas pelos pais, havendo também a possibilidade de servidão por dívidas. Já os filhos das escravas pertenciam ao dono destas.

Casamento: comprava-se a futura esposa, cujo valor podia ser pago em dinheiro ou em serviços. Caso a mulher fosse repudiada, voltava para a sua família. Já o homem não podia ser repudiado, havendo um único caso de punição, que era o adultério com mulher casada – nesse caso a ofensa era contra o marido desta.

Sucessão: entre os filhos o único que tinha direito a herança era o primogênito. As mulheres não tinham direitos sucessórios.

Penal: o sistema penal dos hebreus era profundamente dominado pela razão religiosa. O apedrejamento era o modo comum de se aplicar a pena capital. Arrancavam as roupas do condenado, exceto uma faixa, que lhe cingia os rins. Depois a primeira testemunha o arremessava ao solo, do alto de um tablado com dez pés de altura. E a segunda testemunha, lançando uma pedra, queria atingi-lo no peito, bem acima do coração. Se este ato não lhe desse a morte, as outras pessoas ali presentes o cobriam de pedradas, até o momento da morte do condenado. Cumprida a sentença, o cadáver era queimado ou dependurado numa árvore. Importante salientar que uma só testemunha não levava à pena de morte.

Os delitos previstos na Lei Mosaica são normalmente classificados da seguinte forma:

a) delitos contra a divindade (idolatria, blasfêmia, não guardar o sábado etc.);
b) delitos praticados pelo homem contra seu semelhante (lesões corporais, homicídio etc.);
c) delitos contra a honestidade (adultério, fornicação, sedução etc.);
d) delitos contra a propriedade (furto, roubo, falsificação etc., sendo punidos normalmente com penas pecuniárias);
e) delitos contra a honra (falso testemunho e calúnia)[1].

Penas: era admitida a pena de morte contra delitos graves, sendo executada por meio da lapidação (apedrejamento, fogo, decapitação etc.). Outras penas eram a prisão, flagelação, excomunhão, pena de talião etc.

4.3. MESOPOTÂMIA

É na região da Mesopotâmia, assim denominada por estar localizada entre dois importantes rios, Tigre e Eufrates, onde atualmente ficam os países do Iraque e do Kuwait, que o direito tem grande desenvolvimento. É dessa região

1 Aracy Augusta Leme Klabin, *História geral do direito*, p. 121.

que nos são legados, até o momento, os mais antigos documentos legislativos escritos, principalmente na forma de códigos. Os sistemas jurídicos desenvolvidos na região da Mesopotâmia são conhecidos como direitos cuneiformes, graças ao processo de escrita utilizado pelos povos que lá habitavam, que era parcialmente ideográfico, em forma de cunha.

As civilizações eram divididas em cidades-Estado, havendo enorme diversidade étnica, mas com civilizações aparentadas. A relação entre esses povos foi facilitada pela adoção de uma única língua nas relações diplomáticas, também considerada uma língua culta, que foi a acádica. É o mesmo que se dá atualmente com a língua inglesa.

4.3.1. Breve história

A Mesopotâmia, também conhecida como crescente fértil, é a região do planeta que primeiro nos forneceu documentos escritos, havendo relatos das civilizações que lá habitavam desde o IV milênio antes de nossa era.

A divisão política era feita por meio de cidades-Estado, onde cada uma tinha a sua própria divindade. A história política desses povos determina que ocorreram constantes alterações em relação a qual cidade predominava sobre as demais. Com isso, cada vez que ocorria alternância de poder, ocorria também tentativa de impor costumes e demais normas, inclusive as jurídicas, aos povos dominados. Portanto, o direito alterava-se mais rapidamente do que em outras regiões, permitindo seu rápido desenvolvimento. O que muito contribuiu para isso foi o fato de esses povos utilizarem uma única língua nas suas relações diplomáticas, que era a acadiana.

Os principais povos que habitavam a região dos rios Tigre e Eufrates nesse período estudado eram os sumérios, os acadianos, os babilônicos e os assírios.

4.3.2. Características do direito

Os direitos cuneiformes nos legaram grandes códigos, como o de Hamurabi. Importante ressaltar que não devemos confundir com as atuais concepções de código. Nessa época, os códigos não representavam mais do que a compilação de casos concretos, sendo quase um relato deles. Não havia a característica que marca os códigos a partir de Napoleão Bonaparte, ou seja, a divisão em uma parte geral e outra especial. Naquela época as leis ainda não tinham as características de abstratividade e generalidade tão habituais aos sistemas jurídicos contemporâneos.

A seguir citaremos os principais códigos deixados como legado por essas civilizações. Importante salientar que esses direitos chegaram até nós independentemente das recentes descobertas arqueológicas, que identificaram e traduziram os textos dos códigos a seguir relatados. Seu espírito influenciou os gregos, que foram a grande inspiração dos romanos.

Código de Ur-Nammu (cerca de 2040 a.C.): surge na região da Suméria (Baixa Mesopotâmia) – é atualmente o documento legislativo escrito mais antigo da história do direito, sendo que há vestígios de textos anteriores, mas que ainda não foram descobertos. Do mesmo período conservam-se milhares de atos e atas de julgamento.

As normas ostentam o perfil de costumes reduzidos a escrito ou, então, de decisões anteriormente proferidas em algum caso concreto. Essa será a tônica de todos os códigos da Antiguidade.

Destaque: traz normas predominantemente ligadas ao direito penal – nesse código já é possível perceber a importância, que não cessará de crescer, concedida pelas cidades-Estado da Mesopotâmia às penas pecuniárias, em detrimento da lei de talião. Citamos como exemplo o item 8 do Código de Ur-Nammu:

> 8. Um cidadão fraturou um pé ou uma mão a outro cidadão durante uma rixa pelo que pagará 10 ciclos de prata. Se um cidadão atingiu outro com uma arma e lhe fraturou um osso, pagará uma "mina" de prata. Se um cidadão cortou o nariz a outro cidadão com um objeto pesado pagará dois terços de "mina".

Código de Eshnunna (cerca de 1930 a.C.): continha cerca de 60 artigos, sendo uma mistura entre direito penal e civil, o que futuramente caracterizará o Código de Hamurabi.

Como destaque, podemos citar os institutos relacionados ao direito de família e principalmente à responsabilidade civil. Seguem sobre este item os arts. 5 e 56:

> 5. Se um barqueiro é negligente e deixa afundar o barco, ele responderá por tudo aquilo que deixou afundar.
>
> (...)
>
> 56. Se um cão é (conhecido como) perigoso, e se as autoridades da Porta preveniram o seu proprietário (e este) não vigia o seu cão, e (o cão) morde um cidadão e causa a sua morte, o proprietário do cão deve pagar dois terços de uma mina de prata.

Código de Hamurabi, rei da Babilônia (cerca de 1694 a.C.): foi descoberto por arqueólogos apenas em 1901. Atualmente o documento legal, gravado em pedra negra, encontra-se no Museu do Louvre, em Paris. Juntamente com o Código, inúmeras tábuas de argila com a reprodução do texto também foram encontradas. Tudo indica que eram utilizadas pelos aplicadores do direito na época, denominados práticos.

São 282 artigos em 3.600 linhas de texto. O Código de Hamurabi e outros textos relacionados à prática jurídica que datam da mesma época indicam a existência de um sistema jurídico extremamente desenvolvido, sobretudo no domínio do direito privado, e mais particularmente quando se refere aos contratos. Várias modalidades de contratos e negócios jurídicos são inseridas no Código. Isso não é por acaso, já que os povos da Mesopotâmia praticavam amplamente o comércio, sendo necessário regular essas transações.

Uma punição que permeia o Código é a lei de talião, amplamente utilizada por todos os povos antigos. Consiste em uma retaliação a algum ato praticado, onde a pena para o delito é equivalente ao dano causado, ou seja, a punição é impor ao criminoso o mesmo sofrimento causado pelo crime. É o famoso "olho por olho, dente por dente".

No final do texto consta a seguinte inscrição: "Hamurabi, rei do direito, sou eu a quem Samas oferece as leis". Essa frase demonstra que as leis são de origem divina, inspiradas por Deus, e não dadas por Deus, como no caso dos hebreus.

4.3.3. Principais institutos

Contratos: os mesopotâmicos, graças ao desenvolvimento da economia de troca e das relações comerciais, criaram a técnica dos contratos, que posteriormente seria sistematizada pelos romanos. Exemplo disso é que eles praticavam com desenvoltura:

a) a venda, inclusive a venda a crédito;
b) o arrendamento de instalações agrícolas, de casas, arrendamento de serviços etc.;
c) depósito;
d) empréstimo a juros;
e) título de crédito à ordem, com a cláusula de reembolso ao portador. Isso era importante para garantir a atividade dos mercadores.

Família: o sistema familiar era monogâmico e patriarcal, embora fosse admitido o concubinato. Alguns elementos surpreendentemente modernos marcam a delimitação do direito de família no Código de Hamurabi. Alguns exemplos:

a) a mulher, dotada de personalidade jurídica, mantém-se proprietária de seu dote mesmo após o casamento, e tem liberdade na gestão de seus bens;
b) é prevista a possibilidade de repúdio da mulher pelo marido, mas a recíproca é igualmente verdadeira. Caso a mulher alegue má conduta do marido pode propor ação para retornar a sua família originária, levando de volta o seu patrimônio;
c) o casamento era o que chamamos hoje de regime de comunhão de bens.

Adoção: o Código de Hamurabi previa, com detalhes, o instituto da adoção, estipulando as consequências jurídicas da ruptura do vínculo entre adotante e adotado.

Sucessão: limitações ao poder de dispor sobre o patrimônio, especialmente se isso ocorresse em detrimento de algum dos filhos sobreviventes.

Penal: era bem mais severo que o direito egípcio, com previsão de pena máxima para muitos dos casos. A pena de morte era largamente aplicada (fogueira, forca, afogamento ou empalação). A mutilação era infligida de acordo com a natureza da ofensa. Um item já previsto naquela época era a receptação. A pena era aplicada tanto para o autor do roubo ou furto como para o receptador.

O Código de Hamurabi é, na realidade, uma grande compilação das normas e costumes da época. Retrata inclusive as desigualdades sociais, diferenciando as penas que eram dadas para cada um dos segmentos, ou seja, homens livres, subalternos e escravos. Segue o texto de alguns artigos do principal Código da Antiguidade:

1. Se alguém acusou um homem, imputando-lhe um homicídio, mas não pôde convencer disso, o acusador será morto.

(...)

3. Se alguém em um processo se apresenta como testemunha de acusação e, não prova o que disse, se o processo importa perda de vida, ele deverá ser morto. [falso testemunho]

(...)

7. Se alguém, sem testemunhas ou contrato, compra ou recebe em depósito ouro ou prata ou um escravo ou uma escrava, ou um boi ou uma ovelha, ou um asno, ou outra coisa de um filho alheio ou de um escravo, é considerado como um ladrão e morto. [receptação]

(...)

22. Se alguém comete roubo e é preso, ele é morto.

(...)

53. Se alguém é preguiçoso no ter em boa ordem o próprio dique e não o tem e em consequência se produz uma fenda no mesmo dique e os campos da aldeia são inundados d'água, aquele, em cujo dique se produziu a fenda, deverá ressarcir o trigo que ele fez perder. [responsabilidade civil]

(...)

108. Se uma taberneira não aceita trigo por preço das bebidas a peso, mas toma dinheiro e o preço da bebida é menor do que o do trigo, deverá ser convencida disto e lançada n'água.

(...)

129. Se a esposa de alguém é encontrada em contato sexual com um outro, se deverá amarrá-los e lançá-los n'água, salvo se o marido perdoar à sua mulher e o rei a seu escravo.

(...)

132. Se contra a mulher de um homem livre é proferida difamação por causa de um outro homem, mas não é ela encontrada em contato com outro, ela deverá saltar no rio por seu marido.

(...)

134. Se um homem desapareceu e se não há o que comer na sua casa, a sua esposa poderá entrar na casa de um outro; essa mulher não é culpada.

(...)

195. Se um filho agrediu o seu pai, ser-lhe-á cortada a mão por altura do punho.

196. Se alguém vazou um olho de um homem livre, ser-lhe-á vazado o olho.

INDICAÇÃO DE FILME

Os dez mandamentos (EUA). Direção de Robert Dornhelm. 2006.

O filme conta a história bíblica de Moisés, que foi encontrado em um berço por uma princesa egípcia. Criado com riqueza e conforto, Moisés tem, ao se tornar adulto, uma revelação divina, passando a guiar seu verdadeiro povo, os hebreus, escravizados pelos egípcios, conduzindo-os à libertação.

O egípcio (EUA). Direção de Michael Curtiz. 1954.

O filme conta a história de Sinuhe, no Egito Antigo, que é encontrado em um cesto e criado por pais adotivos. Já adulto, torna-se médico da corte do Faraó. Ele perde tudo ao cortejar Nefer, uma cortesã de luxo, passando a andar por terras estrangeiras onde pratica a medicina. De volta à terra natal, encontra o Faraó impondo a religião monoteísta.

Nabucodonosor: *O mistério babilônico* (EUA). Direção de Günter Klein. 2004.

O filme conta a história do famoso imperador babilônico, que reinou a Babilônia entre 605 a.C. e 562 a.C. As construções dos Jardins Suspensos da Babilônia e da Torre de Babel, além da grande expansão territorial de seu império, são alguns de seus famosos feitos.

QUESTÕES

1. Relacione o desenvolvimento do direito no Egito com aquele que surgiu na região da Mesopotâmia.
2. A Lei Mosaica (Código da Aliança), presente no livro Êxodo, da Bíblia, tem muitas similaridades com o Código de Hamurabi. Analise os motivos que propiciam essa afirmação.
3. O direito brasileiro atual tem como uma de suas características a "codificação", que surge no mundo ocidental após a Revolução Francesa, mais precisamente com o Código Civil francês de 1804. Que tipo de relação pode ser estabelecida entre os nossos atuais Códigos de leis com as leis mencionadas na questão 2? Justifique.

Capítulo 5

EXTREMO ORIENTE: ÍNDIA E CHINA

5.1. ÍNDIA

País localizado na Ásia Meridional, cuja geografia no passado dificultou o contato com outros povos. Ao norte, encontra-se o Himalaia, a mais alta cadeia de montanhas do mundo, e pelos outros pontos cardeais há os mares, restando pouco espaço para que se possa romper o isolamento dos povos que lá habitavam.

5.1.1. Breve história

Há mais de 2500 a.C. essa região já era habitada por povos com relativa cultura, como os dravidianos, que ocupavam o sul e já praticavam o cultivo de arroz. Cerca de um milênio depois, por volta de 1500 a.C., um povo de origem ariana, cujo berço eram as estepes da Rússia, vindo através do Irã (terra dos arianos), na época chamado de Pérsia, chegou à Índia e encontrou vários povos, em diferentes níveis de evolução. Passou então a dominá-los pelo direito e principalmente pela religião.

Datam dessa época quatro grandes livros, atestando os costumes e as crenças dos arianos. São os famosos Vedas, que significam o Saber.

O Primeiro Veda tem um só parágrafo, que institui as castas. Foi principalmente a necessidade de consolidar o poder que levou os arianos a instituir o regime de castas, o mais rígido da humanidade, que divide as pessoas em classes sociais específicas, não havendo de modo algum mobilidade social. Quem nasce em determinada casta nela morrerá, tendo de exercer as funções que estão a ela predeterminadas. Os escritos indianos classificam os indivíduos em quatro níveis sociais:

Principais castas hindus

Brâmanes	Sacerdotes e intelectuais
Ksatryas	Guerreiros, sendo os nobres ou descendentes dos antigos chefes

Varsyas (vaiçya)	Comerciantes e grandes agricultores
Sudras	Trabalhadores braçais

Além das quatro principais castas que constam na origem do sistema, a miscigenação formou incontáveis subclasses e castas. A mais derradeira delas é a dos párias, que estão sujeitos a efetuar as tarefas que mexem com os excrementos. Eles não são nem tocados pelos membros das outras castas. Vale ressaltar que a miscigenação aconteceu porque os povos dessa época acreditavam que o sangue era transmitido apenas pelo pai, portanto, os homens das castas superiores podiam desposar livremente as mulheres das castas inferiores, com a recíproca não sendo verdadeira e ocasionando a pena capital àquele que não respeitasse essa regra.

No século VI a.C. um grande homem lutou contra esse sistema hindu, obtendo sucesso em seus propósitos de ter uma sociedade onde todos os homens fossem igualmente valorizados. Foi o Príncipe Gautama (560 a 480 a.C.), pertencente à casta dos brâmanes, mais conhecido como Buda, que originou um movimento contra o sistema de castas, pregando a igualdade de todos os homens perante Deus. Como o sistema proposto por Buda estava muito mais embasado em regras morais do que religiosas, e os hindus tinham a religião arraigada em sua cultura, seus ensinamentos foram logo esquecidos na Índia, sobrevivendo em outros países mais ao Oriente, cuja cultura era mais afeita aos seus ensinamentos, como a China.

5.1.2. Características do direito

O direito hindu é o direito da comunidade religiosa brâmane, também chamada hinduísta. O temor ariano de desaparecer fez com que tivessem aversão à mistura de raças. Essa posição levou a uma série de regras sociais entre os hindus:

a) delitos sexuais são severamente punidos.
b) a mulher perde a liberdade que tinha antes da invasão.
c) criação das castas etc.

A religião hindu impõe a seus fiéis certa concepção do mundo e das relações sociais, baseada essencialmente na existência das castas. Dessa forma, as regras de comportamento aparecem sob a forma de princípios religiosos que substituem as normas jurídicas.

Na cultura hindu as regras que regulam o comportamento dos homens estão expostas nas *sastras*, que se dividem em virtude (*dharma*), interesse (*artha*) e prazer (*kama*)[1]. Há certa superioridade ao *dharma*, que pode ser encarado como um modelo de justiça a ser seguido, mas que comporta derrogações e clama por algumas adapta-

[1] René David, *Os grandes sistemas do direito contemporâneo*, p. 547 e s.

ções. O foco são os deveres, e não o direito. Vem daí o desconhecimento do que para nós significa direito subjetivo.

Espera-se que o homem sábio saiba conciliar os sastras, conjugando a virtude com o interesse e o prazer. Portanto, a razão e a equidade estão, junto com os costumes, na base do direito hindu. Saliente-se que tanto a legislação quanto a jurisprudência não são consideradas pelo dharma e pela doutrina hindu como fontes do direito.

Cerca de mil anos após os Vedas, várias das regras jurídicas vigentes na Índia foram compiladas e publicadas sob a denominação de Código de Manu – essa compilação, em substituição às leis orais, surge por volta de 600 a.C., sendo que Manu significa pessoa que ordena com a razão. É um código muito extenso, dividido em doze livros, com 2.567 artigos, escrito em sânscrito.

Como é embasado na sociedade religiosa hindu, o Código de Manu aborda toda espécie de assunto, desde os puramente legais até os religiosos, receitas de cozinha e regras sobre como se vestir. Cada casta deve usar determinada cor de roupa.

Os privilégios dos brâmanes são evidentes. Como exemplo podemos citar:

a) pertenciam a eles as heranças vacantes;
b) os delitos cometidos contra eles eram severamente punidos, mas quando réus as penas eram bastante benignas;
c) o simples fato de olhar mulher brâmane acarretava pena de morte para os indivíduos das castas inferiores.

Ressaltamos que a Índia viveu alguns séculos sob o domínio muçulmano, e outros sob o jugo da Inglaterra, sofrendo influência desses dois sistemas jurídicos. Há hoje, além do direito hindu, o direito territorial, que é aplicável a todos os indianos, independentemente da religião a que se filiem.

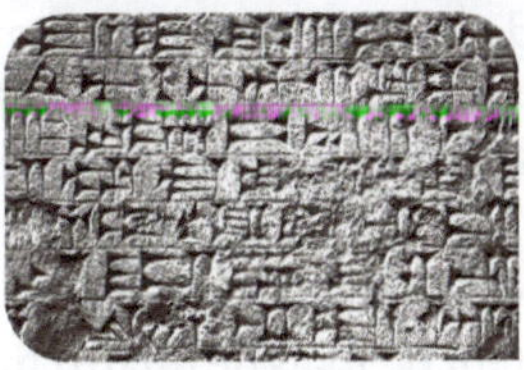

5.1.3. Principais institutos

Casamento: mal as crianças nasciam e já estavam prometidas em casamento. As mulheres não tinham possibilidade de escolha, sendo que os homens de castas superiores podiam casar com mulheres de castas inferiores.

Divórcio: beneficiava só o marido, e podia ser pedido pelos mais variados motivos: embriaguez, desobediência ao marido, enfermidade incurável, esterilidade, tagarelice, dar à luz somente filhas etc.

Adultério: amplamente tratado no Código de Manu, sua punição visava justamente uma das grandes finalidades do hinduísmo – evitar a mistura das classes sociais. O estupro era colocado entre os artigos que tratavam do adultério. A pena de morte era recorrente nesse tipo de crime, e a aplicação, estarrecedora, como atirar aos cães ou queimar em cima de uma cama de ferro aquecido ao rubro.

Herança: a herança era destinada para o filho mais velho, que ficava responsável pelos irmãos. Já a classe dos sudras, diferentemente das outras, devia repartir igualmente a herança. Caso não houvesse descendentes, a herança ficava para os ascendentes.

Injúria: era qualquer ofensa que não feria fisicamente o outro indivíduo. Como todos os outros itens, as multas e as penas sofriam variações dependendo da casta a que pertenciam tanto o ofendido como o ofensor.

Importante ressaltar que, além da injúria, havia punição para vários outros delitos, como calúnia, jogos de azar, apostas e crimes contra os costumes. Consideravam também delitos uma série de enfermidades: tuberculose, elefantíase, epilepsia, cegueira etc.

Como fruto da evolução do direito hindu, citamos a previsão da coisa julgada e o amplo uso de testemunhas, com a consequente superação das ordálias.

Importante: o direito hindu reflete o vínculo de uma comunidade a determinada religião. Com a ampliação do princípio da territorialidade do direito, clama-se cada vez mais por um direito nacional, cuja aplicação esteja desvinculada da filiação religiosa. Chamado de direito indiano, em oposição ao direito hindu, passa a ter característica cada vez mais laica, ou seja, autônomo em relação à religião[2].

5.2. CHINA

Como ficou patente na explanação sobre o direito hindu e ficará com ainda mais intensidade no direito chinês, os povos do Oriente não jogam todas as suas fichas no direito para assegurar a ordem e a justiça. Há certo desprezo pela coação utilizada pelo direito, sendo muito mais importantes as regras de conduta, os métodos de persuasão, apelando-se para a autocrítica e para o espírito de conciliação.

5.2.1. Breve história

A longa história da civilização chinesa, pelo menos até o século XIX, pode ser caracterizada pela imutabilidade de alguns hábitos, como o cultivo de cereais, a escrita, a importância da família e o culto aos antepassados. Os chineses pensavam que a melhor forma de viver não consistia em modernizar-se, mas em repetir condutas do passado.

Com relíquias culturais e monumentos históricos, a China é um dos países de mais antiga civilização e sua história possui fontes escritas que datam de mais de quatro mil anos. A civilização chinesa surge na planície banhada pelo Rio Amarelo e se desenvolve de leste para oeste e, principalmente, do norte para o sul. Como consequência de uma série de invasões, foi dividida em reinos feudais independentes no período compreendido entre os séculos III e IV. O rei desempenhava a função de chefe religioso, e aos nobres cabia a responsabilidade de defender o território contra as invasões estrangeiras.

Após um período de luta entre os principados, surgiram as primeiras dinastias chinesas, que unificaram o país. A primeira delas foi a Sui, no século V. No século VII foi substituída pela dinastia Tang, que teve como ponto marcante a contribuição significativa para o desenvolvimento cultural do povo chinês. No século X chega ao

---

2 René David, *Os grandes sistemas do direito contemporâneo*, p. 565.

poder a dinastia Sung, que elevou o crescimento econômico e cultural. Foi durante essa dinastia que a pólvora foi inventada.

No início do século XIII os mongóis invadem a China e dão início ao seu império, que é derrubado em 1368, quando a dinastia Ming assume o poder. É nessa dinastia que a Grande Muralha da China, que cruza o país de leste a oeste, levantada antes do século III a.C. com o propósito de defender os principados contra as invasões de seus inimigos, é reconstruída.

Em 19 de outubro de 1949, após a vitória do partido comunista dirigido por Mao Tsé-Tung, a China tornou-se uma república popular, que perdura até hoje, fato que influenciou o direito, mas sem descaracterizar seu aspecto milenar embasado nas regras de conduta.

5.2.2. Características do direito

Na China tradicional o direito tinha apenas papel secundário na vida social. Em primeiro plano vinha a busca pelo consenso, pela conciliação. Mais importante que a condenação de alguém é efetuar a transação do direito, buscando diluir o conflito, em vez de resolver e decidir. Como diz René David, a educação e a persuasão devem estar em primeiro plano, e não a autoridade e a coerção[3].

O essencial, portanto, é o chamado *li*, ou seja, as regras de convivência e de decência. Essa concepção nasce, sobretudo, do pensamento de Confúcio (século VI a.C.), que valoriza muito mais a educação do que a futura punição. A essa concepção opôs-se, a partir do século III a.C., a dos defensores da preponderância da lei, a *fa*. Essa concepção buscava valorizar a legislação, mas sua base era constituída quase unicamente por leis penais, com penas rigorosas. Os 25 séculos do direito chinês não são mais do que a preponderância alternativa do *li* e do *fa*, assim como os esforços da unificação do *li* com o *fa*. Ganhou o *li*, já que o ensinamento de Confúcio acabou prevalecendo, com o direito sendo ainda hoje, no regime comunista, meio secundário para a realização da justiça. Vale destacar que sua concepção do direito não tem caráter divino. Buscam o caráter secular das regras jurídicas, encarando-as como simples criação dos próprios homens por meio dos costumes ou dos direitos imperiais, tendo em vista a regulamentação da vida social.

5.2.3. Principais institutos

O direito chinês só passou a ser codificado a partir de 1912, mas mesmo assim essa legislação não se impôs sobre as regras de convivência. Não só as leis são escassas, mas também a jurisprudência e a doutrina o são. É que a opção desse povo é pela solução dos litígios pela conciliação, e não via julgamento. Somente após a morte de Mao, em 1976, e a promulgação da Constituição de 1978, e com a intenção de a China efetivamente entrar no mercado internacional,

---

3 René David, *Os grandes sistemas do direito contemporâneo*, p. 586.

é que o tímido processo legislativo ganhou proeminência, com a publicação de alguns códigos, como o penal.

Destacamos a crueldade do direito penal, com penas como empalação, marcas a ferro em brasa, açoites, castração. Adicione-se o fato de que a China atual é o país que mais condena pessoas à pena capital.

Devido ao caráter peculiar do direito chinês, entendemos não ser viável relatar aqui seus principais institutos.

INDICAÇÃO DE FILME

Entre dois mundos (Canadá, África do Sul e Inglaterra). Direção de Vic Sarin. 2007.

O filme conta a história de um ex-combatente que se apaixona por uma muçulmana. Mostrando os efeitos do fim da dominação da Inglaterra e a divisão entre Índia e Paquistão em 1947, o filme aborda questões envolvendo migração, intolerância e conflitos étnicos e religiosos.

A batalha pelo império (China). Direção de Hu Mei. 2010.

O filme retrata a vida do filósofo Confúcio, no período da China antiga, que se torna conselheiro político do rei do principado de Lu. Tido como uma ameaça ao rei, ele se exila. Confúcio pregava princípios de paz e de bom relacionamento entre os homens e acreditava que o Estado deveria servir à população.

QUESTÕES

Leia os trechos retirados deste capítulo e responda à questão formulada:

Trecho 1: "Foi principalmente a necessidade de consolidar o poder que levou os arianos a instituir o regime de castas, o mais rígido da humanidade, que divide as pessoas em classes sociais específicas, não havendo de modo algum mobilidade social".

Trecho 2: "Na China tradicional o direito tinha apenas papel secundário na vida social. Em primeiro plano vinha a busca pelo consenso, pela conciliação. Mais importante que a condenação de alguém é efetuar a transação do direito, buscando diluir o conflito, em vez de resolver e decidir".

1. Relacione as principais influências na solução de conflitos presentes nos trechos citados com o atual estágio de desenvolvimento do direito brasileiro.
2. Com base na história do direito chinês, qual a sua justificativa para a China ser o país que mais aplica a pena de morte no mundo?
3. A Constituição da Índia de 1950, fruto dos esforços de Mahatma Ghandi (1869-1948), pôs fim ao sistema de castas naquele país. Explique o grau de eficácia dessa legislação nos dias de hoje.

Capítulo 6

DIREITO ANTIGO: ATENAS E ROMA

6.1. GRÉCIA (ATENAS)

Os gregos não foram grandes juristas na acepção do termo, já que não se empenharam em construir uma ciência do direito, nem mesmo sistematizar as suas instituições de direito privado. Em compensação, além de melhorarem as tradições dos direitos cuneiformes e transmiti-las aos romanos, entendiam que o direito devia fazer parte da educação de todo cidadão. Com isso, como todos deviam conhecer seus direitos e suas obrigações, não houve espaço para a profissionalização do direito, já que todos deviam estar aptos para enfrentar os tribunais.

O direito das cidades gregas, mais especificamente de Atenas, que será o objeto deste estudo, não parece ter sido formulado nem sob a forma de textos legislativos, nem sob a de comentários de juristas. O direito era consequência da noção de justiça que estava difusa na consciência coletiva.

6.1.1. Breve história

Localizada na Europa oriental, com solo montanhoso e pouco fértil, a Grécia é banhada pelos mares Jônio, Egeu e Mediterrâneo. A primeira civilização que se sobressai historicamente nessa região é a micênica, formada pelos povos que participaram da primeira diáspora, que são os aqueus, seguidos pelos jônios e os eólios. Essa primeira onda migratória deu-se por volta do início do segundo milênio antes de nossa era, com a língua dos aqueus, indo-europeia, tornando-se o veículo da futura civilização micênica, que tinha uma forma de escrita denominada Linear B. Essa civilização estendeu-se até Creta, chegando ao fim com a invasão dos dórios, por volta de 1200 a.C. Após a destruição da civilização micênica, os gregos ignoraram a arte da escrita durante séculos.

A tradição grega data a adoção do alfabeto fonético a partir da primeira olimpíada, em 776 a.C. Depois de a escrita Linear B ter desaparecido após a invasão dos dórios, adotaram uma versão do alfabeto utilizado pelos fenícios. Sua grande contribuição foi a criação das vogais.

Para os pensadores gregos, a fonte do direito é o *nomos*, que se traduz geralmente por lei. É o *nomos* o meio de limitar o poder das autoridades, já que a liberdade política consiste em não ter que obedecer senão à lei. Como consequência, os gregos fizeram poucas leis no sentido moderno do termo, visto que *nomos* significa tanto lei como costume. É na filosofia que está a principal contribuição dos gregos para a cultura ocidental, principalmente com Sócrates, Platão e Aristóteles.

Os gregos, em especial os atenienses, consideravam a participação na vida pública um dos maiores bens a serem almejados pelo homem. Na época clássica da democracia ateniense (aproximadamente 580 a 338 a.C.), os cidadãos deliberavam no seio de suas assembleias, sem intermediação de representantes. Cabe ressaltar que essa cidadania nada tem da soberania popular concebida hoje, pois eram considerados cidadãos apenas os nascidos em Atenas, do sexo masculino e maiores de vinte anos. Ficavam totalmente alijados do processo decisório as mulheres, os metecos (estrangeiros) e a grande massa escrava. Aristóteles, por exemplo, favorável à escravidão, justificava que na sociedade são necessários também os trabalhos materiais, que exigem indivíduos específicos, ficando assim afastada destes a possibilidade de providenciar a cultura da alma, que requeria tempo e liberdade, bem como determinadas qualidades espirituais. Para os atenienses, o exercício da política exigia dedicação quase exclusiva: era um direito de poucos, possibilitado pelo trabalho do escravo.

Os atenienses acreditavam que um homem que não se interessasse pela política deveria ser considerado não um cidadão pacato, mas um cidadão inútil. Com tempo disponível, os cidadãos se voltavam por inteiro à coisa pública, discutindo os temas relevantes na Ágora, uma espécie de praça em que se juntavam para o exercício do poder político. Deliberando com ardor acerca das questões de Estado, as assembleias tinham o mesmo papel do parlamento nos tempos modernos, com a diferença de caracterizarem-se como uma democracia direta. Observe-se que não há participação popular na tomada de decisões.

Durante a democracia ateniense os cidadãos governavam diretamente, no seio de sua assembleia. Era ela que tomava todas as decisões importantes, mesmo no domínio judiciário. Comparada às democracias modernas, a Constituição de Atenas era pouco democrática, já que os escravos não tinham nenhum direito, nem político, nem civil, com os metecos tendo muito menos direitos que os cidadãos.

Assim como os poemas de Homero, os gregos tinham o costume de aprender de cor (recitando em forma poética) alguns textos jurídicos. As leis de Sólon, por exemplo, eram ensinadas como poemas, de modo que praticamente todos os cidadãos atenienses conheciam sua tradição político-jurídica comum. Como os cidadãos sabiam ler, a literatura jurídica era uma das fontes de instrução e prazer. As leis deviam fazer parte da educação, portanto o direito devia ser aprendido vivenciando-o. Consequência disso é que os discursos eram essencialmente persuasivos, porque os julgadores eram leigos. Até hoje, argumentar diante de um júri é diferente de argumentar perante um juiz togado. Permanece a disputa entre o "discurso belo" e o "discurso verdadeiro": como fazer justiça buscando a verdade e não a emoção provocada por um discurso belo?

Os gregos foram os grandes pensadores políticos e filosóficos da Antiguidade, instaurando os regimes políticos que são até hoje utilizados pelas civilizações ocidentais.

A Grécia clássica conheceu várias formas de organização e institucionalização, havendo profundas diferenças entre as suas principais cidades, como Atenas, Esparta, Tebas, Alexandria etc. O nosso interesse é na tradição ateniense, já que é ela a mais brilhante, e sobre ela se voltarão os filósofos e juristas ocidentais. Esparta deixa traços históricos, mas não se converte em modelo ideal que inspire o ocidente, embora compartilhe com Atenas um elemento fundamental de nossa tradição jurídica: a laicização do direito e a ideia de que as leis podem ser revogadas pelos mesmos homens que as fizeram.

6.1.2. Têmis e a simbologia da Deusa da Justiça

Sempre que se fala em Justiça surge no nosso imaginário a figura de uma mulher com os olhos vendados, carregando em uma de suas mãos a balança e em outra a espada. A venda tem como função básica evitar privilégios na aplicação da justiça, sendo a balança o instrumento que pesa o direito que cabe a cada uma das partes e a espada item indispensável para defender os valores daquilo que é justo, já que a norma sem a possibilidade de coação dependeria apenas das regras de decência e convivência de cada comunidade, o que seria ineficaz para garantir o mínimo ético indispensável para a harmonia social. Podemos dizer que a espada sem a balança é força brutal, assim como a balança sem a espada tornaria o direito impotente perante os desvalores que insistem em ser perenes na história da humanidade[1].

Quando revolvemos na mitologia grega as origens da deusa da justiça, vemos que nem sempre foi como já descrito. Há divergências se realmente Têmis, filha de Urano (Céu) e Gaia (Terra), é essa Deusa. A dúvida surge porque as primeiras esculturas e descrições de Têmis, símbolo da ordem e do direito divino, considerada a guardiã dos juramentos dos homens, a representavam somente com a balança ou segurando a balança em uma mão e a cornucópia (símbolo da abundância) na outra. Já a representação que conhecemos hoje, com a balança e a espada, é atribuída à sua filha Diké (também conhecida como Astréia). Como reza a lenda, Têmis teve três filhas: Eumônia (disciplina), Diké (justiça) e Eiriné (paz). Foi a Diké que coube a honra de ser considerada a deusa da justiça. Levando em consideração a evolução natural da sociedade e os impactos que esse fato ocasiona, entendemos que a representação atribuída a Diké (substituição da cornucópia pela espada) nada mais é que uma evolução necessária da própria aplicação da Justiça, que acabou por atribuir novas funções à deusa Têmis. Afinal, são os símbolos a mais profunda e direta forma de acedermos às realidades. Mesmo tendo consciência de que a maior dificuldade se encontra no entendimento dessa linguagem simbólica e cifrada, e até por esse motivo, aliado ao que foi exposto, pode-se considerar Têmis a verdadeira Deusa da Justiça, devendo ela ser representada da mesma forma que consta em praticamente todos os palácios de justiça da atualidade ocidental: portando em suas mãos, como objetos simbólicos a alegóricos, a balança e a espada, sendo esta última uma necessária evolução em relação à cornucópia.

---

1 Rudolf von Ihering, *A luta pelo direito*, p. 1-3.

Na mitologia grega Têmis, filha do Céu e da Terra, foi a segunda esposa de Zeus, sinônimo do poder. Esse casamento é o responsável por inserir ordem e equidade no mundo dos seres humanos, já que, tendo ocupado o trono do Oráculo de Delfos após Gaia e antes de Apolo, e sendo a deusa da justiça, da lei e da ordem, assim como protetora dos oprimidos, Têmis acabava por determinar os direitos e deveres de cada um, por intermédio de oráculos, que fixam na consciência a conduta que deve ser seguida por todos. No Olimpo sentava-se ao lado do trono de Zeus para aconselhá-lo, além de exercer várias outras funções, como convocar e dissolver a Ágora no Monte Olimpo e presidir os banquetes dos deuses. Por suas virtudes e qualidades, Têmis foi respeitada por todos os deuses, até mesmo pela implacável Juno. Sua grande sabedoria só era comparável à de Minerva e suas opiniões eram sempre acatadas. Não só a Justiça, mas também a Lei é encarnada por Têmis, sendo o seu casamento com Zeus a expressão de que até o próprio Zeus, de quem emanam as leis divinas, pode a elas ser submetido.

Após esse detalhamento essencial das características da "Têmis", uma pergunta persiste: a Justiça é "cega"? Ao buscar a origem e o significado da balança, da espada e da venda, percebemos que esta, apesar de extremamente difundida nos dias atuais, não consta nas primeiras representações de Têmis. A venda nos olhos surge como um elemento caricato, sendo creditada sua origem a ato irônico em relação às representações da Justiça, como acontece numa significativa estampa de *A Nave dos Loucos*, de 1494, de Sebastian Brant. A partir de então se dá sábia recuperação do adereço, que, concebido como crítica a uma justiça tonta e sem direção, passou a ser considerado símbolo da imparcialidade daqueles que representam o Estado.

Os artistas alemães do século XVI, vivendo ainda nos resquícios da Idade Média e cerceados por uma sociedade estamental que, além de impossibilitar a mobilidade social, utilizava o direito única e exclusivamente para perpetuar as conquistas dos que detinham o poder, por pura ironia, colocaram a faixa nos olhos da deusa, explicitando o que era mais do que real na época: a total dissociação do direito em relação à Justiça, aliada à parcialidade dos julgadores. Talvez ainda estejamos longe de solucionar esse distanciamento e essa parcialidade, mas o ato irônico teve grande efeito, e a venda nos olhos de Têmis passou a representar não só a imparcialidade do Poder Judiciário, mas também a necessidade de um caráter universal de aplicação das normas jurídicas, normas essas que devem estar em consonância com a Justiça, caso contrário desequilibra a balança da nossa deusa. E é a partir dessa concepção grega do direito (*ius*), que permanece como componente da definição nominal do termo, etimologicamente derivado de *directum* (retidão da balança), que podemos entender o direito também como virtude moral, sentimento da verdade, da equidade e da humanidade, estando acima das paixões humanas.

6.1.3. A não profissionalização do direito

Uma das justificativas para não termos nomes gregos elevados à categoria de juristas históricos está no fato de, por longo período, principalmente em Atenas, não aceitarem a profissionalização do direito. Um dos resultados é vermos a Grécia como berço da Democracia, da Filosofia, do Teatro e da Escrita alfabético-fonética, mas não do direito propriamente dito. É que uma característica prejudicou o desenvolvimento deste: a recusa do grego em aceitar a profissionalização do direito e da figura do advogado. Portanto, se não é possível destacar os grandes nomes da seara jurídica grega, essa cultura oferece-nos em contrapartida algo ainda melhor, que é o fato de todos os cidadãos estarem cientes de seus deveres e direitos e aptos a defenderem estes se necessário, com a noção de justiça devendo ser difundida perante toda a sociedade.

Quando se estuda o direito grego normalmente o foco é a cidade de Atenas, já que é sua tradição que será transferida aos romanos e, por eles, transmitida ao mundo ocidental. Exemplo é a laicização do direito e a ideia de que as leis podem ser revogadas pelos mesmos homens que a fizeram, elementos fundamentais de nossa tradição jurídica que Esparta e Atenas já compartilhavam. Como o foco deste capítulo recai sobre a tradição jurídica ateniense, convém ressaltar que na época clássica vivida por essa cidade só eram considerados cidadãos aproximadamente 10% da população, isto é, os nascidos em Atenas, do sexo masculino e maiores de 21 anos, ficando totalmente alijados do pleno exercício da cidadania as mulheres, os metecos (estrangeiros) e a grande massa escrava.

Entendiam os atenienses não ser apenas as famílias o fundamento da vida social. Para imperar a harmonia havia necessidade de buscar a amizade cívica, um espírito aberto aos outros de fora da família. É com esse espírito que surgem as leis de Drácon, de 621 a.C., que põem fim à solidariedade familiar e tornam obrigatório o recurso aos tribunais para solucionar o conflito entre os clãs. Essa superação da solidariedade familiar tem por objetivo transformar a cidade no centro da vida social e política. Portanto, assim como eram decorados os poemas de Homero, e dentro da dinâmica de ter a noção de direito difusa na sociedade, os atenienses tinham também o costume de aprender de cor (recitando em forma poética) alguns textos jurídicos. As leis de Sólon (o principal ordenamento ateniense, datado de 594-3 a.C.) eram ensinadas como poemas, de modo que todo ateniense bem-educado terminava por conhecer sua tradição político-jurídica comum. Na **época clássica** da democracia ateniense (580-338 a.C.) os cidadãos governavam diretamente, no seio de suas assembleias. Eram nelas que se tomavam as decisões importantes, mesmo no domínio judiciário.

Como a literatura jurídica era fonte de instrução e prazer, o direito, presumia-se, devia ser aprendido vivenciando-o. As leis deviam fazer parte da educação do cidadão. Uma das principais consequências disso é que os discursos eram essencialmente persuasivos, porque os julgadores eram leigos. Até hoje, argumentar diante de um júri é diferente de argumentar perante um juiz togado, sendo que, na época, essa disputa era travada entre os sofistas (discurso belo) e os filósofos (discurso verdadeiro). Como fazer justiça buscando a verdade e não a emoção provocada por um discurso belo? Devido a essa disputa, percebemos que a lei ateniense era essencialmente retórica. Não havia advogados, juízes, promotores públicos, apenas dois litigantes dirigindo-se a vários jurados, que podiam chegar a centenas. O advogado não existia ainda, sendo visto como se um cúmplice fosse, já que o ideal era que todo cidadão se sentisse indignado com qualquer ilícito, mesmo sem ser a vítima. Podemos considerar que os juízes, as partes e as testemunhas eram leigos, estando a Justiça nas mãos dos cidadãos, e não de profissionais especializados. Tanto era assim que os juízes, leigos e membros de uma assembleia, podiam testemunhar quando tivessem conhecimento dos fatos.

Apesar de se firmarem na Grécia as mais velhas raízes do direito propriamente dito, não havia juiz singular, responsável direto pelo processo, mas assembleias deliberativas, perante as quais as causas eram defendidas pelos próprios interessados. A sorte do processo, portanto, dependia, em grande medida, do desempenho retórico dos litigantes. É principalmente por esse motivo que o direito grego (ateniense) passa para a História como um "quase direito", ou seja, como normatividade ainda sincrética. Como as testemunhas ou partes podiam depor por escrito ou pessoalmente, muitas vezes os cidadãos, quando tinham de defender-se ou fazer as vezes da acusação em um processo, recorriam a pessoas que tinham conhecimento mais aprofundado dos temas jurídicos. Essas pessoas eram denominadas logógrafos, ou seja, aqueles que redigiam discursos para as partes que atuavam no processo, geralmente mediante remuneração. São os logógrafos, portanto, na Grécia antiga, os que iniciam, mesmo que embrionariamente, a atividade que hoje é privativa dos advogados em nossa cultura.

6.1.4. *Physis* e *nomos*

Remonta à Antiguidade a discussão sobre qual seria a melhor lei para uma cidade: a que diretamente relaciona-se à natureza ou aquela que deriva das convenções humanas? Neste item o tema será abordado com base filosófica, levando-se em consideração a história da Grécia clássica, em que havia o entendimento de que a lei era responsável por aperfeiçoar o ser humano, devendo ela, portanto, ser perfectível[2].

A Filosofia notabilizou-se pela busca de respostas que não nos são dadas nem pela tradição, nem pelos mitos, nem pela religião. Em busca das respostas, a Filosofia formulou os princípios, os pressupostos, base de todas as ciências e técnicas. A partir do rompimento com as tradições, a sociedade como um todo teve efetivo progresso, com a consequente percepção de que os ancestrais não tinham a cultura nem a inteligência dos contemporâneos. Foi com base nessas constatações que Aristóteles, na sua obra *Política*, defende que absolutizar o direito secular seria estupidez, já que o critério de uma boa lei deveria ser a excelência, e não a velhice. Na mesma obra, utilizando o processo dialético, o grande estagirita faz outras ponderações, em que avalia que não se pode utilizar para as leis o mesmo critério das ciências e das técnicas, tendo em vista que a lei deve melhorar os cidadãos e, para tanto, é necessário que se tenha o hábito de viver sob sua égide, hábito esse que se perde quando a lei é modificada com muita frequência, o que gera a perda do que ele chama de força da lei. Já nesse período busca-se separar, por amor à justiça, o direito da tecnologia.

O exposto no parágrafo anterior permite perceber o uso ideológico da lei, sendo evidente que, por ocasião do advento de regimes autoritários, a aspiração às *patróioi nómoi* (leis ancestrais) é reivindicada pelos que perderam a liberdade. O mesmo se dá por ocasião do advento de uma democracia extremista, em que o retorno às *patróioi*

---

2 Jean-Cassien Billier; Aglaé Maryioli, *História da filosofia do direito*, p. 29.

nómoi passa a ser a palavra de ordem dos reacionários[3]. Ora, em termos de direito posto, passa a ser evidente que as leis devem ser aperfeiçoadas, mas, não sendo o direito autêntica técnica, não necessariamente as leis novas serão melhores do que as antigas. Qual efetivamente será a melhor lei? Uma primeira resposta nos remete à *physis*, à ordem da natureza. É essa ordem que dá origem ao *nomos*, cujo progresso transforma o costume, a palavra, em lei escrita. No fundo, o fato de os antigos escreverem, gravarem a lei, tem por objetivo não só lhe dar publicidade, mas também de perpetuá-la, tornando-a perene. É o que ocorreu com as leis de Sólon em Atenas (entre 594 e 593 a.C.) e com a Lei das XII tábuas em Roma (450 a.C.). Ademais, é o advento da escrita que fez os homens libertarem-se do peso de ter de decorar todas as tradições, passando a vê-las "de fora", sob outro aspecto, e a partir daí exercer análise crítica que impulsiona o questionamento e propicia novas formas de pensar, contribuindo para o avanço tecnológico.

Como parte do processo de transformação da sociedade, consequência direta da técnica, utiliza-se a escrita para positivar as leis, sem que necessariamente o direito seja confundido com a própria técnica. A publicidade, a eternização, o fazer humano que transforma a natureza, desembocam necessariamente na lei escrita. No entanto, essa positivação da lei pode ter efeitos positivos ou negativos sobre a sociedade, sendo comparada por Platão a um *phármakon*, um remédio, tanto para o indivíduo quanto para a coletividade. Acontece que todo remédio também pode ser um veneno, dependendo da dose aplicada e da doença diagnosticada[4]. É nesse ponto que os gregos não abriam mão do retorno a uma espécie de direito natural, colocando-o inclusive acima do direito positivo. É também nesse sentido que o *jus* (virtude do que é justo) sobrepunha-se à *lex*. É que o direito posto, por intermédio de leis escritas, está mais longe da primeira intenção do significado, já que a voz era considerada para os gregos o símbolo da alma, e a escrita o símbolo da voz, caracterizando a escrita como símbolo do símbolo[5], o que requer maior ênfase na interpretação, momento em que entram as categorias, a ideologia do próprio intérprete, por mais imparcial que ele tente ser na análise da lei.

Alguns pensadores gregos, essencialmente sofistas, entendiam que a *physis* estava relacionada com a natureza, com o fenômeno, e que o *nomos* tinha relação com o quc era adquirido pelo costume. Ora, o que pertencia ao domínio do *nomos*, no caso a lei escrita, seria suscetível de ser transgredido, já que era algo imposto, fruto de uma convenção. Nesse aspecto a *physis*, na qual se insere o direito natural, deve prevalecer quando for divergente da lei escrita. Portanto, percebe-se que a escrita tem inúmeros aspectos positivos para a civilização humana, mas especificamente no direito apresenta algumas deficiências, já que, por ser objeto de convenção, não é capaz de realizar uma justiça perfeita. Esse é um problema que persiste sem solução em toda a posterior história do direito: como conquistar uma justiça perfeita utilizando-se do direito posto, do direito escrito? Ainda não temos resposta, e provavelmente nunca a teremos, já que imperfeitos somos, talvez por natureza.

---

3 Jean-Cassien Billier; Aglaé Maryioli, *História da filosofia do direito*, p. 30.

4 Jean-Cassien Billier e Aglaé Maryioli, *História da filosofia do direito*, p. 33.

5 Jean-Cassien Billier e Aglaé Maryioli, *História da filosofia do direito*, p. 32.

6.1.5. A tragédia grega e a democracia

Ésquilo[6], Sófocles[7] e Eurípides[8] são três dos importantes autores das tragédias gregas cujas obras foram preservadas, ainda que parcialmente, e chegaram até a atualidade. Todos escreveram suas peças teatrais no século V a.C., período em que a democracia vivia seu auge em Atenas. Nessa cidade, foi justamente a passagem do regime da aristocracia para a democracia, precedida esta por um regime tirânico, que fez surgir a forma trágica da representação teatral. Está, pois, a tragédia grega (teatro) totalmente relacionada à democracia grega (política), e é essa a principal relação que normalmente se faz quando as peças teatrais gregas são relacionadas ao direito.

A tragédia grega põe em cena, sob a forma de drama, acontecimentos tirados da lenda heroica, a mesma que os poetas épicos, como Homero, cantaram vários séculos antes. Os fatos narrados tinham relação não só com a cidade onde a tragédia era representada, mas também funcionava como diálogo com a situação política da cidade em que a peça era escrita para ser representada, fato que a ligava aos interesses da *polis*, aos cidadãos. Ao utilizar o teatro para discutir as questões políticas e filosóficas, percebe-se claramente que a utilização das lendas, dos mitos e das histórias antigas era racional. Apesar de utilizar questões religiosas, mágicas e fantásticas de outrora, o que se buscava era a verdade, a elucidação racional dos fatos e da vida. É o que acontece com Édipo, por exemplo, na peça *Édipo Rei*, de Sófocles, personagem que buscava a verdade independentemente de suas consequências, e estas eram trágicas. O mesmo se dá com a peça *Antígona*, do mesmo autor, cuja personagem central, que inclusive dá o nome à peça, acaba condenada à morte devido à sua luta por justiça.

Muitas das tragédias representadas nos teatros gregos reportavam a Tebas, uma das principais cidades-Estado da Grécia, o que é natural. É que a maioria dos estudiosos aceita a tese de que a tragédia é uma derivação do ditirambo, ritual religioso dedicado ao deus Dionísio, também conhecido como Baco, e que tem fortíssimas relações com a referida cidade. O ditirambo era uma forma de culto baseada na repetição de cantos corais. Esse coro era entoado por sátiros, personagens ambíguos, meio homens, meio animais. Formado em seu início só pelos corais, paulatinamente foram introduzidos atores em seus ritos, o que fez surgir um gênero diferente, novo, a tragédia grega.

Os integrantes do coro do ditirambo não se apresentavam mascarados. Essa vestimenta, nas representações teatrais, cabia aos atores, e contribuíam na dramaturgia das cenas, gerando ambiguidade, sendo uma mescla de inumanidade e humanidade, com o intuito de transparecer a comunicação entre os deuses e os homens.

A partir desse enfoque, os mitos presentes nas peças trágicas serviam de base para a discussão de temas atuais da sociedade da época, ou seja, a tragédia não era uma peça focada no destino, como pode parecer numa primeira leitura, em que não há como fugir

---

6 Principais peças: *Prometeu Acorrentado, Oréstia, Os Persas, Agamêmnon, Coéforas* e *Eumênides.*

7 Principais peças: *Édipo Rei, Édipo em Colono, Antígona, Electra* e *Ájax.*

8 Principais peças: *As Bacantes, Medéia, Hipólito, As Troianas, Hécuba, Ifigênia em Áulis, Alceste* e *As Fenícias.*

dos desígnios divinos. Era construção direcionada ao presente, que discutia os conflitos e as decisões que precisavam ser tomadas pelos humanos, principalmente nos campos político e jurídico. Era, com certeza, construção trágica, mas que necessitava das decisões humanas, não sendo meramente fatalista. Percebe-se, ao analisar os textos da época em tela, claro momento de transição, em que deuses e humanos não vivem mais em harmonia, e sim em constante tensão, tensão essa que era representada pela oposição entre *physis* e *nomos*, numa similar oposição entre o direito natural e o direito dos homens.

A democracia ateniense, que conquistava seu esplendor nesse mesmo período, necessitava de espaço público para discussão e deliberação sobre os destinos da sua sociedade. Esses debates e votações ocorriam em rituais públicos, com expressivo comparecimento dos cidadãos e incentivos a sua participação. Deliberando com ardor acerca das questões de Estado, as assembleias tinham o mesmo papel do parlamento nos tempos modernos, com a diferença de caracterizarem-se como democracia direta. Eram as assembleias que tomavam todas as decisões importantes, mesmo no domínio judiciário. O mesmo se dava com as representações da tragédia grega que eram, antes de qualquer outra coisa, rituais públicos, e também serviam para a conscientização política de seus cidadãos.

Fica evidente que o teatro grego da época não tem o mesmo viés da atualidade, ou seja, não tem aspecto puramente artístico, estético. A tragédia grega tinha aspectos de ritual cívico (não religioso), sendo importante mecanismo de incentivo ao exercício da cidadania, assim como as assembleias e as competições esportivas. Por incrível que pareça, não eram só as atividades políticas, filosóficas, religiosas e esportivas que abordavam a ideia cívica dos gregos, esse papel também era exercido pelas narrativas trágicas, pelo teatro grego, que, a partir de sua leitura de mundo, muito contribuiu para o próprio desenvolvimento do direito. A peça *Antígona*, de Sófocles, encenada e estudada à exaustão ainda hoje, é um exemplo clássico. É nela que surge a clássica discussão entre qual direito seria o mais importante, o positivo ou o natural.

> Todos os povos iniciam sua trajetória com a ideia da sacralidade da moral e do direito, sendo este de natureza imutável, enquanto a mutabilidade nasce da contingência histórica. A observação de tal mutabilidade nasce da contingência histórica. A observação de tal mutabilidade introduz a concepção de um direito natural (por comparação), uma noção de lei superior a ser procurada[9].

É o disposto na citação *supra* que se evidencia no texto *Antígona*, de Sófocles, principalmente no embate/debate entre Creonte e sua sobrinha em verdadeira aula da distinção entre direito positivo e direito natural, respectivamente.

6.1.6. Características do direito

A mais antiga legislação conhecida de Atenas com alguma representatividade são as leis de Drácon, de 621 a.C., que põem fim à solidariedade familiar e tornam obrigatório o recurso aos tribunais para o conflito entre os clãs. A superação

9 Cláudio de CICCO, *História do pensamento jurídico e da filosofia do direito*, p. 21.

da solidariedade familiar tem por objetivo transformar a cidade no centro da vida social e política, indicando que o fundamento da vida social não se restringe às famílias. Com isso, busca-se criar uma amizade cívica, um espírito aberto aos outros de fora da família.

Reconhecido pela sua severidade (até hoje falamos em leis draconianas), o primeiro Código de Leis de Atenas introduziu importante princípio no direito penal: distinção entre os diversos tipos de homicídio, diferenciando entre homicídio voluntário, homicídio involuntário e o homicídio em legítima defesa.

Posteriormente, entre 594 e 593 a.C., sob a influência egípcia, Sólon criou novo Código de Leis, alterando o criado por Drácon. Além disso, promoveu ampla reforma institucional, social e econômica, que também influenciaram o desenvolvimento dos atenienses.

Economia: incentivou a cultura da oliveira e da vinha, a exportação do azeite e atraiu artífices estrangeiros com a promessa de concessão de cidadania.

Social: obrigou os pais a ensinarem um ofício aos filhos, caso contrário, estes ficariam desobrigados de ampará-los na velhice.

Institucional: a criação do Tribunal da Heliaia, ao qual qualquer pessoa podia apelar das decisões dos tribunais, assegurava a ideia de que a lei se encontrava acima do magistrado que tinha a cargo a sua aplicação. Julgava todas as causas, tanto públicas como privadas, à exceção dos crimes de sangue. Os membros da Heliaia, denominados heliastas, eram sorteados anualmente dentre os cidadãos atenienses.

Jurídica: instaurou a igualdade civil, suprimiu a propriedade coletiva dos clãs, suprimiu a servidão por dívidas, limitou o poder paternal, estabeleceu o testamento, a adoção etc.

Aristóteles, na sua obra *A Constituição de Atenas*, IX, 1, diz o seguinte:

> Ao que parece estas três constituem as medidas mais populares do regime de Sólon: primeiro, e a mais importante, a proibição de se dar empréstimos incidindo sobre as pessoas; em seguida, a possibilidade, a quem se dispusesse, de reclamar reparação pelos injustiçados; e terceiro, o direito de apelo aos tribunais, disposição esta referida como a que mais fortaleceu a multidão, pois quando o povo se assenhoreia dos votos, assenhoreia-se do governo.

Sólon instaura uma democracia moderada que fará a grandeza de Atenas, onde, por meio de assembleias, a Justiça estava nas mãos dos cidadãos, e não de profissionais especializados. Com isso, os gregos promoveram o debate e a reflexão sobre o justo e a justiça, indo além do debate sobre as normas.

Dentro de uma sociedade democrática como era a ateniense, a retórica era parte essencial para convencer os outros acerca daquilo que o cidadão pensava e defendia. Seu sentido original significava orador, que se referia à arte de dizer, da eloquência. Tinha como objetivo original persuadir com a força dos argumentos. É por essa característica que a lei ateniense era essencialmente retórica. Não havia advogados, juízes, promotores públicos, apenas dois litigantes dirigindo-se a centenas de jurados.

A atividade advocatícia era vista com maus olhos, como se fosse uma cumplicidade para o engodo. O ideal era que todo cidadão se sentisse indignado com qualquer ilícito, mesmo sem ser a vítima. Para conhecermos o advogado semelhante ao nosso contemporâneo será preciso esperar o direito canônico do século XIII. Mas como toda roseira tem seus espinhos, existiam pessoas que, veladamente, redigiam discursos para as partes que atuavam no processo. Eram os denominados logógrafos.

Em determinada época, visando coibir a corrupção e outras chagas sociais, ficou estabelecido que, para aqueles que denunciassem alguma irregularidade, parte do valor da condenação do réu seria a eles encaminhada. Houve verdadeira febre de denúncias, muitas sem fundamentos. Os que denunciavam falsamente alguém para obter vantagens ficaram conhecidos como sicofantas. Para desestimular a denúncia frívola, foi estabelecida a seguinte regra: se no curso do processo o denunciante não obtivesse pelo menos 1/5 dos votos do tribunal, estava sujeito a uma multa.

6.1.7. Principais institutos

Direito privado: deixou poucos traços no nosso direito moderno, e estes por intermédio dos romanos. Os gregos pouco souberam exprimir as regras jurídicas em fórmulas abstratas. Mesmo assim, parte da terminologia jurídica moderna provém da língua grega: quirografário, anticrese, enfiteuse, hipoteca etc.

O direito privado grego mais bem conhecido é o de Atenas. Na época clássica esse direito era muito individualista, permitindo ao cidadão dispor da sua pessoa e de seus bens. Encontram-se mesmo regras jurídicas mais favoráveis à liberdade individual que no direito romano clássico.

Direito público: o que impressiona no direito grego era a clara distinção entre lei substantiva e lei processual, muito próxima do nosso direito material e processual atual.

Substantiva: era o próprio fim que a administração da justiça buscava; determinava a conduta e as relações com respeito aos assuntos litigados.

Processual: tratava dos meios e dos instrumentos pelos quais os fins deviam ser atingidos, regulando a conduta e as relações dos tribunais e dos litigantes com respeito à contenda em si.

Exemplo de quão evoluído era o direito processual grego é encontrado no estudo dos árbitros públicos e privados:

Arbitragem privada: maneira simples e rápida de se resolver um litígio, realizada fora do tribunal. Os árbitros não emitiam julgamento, mas procuravam obter acordo ou conciliação entre as partes. Tem como correspondente a nossa atual mediação.

Arbitragem pública: utilizada nos estágios preliminares do processo de alguns tipos de ações legais. O árbitro era designado pelo magistrado e tinha como principal característica a emissão de um julgamento, com possibilidade de apelação. Esses árbitros eram escolhidos por sorteio e deveriam ter mais de 60 anos.

Destaca-se também a clara distinção que havia entre ação pública e ação privada.

Ação pública: podia ser iniciada por qualquer cidadão que se considerasse lesado pelo Estado. Ex.: contra um oficial por aceitar suborno, por impiedade, contra o que propôs um decreto ilegal.

Ação privada: debate judiciário entre dois ou mais litigantes, reivindicando um direito ou contestando uma ação, e somente as partes envolvidas podiam dar início à ação. Ex.: assassinato, injúria, propriedade, violência sexual e roubo.

O direito processual grego tinha os seguintes aspectos:

a) direito popular de acusação e de julgamento;
b) publicidade de todos os atos de processo, inclusive o julgamento;
c) prisão preventiva;
d) liberdade provisória sob caução, salvo nos crimes de conspiração contra a pátria e a ordem política;
e) procedimento oficial nos crimes políticos e restrição do direito popular de acusação em certos crimes que mais lesavam o interesse do indivíduo do que o da sociedade.

As penas eram em geral castigos, multas, feridas, mutilações, morte e exílio. O sistema penal era fundado na acusação popular, quando se tratava de crimes públicos. Qualquer cidadão tinha a faculdade de sustentar a acusação, apresentando suas provas e formulando suas alegações perante o Tribunal competente.

Jurisdições criminais dos atenienses

a) Assembleia do Povo	Composta pelos Senadores e Magistrados populares, que discutiam apenas os crimes políticos mais graves.
b) Aerópago	O mais antigo e célebre tribunal, inicialmente julgava todos os crimes e posteriormente julgava os crimes apenados com morte.
c) Tribunal dos Efetas	Composto por 51 juízes escolhidos pelo Senado que julgavam aqueles que cometiam homicídio não premeditado.
d) Tribunal da Heliaia	Assembleia que se reunia na praça pública da cidade e tinha jurisdição comum, julgando os recursos a ela apresentados.

Provas: foram além das tradicionais e irracionais ordálias utilizadas por outros povos. Em Atenas, as testemunhas ou partes podiam depor por escrito ou pessoalmente. Já os juízes, leigos e membros de uma assembleia, podiam testemunhar, quando tivessem conhecimento dos fatos. O assombro fica por conta dos depoimentos dos escravos, que eram precedidos de tortura. Acreditava-se que sem a tortura os escravos naturalmente mentiriam, ou para proteger ou para vingar-se do seu senhor. Seguem os tipos de prova admitidos pelo direito de Atenas:

a) provas naturais: evidências empíricas, como contratos, juramentos, existência da lei etc.
b) provas artificiais: são fornecidas pela invenção e descoberta, procedem do raciocínio. A eloquência é a responsável por fornecer essas provas.

Os gregos antigos não só tiveram um direito evoluído, como influenciaram o direito romano e alguns dos nossos modernos conceitos e práticas jurídicas, como:

- júri popular;
- a figura do advogado, originária do logógrafo;
- diferenciação de homicídio voluntário, involuntário e legítima defesa;
- mediação e arbitragem;
- gradação das penas de acordo com a gravidade dos delitos;
- retórica e eloquência forense;
- o poder paternal é limitado, e pela maioridade o filho escapa à autoridade do pai;
- transferência da propriedade apenas por contrato, sendo organizado sistema de publicidade, que traz proteção aos terceiros interessados.

Júri: o direito a um julgamento por um júri formado de cidadãos comuns, no lugar de especialistas, é parte fundamental da democracia. Foi uma invenção de Atenas.

6.2. ROMA

A evolução do direito romano é mais tardia que a do direito egípcio e a do direito grego. Nos séculos VI e V a.C., enquanto o Egito e a Grécia já adotavam um direito individualista, Roma permanecia ainda no estádio clânico.

A história do direito romano é uma história de 22 séculos, que vai do século VII a.C. a V d.C., com a queda do Império Romano do Ocidente, prolongada até o século XV com o Império Romano do Oriente, também conhecido como Império Bizantino.

No Ocidente, a ciência jurídica romana conheceu um renascimento a partir do século XII, quando passou a ser estudada nas universidades europeias. Foi essa redescoberta, aliada ao fato de a escrita ter desaparecido durante a Idade Média, que fez o direito romano influenciar em grande escala o direito europeu continental, advindo daí o fato de o nosso atual direito ser considerado dentro do espectro dos direitos romanistas.

6.2.1. Breve história

A cidade de Roma, como reza a lenda fundada em 753 a.C., não era senão pequeno centro rural no século VIII a.C. Menos de dez séculos depois passa a ser o centro de vasto império que se estende da Inglaterra, da Gália e da Ibéria à África e ao Oriente Próximo até os confins do Império Persa.

Segundo aponta Moreira Alves, a lenda de Rômulo e Remo, na qual aquele assassina este, sendo posteriormente o fundador da cidade, é fruto da simbologia da representação de dois grupos etruscos rivais que disputavam o poder[10]. Segundo várias teses, foi esse povo, que já dominava várias partes da Europa, que fundou Roma, após derrotar a liga dos povos locais.

---

10 José Carlos Moreira Alves, *Direito romano*, p. 12.

O Império Romano e suas várias etapas históricas estavam ligados ao modo de produção escravagista. O motor do desenvolvimento estava nas grandes propriedades apropriadas pela aristocracia patrícia que, controlando os meios de produção, as terras e as ferramentas necessárias ao trabalho agrícola, dominavam as classes pobres e livres dos plebeus. Já os escravos eram classificados como *res* (coisa), eram uma espécie de propriedade instrumental animada.

O crescimento da cidade não se baseava em uma economia tipicamente urbana, mas, sim, em uma economia essencialmente agrícola, com larga utilização do trabalho escravo, fato que permitia aos proprietários viverem na cidade, com riquezas vindas do solo.

Dividiremos essa longa história romana em três períodos politicamente diferentes, cujo intuito é facilitar o entendimento de como se deu o desenvolvimento da cidade, para posteriormente adentrarmos o estudo específico de como funciona o direito nos principais períodos históricos romanos. A evolução social, tanto em épocas remotas como agora, tem imediata repercussão nos institutos jurídicos e funcionamento de suas respectivas instituições.

a) Realeza (até 509 a.C.)

Na época de sua criação, Roma e seus arredores eram habitados basicamente por uma população com idioma comum, o latim. Eram pastores com meios muito limitados, que pouco cultivavam o solo. Essa população normalmente habitava em *vici* (aldeias), muitas vezes nas alturas que circundavam o planalto em que se encontrava a cidade, em lugares de refúgio, com território circundante, para se protegerem do ataque de outros povos.

Essas aldeias, localizadas nas colinas arborizadas que formavam o local da antiga Roma, eram ocupadas por grandes famílias patriarcais agrupadas em gentes. Os chefes de família, denominados *patres*, advindo daí a alcunha de patrícios para os romanos, reuniam-se e formavam o que mais tarde iria ser chamado de Senado romano.

O *rex* – chefe comum, rei – era geralmente um estrangeiro imposto para comandar Roma, sendo na sua grande maioria de origem etrusca. A Etrúria era, nessa época, a potência política e econômica mais importante do território que hoje vem a ser a Itália. Com o enfraquecimento do domínio etrusco o poder do rei também diminui, abrindo caminho para o período historicamente conhecido como República.

b) República (509 a 27 a.C.)

Esse novo regime, capitaneado pelo senado romano, é caracterizado pela pluralidade das assembleias e magistraturas, anuais e colegiais. Vale dizer que o magistrado romano era um órgão da cidade, um titular do poder, ou seja, não era um juiz como hoje entendemos, mas, sim, o detentor de importantes cargos públicos, como era o caso do pretor e do cônsul.

Havia distinção de tratamento entre os fundadores de Roma, denominados patrícios, e outros habitantes da cidade, composta também pela plebe e pelos peregrinos (estrangeiros). Essa distinção valia inclusive para questões jurídicas, havendo normas distintas para cada classe social. Os *concilia plebis*, por exemplo, assembleias próprias da plebe, que não contavam com a participação de patrícios, elegiam os tribunos da plebe e votavam os plebiscitos, leis reservadas à plebe. Para entrar em vigor, essas leis deveriam passar pelo crivo do senado, órgão composto exclusivamente pelos patrícios. Somente a partir de 287 a.C., com a lei denominada Lex Hortênsia, os plebiscitos foram assimilados às *leges* e passaram a ser aplicados também aos patrícios.

Só os civis, os cidadãos romanos, gozavam do direito dos romanos, do *ius civile*. Os estrangeiros, os *peregrini*, estavam submetidos apenas ao *ius gentium*, o direito comum a todos os homens.

O comando de Roma estava totalmente nas mãos dos patrícios, já que o senado tinha por incumbência intervir na autorização das despesas públicas, no recrutamento de tropas, nas relações externas, no controle dos magistrados e na ratificação das decisões das assembleias.

Era enorme a concentração de terras nas mãos dos patrícios, ora reduzindo o campesinato livre à escravidão por débitos, ora se apropriando das terras de uso comum. A concentração da terra, associada às inúmeras guerras de conquista, fez com que os *assidui*, pequenos proprietários, fossem cada vez mais reduzidos à condição de *proletarii* – cidadãos sem propriedade que se aglomeravam nas cidades, tendo como função filiar-se aos exércitos romanos e gerar prole para o Estado.

As guerras de conquista eram um dos motores da economia romana. O seu objetivo, além dos saques praticados, era o aprisionamento dos vencidos, fornecendo terras e escravos para os latifúndios patrícios, que retribuíam liberando pequenos proprietários para fazerem parte do exército. Esses pequenos proprietários eram cada vez mais substituídos pelos escravos. A consequência imediata foi o aumento da população urbana, exigindo maior nível de produção, obtida mediante a conquista militar de novas terras.

Quando terminavam suas missões, os soldados eram dispensados sem nenhuma indenização, o que gerou uma série de revoltas. Foram os generais que passaram a ser os protetores desses soldados, e com isso ganhavam cada vez mais força. Esse foi um dos motivos para a queda da República e a ascensão dos generais. Somente com o advento do Império esses problemas foram solucionados, por meio da distribuição de lotes de terras aos soldados, gratificação etc.

c) Império (27 a.C. a 565)

Divide-se em dois períodos distintos, analisados a seguir.

c1) Alto Império (27 a.C. a 284): surgiu com a crise política provocada pelas dificuldades sociais, pelas vastas conquistas e pela má administração do progresso econômico. Dentro dessa crise, o poder concentrava-se cada vez mais nas mãos dos generais. Um deles, Octavio, conseguiu centralizar todos os poderes em suas mãos e acabou por receber, do Senado, o título de Augusto, sendo proclamado *imperator* (general vitorioso). Foi a época de esplendor da civilização romana.

c2) Baixo Império (284 a 565): surgiu com o governo de Diocleciano, em 284, marcando o início da decadência do povo romano, e foi até o término do império de Justiniano I.

Um dos governos mais marcantes dessa época foi o de Constantino, período em que a religião cristã foi reconhecida oficialmente, com a publicação do Edito de Milão, em 313. Constantino também foi o responsável pela fundação de uma nova capital – Constantinopla, antiga Bizâncio –, que se tornou a sede do Império Romano do Oriente. Este, ao contrário do Império do Ocidente, que sucumbiu às invasões bárbaras em 476, manteve-se até o século XV. Justiniano, que governou entre 527 e 565, foi o último imperador desse período.

6.2.2. Períodos do direito

A divisão dos períodos romanos com a finalidade de estudar o direito difere da divisão histórica anteriormente apresentada. Os períodos jurídicos podem ser assim apresentados:

a) Época Antiga ou Arcaica (até meados do século II a.C.): vai desde a fundação de Roma até meados do século II a.C., tendo como principais características um direito de tipo arcaico, primitivo, direito de uma sociedade rural baseada sobre a solidariedade clânica e caracterizado pelo seu formalismo e pela sua rigidez, período em que o centro do saber jurídico estava nas mãos dos pontífices. Nesse período o Estado tinha funções limitadas a questões essenciais para sua sobrevivência: guerra, punição dos delitos mais graves e a observância das regras religiosas. Os cidadãos romanos eram considerados mais como membros de uma comunidade familiar do que como indivíduos, momento em que a defesa privada tinha larga utilização, já que a segurança dos cidadãos dependia mais do grupo a que pertenciam do que do Estado.
b) Época Clássica (cerca de 150 a.C. a 284): caracteriza-se por ser o direito de uma sociedade evoluída, individualista, fixado por juristas numa ciência jurídica coerente e racional. É o tempo do processo formular, em que a produção do direito está nas mãos dos pretores, ao lado de importantes juristas.
c) Época do Baixo Império (284 a 565): direito dominado pelo absolutismo imperial, com grande atividade legislativa dos imperadores e expansão do Cristianismo. O Imperador e seus juristas ganham destaque nesse cenário, sendo partícipes na queda do Império Romano do Ocidente, que se dará em 476, com o ápice das invasões bárbaras.

Nos itens a seguir abordaremos mais detalhadamente cada um desses períodos.

6.2.3. Características do direito

Cada um dos períodos do direito romano apresenta uma série de peculiaridades, motivo pelo qual achamos conveniente abordá-los separadamente, para melhor situá-los dentro da historicidade do maior Império que a Terra já conheceu.

6.2.3.1. Época Antiga

Nesse período, Roma foi dominada pela organização clânica das grandes famílias, as gentes, sendo a autoridade do chefe de família praticamente ilimitada. A terra, embora fosse objeto de apropriação pelos patrícios, ainda era inalienável.

Com esse quadro agrário e conservador, a evolução do direito assentou-se no crescente papel dos plebeus, que viviam à margem da organização das gentes. Foram os conflitos sociais entre a plebe e os patrícios que permitiram certa igualdade política, religiosa e social.

Como no início de toda civilização, regras morais, jurídicas e religiosas ainda não estavam totalmente diferenciadas. Nessa época, apenas os sacerdotes (pontífices) conheciam as formas rituais e as interpretavam. Guardaram esse segredo até aproximadamente 250 a.C., quando a sociedade passou a exigir maior transparência nas decisões jurídicas. É que o direito romano era extremamente ritualístico – caso não se falassem as palavras certas na hora certa o contrato ou o processo não tinham validade. O nosso casamento atual demonstra um pouco desse ritual.

Foi com o advento da república e a ascensão do senado que a lei começou a entrar em concorrência com o costume como fonte do direito. O termo *lex* passou a ser empregado num sentido bastante próximo da noção atual de lei, ou seja, ato emanado das autoridades públicas que formulavam regras obrigatórias. Feita por solicitação do magistrado (autoridade), era uma ordem geral do povo ou da plebe, sendo que apenas os magistrados superiores – cônsules, pretores, tribunos, ditadores – tinham a iniciativa delas. Propunham um texto que tinha de ser votado pelas assembleias, que podiam apenas aceitar ou rejeitar o projeto. Posteriormente tinha de ser ratificado pelo senado para entrar em vigor.

Plebiscito

As determinações eram diferentes para cada parcela da sociedade. Para a plebe havia o plebiscito, ou seja, atos legislativos obrigando os plebeus e aprovados pela sua assembleia. Insatisfeitos com o fato de as normas os discriminarem cada vez mais, eles acabaram se opondo a essa dominação. Obtiveram como resultado a Lex Hortênsia, de 287 a.C., que determinava que as normas aprovadas em plebiscitos fossem assimiladas às *leges* e passassem a obrigar todos os cidadãos.

Lei das XII Tábuas

Os magistrados patrícios julgavam segundo tradições que apenas eles conheciam e aplicavam, desagradando os outros segmentos sociais. O direito arcaico era cheio de fórmulas que precisavam ser pronunciadas no lugar certo pelas pessoas certas, e os únicos que conheciam as fórmulas eram os pontífices. Por esse motivo surgiu uma das grandes reivindicações dos plebeus, que se queixavam do arbítrio desses magistrados e ignoravam os costumes em vigor na cidade e as suas interpretações pelos pontífices. Reivindicavam a redução a escrito dos costumes romanos. Dessa forma surge a Lei das XII Tábuas, de 450 a.C., inspirada em parte nas Leis de Sólon, de Atenas. Embora ultrapassada por outras fontes do direito, foi o principal fundamento do *ius civile*, ficando em vigor durante mais de mil anos, até a época de Justiniano.

A redação da lei tendeu a resolver parte dos conflitos entre plebeus e patrícios, mas não solucionou todas as pendências, já que a interpretação continuou secreta, confiada aos pontífices, sacerdotes-funcionários autorizados a usar as fórmulas legais e a interpretá-las. Tinham eles o monopólio da interpretação.

O texto original da Lei, gravado em doze tábuas, foi colocado no fórum romano, mas destruído quando Roma foi saqueada pelos gauleses em 390 a.C. Seguem alguns temas que foram abordados pela Lei das XII Tábuas:

- a solidariedade familiar é abolida, mas a autoridade do chefe é mantida;
- a igualdade jurídica é reconhecida teoricamente;
- são proibidas as guerras privadas;
- é instituído um processo penal;
- a terra, mesmo a das gentes, tornou-se alienável;
- é reconhecido o direito de testar;
- vários direitos de vizinhança, como cortar o galho das árvores se a sombra invadisse a propriedade vizinha, colher os frutos das árvores vizinhas que chegassem ao seu quintal etc.

Ius civile

O que caracteriza o direito romano arcaico é que ele só se aplicava aos romanos, cidadãos, sendo, por isso, denominado *ius civile*, ou seja, direito civil, direito dos cidadãos. Logicamente tinha papel destacado neste direito tudo aquilo que ajudasse a preservar a cidade tradicional, como o patrimônio da família, a propriedade da terra e dos escravos. Dessa forma, sucessão, propriedade e casamento ficavam reservados para os romanos, fazendo parte do *ius civile*.

Inquérito policial

Em Roma, durante a época antiga, a jurisdição criminal pertencia ao rei. Posteriormente as funções de processar e julgar foram delegadas. Como o processo não tinha formalidades, pode-se considerar que o sistema jurídico romano era a *cognitio*, baseada na *inquisitio*. Como leciona Rogério Lauria Tucci, uma das raízes mais distantes do inquérito policial é encontrada em Roma, local em que o acusador recebia do magistrado direito para proceder a diligências[11]. Por meio delas, podia ir aos locais de infração, coletar dados, fazer buscas e apreensões, ouvir testemunhas etc. Havia, porém, a possibilidade do contraditório, cabendo as diligências também ao acusado. Existia ainda a apuração do Estado, denominada *inquisitio generalis*, considerada a origem mais remota da polícia judiciária. Os agentes da polícia imperial procediam a investigação e transmitiam aos órgãos jurisdicionais os resultados do inquérito por eles realizado.

Pater familias

Embasada em uma sociedade patriarcal, Roma solidificou sua vida social e jurídica na valorização do chefe da família. Tinha, então, o *pater familias* total poder sobre sua prole e os agregados, exercendo em determinadas épocas o poder de vida e morte sobre eles. Os filhos não saíam do pátrio poder a não ser por emancipação. Além disso, os recém-nascidos só eram recebidos na sociedade em virtude de uma decisão do chefe de família: o aborto, o enjeitamento das crianças de nascimento livre e o infanticídio do

---

11 Rogério Lauria Tucci, *Jurisdição, ação e processo penal.*

filho de uma escrava eram práticas usuais e perfeitamente legais. Não havia na Roma antiga o sentimento de culpa da sociedade judaico-cristã. Como exemplo citamos o abandono de crianças, que podia ocorrer pelos mais variados motivos, como malformação, miséria, políticas familiares de sucessão etc.

6.2.3.2. Época Clássica (século II a.C. até o final do século III)

O direito privado romano agora tem caráter essencialmente laico e individualista, com distanciamento entre o direito privado e o direito público. Se de um lado, do ponto de vista político, diminuía sem cessar a liberdade dos cidadãos, do outro lado, no direito privado ela só aumentava, cada vez com mais autonomia para contratar.

O costume

Os textos do direito romano da época clássica são muito numerosos. Os romanos foram os primeiros a sentir a necessidade de reduzir a escrito as regras jurídicas, que eram constantemente comentadas. Acabaram por ser os primeiros a consagrar obras importantes ao estudo do direito. Com isso, o costume restou superado não só pela legislação, mas também por duas outras fontes tipicamente romanas, o edito do pretor e os escritos dos jurisconsultos.

A legislação

Com a decadência das assembleias, o senado passou a ser o titular do poder de legislar. A propositura de uma lei, no entanto, mantinha-se privativa do imperador. Desde 13 d.C. o imperador podia legislar diretamente por edito. Paulatinamente ele passou a ser o único legislador, sendo que nem todas as constituições imperiais tinham a mesma autoridade. Como aponta John Gilissen, distinguiam-se quatro categorias[12]:

Constituições imperiais

a) os editos	Disposições de ordem aplicáveis a todo o império, com algumas exceções.
b) os decretos	Julgamentos feitos pelo imperador ou pelo seu conselho nos assuntos judiciários. Tornavam-se precedentes aos quais os juízes inferiores deviam obediência em razão da autoridade de que emanavam.
c) os rescritos	Respostas dadas pelo imperador ou pelo seu conselho a um funcionário, um magistrado ou mesmo um particular que tinha pedido uma consulta sobre um ponto do direito.
d) as instruções	Dirigidas pelo imperador aos governadores de província, sobretudo em matérias administrativas e fiscais.

12 John Gilissen, *Introdução histórica ao direito*, p. 89.

A jurisprudência

Entendida na época como o conhecimento das regras jurídicas e sua aplicação na prática forense. É o que atualmente chamamos de doutrina. Era composta pelas obras dos jurisconsultos, homens muito experientes na prática do direito, quer enquanto davam consultas jurídicas, quer enquanto redigiam atos e orientavam as partes nos processos. Eram eles que resolviam as lacunas existentes no direito romano.

O processo formular

Caracteriza-se por divisão nítida em duas fases:

a) *in iure:* ocorria perante o magistrado (autoridade pública), o pretor, que tinha por tarefa organizar a controvérsia, transformando o conflito real num conflito judicial.
b) *in iudicium:* após estar configurado um conflito judicial, a controvérsia desenvolvia-se perante um juiz ou árbitro.

As fórmulas – remédios utilizados para defesa de interesses e situações não previstas no direito antigo – foram criadas pelos editos dos pretores. Importante anotar que nem pretor nem juiz são juristas. Os juristas (jurisperitos, jurisconsultos, jurisprudentes) colaboravam de várias maneiras com o juiz e o pretor, mas não faziam parte do aparelho judicial.

Para dar início à demanda judicial era necessário que o autor levasse o réu ao magistrado, com a primeira fase do processo iniciando-se com a comunicação da pretensão ao adversário, perante o pretor. O interessado devia fazer com que o seu adversário comparecesse perante o magistrado para que ali, pública e formalmente, formulasse sua pretensão. Como a tarefa de levar o adversário ao magistrado era exclusivamente privada, percebe-se que os poderosos dificilmente seriam punidos por alguma arbitrariedade praticada, limitando-se consideravelmente, com isso, o acesso à justiça. Com o tempo foram sendo estabelecidas punições, favoráveis ao autor, para desestimular o não comparecimento em juízo.

O serviço de juiz ou árbitro era um encargo próprio dos cidadãos, ao qual muitos procuravam escapar, mas que se considerava em geral um ônus compatível com a honra e o respeito devidos aos cidadãos superiores.

Processo formular – a evolução do direito romano

O direito romano que nos foi ofertado, sobretudo pelo trabalho de Justiniano, principal responsável pela sua preservação, e que é reinserido no direito ocidental a partir do século XII, após séculos de obscuridade, baseia-se principalmente no direito desenvolvido na Época Clássica. Nesse período, o grande diferencial em relação à época anterior foi o surgimento do processo formular.

A partir do século II a.C., e durante todo o período clássico, assistimos a uma evolução e renovação constante do direito romano. Grande parte das inovações e aperfeiçoamentos do direito, nessa época, foi fruto da atividade dos pretores que, em princípio, não podiam modificar as regras antigas, especialmente o previsto na Lei das XII Tábuas, mas que, de fato, introduziram inúmeras modificações com o intuito de aperfeiçoar o direito às questões sociais de sua época. O pretor cuidava da primeira fase do processo entre particulares, verificando as alegações das partes e fixando os limites do caso, para posteriormente remetê-lo a um juiz. Era esse juiz que verificava a procedência das alegações diante das provas apresentadas e tomava, com base nelas, a sua decisão. Havia pretor para os casos entre cidadãos romanos – era o pretor urbano – e havia também, a partir de 242 a.C., pretor para os casos em que figuravam estrangeiros. Era o chamado pretor peregrino.

O pretor, como magistrado, tinha amplo poder de mando, denominado *imperium*. Utilizou dele, de forma mais ampla, a partir da Lex Aebutia, no século II a.C., que, modificando o processo, permitiu que atuasse com mais arbítrio. A partir dessa lei, o pretor, ao fixar os limites da demanda, podia dar instruções ao juiz sobre como ele deveria apreciar as questões de direito. Fazia isso por escrito, pela fórmula. Podia deixar de admitir ações perante ele propostas ou, também, admitir novas ações até então desconhecidas no direito antigo romano. Essas reformas completavam, supriam e corrigiam as regras antigas, adaptando-as às novas realidades sociais. As fórmulas eram utilizadas na primeira fase do processo, denominada *in iure*, que ocorria perante o pretor. Sua função era organizar a controvérsia, transformando o conflito real num conflito judicial. A segunda fase, a *in iudicium*, era o momento em que a controvérsia se desenvolvia perante um juiz ou árbitro (cidadão particular), com base nas fórmulas apresentadas na *in iure*. As fórmulas que o pretor seguiria eram publicadas por meio de editos, veiculados antes de sua posse. Como o cargo de pretor tinha mandato de um ano, os editos se sucediam, normalmente aproveitando-se dos anteriormente publicados, mas sempre com uma nota de originalidade, buscando adaptar o direito civil às mudanças nas condições de vida da cidade.

A fórmula foi uma criação espetacular. Era uma espécie de decreto pretoriano, em forma de carta dirigida ao juiz, resumindo a causa, estabelecendo os limites subjetivos e objetivos da lide processual, indicando as provas a serem produzidas. Ao gerar uma decisão revestida da coisa julgada material, sem decisão de mérito, funcionava como um relatório definitivo. Quem julgava a causa era o juiz ou o árbitro, resolvendo-se a fórmula. Com o processo formular, o pretor passa a se impor para resolver com equidade os casos concretos, antes submetidos ao rigorismo das formalidades. É um processo mais rápido, menos formalista e escrito.

É a partir do processo formular que se dá a flexibilização do direito civil romano. As fórmulas resumem em termos jurídicos os detalhes da lide. O processo formular tem a vantagem de acompanhar a evolução social.

Exemplo de fórmula, extraída da obra *Manual de direito romano*, v. 1, de Alexandre Correia e Gaetano Sciascia[13]:

1. Nomeação do juiz: "Tício seja juiz".
2. Demonstração: "Desde que Aulo Agério vendeu um cavalo a Numério Negídio".
3. Pretensão: "Provar que Numério Negídio deve dar a Aulo Agério dez mil sestércios".
4. Condenação: "O juiz condenará Numério Negídio a pagar a Aulo Agério dez mil sestércios; se não provar, absolverá Numério Negídio".

---

13 *Manual de direito romano*, v. 1, p. 80.

6.2.3.3. Época do Baixo Império (direito pós-clássico)

Tem início com Diocleciano e desenvolve-se até o império de Justiniano I. Foi um período de decadência política e intelectual, de regressão econômica, sofrendo também grande influência do Cristianismo, que transformará numerosos princípios do direito privado romano.

Destaque especial para a mudança do perfil do processo paralelamente às mudanças sociais e políticas. A divisão de tarefas entre pretor e juiz desaparece, e o resultado é:

a) valorização dos juristas;
b) centralização dos poderes de julgamento em um único órgão;
c) novidade do recurso ou apelação, já que, quando a função de julgar estava repartida entre dois órgãos de natureza diversa (pretor/juiz), um não poderia rever a decisão do outro. Quando o julgamento se concentrava num mandatário do imperador, este podia rever e corrigir o que havia sido feito pelo seu agente. Nesse contexto o julgamento do imperador funcionava como um Decreto (*decretum*) para o caso concreto.

O grande mérito do direito pós-clássico foi o de ter conservado, por intermédio do trabalho dos compiladores, a mando principalmente de Teodosiano II e Justiniano I, as obras dos jurisconsultos romanos do período áureo de seu direito.

A contribuição de Justiniano para o nosso direito

Flavius Petrus Sabbatius Iustinianus, mais conhecido como Justiniano I, nasceu em Taurésio, em 11 de maio de 483, e faleceu em Constantinopla, em 13 ou 14 de novembro de 565. Assumiu o trono do Império Romano do Oriente em 1º de agosto de 527, ocupando-o até a sua morte. Apesar de pertencer a família de origem humilde, foi nomeado cônsul por seu tio Justino I, que posteriormente o nomeou como seu sucessor após sua morte. Ambicioso e inteligente, fez com que o Império Bizantino brilhasse durante seu governo. Justiniano tinha por principal meta recuperar o antigo esplendor de Roma, e batalhou em várias frentes com esse intuito.

O objeto de desejo de Justiniano, o grande condutor do Império Bizantino, também conhecido como Império Romano do Oriente, com sede em Constantinopla, antiga Bizâncio e atual Istambul, era resgatar a época clássica do direito romano, que começou por volta de 150 a.C. e terminou em 284 d.C., com o início do governo de Diocleciano. Mesmo com a queda do Império Romano do Ocidente, em 476, fruto do ápice das invasões bárbaras, o Império Bizantino resistiu bravamente, caindo apenas no século XV, após ter contribuído bastante para o resgate do passado de glórias dos romanos, especialmente na seara jurídica. E o principal responsável pela extraordinária compilação do que se produziu de melhor durante a Época Clássica romana foi o conservador Justiniano. Para ele, o que se produzia na sua época não tinha valor. Valorosos eram os antepassados e a respectiva produção jurídica por eles levada a cabo. Com isso, o Imperador tentou, e com sucesso, recuperar todos os escritos jurídicos do período em que Roma alcançou o seu maior desenvolvimento.

Uma das principais "recolhas" oficiais, isto é, compilação de textos jurídicos antigos, foi feita no período denominado pós-Clássico a mando de Teodosiano II, ficando conhecida como Código Teodosiano. Destinava-se a conter o texto integral de todas as constituições imperiais romanas, tendo sido publicado em 438. Dividia-se em dezesseis livros, reproduzindo cada constituição imperial com o respectivo autor e sua data, seguida de uma interpretação em cada caso. No Oriente foi revogado pela codificação de Justiniano, o artífice e responsável, mesmo após a queda de Roma, pela publicação do denominado *Corpus Juris Civilis*, principal compilação do direito romano e composto de quatro partes distintas:

Corpus Juris Civilis

a) o Código (*Codex*)	Recolha de leis imperiais que visava substituir o Código Teodosiano.
b) o Digesto (*Digesta* ou *Pandectas*)	Enorme compilação de extratos de mais de 1.500 livros escritos por jurisconsultos da época clássica. Praticamente um terço do texto do Digesto é tirado das obras de Ulpiano, Gaio, Papiniano, Paulo e Modestino. Obra gigantesca, composta por cinquenta livros, contém algumas imperfeições e repetições, fatos que não retiram o mérito da compilação.
c) as Instituições (*Institutiones*)	Manual elementar destinado ao ensino do direito, de caráter didático. Segue o plano original do jurisconsulto Gaio. Compõe-se de quatro livros.
d) as Novelas (*Novellae* ou leis novas)	Compêndio das constituições imperiais mais recentes do próprio imperador Justiniano, promulgadas depois da publicação do seu Codex. São em número de 177.

6.2.4. Principais institutos

Vamos nos ater principalmente ao direito privado romano, sendo essa a área que marcou significativamente a cultura jurídica ocidental. Nessa parte do direito tanto os conceitos jurídicos como os métodos de argumentação por nós utilizados têm origem nos romanos, cujos juristas, principalmente os do período Clássico, propiciaram criações geniais que foram muito além do tempo histórico de vida daquele povo, praticamente se perpetuando na história. Como sugestão de leitura sobre o tema indicamos principalmente as obras do alemão Max Kaser, especialmente *direito privado romano*, com traduções para o português.

Vale ressaltar que, quanto à tributação, o direito romano, de quem buscamos as estruturas conceituais básicas do direito privado, nos legou também arranjos tributários, como as percepções de erário e de fisco, com a separação dos patrimônios do Estado e do imperador, por exemplo. O *Corpus Juris Civilis* traz questões atinentes a esse tema: no Código de Justiniano, constam regras relativas aos direitos do fisco, às suas demandas, às penalidades tributárias, aos cobradores de tributos, às exações indevidas e à vedação de imunidades; no Digesto, há um título relativo aos direitos do erário.

6.2.4.1. Direito de família

Havia uma organização bastante diferente da que conhecemos hoje. Família significava o grupo de pessoas submetidas ao poder do *pater familias*, mas possuía outros significados, como patrimônio familiar ou valor econômico.

a) Casamento

Diferentemente do casamento instituído pelo Cristianismo, os romanos tinham o seu matrimônio mais como relação social do que propriamente relação jurídica. Era uma relação de convivência entre homem e mulher sustentada pela *affectio maritalis*, com a consciência de que essa união representava um casamento. Essa consciência traz em seu bojo que essa união deve ser vitalícia, monogâmica, com comunhão de vida e destinada principalmente a gerar descendentes.

Dentro do estabelecido pelo *ius civile*, o casamento só é considerado quando os cônjuges são cidadãos romanos ou, pelo menos, o homem é cidadão romano. Somente os filhos desses matrimônios são, portanto, cidadãos romanos, submetidos ao pátrio poder e merecedores da legítima após a morte do pai.

A mulher, inserida dentro da família romana, também exercia seu papel na comunidade, mas estava juridicamente vinculada ao marido, que detinha o poder marital, chamado *manus*. Sendo o poder doméstico romano, dentro de sua história, independentemente de qual fosse ele, pleno, este acontecia com o poder marital. O *manus* permitia o castigo e a repulsa à mulher, indo até o direito de vida e de morte. Esse direito foi bastante limitado pelo censor durante a república, que em nome dos bons costumes não permitia ao *pater familias* a prática de certos abusos. Como consequência desse poder, da mesma forma que os filhos, a mulher não tinha capacidade patrimonial. O que ganhava era revertido para o *pater familias*.

A partir da Lei das XII Tábuas passou a ser previsto, como exceção, o casamento *sine manu*. Até quase o início de nossa era, o casamento *cum manu* era quase unânime, sendo rapidamente substituído pela nova modalidade.

As regras que regiam o matrimônio romano não eram reguladas juridicamente, mas, sim, inseridas e acompanhadas pela moral vigente. Esse fato inclusive fez com que o casamento romano sofresse substanciais transformações durante a fase de desvirtuamento moral, que abalou o reino a partir do final do século III. Nessa época, durante o denominado Baixo Império, o casamento passou a ser considerado um ato essencialmente privado e contratual. Tratava-se de convenção puramente consensual, despida de qualquer formalismo, não sendo exigida a coabitação.

Nada resta, nesse período, das antigas formas de casamento que faziam cair a mulher sob a *manus* (poder) do seu marido (casamento *cum manu*). O tipo usual passa a ser o casamento *sine manu*, ficando a mulher juridicamente no seu grupo familiar original. Distingue-se do concubinato pela vontade recíproca de fundar um lar, de procriar e de educar os filhos. A principal dificuldade na matéria residia na prova dessa vontade. Como o casamento não tinha o aspecto jurídico a que estamos acostumados, advém dessa época anunciar a união com pompa, além de praticar certos ritos, como entrega de anel, redação de documento etc., demonstrando publicamente a vontade de fundar um lar.

O matrimônio romano tinha alguns efeitos, como o reconhecimento social da mulher casada, os filhos poderem continuar a família paterna como descendentes, o dever de fidelidade conjugal (apenas da mulher), além dos efeitos patrimoniais.

b) Divórcio

O fim do casamento acontecia em casos de morte, perda da capacidade matrimonial (perda da liberdade, perda da cidadania) ou divórcio. Quanto a esse último, existia na sociedade romana arcaica apenas sob a forma do repúdio da mulher pelo marido ou, na sua falta, pelo *pater familias* deste. Posteriormente podia acontecer por iniciativa de qualquer um dos cônjuges, não estando sujeito a fiscalização. O divórcio da mulher sem culpa é conhecido apenas no século III a.C. (esterilidade), e o que acontece por iniciativa da mulher é ainda mais recente.

Caso a mulher estivesse submetida à *manus*, era necessário, além do divórcio, a anulação desse poder marital. No casamento *sine manu*, o repúdio unilateral podia ser feito tanto pelo marido como pela mulher, tendo virado febre, ocasionando inclusive uma crise de natalidade.

No período pós-clássico, época dos imperadores cristãos, ocorreram as primeiras restrições da liberdade de divórcio, seja por comum acordo, seja por repúdio unilateral. Essa influência do cristianismo perpassa pela ideia de indissolubilidade do casamento e tinha por base o ensinamento de São Marcos – "o homem não pode separar aquilo que Deus uniu" – e de São Lucas – "quem repudiar a sua mulher e desposar outra comete adultério".

Vale anotar que no direito romano dava-se o nome de concubinato à união permanente de vida e de sexo entre homem e mulher, não reconhecida como matrimônio.

c) Bens matrimoniais

No casamento *cum manu*, todos os bens da mulher, bem como os que o seu *pater familias* lhe tivesse dado, integravam-se definitivamente no patrimônio do marido. Vale transcrever a explicação de Max Kaser[14]:

> a) Se a mulher era *filia familias* e, por isso, carente de CAPACIDADE PATRIMONIAL, assim continua quando passa a *uxor in manu*; muda o titular do poder, mas ela não adquire capacidade patrimonial.
>
> b) Se era *sui iuris*, PERDE a capacidade patrimonial e todo o seu PATRIMÔNIO PASSA PARA O DO MARIDO (ou para quem tem poder sobre ele).

Já no casamento *sine manu* os esposos viviam sob um regime de separação de bens, marcado pela presença do instituto do dote. Durante o matrimônio o marido era o proprietário dos bens dotais, mas por ocasião da dissolução do casamento, devia

---

14 Max Kaser, *Direito privado romano*, p. 177.

restituí-los à mulher. Nessa espécie de união a mulher conservava a propriedade e a administração dos seus bens próprios, não dotais.

Durante o período da república a mulher não era sujeito de direito. Sua relação não era com o direito da cidade, mas com o *pater familias*. A mulher sempre conservou, na família, um lugar secundário, tendo de casar para ganhar notoriedade social, mas em nenhuma das duas situações podia exercer funções administrativas ou judiciais. O contraponto a essa situação era a possibilidade de possuir patrimônio.

Os filhos menores não são sujeitos de direito, e os maiores, como não existia emancipação pela idade, tinham suas aquisições integradas no patrimônio familiar. Dentro da família romana clássica, de tipo patriarcal, os filhos não emancipados eram denominados *alieni iuris*.

Como dito, o cristianismo exerceu profunda influência sobre a evolução do poder paternal. Inicialmente tornou-se defensor dos fracos, principalmente das crianças. A Igreja não faz distinção entre filhos e filhas, impondo os mesmos deveres e os mesmos direitos tanto à mãe como ao pai.

6.2.4.2. Direitos reais

A designação "reais" deriva da palavra *res*, que tem como um dos significados o termo "coisa". Advém daí podermos falar tanto em direitos reais como em direitos das coisas. Chama-se coisa a tudo o que tem qualquer existência, a tudo o que existe na natureza, com o direito real estando relacionado com as coisas corporais, individuais e autônomas que podem ser objeto de propriedade, inclusive os escravos. É que algumas coisas não podem ser objeto do direito privado, mais precisamente as *res divini iuris* (propriedade dos deuses), as *res communes omnium* (ar, água etc.) e as *res publicae* (coisas em propriedade do Estado).

Há já nessa época a divisão das coisas em *res mancipi* (precisam de solenidade para a sua transmissão) e *res nec mancipi*, móveis e imóveis, tangíveis e intangíveis, consumíveis e não consumíveis, divisíveis e indivisíveis, principal e acessórios e, por fim, os frutos.

a) Posse

Os romanos faziam a distinção entre posse e propriedade. Esta estava relacionada a quem a coisa pertencia, a quem exercia o poder jurídico absoluto sobre a coisa; aquela estava ligada a quem tinha um poder de fato sobre determinada coisa corpórea. A posse era um fato e a propriedade, um direito, havendo a possibilidade de os dois itens recaírem sobre a mesma pessoa.

Segundo o direito civil clássico, a aquisição da posse precisa ter um fundamento jurídico que justifique a aquisição da propriedade – é a denominada *possessio civilis*. Temos como exemplo a compra e venda, doação, dote, apreensão de uma coisa abandonada. Esses títulos fazem com que a pessoa não só seja dona da coisa, mas que também tenha vontade de tê-la para si. Dessa forma fica patente que para a aquisição de alguma propriedade por usucapião é necessário que haja a *possessio civilis*.

A posse estava protegida contra a privação arbitrária e a perturbação por meio de um instituto denominado *interdicta*, que eram ações que possuíam um rito especial. Eram possuidores *ad interdicta* todos que tinham a coisa em nome próprio e a vontade de a guardar para si, sem reconhecer esse direito a outrem.

b) Propriedade

Era definida como poder absoluto e exclusivo sobre uma coisa corpórea, uma relação direta e imediata entre o titular do direito e a coisa. É o direito mais amplo que alguém pode ter sobre alguma coisa, sendo contraposto apenas pela posse como mero domínio de fato e os direitos reais limitados, como usufruto, penhor, servidão. O direito de propriedade é um direito real, ou seja, uma relação entre uma pessoa e todas as outras relativamente a um bem; sendo um direito real, é oponível *erga omnes, i.e.*, contra todos.

No início da civilização romana o *pater familias*, por intermédio do pátrio poder, tinha projeção não só sobre todos os membros da família e seus respectivos escravos, mas era detentor de todos os bens patrimoniais desta. O conceito abstrato de propriedade que conhecemos hoje, distinto do pátrio poder, surge apenas a partir da segunda metade da República. É a partir desse momento que há diferenciação entre o *dominium* e a *proprietas*.

A propriedade quiritária, que contemplava o direito de utilizar como quiser, de desfrutar e receber os seus frutos, de dispor livremente, era reconhecida apenas aos cidadãos romanos. Não se tratava de poder ilimitado, sendo restringido quer no interesse dos vizinhos quer no interesse público. O domínio não podia ser utilizado indeterminadamente, devendo respeitar o interesse social e os bons costumes. No âmbito público havia a limitação e prestações de trabalho que visavam conservação das vias públicas, aquedutos etc. Prevalecia o bem público em detrimento do individual.

c) Direitos reais limitados

São incluídos neste item:

1) a servidão: alguma coisa, geralmente um prédio ou terreno em que o proprietário ou o detentor da posse tem de tolerar determinada intromissão ou se abster de certa atuação própria. Exemplo é a servidão de passagem, em que o proprietário de um terreno tem de tolerar a passagem do proprietário de terreno contíguo que não tenha acesso próprio à estrada. As servidões extinguiam-se por meio da denominada *in iure cessio*, quando o titular renunciava ao seu direito em face do onerado.
2) o usufruto: quando alguém detém o direito de usar determinada coisa e receber os seus frutos, independentemente de quem seja o proprietário. É direito personalíssimo, limitado à própria pessoa do usufrutuário, não sendo transmissível de maneira alguma.
3) a enfiteuse: tem o mesmo aspecto desse instituto inserido no nosso atual Código Civil, ou seja, é uma propriedade pública que é dada para o uso privado mediante o pagamento de uma renda. Podia ser por prazo determinado ou indeterminado, sendo vedada a aquisição por usucapião.
4) havia também as relações pignoratícias, mais especificamente a fidúcia e o penhor (*pignus*).

6.2.4.3. Sucessão

São as regras atinentes à transmissão do patrimônio, o conjunto dos direitos transmissíveis por herança, de uma pessoa morta a uma ou mais pessoas vivas, seus herdeiros. Fazem parte do patrimônio as propriedades, grande parte de seus créditos, seus outros direitos reais hereditários etc. Havia duas formas de sucessão:

1) sucessão testamentária: dava-se de acordo com a vontade da pessoa falecida. Era por essência revogável, ao contrário da doação. Dentro da história do direito percebemos que sempre existiu nas sociedades que possuem um direito individualista.
2) sucessão *ab intestato*: quando a lei e o costume supriam a vontade do de cujus.

A grande reforma do direito de sucessão *ab intestato* data das Novelas 118 e 125 de Justiniano. Essas duas novelas ordenam os herdeiros legítimos em quatro classes, nesta ordem:

- descendentes (a representação é admitida);
- ascendentes;
- irmãos ou irmãs consanguíneos;
- outros colaterais, do lado materno e do paterno.

Em cada classe, os herdeiros são chamados à sucessão pela proximidade do grau: um parente de um grau mais próximo exclui um parente de grau mais afastado. Na falta dos colaterais, o cônjuge pode receber a sucessão. Por fim, o Fisco tem direitos sucessórios sobre os bens vacantes.

6.2.4.4. Obrigações

O direito das obrigações é o domínio no qual a influência do direito romano sobre os direitos romanistas atuais foi mais direta e profundas. Prova disso é que na codificação de Justiniano a maior parte dos textos refere-se às obrigações. Vale ressaltar que o direito atual das obrigações nasceu de uma fusão de grande parte do direito romano com certas regras canônicas e com numerosos costumes medievais, como será visto nos capítulos seguintes.

A obrigação (*obligatio*) é uma relação jurídica entre duas ou mais pessoas, pela qual uma delas, o credor, tem o direito de exigir certo fato de outro, denominado devedor. São então este e o credor as partes essenciais na obrigação, sem os quais não é possível falar deste instituto. Notem que é possível ter mais de uma pessoa em cada um dos polos da relação e, quando isso ocorre, o crédito e/ou débito são partilhados entre os envolvidos. Nesse caso há duas possibilidades para o débito ou crédito: ser delimitada a parte exata que cabe a cada um, sendo essas obrigações chamadas de parciais; ou os casos em que a prestação é encarada como indivisível, em que cada credor ou cada devedor pode exigir ou deve a prestação toda. É chamada de obrigação solidária e o pagamento por um dos codevedores, ou o recebimento por um dos cocredores, extingue a obrigação para todos.

O objeto das obrigações é a prestação, livremente convencionada entre as partes, sendo seus limites estabelecidos negativamente. Portanto, os romanos estabeleciam que a prestação não podia ser juridicamente impossível, imoral, ilícita ou totalmente indeterminada. Caso houvesse desobediência a essas determinações, a prestação podia ser considerada nula (*impossibilium nulla obligatio est*).

A obrigação cria um direito de crédito, sendo que este direito não é oponível *erga omnes,* não existindo senão entre as partes. A consequência normal de uma obrigação é o seu cumprimento pelo devedor, que a extingue por meio do pagamento, solução ou liquidação. Caso o devedor não cumprisse a obrigação, tornava-se inadimplente, permitindo ao credor, por culpa do inadimplemento, que o constrangesse a cumprir o pactuado, por meio de uma ação. O juiz estabelecia um valor em dinheiro para a solução da prestação, e para obter o pagamento cabiam todos os meios de execução previstos no direito romano.

Diferentemente da nossa realidade, em que o contrato é ato jurídico bilateral, e todo contrato gera obrigações, no direito romano arcaico o simples acordo não gerava obrigação. Para haver a *obligatio* era necessário fundamento jurídico, não bastando o acordo de vontades. Nessa época os romanos reconheciam apenas os contratos formais, denominados *nexum* e *stipulatio*, com várias formalidades para as suas concretizações, como presença de testemunhas, atos simbólicos etc. Com o desenvolvimento do comércio foi necessário flexibilizar, instituindo-se novas formas de contrato, elaboradas pela jurisprudência republicana. Não só o *nexum*, forma mais rigorosa, caiu em desuso como os contratos ganharam cada vez mais o aspecto verbal, realizando-se por meio do pronunciamento de certas palavras.

É na época clássica que ganham força os contratos reais, como o mútuo, o depósito, o penhor e o comodato. Eram empréstimos realizados sem as formalidades do *nexum*, bastando a entrega da coisa ao devedor. Era a partir dessa entrega que resultava o direito de exigir do devedor a devolução. No mútuo entregava-se a posse e a propriedade. Já nos outros três tipos de contratos, entregava-se apenas a posse.

Além dos contratos reais havia também os contratos inominados, em que ambas as partes se obrigavam a prestações equivalentes. São contratos bilaterais perfeitos, também denominados sinalagmáticos. Sua finalidade era que, quando uma parte cumpria a sua prestação, a outra ficava obrigada ao adimplemento. A troca é um exemplo desse contrato. Outro tipo de contrato eram os consensuais, em que as partes se obrigavam a trocar determinado bem por dinheiro, como a compra e venda, a locação, a sociedade e o mandato. Já a doação, até o direito justinianeu, não era considerada um contrato na acepção do termo.

Na época bizantina estabeleceu-se sistema quadripartido das fontes das obrigações, que eram:

- os contratos, como venda, troca, locação, mandato, depósito, sociedade etc.;
- os delitos, que compreendiam todas as infrações penais;
- os quase contratos, como pagamento do indevido e gestão de negócios;
- os quase delitos, na figura da responsabilidade aquiliana, ou seja, responsabilidade civil por culpa, objetiva ou subjetiva.

6.2.5. Lei das XII Tábuas (450 a.C.)

Devido à luta por direitos capitaneada pela plebe, que não conhecia quais as regras que lhes eram aplicadas pelos patrícios, foi criada uma comissão, em 461 a. C., com o objetivo positivar na forma de lei as normas que eles deviam seguir. Dessa forma, entendia-se, deveria diminuir o arbítrio dos patrícios na aplicação do direito, já que teriam de seguir as normas. Mesmo que precisassem ser interpretadas, haveria um mínimo de conteúdo semântico a ser seguido.

Foram nomeados dez varões (decênviros) responsáveis pela elaboração da Lei das XII Tábuas, que a redigiram depois de estudar as famosas Leis de Sólon, ficando evidente influência grega na elaboração deste conjunto normativo.

Segue teor da Lei das XII Tábuas, que nos foi legada pelos acontecimentos históricos quase na sua integralidade.

LEI DAS XII TÁBUAS[15]

TÁBUA PRIMEIRA – Do chamamento a Juízo

1. Se alguém for chamado a Juízo, compareça.
2. Se não comparecer, aquele que o citou tome testemunhas e o prenda.
3. Se procurar enganar ou fugir, o que o citou poderá lançar mão sobre (segurar) o citado.
4. Se uma doença ou a velhice o impedir de andar, o que o citou lhe forneça um cavalo.
5. Se não o aceitar, que forneça um carro, sem a obrigação de dá-lo coberto.
6. Se se apresentar alguém para defender o citado, que este seja solto.
7. O rico será fiador do rico; para o pobre qualquer um poderá servir de fiador.
8. Se as partes entrarem em acordo em caminho, a causa estará encerrada.
9. Se não entrarem em acordo, que o pretor as ouça no *comitium* ou no *forum* e conheça da causa antes do meio-dia, ambas as partes presentes.
10. Depois do meio-dia, se apenas uma parte comparecer, o pretor decida a favor da que está presente.
11. O pôr do sol será o termo final da audiência.

TÁBUA SEGUNDA – Dos julgamentos e dos furtos

1. ... cauções ... subcauções ... a não ser que uma doença grave..., um voto ..., uma ausência a serviço da república, ou uma citação por parte de estrangeiro, deem margem ao impedimento; pois se o citado, o juiz ou o arbitro, sofrer qualquer desses impedimentos, que seja adiado o julgamento.
2. Aquele que não tiver testemunhas irá, por três dias de feira, para a porta da casa da parte contrária, anunciar a sua causa em altas vozes injuriosas, para que ela se defenda.

15 Disponível em: http://www.dhnet.org.br/direitos/anthist/12tab.htm. Acesso em: 20 out. 2025.

3. Se alguém cometer furto à noite e for morto cm flagrante, o que; matou não será punido.
4. Se o furto ocorrer durante o dia e o ladrão for flagrado, que seja fustigado e entregue como escravo à vítima. Se for escravo, que seja fustigado e precipitado do alto da rocha Tarpéia.
5. Se ainda não atingiu a puberdade, que seja fustigado com varas a critério do pretor, e que indenize o dano.
6. Se o ladrão durante o dia defender-se com arma, que a vítima peça socorro em altas vozes e se, depois disso, matar o ladrão, que fique impune.
7. Se, pela procura *cum lance licioque*, a coisa furtada for encontrada na casa de alguém, que seja punido como se fora um furto manifesto.
8. Se alguém intentar ação por furto não manifesto, que o ladrão seja condenado no dobro.
9. Se alguém, sem razão, cortar árvores de outrem, que seja condenado a indenizar à razão de 25 asses por árvore cortada.
10. Se alguém se conformar (ou se acomodar, transigir) com um furto, que a ação seja considerada extinta.
11. A coisa furtada nunca poderá ser adquirida por usucapião.

TÁBUA TERCEIRA – Dos direitos de crédito

1. Se o depositário, de má fé, praticar alguma falta com relação ao depósito, que seja condenado em dobro.
2. Se alguém colocar o seu dinheiro a juros superiores a um por cento ao ano, que seja condenado a devolver o quádruplo.
3. O estrangeiro jamais poderá adquirir bem algum por usucapião.
4. Aquele que confessar dívida perante o magistrado, ou for condenado, terá 30 dias para pagar.
5. Esgotados os 30 dias e não tendo pago, que seja agarrado e levado à presença do magistrado.
6. Se não pagar e ninguém se apresentar como fiador, que o devedor seja levado pelo seu credor e amarrado pelo pescoço e pés com cadeias com peso máximo de 15 libras; ou menos, se assim o quiser o credor.
7. O devedor preso viverá à sua custa, se quiser; se não quiser, o credor que o mantém preso dar-lhe-á por dia uma libra de pão ou mais, a seu critério.
8. Se não houver conciliação, que o devedor fique preso por 60 dias, durante os quais será conduzido em três dias de feira ao *comitium*, onde se proclamará, em altas vozes, o valor da dívida.
9. Se não muitos os credores, será permitido, depois do terceiro dia de feira, dividir o corpo do devedor em tantos pedaços quantos sejam os credores, não importando cortar mais ou menos; se os credores preferirem poderão vender o devedor a um estrangeiro, além do Tibre.

TÁBUA QUARTA – Do pátrio poder e do casamento

1. É permitido ao pai matar o filho que nasceu disforme, mediante o julgamento de cinco vizinhos.

2. O pai terá sobre os filhos nascidos de casamento legítimo o direito de vida e de morte e o poder de vendê-los.

3. Se o pai vender o filho três vezes, que esse filho não recaia mais sob o poder paterno.

4. Se um filho póstumo nascer até o décimo mês após a dissolução do matrimônio, que esse filho seja reputado legítimo.

TÁBUA QUINTA – Das heranças e tutelas

1. As disposições testamentárias de um pai de família sobre os seus bens, ou a tutela dos filhos, terão a força de lei.

2. Se o pai de família morrer intestado, não deixando herdeiro seu (necessário), que o agnado mais próximo seja o herdeiro.

3. Se não houver agnados, que a herança seja entregue aos gentis.

4. Se um liberto morrer intestado, sem deixar herdeiros seus, mas o patrono ou os filhos do patrono a ele sobreviverem, que a sucessão desse liberto se transfira ao parente mais próximo da família do patrono.

5. Que as dívidas ativas e passivas sejam divididas entre os herdeiros, segundo o quinhão de cada um.

6. Quanto aos demais bens da sucessão indivisa, os herdeiros poderão partilhá-los, se assim o desejarem; para esse: fim o pretor poderá indicar três árbitros.

7. Se o pai de família morrer sem deixar testamento, indicando um herdeiro seu impúbere, que o agnado mais próximo seja o seu tutor.

8. Se alguém tornar-se louco ou pródigo e não tiver tutor, que a sua pessoa e seus bens sejam confiados à curatela dos agnados e, se não houver agnados, à dos gentis.

TÁBUA SEXTA – Do direito de propriedade e da posse

1. Se alguém empenhar a sua coisa ou vender em presença de testemunhas, o que prometeu terá força de lei.

2. Se não cumprir o que prometeu, que seja condenado em dobro.

3. O escravo a quem for concedida a liberdade por testamento, sob a condição de pagar uma certa quantia, e que for vendido em seguida, tornar-se-á livre, se pagar a mesma quantia ao comprador.

4. A coisa vendida, embora entregue, só será adquirida pelo comprador depois de pago o preço.

5. As terras serão adquiridas por usucapião depois de dois anos de posse, as coisas móveis depois de um ano.

6. A mulher que residir durante um ano em casa de um homem, como se fora sua esposa, será adquirida por esse homem e cairá sob o seu poder, salvo se se ausentar da casa por três noites.

7. Se uma coisa for litigiosa, que o pretor a entregue provisoriamente àquele que detiver a posse; mas se se tratar da liberdade de um homem que está em escravidão, que o pretor lhe conceda a liberdade provisória.

8. Que a madeira utilizada para a construção de uma casa, ou para amparar a videira, não seja retirada só porque o proprietário reivindicar; mas aquele que utilizou a madeira que não lhe pertencia seja condenado a pagar o dobro do valor; e se a madeira for destacada da construção ou do vinhedo, que seja permitido ao proprietário reivindicá-la.

9. Se alguém quer repudiar a sua mulher, que apresente as razões desse repúdio.

TÁBUA SÉTIMA – Dos delitos

1. Se um quadrúpede causar qualquer dano, que o seu proprietário indenize o valor desse dano ou abandone o animal ao prejudicado.

2. Se alguém causar um dano premeditadamente, que o repare.

3. Aquele que fizer encantamentos contra a colheita de outrem; ou a colher furtivamente à noite antes de amadurecer ou a cortar depois de madura, será sacrificado a Ceres.

4. ....

5. Se o autor do dano for impúbere, que seja fustigado a critério do pretor e indenize o prejuízo em dobro.

6. Aquele que fizer pastar o seu rebanho em terreno alheio,

7. e o que intencionalmente incendiar uma casa ou um monte de trigo perto de uma casa, seja fustigado com varas e em seguida lançado ao fogo.

8. mas se assim agir por imprudência, que repare o dano; se não tiver recursos para isso, que seja punido menos severamente do que se tivesse agido intencionalmente.

9. Aquele que causar dano leve indenizará 25 asses.

10. Se alguém difamar outrem com palavras ou cânticos, que seja fustigado.

11. Se alguém ferir a outrem, que sofra a pena de Talião, salvo se houver acordo.

12. Aquele que arrancar ou quebrar um osso a outrem deverá ser condenado a uma multa de 300 *asses*, se o ofendido for um homem livre; e de 150 *asses*, se o ofendido for um escravo.

13. Se o tutor administrar com dolo, que seja destituído como suspeito e com infâmia; se tiver causado algum prejuízo ao tutelado, que seja condenado a pagar o dobro ao fim da gestão.

14. Se um patrono causar dano a seu cliente, que seja declarado *sacer* (podendo ser morto como vítima devotada aos deuses).

15. Se alguém participar de um ato como testemunha ou desempenhar nesse ato as funções de libripende[16], e recusar dar o seu testemunho, que recaia sobre ele a infâmia e ninguém lhe sirva de testemunha.

16. Se alguém proferir um falso testemunho, que seja precipitado da rocha Tarpeia.

---

16 Aquele que pesava e pagava o soldo às tropas romanas, antes que em Roma houvesse moeda.

17. Se alguém matar um homem livre e; empregar feitiçaria e veneno, que seja sacrificado com o último suplício.

18. Se alguém matar o pai ou a mãe, que se lhe envolva a cabeça e seja colocado em um saco costurado e lançado ao rio.

TÁBUA OITAVA – Dos direitos prediais

1. A distância entre as construções vizinhas deverá ser de dois pés e meio.
2. Que os soldados (sócios) façam para si os regulamentos que entenderem, contanto que não prejudiquem o público.
3. A área de cinco pés deixada livre entre os campos limítrofes não poderá ser adquirida por usucapião.
4. Se surgirem divergências entre possuidores de campos vizinhos, que o pretor nomeie três árbitros para estabelecer os limites respectivos.
5. Lei incerta sobre limites
6. ... Jardim ... ...
7. ... herdade ... ...
8. ... choupana ... ...
9. Se uma árvore se inclinar sobre o terreno alheio, que os seus galhos sejam podados à altura de mais de 15 pés.
10. Se caírem frutos sobre o terreno vizinho, o proprietário da árvore terá o direito de colher esses Frutos.
11. Se a água da chuva retida ou dirigida por trabalho humano causar prejuízo ao vizinho, que o pretor nomeie cinco árbitros, e que estes exijam do dono da obra garantias contra o dano iminente.
12. Que o caminho em reta tenha oito pés de largura e o em curva tenha dezesseis.
13. Se aqueles que possuírem terrenos vizinhos a estradas não os cercarem, que seja permitido deixar pastar o rebanho à vontade (nesses terrenos).

TÁBUA NONA – Do direito público

1. Que não se estabeleçam privilégios em lei (ou que não se façam leis contra indivíduos).
2. Aqueles que forem presos por dívidas e as pagarem, gozarão dos mesmos direitos como se não tivessem sido presos; os povos que forem sempre fiéis e aqueles cuja defecção for apenas momentânea gozarão de igual direito.
3. Se um juiz ou um arbitro indicado pelo magistrado receber dinheiro para julgar a favor de uma das partes em prejuízo de outrem, que seja morto.
4. Que os comícios por centúrias sejam os únicos a decidir sobre o estado de uma cidade (vida, liberdade, cidadania, família).
5. Os questores de homicídio...
6. Se alguém promover em Roma assembleias noturnas, que seja morto.
7. Se alguém insuflar o inimigo contra a sua Pátria ou entregar um concidadão ao inimigo, que seja morto.

TÁBUA DÉCIMA – Do direito sacro

1. … do juramento.

2. Não é permitido sepultar nem incinerar um homem morto na cidade.

3. Moderai as despesas com os funerais.

4. Fazei apenas o que é permitido.

5. Não deveis polir a madeira que vai servir à incineração.

6. Que o cadáver seja vestido com três roupas e o enterro se faça acompanhar de dez tocadores de instrumentos.

7. Que as mulheres não arranhem as faces nem soltem gritos imoderados.

8. Não retireis da pira os restos dos ossos de um morto, para lhe dar segundos funerais, a menos que tenha morrido na guerra ou em país estrangeiro.

9. Que os corpos dos escravos não sejam embalsamados e que seja abolido dos seus funerais o uso da bebida em torno do cadáver.

10. Que não se lancem licores sobre a pia de incineração nem sobre as cinzas do morto.

11. Que não se usem longas coroas nem turíbulos nos funerais.

12. Que aquele que mereceu uma coroa pelo próprio esforço ou a quem seus escravos ou seus cavalos fizeram sobressair nos jogos, traga a coroa como prova do seu valor, assim com os seus parentes, enquanto o cadáver está em casa e durante o cortejo.

13. Não é permitido fazer muitas exéquias nem muitos leitos fúnebres para o mesmo morto.

14. Não é permitido enterrar ouro com o cadáver; mas se seus dentes são presos com ouro, pode-se enterrar ou incinerar com esse ouro.

15. Não é permitido, sem o consentimento do proprietário, levantar uma pira ou cavar novo sepulcro, a menos de sessenta pés de distância da casa.

16. Que o vestíbulo de um túmulo jamais possa ser adquirido por usucapião, assim como o próprio túmulo.

TÁBUA DÉCIMA PRIMEIRA

1. Que a última vontade do povo tenha força de lei.

2. Não é permitido o casamento entre patrícios e plebeus.

3. … Da declaração pública de novas consecrações.

TÁBUA DÉCIMA SEGUNDA

1. …… do penhor ……

2. Se alguém fizer consagrar uma coisa litigiosa, que pague o dobro do valor da coisa consagrada.

3. Se alguém obtiver de má fé a posse provisória de uma coisa, que o pretor, para pôr fim ao litígio, nomeie três árbitros, que estes condenem o possuidor de má-fé a restituir o dobro dos frutos.

4. Se um escravo cometer um furto, ou causar algum dano, sabendo-o patrono, que seja obrigado esse patrono a entregar o escravo, como indenização, ao prejudicado.

INDICAÇÃO DE FILME

Quo vadis? (EUA). Direção de Mervyn Leroy. 1951.

O filme se passa em 64 d.C., no Império Romano, e conta a história de amor entre um general e uma plebeia, tendo como pano de fundo a perseguição do Império aos cristãos.

Ben-Hur (EUA). Direção de William Wyler. 1959.

O filme conta a história de um rico mercador judeu do século I d.C. que, após ser traído por seu amigo romano, passa a viver como escravo. Ele parte, então, em busca de vingança. O filme tem forte teor cristão, com uma história de redenção.

Nero (EUA). Direção de Paul Marcus. 2004.

O filme conta a história de Nero, que foi Imperador Romano de 54 d.C. a 68 d.C. Em seu império, ocorreu o episódio do incêndio de Roma, em 64 d.C., que destruiu parte da cidade. O Imperador culpou os cristãos pelo incêndio, passando a persegui-los.

Spartacus (EUA). Direção de Stanley Kubrick. 1960.

O filme conta a história de Spartacus, em 73 a.C., que é um escravo comprado para ser gladiador. Tratado como animal, ele lidera uma rebelião de escravos contra o Império Romano.

Alexandre (EUA). Dirigido por Oliver Stone. 2004.

O filme conta a história de Alexandre – o Grande, Imperador macedônico de 336 a.C. a 323 a.C., que ficou famoso pela expansão de seu império, indo para regiões distantes. Divulgador da cultura grega, recebeu a educação do filósofo Aristóteles, o que levou a manter diplomacia com os povos conquistados, respeitando suas culturas.

Troia (EUA/Reino Unido). Dirigido por Wolfgang Petersen. 2004.

O filme recria o episódio da mitologia grega, a Guerra de Troia, que teria ocorrido entre 1300 a.C. e 1200 a.C. Páris era o príncipe troiano que rouba a esposa de Menelau, Helena. Gregos e troianos travam uma guerra, na qual participa Aquiles, morto ao ser atingido em seu calcanhar.

QUESTÕES

1. Analise a frase a seguir, relacionando-a a não profissionalização do direito na Grécia Antiga:

A lei ateniense era essencialmente retórica. Não havia advogados, juízes, promotores públicos, apenas dois litigantes dirigindo-se a centenas de jurados" (José Fabio Rodrigues Maciel, Logógrafo: o embrião do advogado, *Carta Forense,* dez. 2005. Disponível em: http://www.cartaforense.com.br/conteudo/colunas/logografo-o-embriao-do-advogado/202).

2. Discorra sobre as provas processuais do direito ateniense. Indique também o que diferencia esse povo de outros anteriores e da mesma época em relação ao assunto em tela.

3. Uma das funções dos pretores "era organizar a controvérsia, transformando o conflito real num conflito judicial" (José Fabio Rodrigues Maciel, Processo formular: a evolução do direito romano, Carta Forense, out. 2005, disponível em: http://www.cartaforense.com.br/conteudo/colunas/processo-formular-a-evolucao-do-direito-romano/156). Com base nessa frase, responda qual a relação do processo formular romano com a Lei das XII Tábuas e qual a importância daquele no desenvolvimento do direito romano.

4. Diz a história que a Lei das XII Tábuas (450 a.C.) sofreu grande influência das Leis de Sólon (594 a.C. e 593 a.C.). Após analisar o teor dos dois corpos de lei, explique se realmente há similaridades entre eles.

Capítulo 7

A DECADÊNCIA ROMANA E A ALTA IDADE MÉDIA

Denomina-se Idade Média o período da história europeia compreendido entre a queda do Império Romano do Ocidente, no século V, e o século XV, marcado pela ascensão da burguesia, pela cultura renascentista e pelas grandes navegações. A Idade Média divide-se em duas etapas bem distintas: a **Alta Idade Média**, que vai do século V até a consolidação do feudalismo, entre os séculos IX e XII; e a **Baixa Idade Média**, que vai desse período até o século XV.

7.1. O FIM DO IMPÉRIO ROMANO DO OCIDENTE: A ASCENSÃO DOS POVOS BÁRBAROS

A primeira leva de invasões bárbaras desenrola-se a partir do século V e muda o cenário geopolítico europeu, interferindo nas práticas econômicas, alterando a centralidade católica na religiosidade e criando gradualmente a mentalidade e cultura dos futuros povos europeus. Destacam-se nas primeiras invasões bárbaras os ostrogodos, longobardos, alamanos, saxões, francos, burgúndios, visigodos, bretões, anglos, suevos, alanos e vândalos, que se fixaram majoritariamente a oeste dos rios Oder e Danúbio.

Os povos bárbaros não tinham as mesmas características político-administrativas ou práticas econômicas, tornando suas caracterizações sempre genéricas. Ao tempo de César, organizavam-se politicamente em torno de clãs, estruturando suas práticas administrativas de forma rudimentar e sem grandes diferenciações funcionais. Eram fundamentalmente representantes de uma economia agropastoril de agricultores assentados, deslocando-se, quando necessário, em busca de solos férteis de acordo com a determinação de seus líderes. A propriedade privada era desconhecida, sendo a distribuição de terras estabelecida sem a instituição de grandes desigualdades no interior das tribos. Possuíam chefes, ao menos em tempos de guerra, quando estes eram eleitos.

É a partir do século I, com a chegada dos romanos à Germânia, que a estrutura da organização social bárbara começa a sofrer modificações e, já na época de Tácito, observam-se as seguintes modificações:

a) as terras são distribuídas aos indivíduos e não mais aos clãs;
b) a redistribuição de terras, que evitava a desigualdade de riquezas, diminui;

c) o novo sistema agrícola provoca maior migração e menor grau de identidade dos clãs e tribos com suas terras;

d) forma-se uma aristocracia que passa a compor um conselho permanente para exercício do poder no interior de uma tribo. Essa recente aristocracia hereditária promovia os chefes que passaram a reunir em torno de si guerreiros de clãs diversos, rompendo com a identidade e unidade familiar como elemento básico para o exercício do poder.

Os povos cujos interesses mais se coadunavam com os de Roma, seja pela parceria ou subvenções na luta contra outros bárbaros, cada vez mais se aparentavam com os romanos. Os visigodos, por exemplo, no século IV, chefiados por um conselho confederado de nobres, demonstram a transformação das estruturas de poder antes centralizadas nas relações familiares, clânicas e tribais. As mudanças foram sentidas também na economia, com a absorção de técnicas romanas de produção agrícola e de artefatos de aldeia.

A relação entre bárbaros e germânicos que remontava ao século I foi intensificando-se durante os três séculos que antecederiam a queda de Roma. Entre os primeiros e últimos contatos, os bárbaros passaram a compor as legiões romanas, chegando alguns francos como Silvano e Arbogasto ao posto de comandante em chefe no Ocidente. A diplomacia romana forjou chefes bárbaros nas áreas fronteiriças na tentativa de limitar a pressão de não aliados. Essa relação provocou intensa transformação dos povos bárbaros que, às vésperas das grandes invasões, já haviam absorvido a autocracia política, a especialização militar e os desníveis sociais, tornando os que invadiram o território de Roma bastante diferentes daqueles encontrados pelos romanos no século I às margens do Elba.

7.2. O PLURALISMO ALTO MEDIEVAL

A desconcentração do poder, após a queda de Roma, é uma das consequências provocadas pela inexistência, por parte dos invasores bárbaros, de uma organização estatal complexa dotada de instituições que garantissem a estabilidade do poder, proporcionando a distribuição funcional das atividades sociais, políticas e econômicas. No entanto, a estruturação do poder dos germinais reinos bárbaros valeu-se, em grande parte, dos escombros de Roma, fundindo os costumes germânicos às práticas e instituições romanas. É assim que procederam com a distribuição da propriedade quando adotaram um sistema aparentado com o do aquartelamento imperial, o das *hospitalitas*. Por essa forma de distribuição de propriedade os proprietários romanos eram obrigados a entregar de um a dois terços da propriedade aos "hóspedes" bárbaros.

Como eram poucos os guerreiros bárbaros que receberam seu quinhão, a adoção das *hospitalitas* não provocou grandes alterações na divisão da propriedade, não encontrando, também, grande resistência do proprietário romano dominado. A distribuição de propriedades reproduziu a estratificação social dos bárbaros, sendo distribuídas aos nobres que, em suas terras, fixaram rendeiros ou pequenos proprietários (antigos soldados), preparando a Europa para o feudalismo do século X.

Assentados em novos territórios, a construção dos reinos bárbaros acelera o processo e estabilização do poder, adaptando institutos romanos às necessidades da nobreza bárbara. Surge o Livro das Constituições Reais, promulgado pelos nobres da Borgonha, iniciando a fase de criação do direito dos reinos bárbaros sob influência claramente romana – o direito romano dos povos bárbaros.

Apesar do aparente intento de construção de nova ordem jurídico-política, os reinos medievais adotaram uma forma dual em sua estrutura administrativa e jurídica, proporcionando aos proprietários romanos a conduta segundo o direito romano, instituindo o dualismo jurídico-administrativo dos novos reinos. Assim, bárbaros submetiam-se ao direito dos reinos e a seus costumes e romanos ao direito do antigo Império. A corrente absorção de instituições romanas pelos reinos bárbaros reflete o interesse da nobreza germânica em cada vez mais abandonar sua remota tradição de privilegiar relações de parentesco, construindo uma sociedade com diferenciações funcionais distintas daquela dos povos encontrados pelos romanos no século I.

Subjaz ao dualismo jurídico dos primeiros séculos da Idade Média um complexo normativo, em especial no ramo que modernamente denominou-se direito privado, que denota com mais exatidão uma relação plural, ou seja, a produção do direito a partir de diversos centros de poder. O pluralismo da Alta Idade Média não é propriamente novo no cenário europeu. Já no Império Romano os direitos vulgares, construídos no vazio político romano pelo encontro de costumes, valores locais com o próprio direito romano, anunciava a nova estruturação jurídica medieval. Assim, o dualismo ao qual se refere Perry Anderson[1] pode ser compreendido como resultado da falta de um poder com pretensões centralizadoras que, imerso em um conjunto plural de normas, deu vazão ao princípio da personalidade, marcando no direito os valores medievais de pertença a grupos étnicos, ou seja, o pertencimento à mesma estirpe e sua vinculação a eles pela consanguinidade.

O pluralismo alto medieval fundou-se na relativa autonomia que as diversas forças presentes no mundo medieval gozavam para produzir o direito. Sem vínculo especial com nenhum concorrente no cenário político, como ocorre com o direito positivo (liberal-burguês), a autonomia era antes fruto de um vazio de poder totalizante que tendesse a subordinar as diversas relações jurídico-sociais, como ocorreu quando do surgimento da ideia de soberania moderna. Assim, os grandes atores político-sociais da Alta Idade Média, por desinteresse ou desconhecimento do uso do direito como instrumento de poder, ou ainda por impotência para efetivá-lo, garantiram a relativa autonomia das diversas forças presentes na sociedade, promovendo uma situação plural de direitos.

Produto da relativa autonomia de forças, o pluralismo, assim como a autonomia, descendia da inexistência de um poder absolutista que vinculasse um direito a um núcleo de poder estruturado, como se realiza com a modernidade jurídica por intermédio do Estado e da noção de soberania. A Alta Idade Média, portanto, consolidava-se como um mundo de ordens jurídicas distintas concorrendo em um mesmo espaço geopolítico

1 Perry Anderson, *Passagens da Antiguidade ao feudalismo*, p. 112-113.

que refletia o próprio pluralismo político presente na Idade Média, onde grupos, clãs, famílias constituíam ordens distintas daquelas que emanavam dos Reinos, quando estes produziriam normas jurídicas que atingissem tais agrupamentos. O clero, por possuir direito próprio, é outro exemplo desse processo de autonomização do direito diante da inexistência de poder capaz de subordinar o mundo social a um único núcleo de poder.

7.3. O SURGIMENTO DO DIREITO BÁRBARO-ROMANO

O dualismo jurídico-administrativo implantado no século V pelos reinos bárbaros desaparece aos poucos, com exceção do reino visigodo, durante o século VI. Um processo de síntese entre os elementos da cultura germânica e romana, após um século de íntima convivência, é moldado. O regime de propriedade exemplifica tais mudanças: quando da primeira onda de invasões os povos bárbaros adotaram o modelo de *hospitalitas*, no entanto o processo de expansão territorial pelo qual passaram alguns reinos, como o dos francos e dos lombardos, seguiram outra métrica. Ambos confiscavam as terras conquistadas, transformando-as em parte do tesouro real ou distribuindo-as por suas cortes de nobres, configurando as características primeiras do feudalismo que se desenvolveria a partir do século X. A expansão dos lombardos pela Itália pôs fim ao dualismo jurídico e administrativo mantido pelos ostrogodos, criando um código legal baseado em costumes germânicos e, apesar de escrito em latim, confrontava-se com as leis romanas e não as reconhecia como conjunto normativo apto a ser utilizado nas regiões em que dominaram. Os francos, de forma diferenciada, assistiram à progressiva ineficácia da lei romana que acabou por ser substituída pela germânica, pondo fim ao dualismo. Em outras regiões, como a Inglaterra, o dualismo sequer existiu, pois, quando da chegada dos anglo-saxões à Grã-Bretanha, a ordem jurídica romana não mais subsistia. Na Espanha os visigodos administraram o sistema dual até o século VII, quando um sistema gótico foi instituído.

Ao progressivo fim das administrações duais corresponde a decadência do princípio da personalidade do direito, que passou a ser influenciado de forma mais intensa pelo princípio da territorialidade. Tal processo pode ser explicado pela integração do elemento romano à sociedade germânica, onde os romanos não foram dizimados, como nas administrações vândalas. O resultado da integração, muitas vezes incentivada por uniões multiétnicas, foi a falta de necessidade do dualismo administrativo e do princípio da personalidade, já que o direito não tinha mais por que ser aplicado de forma diferenciada para semelhantes. Assim, os reinos bárbaros progressivamente abandonam a memória do direito romano, criando o seu próprio, com clara influência romana.

Os visigodos instituíram o Código de Eurico, cuja revisão, em 506, promovida pelos legistas romanos que circundavam o rei, resultou no *Breviarium Alaricum* (Breviário de Alarico), texto com características semelhantes às dos códigos romanos, especialmente o Código de Teodósio de 438. Modificado, ainda, no reinado de Leovigildo (569-586), o Breviário de Alarico irá abandonar definitivamente o princípio da territorialidade apenas em 654, quando a *Lex romana visigothorum de Alarico* foi substituída pelo *Liber Iudicum* (Livro dos Juízes). Dividido em doze livros e subdividido em títulos, o Livro dos Juízes assemelhava-se ao *Corpus Iuris Civilis* do Imperador bizantino Justiniano, mas, entre outras características distintas, subordinava o monarca à lei, definindo o legislador como guardião da lei em função das *gens et patria*.

O *Liber Iudicum* continuou a ser sucessivamente modificado até o fim do reino visigodo, contando em suas novas versões com um manual prático de direito, normas de perseguição aos judeus e, especialmente, cânones de concílios, o que demonstra a estreita relação entre o reino e a Igreja, relação de mútuo reconhecimento e legitimação. Além dos visigodos, ostrogodos, burgúndios, francos, outros povos elaboraram legislações, mas coube ao Breviário de Alarico o papel de difusor do direito romano (bárbaro-romano) pelo Ocidente, sendo adotado no Império Franco e na região dos burgúndios e copiado até o século X.

Outrora pagãos, os invasores converteram-se prontamente ao cristianismo, não ao catolicismo, mas ao arianismo. A adoção do cristianismo, segundo Perry Anderson[2], refletiu a necessidade de uma ordem divina mais extensa que abandonasse as relações clânicas e tribais, estabelecendo o complemento espiritual para o exercício do poder de forma mais centralizadora. A opção pelo arianismo refletiu também o dualismo entre a sociedade romana tradicional e o mundo germânico, integrando-os mediante a manutenção de suas singularidades religiosas. Ao final do século VII, a maioria dos reinos bárbaros havia sido convertida ao catolicismo, constituindo o primeiro passo para o fomento da ideia de república cristã ou império cristão que seriam desenvolvidas nos séculos subsequentes. Encontrava-se a Europa em uma fase em que o comércio, após a decadência, praticamente inexistia e com ele a cunhagem de moedas, momento em que o refluxo para o campo e a decadência das cidades mostrou-se como tendência inabalável.

O século VII contrastou com a Europa do século VIII, onde a ascensão da dinastia carolíngia dos francos e a invasão muçulmana da Península Ibérica contrariariam o presságio do século VII. Com os muçulmanos, a Hispânia viveria momentos de sofisticados desenvolvimentos artísticos e culturais, e os francos, com Carlos Magno, teriam seus momentos da glória que reestruturaria a Europa em seus aspectos políticos, econômicos, jurídicos e culturais.

A busca pela reedição do Império do Ocidente coube à dinastia carolíngia que, à frente dos francos, iniciou uma expansão territorial no século VIII em direção à Itália, à Espanha e à Germânia, incorporando a Catalunha, anexando a Itália lombarda, conquistando a Saxônia, a Frísia, subjugando saxões, ávaros, eslovenos, croatas. Após trinta anos de conquistas, mas contando com a oposição dos bizantinos, Carlos Magno pleiteou o título de imperador do Ocidente. Aceitou a oferta do papa Leão III em sagrá-lo imperador em troca de apoio político, militar e do combate aos bizantinos. Carlos Magno foi coroado no Natal de 800 e confrontou-se com Bizâncio até que este o reconhecesse como imperador, portanto como igual. Com Carlos Magno restaura-se a autoridade mítica do Império do Ocidente, que proporcionaria a República cristã (católica) e confirmaria a relação de autoridade (*auctoritas*) exercida pela Igreja em face do poder (*potestas*) temporal.

---

2 Perry Anderson, *Passagens da Antiguidade ao feudalismo*, p. 115.

O novo Império do Ocidente promoveu renascimento administrativo e cultural, padronizando e centralizando a cunhagem de moedas, patrocinando renovação na literatura, filosofia, arte, educação. Para administrar com eficácia o Império, Carlos Magno aperfeiçoou os textos jurídico-administrativos, nomeados capitulares ou ordenações. Tais textos versavam sobre assuntos diversos, podendo ser destinados a uma região determinada, como as capitulares dos saxões, ou ter caráter inter-regional, como a capitular de Heristal, que tratava da reorganização do Estado (779), a capitular *De villis*, que legislava sobre a administração dos domínios reais, e a capitular *De litteris colendis*, que versava sobre a reforma da instrução.

A unidade básica da administração carolíngia era o condado, onde nobres delegados do imperador – condes – exerciam o poder administrativo, judicial e militar, poderes revogáveis pelo Império. Sobrepuseram-se aos condes os *missi dominici*, agentes plenipotenciários que se movimentavam pelo Império resolvendo problemas políticos e administrativos de solução mais complexa, garantindo a integração do Império. A administração carolíngia fortaleceu gradualmente o uso de instituições fundamentais ao feudalismo, em especial a vassalagem (homenagem pessoal) e o benefício (concessão de terras). No século IX, o benefício foi vinculando-se gradualmente à honra (ofício e jurisdição pública), tornando-se arrendamento condicionado ao exercício de serviços ao Império. Os *vassi dominici* (vassalos do imperador) proporcionaram o núcleo do exército carolíngio e difundiram-se gradualmente nos campos, conquistando, ao lado de outros vassalos de príncipes locais, imunidades legais que, ao serem estendidas aos guerreiros seculares, admitiram um grupo de vassalos imunes às ingerências da corte em seus domínios.

O resultado de tal processo foi o desenvolvimento do feudo como concessão de terra em troca de serviço militar a um delegado investido de poderes jurídicos e políticos. A progressiva concessão de benefícios e sua hereditariedade fragilizaram, por meio da regionalização da nobreza, a coesão interna do Império, desagregando a estrutura política criada por Carlos Magno. Assim, por volta de 850 os benefícios eram hereditários em quase todo o Império; os *missi dominici* desapareceram no entorno de 870; por volta de 880 quase todos os *vassi dominici* estavam sujeitos a potentados locais, e na altura do ano 890 os condes haviam se tornado senhores regionais.

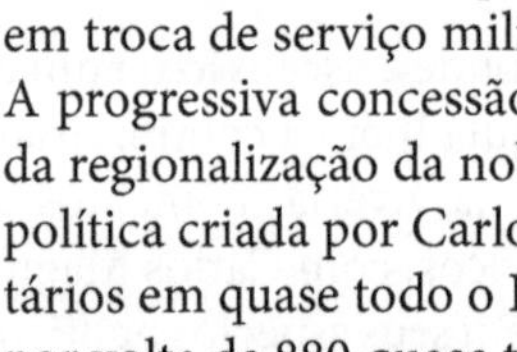

7.4. O FEUDALISMO E O DIREITO FEUDAL

O feudalismo é um fenômeno político, social e econômico da sociedade europeia, tendo como marco inicial o século X. São diversos os feudalismos, sejam eles ocidental, como o da França, ou oriental, como o da Rússia. É discutível até mesmo a extensão do feudalismo por toda a Europa, como sua existência em Portugal. Assim, o debate sobre o feudalismo é extremamente variado e deve depender, para uma maior precisão histórica, da análise das diversas formas de expressão deste fenômeno. É comum a generalização do feudalismo a partir da França, onde suas origens históricas podem ser observadas em épocas anteriores a Carlos Magno, mas a precisão histórica exige uma análise regionalizada, a exemplo do que realizou Duby. Como o propósito desta obra é oferecer introdução ao fenômeno feudal e sua relação com o direito, trataremos o feudalismo a partir de suas características principais e mais difundidas pelo continente europeu, sem nos debruçarmos nas especificidades regionais exigidas pela precisão histórica.

Bloch identificou, assim como Duby, duas épocas feudais: a primeira (encerrada no século XI, segundo Bloch, e no século XII, segundo Duby) corresponderia a um momento de organização rural estável, onde o comércio é incipiente, a moeda quase inexistente e o trabalho assalariado raro. A segunda idade feudal circunscreve-se no momento de renascimento do comércio, da difusão monetária e da gradual superioridade do comerciante sobre o produtor, transformando a organização social e econômica. A gradual recuperação do comércio alimentará nova classe ascendente, para quem o senhorio feudal se vê obrigado a escoar sua produção: o comerciante, a burguesia urbana. Se, sob a perspectiva econômica, as transformações graduais revolucionam a economia europeia, sob uma perspectiva social, acentua-se a diferenciação de grupos e classes, cada vez mais fechados em si mesmos.

A periodização de Bloch tem por finalidade a compreensão do feudalismo, porém, além de servir à denominação de momentos históricos, aos quais o conjunto de acontecimentos e ideias subordinar-se-iam, o feudalismo tem características que o tornam identificável no decorrer dos dois períodos feudais. A caracterização básica do feudalismo se dá não como época da história, mas como conjunto de práticas que estabeleciam laços de união entre os membros das camadas dominantes, apoiados no benefício concedido pelo senhor ao seu vassalo em troca de serviços e fidelidade. Tal fidelidade não era necessariamente jurada apenas a um senhor, mas um vassalo poderia possuir diversos senhores, mesmo um príncipe ou rei poderia ser vassalo de algum senhor. O vínculo estabelecido se dá, então, entre senhores e nunca entre senhores e servos; essa última relação pertence ao regime senhorial e não feudal. Assim, o feudalismo, como fenômeno histórico, estreitava os laços entre os grupos dominantes excluindo de tal relação as classes subalternas. A relação feudal proporcionava uma rede de relações políticas entre senhores que, por intermédio das relações vassálicas, acumulavam poder e prestígio.

O direito feudal, antes de ser a característica de uma "época jurídica", era a caracterização do direito dominial medieval entre os séculos IX e XIV, segundo as diversas características regionais que o feudalismo apresentou. Sua concentração, especialmente na França, ocorreu nos séculos X e XI. Era caracterizado por contrato entre um senhor e um vassalo, em que este obrigava-se a ser fiel ao senhor, fornecer-lhe ajuda, especialmente militar, e participar dos conselhos e cortes do senhor. Em contrapartida, o senhor obrigava-se a proteger e reconhecer o domínio do vassalo sobre uma determinada parcela territorial que se tornaria correntemente hereditária por volta do século X. A aplicação da justiça era realizada ordinariamente pelos senhores, baseando-se especialmente em costumes regionais, podendo ter como fontes, ainda, algumas legislações romano-germânicas, As capitulares, comuns na Alta Idade Média, continham, além de normas de direito penal e processual, algumas poucas regras de direito feudal. Eram editadas pelos reis na tentativa de organizar a sociedade e proteger os súditos mais pobres. Funcionavam como fator de unificação jurídica, porque eram aplicáveis a todo o reino, mas perderam força a partir do final do século IX, tanto pelo declínio da escrita jurídica como pelo fortalecimento do poder dos senhores feudais em detrimento do poder real.

INDICAÇÃO DE FILME

El Cid (EUA/Itália). Dirigido por Anthony Mann. 1961.

O filme conta a história de Rodrigo Diaz de Bivar, conhecido como El Cid, um nobre espanhol do século XI portador dos valores cristãos que se torna herói medieval. Entre seus feitos, está a guerra contra o emir mulçumano Ben Yussuf.

O incrível exército de Brancaleone (Itália). Direção de Mario Monicelli. 1965.

O filme retrata a época da cavalaria medieval, contando a história de um cavaleiro errante e atrapalhado que é contratado para liderar um grupo que roubara um pergaminho que dava direito a um feudo. Eles passam por diversos apuros, como a peste negra, os sarracenos e os bizantinos.

QUESTÕES

1. Com a queda de Roma no século V e a respectiva ascensão de vários povos germânicos no continente europeu, como se estabeleceu a relação entre o direito romano e os direitos germânicos?
2. O feudalismo, uma das principais características da Idade Média, tinha por base relações de vassalagem. Como essas relações se estabeleciam e qual seu impacto no direito durante o período conhecido como alta Idade Média?
3. A Igreja Católica foi a grande herdeira do Império Romano do Ocidente. Explique o que de fato herdou, se o poder temporal ou a autoridade daquele Império, e se em algum momento tentou unificar essas duas fontes de poder.

Capítulo 8

A FORMAÇÃO DO DIREITO COMUM NA EUROPA CONTINENTAL

A Baixa Idade Média, assim como a Alta Idade Média, conviveu com o pluralismo jurídico. São complexos normativos distintos convivendo em um mesmo momento histórico num espaço geopolítico onde não há poder suficientemente forte que imponha suas normas e justiça.

Na Alta Idade Média os costumes dos povos bárbaros, a legislação bárbaro-romana e os decretos conciliares conviviam sem que houvesse poder capaz de unificar o direito, ou mesmo intenção de fazê-lo. Com a ascensão de Carlos Magno e a restauração do Império do Ocidente há um processo inicial de centralização do poder, mas a estratégia carolíngia de concessão de benefícios em troca de serviços úteis ao processo expansionista acelera a feudalização da Europa, cujas consequências para o direito foram observadas no capítulo anterior.

Nas brechas do feudalismo, cresce na Europa medieval uma nova expressão do direito. Alimentada pelo renascimento cultural do século XII, que resultará, dentre outras obras da Idade Média, na criação das universidades, igualmente influenciada pela rearticulação do comércio, pela redescoberta do direito romano, por meio do *Corpus Iuris Civilis*, pela reestruturação urbana, a nova expressão da cultura jurídica originar-se-á na doutrina jurídica que a própria Idade Média institui, proporcionando uma crescente unificação do direito europeu. A unificação é condicionada pela formação intelectual semelhante às quais os intelectuais da Baixa Idade Média foram submetidos, ao uso do latim como língua comum na Europa e ao mito unificador da República cristã, sob a qual subsistiria um governo, um direito e uma religião. Assim, os elementos fundamentais de unidade do direito europeu foram lançados e semeados durante a Baixa Idade Média para serem substituídos gradualmente pelas concepções jurídicas que se inaugurarão no século XVI. O *jus commune* (direito comum) surgiu, então, não de conteúdos normativos idênticos em toda a Europa, mas de características comuns dos usos do direito no período baixo medieval e nos três séculos subsequentes do período moderno.

8.1. DIREITO GERMÂNICO

O direito das etnias germânicas era essencialmente consuetudinário, não possuindo por ocasião da queda de Roma documentos escritos. Assim, o direito privado romano permaneceu como direito das populações romanizadas enquanto os invasores germanos mantiveram os seus costumes ancestrais. Como visto no capítulo anterior, resultou dessa dominação uma opção pela aplicação do princípio da personalidade do direito, em detrimento do princípio da territorialidade, pelo menos durante alguns séculos, pois a diferença entre o direito romano e o direito dos povos germânicos era tão grande que os invasores germanos não puderam impor o seu modelo jurídico[1]. Além disso, os reis germânicos encontravam no direito público romano reforço considerável da sua autoridade. Essa aplicação do princípio da personalidade, a par da queda do Império Romano do Ocidente, permitiu a continuidade da tradição jurídica romana.

Os francos foram os invasores que melhor se estruturaram e que mais tempo permaneceram no poder. Do século V ao IX, exerceram seu poder sobre um território cada vez maior, subjugando vários povos de origem germânica. Com isso, persistia na Europa Ocidental nessa época, além do remanescente direito romano e do direito canônico, a legislação real, que era aplicada em todo o reino dos francos, o qual convivia com os direitos nacionais dos povos conquistados, um direito sobretudo consuetudinário. Esses costumes, em alguns casos, foram reduzidos a escrito a partir do século V. Existia cerca de uma dezena de *leges barbarorum* dentro do Império Carolíngio, como as *lex Salica, lex Ribuaria, lex Alamanorum* e *lex Saxonum.*

8.2. DIREITO ROMANO MEDIEVAL

Com o fim do Império Romano do Ocidente e a destruição de bibliotecas, o direito romano permaneceu na memória e em alguns textos esparsos, sendo gradualmente transformado segundo as reatribuições de sentido que a memória permitia e sua reelaboração de acordo com os interesses vigentes a cada época. Perdeu-se gradualmente o vínculo com o direito romano.

No Império Bizantino o processo de vulgarização do direito, de forma menos intensa, mas semelhante, promoveu a perda do direito romano clássico. É com Justiniano, no século VI, que se inicia em Bizâncio a compilação do *Corpus Iuris Civilis*, contendo um conjunto de textos jurídicos clássicos (Digesta), legislação imperial (Código), uma introdução (Instituições), assim como constituições e leis anteriores e de autoria do próprio Justiniano (Novelas), essas últimas agregadas ao *Corpus Iuris* após a sua morte.

Na Alta Idade Média, mesmo durante a dinastia carolíngia (primeira expressão medieval do Império do Ocidente), prevaleceu o uso do direito romano como direito subsidiário, mas é a partir do século XIII que o direito romano passa indiscutivelmente a compor o conjunto de fontes do direito dos diversos reinos europeus. Tal fenômeno pode ser explicado pela necessidade de segurança jurídica e de um direito inter-regional e individualista. A segurança jurídica era fundamental na garantia da previsibilidade necessária às novas relações jurídicas medievais produzidas à luz do crescente comércio, e a inter-regionalidade atendia às necessidades de vigência de um mesmo direito nas diversas regiões europeias, promovendo, também, a segurança para

---

1 John Gilissen, *Introdução histórica ao direito*, p. 167.

os negócios realizados entre regiões subordinadas a poderes temporais distintos. Já o caráter individualista acolhia a ruptura com os elementos estamentais, tribais e clânicos presentes no direito alto medieval, promovendo o indivíduo como sujeito de relações jurídicas. Tais características, segundo Hespanha, não foram por si mesmas causas da retomada do direito romano na Baixa Idade Média – prefere o historiador português as ideias de submissão política ao Império do Ocidente (seja em sua versão carolíngia ou otônida) e de razoabilidade do direito romano[2].

A submissão ao Império do Ocidente não foi generalizada pela Europa, tanto no período carolíngio (Carlos Magno é coroado pelo Papa em 800) como no período otônido (Oto I, rei da Germânia, após o fim da dinastia carolíngia, é coroado Imperador do Sacro Império Romano-Germânico pelo Papa João XII em 962), mas, ainda assim, o direito romano penetrou nas áreas alheias ao poder do Império. Desta forma, ainda segundo Hespanha, a razoabilidade do direito romano deve ter sido a característica fundamental para sua adoção nos diversos espaços geopolíticos europeus. A referida razoabilidade do direito romano contava com o seu caráter abstrato que, pelo redimensionamento de seus sentidos, oferecia um espectro de possibilidades para solução de casos concretos passíveis de apropriações pelas novas explicações e justificativas dos juristas medievais, capacitando-os ao convencimento.

8.3. DIREITO CANÔNICO MEDIEVAL

O direito canônico é o direito da Igreja cristã, remontando às origens do Cristianismo. É, porém, com a liberdade de culto outorgada por Constantino em 313 que o Papa e os bispos passam a gozar do poder de julgar os adeptos do Cristianismo, quando, voluntariamente, se submetessem à autoridade religiosa, assim como dos julgamentos sobre questões meramente religiosas, que, no século V, passam a ser, esses últimos, de competência privativa da Igreja. Com a descentralização do poder político na Idade Média, fruto da queda do Império Romano, a Igreja permanece como única estrutura político-administrativa organizada capaz de preservar a memória política e jurídica do Império do Ocidente.

É na multiplicidade de poderes políticos medievais que a Igreja paulatinamente assumrá papel de destaque na ordem jurídico-política, especialmente por meio da autoridade que julgava possuir para justificar o exercício do poder político. Herdeira da cultura romana, a Igreja, por intermédio de seus religiosos, foi de grande importância aos reinos bárbaros que eram gradualmente formados, transmitindo, àqueles cujas relações com o clero eram amistosas, tecnologias jurídicas, políticas e agrícolas. Paralelamente ao aumento de sua importância e poder, a Igreja passa a desenvolver um direito canônico apto às intervenções na sociedade que proporcionassem sua contínua autoridade sobre os diversos assuntos da época.

As fontes desse direito estão dispostas nos decretos dos concílios (reuniões de bispos ou de bispos e nobres), nas constituições ou estatutos aprovados nos sínodos

2 António Manuel Hespanha, *Panorama histórico da cultura jurídica europeia*, p. 82.

(assembleias eclesiásticas) regionais, nos decretos e constituições pontifícias. Essas últimas, no decorrer do processo de concentração do poder no papado, fruto de uma analogia entre o papa e o imperador, passam a ser mais numerosas e a gozar de maior importância. Diante da quantidade da produção normativa das autoridades religiosas, tornou-se imperioso uma organização dos textos canônicos, realizada no reino visigótico, sem a orientação central da Igreja. É com Graciano, monge e professor de teologia em Bolonha, que no século XII realiza-se o *Decretum Gratiani* (Decreto de Graciano), compilação dos textos canônicos que reúne em torno de 4.000 textos de relevância para o direito, organizados e, alguns, brevemente comentados. Ao Decreto de Graciano sucederam-se as *Decretales extra Decretum Gratiani* (Decretais que excedem o Decreto de Graciano), elaboradas por Raimundo Penhaforte, compostas de cinco livros: o *Liber Sextum*, criado por Bonifácio VIII, em 1298; as *Clementinas* de Clemente V (1314); as *Extravagantes* de João XXII (1324) e já ao final do século XV as *Extravagantes comuns*. O conjunto dos textos canônicos é denominado *Corpus Iuris Canonici*.

O direito canônico, em relação ao direito romano, teve menor importância para o direito comum, apesar de sua pretensa superioridade em relação ao direito secular, segundo as teorias eclesiásticas. O desequilíbrio entre o direito canônico e os seculares perdurou por toda a Idade Média, refletindo a instabilidade na disputa de poder entre a Igreja e os poderes seculares. Apenas a partir do século XIII, quando a teologia começa a elaborar concepções sobre a separação entre a esfera temporal e a divina, admitindo que nem todo o direito relacionar-se-ia com a salvação, é que se alimenta uma possível estabilidade na disputa pelo poder de dizer o direito, fazendo a Igreja abdicar da superioridade do direito canônico sobre os direitos seculares.

A partir do século XIII desenvolve-se, então, a concepção de que a superioridade do direito canônico prevalecia em matérias eminentemente religiosas, mas quando houvesse conflito entre ambas as tradições jurídicas caberia ao ordenamento da Igreja a solução. Tal procedimento era responsabilidade tanto do poder secular como do religioso, ou seja, haveria um reconhecimento mútuo das esferas de dizer o direito, cabendo tanto aos poderes eclesiásticos como temporais a guarda e a defesa dessa fórmula.

8.4. COSTUMES

O distanciamento temporal das tradições germânicas originais, a decadência do direito bárbaro-romano e o feudalismo, com o passar dos séculos, produziram na Europa um conjunto de institutos jurídicos com características próprias e diferenciadas daquelas da tradição dos povos germânicos ou mesmo do direito romano. Ainda que o processo de desenvolvimento dos novos costumes dos povos europeus possa ter obedecido a um processo de fusão entre tradições, os novos contextos históricos forneceram o adubo para o surgimento de instituições sem precedentes jurídicos. Entre esses institutos, os mais correntes relacionam-se com os domínios político, "territorial" e a interação entre ambos, que os opunham às práticas do direito romano – matriz do direito comum.

A compreensão do novo regime dominial centrava-se na posse, no direito sobre o fruto da coisa e não sobre a coisa em si. No moderno direito civil, de matriz individualista, assim como o romano clássico, a relação entre sujeito e coisa realiza-se pela subordinação do objeto (terra), mas nas construções medievais é o direito de uso que está em disputa e não a coisa. Esta pertence, antes de tudo, à natureza, segundo a cosmovisão medieval. A nova mentalidade possessória distancia o direito romano do homem medieval preocupado com a efetividade, com a concretude do possuir e usar. Assim, o sujeito possuidor de bens assemelha-se mais a um gestor que a um proprietário, podendo compartilhar com outros sujeitos um mesmo objeto sem o seu necessário compartilhamento, pois, como o direito não é da coisa, há a possibilidade de compartilhamento por tantos quantos forem os usos possíveis do domínio, mesmo sem aquiescência dos titulares do domínio.

A dificuldade de compreensão do direito dominial e de suas construções doutrinárias na Baixa Idade Média origina-se no problema posto sobre a necessidade de abstração dos institutos modernos do direito individualista, inexistente na Idade Média. Assim, o uso do domínio pode-se dar por diversos sujeitos e não apenas por um proprietário ou condomínio como no direito contemporâneo.

A enfiteuse é um dos exemplos da relação possessória medieval que ultrapassou os tempos modernos. Pela enfiteuse, do direito brasileiro moderno, garante-se o direito de algum sujeito ao benefício, na forma de renda, sobre uma determinada faixa territorial que pode também ser dividida em diversas propriedades, fazendo conviver no direito moderno uma instituição medieval. A mentalidade medieval, intermediada pela doutrina dos comentadores, proporcionou a teoria da pluralidade das situações reais que, fundada na distinção entre essência e utilidade, permitia múltiplos usos de um mesmo domínio por titulares diferentes, todos verdadeiros donos, uns por terem o direito sobre a própria coisa e outros por gozarem do direito de usufruir de uma utilidade da coisa, constituindo a ideia de domínio dividido. Além do domínio dividido, existiam grandes restrições à alienação patrimonial, especialmente da terra que era tida como bem familiar com herdeiros já predeterminados, que detinham direitos sobre o uso ou a substância do domínio.

Há, na Idade Média, associação entre direitos reais e políticos. O possuidor do poder jurisdicional e fiscal é o senhor de determinado domínio, confundindo-se o direito dominial com o político. Sendo assim, o primeiro parte do direito político e o segundo, do direito real. Tal separação entre direito político e patrimonial não é estabelecida na época medieval, sendo o senhor de terras juiz e fiscal, podendo tirar proveito patrimonial tanto do uso de seus direitos reais como de seu domínio político. Essas características medievais destoam do direito romano, que separava com razoável exatidão o público do privado e, consequentemente, as funções de caráter público, exercidas em prol da *res publica*, das de interesse privado, exercidas segundo a vontade do indivíduo.

Além da mistura de público com privado e de político com patrimonial, a característica estamental é outra relação de ordem política, jurídica e social que destoava do direito romano, pois, enquanto a sociedade romana tratava cidadãos de maneira formalmente igualitária, as relações medievais pressupunham laços de fidelidade e dignidade que poderiam subverter os estamentos e relações de igualdade e subordinação.

8.5. CONFLITOS ENTRE OS CONJUNTOS NORMATIVOS

O direito comum, como visto no tópico anterior, conflitava-se correntemente com os costumes ou, ainda, em seu próprio interior com o direito canônico, reafirmando a ideia de um pluralismo que se prolonga e estende por quase toda a Idade Média. Algumas fórmulas desenvolvidas pela doutrina medieval visaram compatibilizar o direito comum com as demais ordens presentes no período medieval, sendo que nenhuma delas foi utilizada de forma incondicional, pois havia dependência das relações reais de poder que variavam constantemente no período medieval. Ainda assim, serviram como instrumentos balizadores para o uso do direito comum e demais direitos medievais.

As tentativas de compatibilização de direitos não seguem o ideal moderno de sistema. As normas na Idade Média continuaram a conflitar-se, mesmo com o emprego de regras de orientação para seu uso, pois o mais importante não era a segurança a ser proporcionada pelo sistema, que inexistia, mas a segurança proporcionada pela decisão, o que acabava por proporcionar, em conjunto com as influências da Retórica na Idade Média, um modelo tópico de decisão, onde se buscava a melhor decisão para o caso e não a melhor decisão para o sistema racional e abstrato.

Os reinos lutam constantemente por reconhecimento pelo Império, por outros reinos e especialmente pelo Papa. É a partir de uma rede de relações de reconhecimento ou de vassalagem que se estabiliza um reinado para o exercício do poder político sobre determinado território, minimizando expressivamente contestações externas e internas. Como uma das consequências do poder de império (*imperium*) é a de dizer o direito, todos os monarcas que se constituem desejam a imposição de sua vontade como direito.

A doutrina que fundamenta o poder régio baseia-se, segundo Hespanha, na afirmação do Digesto de que o que agrada ao rei possui o valor de lei ou, ainda, na concepção de que o rei é o sucessor do imperador, exercendo seus poderes pela sucessão do poder imperial. Assim, a oposição entre direito comum e direito dos reinos, estatutos das cidades ou costumes locais tem por regra a adoção dos direitos locais, sendo o direito comum utilizado como direito subsidiário. No entanto, dada a formação dos juristas na tradição do direito comum, este gozava de preferência especial e, quando não era aplicado, ao menos influenciava a interpretação dos direitos locais. Além de sobrepor-se ao direito comum, o direito do reino gozava de preferência em relação ao direito dos corpos inferiores, pois estes últimos tenham poder para a imposição de seu direito nos limites de suas "competências", devendo respeitar os poderes conferidos a eles pelo monarca. A regra solucionadora dos conflitos entre os privilégios concedidos pelos senhores e o direito do reino seguia a mesma orientação do conflito entre os corpos inferiores (senhores) e o direito dos reinos, ou seja, prevalecia a norma especial (contratos vassálicos, direito de ordens), dentro dos limites de suas atribuições de "competência".

Foi observado que no período alto medieval há transição da aplicação do direito segundo a regra da personalidade (a cada um o direito de seu povo, independentemente do território) para o uso da ideia de territorialidade (aplicação do direito obedece às normas da autoridade local). Na Baixa Idade Média, com o aumento do comércio e circulação populacional, a regra da territorialidade é problematizada pelos comentadores (*cf. supra*), que introduzirão orientações aos limites do princípio da territorialidade. Assim, segundo Hespanha[3], aos que exprimissem poder político (como punição, fiscalização e administração), aos testamentos e contratos, ao processo, aos imóveis, aplicava-se o princípio da territorialidade, tendo, portanto, a lei local supremacia. Já em questões que envolvessem o estatuto pessoal do sujeito, o princípio da personalidade se sobrepunha, geralmente, ao direito local.

INDICAÇÃO DE FILME

Cruzada (EUA/Marrocos/Reino Unido/Espanha/Alemanha). Direção de Ridley Scott. 2005.

O filme retrata o ano de 1186, época das Cruzadas – guerras entre cristãos e muçulmanos na Palestina. O filme acompanha a história de um ferreiro que, ao perder a família e sua fé na Igreja, torna-se um cruzado. Após conhecer seu pai e vê-lo morrer, lidera um pequeno exército rumo à Jerusalém.

O nome da rosa (França/Itália/Alemanha). Direção de Jean Jacques Annaud. 1986.

O filme é uma adaptação do romance homônimo de Umberto Eco. Retrata os tempos dos mosteiros cristãos medievais, acompanhando um monge franciscano que investiga assassinatos ocorridos em um mosteiro. O filme levanta questões como o dogmatismo religioso e a livre circulação de conhecimento.

Joana d'Arc (França). Direção de Luc Besson. 1999.

O filme retrata a vida de Joana d'Arc, que acreditava ter ouvido vozes divinas que a convocaram para vencer a guerra contra a Inglaterra e coroar o rei da França – na histórica Guerra dos 100 anos (1337-1453). Contudo, ela foi morta, queimada na fogueira, em 1430, sob a acusação de bruxaria.

QUESTÕES

1. Qual a influência do surgimento da burguesia na transformação jurídica europeia durante a baixa Idade Média?
2. Como se dá a aplicação do direito em relação aos princípios da territorialidade e da personalidade no decorrer do período medieval europeu?
3. Com base no texto a seguir, discorra sobre a relação do direito canônico com o direito laico durante a baixa Idade Média.

[3] António Manuel Hespanha, *Panorama histórico da cultura jurídica europeia*, p. 107.

"Direito Canônico é o direito da comunidade religiosa dos cristãos, mais especialmente dos católicos, sendo o conjunto das normas que regulam a vida na comunidade eclesiástica. A Igreja Católica tem na sua estrutura um caráter ecumênico (universal), colocando desde os seus primórdios o cristianismo como a única religião verdadeira para a universalidade dos homens" (José Fabio Rodrigues Maciel, Código de direito Canônico, *Carta Forense*, fev. 2007, disponível em: http://www.cartaforense.com.br/conteudo/colunas/codigo-de-direito-canonico/683).

Capítulo 9

OS DIREITOS ROMANISTAS

Como visto nos dois capítulos anteriores, após a queda do Império Romano do Ocidente, em 476, a Europa recrudesce no seu desenvolvimento, assimila a cultura dos povos denominados bárbaros e há retorno para o campo. O enfraquecimento das cidades e o posterior surgimento dos feudos geram repercussões imediatas no direito. A lei escrita deixa de ser a principal fonte jurídica e os costumes ganham cada vez mais projeção. Esse retorno ao passado é tão grande que o direito escrito desaparece da Europa, ficando restrito ao direito canônico. É a partir do século XII, principalmente com a redescoberta do direito romano a partir do *Corpus Juris Civilis*, que começa a grande transformação do direito europeu continental.

9.1. O RETORNO ÀS COMPILAÇÕES DE JUSTINIANO

O *Corpus Juris Civilis* apresentava várias vantagens em relação às centenas de direitos locais existentes na Europa durante a Idade Média, já que era um direito escrito, enquanto os direitos das diferentes regiões da Europa Medieval eram de base essencialmente consuetudinária. Além disso, era muito mais completo do que os direitos locais, compreendendo numerosas instituições que a sociedade feudal não conhecia. Surgia como o direito necessário ao progresso econômico e social em oposição às instituições tradicionais da Idade Média. Tanto era necessário que em vários países foi o direito romano reconhecido como direito supletivo, aplicado nos casos em que os direitos locais não tinham previsão legal. O *Corpus Juris Civilis* foi a obra-prima do direito romano. Com a sua redescoberta e consequente utilização pelos europeus, acabou por ser a base principal do nosso atual sistema jurídico, que faz parte dos chamados "direitos romanistas", presentes na Europa continental e também nas suas ex-colônias.

Fala-se em "direitos romanistas", já que, apesar de terem o mesmo formato na origem, as questões culturais de cada país também influenciam na formação do direito. Entre os elementos comuns que atuaram na formação desses sistemas podemos destacar a influência recebida pela ciência do direito que foi elaborada nas universidades a partir do século XII e o fato de terem sido baseados na codificação da época de Justiniano, batizada de *Corpus Iuris Civilis*.

O direito estudado nas faculdades nessa época, além do canônico, era em grande parte embasado no *Corpus Iuris Civilis*, sendo por isso considerado erudito, porque além de representar o direito que foi utilizado em uma sociedade extremamente evoluída, como foi a romana, estava de certa forma ainda distante dos dispositivos locais da época.

Vantagens do direito erudito estudado nas faculdades em relação aos direitos locais

a) Era um direito escrito	Contrastava com os direitos das diferentes regiões da Europa, que eram ainda consuetudinários.
b) Era comum a todos os mestres	Excetuando-se as normais variações de interpretação de escola para escola.
c) Era mais completo que os direitos locais	Havia previsões de várias instituições desconhecidas para a sociedade feudal.
d) Era mais evoluído	A sociedade romana tinha sido superior ao estágio em que se encontrava a sociedade medieval europeia. Seus institutos serviam como uma luva para a necessidade de progresso econômico e social da época.

Some-se a este quadro o fato de estarmos na aurora da burguesia, cuja sede mercantil ansiava por nova estrutura jurídica que trouxesse segurança para as relações comerciais. O mercantilismo exigia nova estrutura jurídica que garantisse a estabilidade do direito e auxiliasse na criação e manutenção de mercados internacionais. Como consequência dessa reivindicação, vários países reconheceram o direito erudito como direito supletivo, aumentando ainda mais a sua influência.

Quando o direito erudito (embasado no direito romano) passa a ser aceito como fonte subsidiária em quase todos os sistemas europeus, ocorre a migração dos sistemas jurídicos do estágio irracional para o estágio racional, propiciando superar o feudalismo, o direito escrito passasse a ser regra, com a lei superando o costume e o fim das ordálias como prova etc.

9.2. ESCOLÁSTICA

Após a conquista de Toledo pelos cristãos, em 1086, tem origem nessa cidade a escola de tradutores, fruto de intenso intercâmbio cultural que ali se estabeleceu. Muito material referente à cultura clássica grega foi encontrado, material esse que, curiosamente, tinha sido preservado e traduzido para o árabe, povo que agora pregava o Islã.

As obras encontradas em Toledo, assim como as que surgiram pelo contato com outros povos, especialmente os árabes, tinham enorme valia na época. Eram importantes pelo conhecimento que transmitiam e também pelo valor dos livros, peças raras à época. Entre os textos mais importantes podemos citar o retorno às obras de Aristóteles que, via São Tomás de Aquino, daria nova interpretação ao Cristianismo, superando as teses agostinianas e que, num caráter laico, foi o motor que auxiliou o desenvolvimento da filosofia e das ciências a partir da Baixa Idade Média. No campo estritamente jurídico ocorreu o contato mais estrito com o *Corpus Juris Civilis* de Justiniano, que começou a ser efetivamente estudado nas universidades como um direito erudito e, posteriormente, foi adotado como direito supletivo em vários países da Europa continental.

O tomismo foi o grande responsável por apresentar aceitável solução para a contradição entre fé e razão, delimitando-as em campos distintos. Para Santo Tomás de Aquino, razão e fé tinham o mesmo propósito, ou seja, buscar a verdade, e para tanto uma auxiliava a outra. Foi Aquino o principal representante da Escolástica, época assim denominada pelo fato de o conhecimento estar restrito às universidades. Como estas estavam ligadas à Igreja, foi o conhecimento bastante influenciado pela religião católica, assim como o direito laico pelo direito canônico.

Um dos principais itens dos ordenamentos jurídicos contemporâneos, que é a ideia de sistema, surgiu com os escolásticos, que no século XII passam a entender qualquer decisão ou norma como fazendo parte de um todo denominado sistema jurídico. A compreensão do todo possibilita melhor análise da parte, fato que permite identificar as lacunas, contradições e antinomias que existiam no direito da época, dando impulso à hermenêutica jurídica. Um dos responsáveis por essa transformação foi Abelardo, idealizador do método que marcou a Escolástica, ou seja, a convicção de que a verdade está no todo e não na parte. Isso admite a existência de textos de autoridade contraditórios entre si, já que a solução surgirá justamente da chamada dialética de resolução dos opostos.

O Método Escolástico

a) Questão	É lançada uma dúvida acerca de uma verdade aceita.
b) Proposição	Apresentam-se citações de autoridade a favor da tese.
c) Oposição	Apresentam-se citações de autoridade contrárias à tese.
d) Solução	Conclusão apresentada pelo debatedor, defendida publicamente.

9.3. GLOSADORES

Os glosadores tinham como característica principal a fidelidade ao *Corpus Juris Civilis*, interpretando-o de maneira analítica, i.e., preocupando-se essencialmente com as partes, sem se ater ao todo. Davam explicações sobre cada parágrafo dos textos clássicos, mas sem se preocuparem em relacioná-los com outras partes da obra. É a chamada glosa, um comentário de um texto que segue a ordem em que é apresentado.

A chamada Escola dos Glosadores, apesar de seu trato com a coisa jurídica ter sido bastante simples, com grande respeito ao texto romano, foi essencial para fornecer a base em que os juristas que vieram posteriormente pudessem ir além do direito romano, interpretando os textos de Justiniano com maior liberdade.

9.4. COMENTADORES

A escola que sucedeu e superou amplamente a estudada no item anterior foi a dos comentadores, estudiosos que passaram a interpretar o direito romano de forma mais livre, entendendo-o como um sistema. Embasados nas detalhadas explicações levadas a cabo pelos glosadores, buscavam soluções para casos concretos alicerçados no conjunto da obra, e não apenas em partes específicas do texto romano. Fazem parte dessa escola os conselheiros dos príncipes, das comunas e dos particulares, cujos trabalhos auxiliaram na harmonização dos sistemas jurídicos que surgiram a partir dessa época na Europa continental, especialmente nos séculos XIV e XV.

Superam com folga os glosadores pelo fato de terem como preocupação principal os princípios fundantes do direito, e não apenas as regras específicas anteriormente estudadas. Fazem desde essa época uma interpretação filosófica do tema, associando o direito à ética e buscando integrá-lo a um valor fundamental: a justiça.

9.5. HUMANISTAS

Os humanistas não compõem exatamente uma escola de pensamento jurídico, mas um conjunto de ideias sobre o direito que gozavam da influência do humanismo. Desenvolvem-se a partir do século XVI, mesclando métodos históricos e filológicos para o estudo do direito e, a partir desta metodologia, infligem críticas aos juristas medievais a quem acusavam de erros linguísticos e históricos. O anacronismo dos comentadores era um dos alvos preferidos dos humanistas que acusarão, também, os medievais de adulterarem o latim e o direito romano. Os humanistas consideraram o *Corpus Iuris Civilis* obra do passado e não apta a ser utilizada noutro momento histórico, mas se dedicaram intensamente ao seu estudo, revelando erros dos comentadores e glosadores e contribuindo para o aprofundamento no conhecimento do direito romano, mesmo considerando-o desprovido de funções práticas.

INDICAÇÃO DE FILME

A rainha Margot (França). Direção de Patrice Chéreau. 1994.

O filme retrata o ano de 1572, em que há o casamento (de cunho político) entre a irmã do rei Carlos IX da França e um nobre protestante de Navarra, a fim de selar a paz entre as duas religiões. Contudo, o casamento serve de estopim para a chamada Noite de São Bartolomeu, na qual milhares de protestantes foram mortos.

O mercador de Veneza (EUA). Direção de Michael Radford. 2004.

O filme é uma adaptação da peça homônima de William Shakespeare. A história se passa na Veneza do século XVI. Um jovem pede dinheiro emprestado a seu amigo para poder cortejar a filha de um homem rico. O amigo não pode lhe emprestar o dinheiro, então este se compromete pessoalmente com um judeu agiota.

Giordano Bruno (França/Itália). Direção de Giuliano Montaldo. 1973.

O filme retrata a vida do importante filósofo italiano do século XVI, perseguido pela Inquisição. Foi condenado e queimado vivo em 1600 na cidade de Roma.

QUESTÕES

1. Tendo em vista a redescoberta do *Corpus Juris Civilis*, comente a importância dos glosadores e comentadores no resgate do direito romano na Europa continental a partir do século XII.

Leia o texto a seguir e depois responda à questão formulada:

"O ritual a que estava associada a pena deixou de ser espetáculo e passou a ser incorporado cada vez mais como atividade meramente administrativa do Estado. Foi duro golpe nos que defendiam a pena como simples espetáculo punitivo, fato que, cada vez mais, passou a ser encarado como atitude de insensatez, e não de enaltecimento da sociedade que expiava os seus pecados pelos suplícios de seus párias" (José Fabio Rodrigues Maciel, Pena: dos suplícios ao PCC, *Carta Forense*, ago. 2006, disponível em: http://www.cartaforense.com.br/conteudo/colunas/pena-dos-suplicios-ao-pcc/443).

2. Qual a influência do humanismo na superação das penas corporais, comuns durante a Idade Média?

Capítulo 10

O SISTEMA DO *COMMON LAW*

10.1. BREVE HISTÓRIA

Como afirma René David[1], o conhecimento histórico é indispensável quando se considera o direito inglês a principal vertente do *common law*. O direito inglês não foi renovado nem pela retomada do direito romano, a partir do século XII, nem pela codificação levada a cabo desde o início do século XIX. Aparentemente, e justificadamente, esse direito não sofreu rupturas, inserido em um processo de continuidade histórica muito valorizado pelos juristas ingleses. Justamente por não ter havido rupturas, é possível, no século XXI, juristas ingleses invocarem decisões judiciais dos séculos XIII e XIV.

O *common law* é um direito jurisprudencial, elaborado pelos juízes reais e mantido graças à autoridade reconhecida aos precedentes judiciários. Com exceção do período de sua formação, a lei não desempenha qualquer papel na evolução desse sistema jurídico. É, portanto, muito diferente do sentido da expressão *ius commune* (direito comum), utilizada nos outros principais países da Europa, localizados no continente, para designar, especialmente a partir do século XVI, o direito erudito, elaborado com base no direito romano e servindo de subsídio às leis e costumes de cada país. *common law*, portanto, é o nome que se dá ao sistema jurídico elaborado na Inglaterra a partir do século XII, embasado nas decisões das jurisdições reais. Inicialmente chamado de *comune ley* pelos normandos, que na época dominavam aquele país, passou a ser utilizado no século XIII para designar o direito comum da Inglaterra, o direito que valia para todo o Reino, em oposição aos costumes locais, próprios de cada região do país. Por ser um direito judiciário, sofreu pouca influência do direito romano, já que era adotado como direito supletivo, preenchendo as lacunas legislativas dos sistemas europeus da época. Como o *common law* não era baseado em leis, ficou praticamente impossível a utilização do direito romano na sua complementação.

Ao estudar a formação do *common law*, percebe-se que até o século XII a história do direito inglês foi bastante semelhante à dos países do continente europeu. Entre as semelhanças podemos citar: a Inglaterra fez parte do Império Romano, do século I ao V; foi invadida pelos bárbaros; sofreu o domínio dos reinos germânicos; vivenciou o feudalismo, importado por Guilherme, a partir de 1066, quando a Inglaterra foi

[1] René David, *Os grandes sistemas do direito contemporâneo*, p. 355.

conquistada pelos normandos; além do direito canônico, até o século XII o costume permaneceu como a única fonte do direito.

Vale destacar as principais diferenças apontadas por John Gilissen entre o *common law* e o direito continental, denominado *civil law*[2]:

a) o *common law* é um direito jurisprudencial (*judge-made-law*), enquanto a jurisprudência apenas desempenhou papel secundário na formação e evolução dos direitos romanistas;
b) o *common law* é um direito judiciário, enquanto o processo é só acessório nas concepções fundamentais dos direitos romanistas;
c) pouca influência do direito romano no *common law*; grande influência na Europa Continental do direito erudito elaborado no fim da Idade Média com base no direito romano;
d) no *common law* os costumes locais têm pouca importância; considerável influência na Europa Continental, pelo menos até o século XVIII;
e) a legislação tem aspecto secundário no *Common Law*; torna-se progressivamente a principal fonte de direito no continente;
f) os direitos romanistas são direitos codificados, enquanto a codificação é quase desconhecida na Inglaterra.

10.2. OS *WRITS*

A diferenciação teve início a partir do século XII, quando os reis da Inglaterra conseguiram, bem antes dos reinos do continente, impor sua autoridade sobre o território de sua jurisdição, diminuindo o poderio dos senhores feudais. Uma das formas utilizadas para impor o seu poder foi lançar mão das jurisdições reais, ou seja, desenvolver a competência de suas jurisdições com prejuízo das jurisdições senhoriais e locais, que perderam progressivamente a maior parte de suas atribuições. A fórmula utilizada pelos reis para impor sua jurisdição foi inovadora e eficiente. No reinado de Henrique II (1154-1189), portanto no século XII, foi criado o sistema denominado *writs*.

A criação do sistema de *writs* teve por objetivo imediato conceder a qualquer cidadão o direito de endereçar um pedido ou reclamação, se essa fosse a sua vontade, ao rei. O chanceler, um dos principais colaboradores do rei, examinava o pedido e, se o considerasse fundamentado, enviava uma ordem, chamada writ, a um agente local do rei (xerife) ou a um senhor para ordenar ao réu que desse satisfação ao autor da demanda. O não atendimento da solicitação era considerado desobediência a uma ordem real. O réu tinha a prerrogativa de dirigir-se a um dos tribunais reais e explicar a razão pela qual não iria obedecer à ordem. Percebe-se que o objetivo mediato dos *writs* foi sobrepor a jurisdição real às inúmeras jurisdições locais, uniformizando as decisões em todo o reino.

2 John Gilissen, *Introdução histórica ao direito*, p. 208-209.

No início desse processo de transição, os *writs* eram adaptados a cada caso concreto. Entretanto, percebendo a realeza o seu benefício para a unificação do poder, passou a ser utilizado em larga escala, sem análise detida de cada caso específico. O chanceler começou a fornecer os breves escritos, com as determinações reais, sem exame aprofundado do tema. O objetivo mediato passou a ser o imediato – atrair o maior número de litígios para as jurisdições reais.

A tática deu certo. O direito inglês desenvolveu-se desde o século XIII com base na lista de *writs*, *i.e.*, das ações judiciais sob a forma de ordens do rei. Mas na época do rei João Sem-Terra (mesma época de Robbin Hood) houve revolta contra a enorme concentração de poder nas mãos da realeza. Os senhores feudais, os nobres, pela Magna Carta, em 1215, conseguiram pôr freio à expansão das jurisdições reais. Posteriormente, com a publicação das provisões de Oxford, em 1258, proibiu-se a utilização de novos tipos de *writs*. Vê-se, portanto, que o sistema do *Common Law* foi criado pelos juízes dos Tribunais de Westminster, os Tribunais reais, como forma de impor as ordens da realeza em todo o reino, em detrimento dos direitos locais.

Até a atualidade, em caso de litígio, continua a ser essencial encontrar o *writ* aplicável ao caso concreto, tendo em vista que aqui o processo é mais importante que as regras do direito positivo.

10.3. *EQUITY*

A ideia de recorrer diretamente ao rei, fonte de toda a justiça, sempre esteve presente nos súditos ingleses. Como a utilização dos *writs* havia sido proibida, como visto no item anterior, surgiram no século XV nova jurisdição e um novo processo, que perduram até hoje: o chanceler decidia visando a equidade, sem levar em consideração as regras do processo e mesmo das origens do *common law*. A aplicação da equidade indica maior maleabilidade das normas para ajustarem-se aos casos concretos, realizando assim a justiça. Por trás estava o absolutismo de governos déspotas, que, de alguma forma, queriam violar as regras anteriormente estabelecidas para imporem suas vontades.

A equidade aqui aplicada tem por fundamento o ensinamento de Tomás de Aquino, que na obra *Suma Teológica* a define como a vontade de distribuir a justiça, contornando a lei, quando a razão natural ou a luz dos primeiros princípios de caridade e solidariedade declarar inaplicável o texto frio da lei escrita ou consuetudinária.

Essa nova jurisdição ganha corpo e tem como consequência a criação de tribunais especiais para a sua aplicação, denominados *Equity Jurisdiction*. Esse sistema seguiu apartado do *common law* durante alguns séculos, com a fusão dos dois tipos de jurisdição concretizando-se apenas no século XIX.

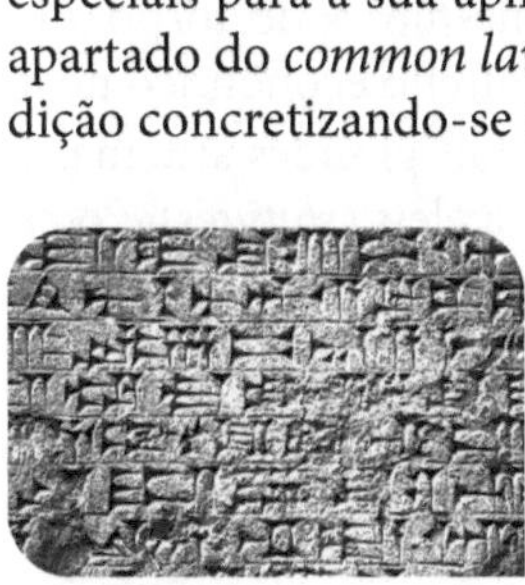

10.4. *JURY*

Vale destacar no direito inglês a importância assumida pelo júri na organização judiciária. Surgiu na mesma época que o *common law*, ou seja, na segunda metade do século XII, período em que os normandos dominavam a Ilha. Ganhou força com Henrique II, que, visando eliminar o nefasto sistema de provas embasado nas chamadas ordálias, espécies de prova que recorrem ao sobrenatural, disseminou o uso do júri para garantir julgamentos com o mínimo de justiça, ou pelo menos com segurança jurídica.

Importante: no sistema do *common law* o júri é utilizado para vários casos, inclusive os da área cível. Isso se justifica pelo motivo mencionado no parágrafo anterior, ou seja, quanto mais casos utilizassem esse sistema menos o conjunto de julgamentos ficava à mercê das ordálias.

10.5. PRECEDENTE JUDICIÁRIO

Como não era necessário ser formado em direito por uma universidade para vir a ser advogado ou juiz, os *common lawyers* eram, antes de tudo, práticos, formados e forjados no litígio. Para eles os precedentes judiciários (os *cases* = casos julgados) foram sempre de grande utilidade para a defesa dos interesses que lhes eram confiados. O fato de poder acenar para o tribunal que em litígio anterior e semelhante a decisão foi em determinado sentido, propiciava ao advogado boas condições para ganhar o seu processo.

Rigorosamente não se considera o precedente judiciário verdadeira fonte do direito. A justificativa é o fato de o juiz que proferiu a primeira decisão numa dada matéria ter buscado os seus elementos em regras anteriores (ou nas leis ou nos costumes). Independentemente desse rigor, e lembrando que a Magna Carta de 1215 muitas vezes ainda é invocada, podemos considerar que o direito constitucional inglês baseia-se no costume e nos precedentes. Por outro lado, como o Parlamento inglês teve influência sobre o poder dos soberanos muito mais cedo que em outros países, a legislação ganhou espaço e reconhecimento. Atualmente, excetuando-se o direito constitucional, é ela que ocupa o segundo lugar entre as fontes do direito inglês, depois da jurisprudência. Mesmo assim as leis (os *statutes*) ainda são consideradas exceções em relação ao *common law* e, por esse motivo, os juízes interpretam-nas de uma maneira restritiva. Verifica-se isso observando que, apesar da importância crescente da legislação, a Inglaterra permanece um país sem constituição escrita e sem códigos.

Atualmente é crescente o divórcio entre o tradicional *common law*, de espírito liberal, e a legislação cada vez mais abundante de inspiração social, tendente a assegurar a intervenção do Estado nos domínios econômicos e sociais. Foi por via legislativa que foram introduzidas reformas profundas na organização dos tribunais e, por consequência, no processo e nas relações entre *common law* e *equity*. Do mesmo modo, foi por meio dos *statutes* que foram introduzidos um direito social e um direito econômico novos.

O resultado é a aproximação cada vez maior entre os dois grandes sistemas jurídicos do Ocidente: o *common law* valoriza cada vez mais as leis (*statutes*) e o *civil law* (direitos romanistas) valoriza cada vez mais a jurisprudência. Caminha-se para a formação de um sistema misto, e a concretização desse fato não demora.

INDICAÇÃO DE FILME

Amistad (EUA). Direção de Steven Spielberg. 1997.

O filme se passa em 1839 e é baseado em fatos verídicos que remontam a escravos que se libertam das correntes e tomam conta do navio La Amistad. Eles são levados a julgamento nos Estados Unidos e passam a contar com a colaboração de um ex-presidente para conquistar a liberdade.

Coração valente (EUA). Direção de Mel Gibson. 1995.

O filme retrata um plebeu escocês do século XIII, cuja noiva é morta por ingleses. Ele, então, busca vingança e passa a liderar seu povo contra o cruel Rei inglês Edward I, buscando a liberdade da Escócia.

QUESTÕES

1. Tendo em vista que a Inglaterra passou por períodos históricos de maneira similar aos países da Europa continental (invasão romana, feudalismo), explique o motivo de o sistema do *common law* ter sofrido pouca influência do *Corpus Juris Civilis*, diferentemente do *civil law*.
2. Explique as principais diferenças entre o sistema do *common law* e o denominado direito continental europeu.
3. No estudo do sistema do *common law*, qual a diferença entre *writs* e *equity*?

Capítulo 11

DIREITO DOS MUÇULMANOS

As religiões normalmente tomam o nome do seu fundador ou da comunidade na qual surgem. É o caso do Cristianismo, que deriva de Jesus Cristo; do Budismo, que vem de Buda etc. O mesmo não acontece com o islã, religião que não se caracteriza por se relacionar a determinada pessoa ou a um povo específico.

A palavra "islã" tem origem árabe e implica submissão, entrega e obediência voluntária a Deus. Já "muçulmano" significa "totalmente submisso a Deus", indicando aquele que segue o Islamismo, religião fundada por Maomé (c. 571-632) no século VII depois de Cristo.

O Islã tem como principais características:

a) sem dogmas, tendo como exceção o absoluto monoteísmo;
b) sem sacramentos, não reconhecendo a separação entre o sagrado e o profano;
c) sem sacerdotes, já que não admite intermediários entre Deus e os homens;
d) sem liturgia.

Apesar de ter surgido vários séculos após o cristianismo, o islã ganhou adeptos rapidamente graças aos sucessores de Maomé, os califas, que, com seus exércitos, conquistaram nos séculos VIII e IX a Síria, o Egito, o Magreb, a Espanha, a Pérsia (Irã) e vários outros países.

Atualmente, o islamismo conta com mais de um bilhão de seguidores, distribuídos entre Afeganistão, Arábia Saudita e países do Golfo Pérsico, Bangladesh, Egito, Etiópia, França, Índia, Indonésia, Malásia, Nigéria, Paquistão, Síria, Somália, Sudão, Turquia, além de várias ex-repúblicas da antiga União Soviética.

As principais crenças dos muçulmanos

Fé em um único Deus	Eterno, criador e todo-poderoso.
Fé nos anjos	O anjo Gabriel foi o instrumento da revelação, levando para Maomé os textos do Alcorão, livro sagrado do Islã, constituído exatamente pelas revelações que Alá (Deus) fez ao seu último profeta.

Crença nas escrituras	Consiste em acreditar que os grandes profetas transmitiram literalmente os livros que a eles foram revelados (Moisés – a Torá; Davi – os Salmos; Jesus – o Evangelho; Maomé – o Alcorão).
Crença no último dia	Quando os homens serão julgados em função de suas ações.

11.1. A CHARIA

O direito muçulmano é conhecido como "charia", código de comportamento religioso-político aplicado de forma semelhante ao nosso direito e que rege todos os adeptos da religião islâmica, onde quer que se encontrem.

Com isso, conforme salienta René David, o direito muçulmano não é um ramo autônomo da ciência, mas, sim, uma das faces da religião islâmica, que compreende não só a teologia, que fixa os dogmas e determina aquilo em que o muçulmano deve acreditar, mas também a charia, que prescreve aos adeptos do islamismo aquilo que devem ou não fazer.

É na charia que se encontra o direito muçulmano, ou o direito dos muçulmanos, como defendem vários autores. Quatro são as fontes do direito muçulmano: o Alcorão, a Suna, o Idjmâ (acordo unânime da comunidade muçulmana) e a analogia, nessa ordem.

11.1.1. Alcorão

Livro sagrado do Islã, é composto de cerca de cinco mil versículos, nos quais constam os fundamentos da comunidade muçulmana e, consequentemente, do direito muçulmano.

Apenas 10% desses versículos são utilizados no direito muçulmano. Como afirma John Gilissen, os poucos princípios jurídicos que se podem deduzir do Alcorão têm por objetivo dissolver a antiga organização tribal dos árabes e substituí-la por uma comunidade de crentes sem classes privilegiadas.

Já as regras impostas buscam a moralidade, como a proibição do vinho, do jogo e do empréstimo a juros.

11.1.2. Suna

Também conhecida como tradição, é a segunda fonte do direito muçulmano. É constituída pelo conjunto de atos, comportamentos e palavras de Maomé, tal como foram relatados por seus discípulos, já que, como Jesus Cristo, não deixou ele nada escrito.

A Suna representa o segundo pilar sobre o qual se baseia o direito dos muçulmanos e, de fato, contém abundante coletânea de casos, isto é, de situações às quais se referir nas hipóteses de dúvida ética ou prática.

11.1.3. Idjmâ

Sua finalidade é suprir a charia com temas não abordados pelo Alcorão e pela Suna. O Idjmâ é baseado em duas declarações de Maomé: "o que os muçulmanos considerarem justo é justo para Deus" e "a minha comunidade nunca chegará a acordo sobre um erro".

Importante ressaltar que o Idjmâ não tem relação nenhuma com o costume do nosso direito, já que a unanimidade exigida é a das pessoas competentes, aquelas cuja função é destacar e revelar o direito, que são os doutores e jurisconsultos do Islã.

Cada vez mais o Idjmâ se torna a base dogmática do direito muçulmano; o Alcorão e a Suna desempenham somente o papel de fontes históricas da charia.

11.1.4. Analogia

A quarta fonte da charia é a analogia, que, deduzida a partir do Alcorão e da Suna, serve para suprir as lacunas porventura existentes, permitindo encontrar soluções para casos particulares.

11.2. IMUTABILIDADE E FLEXIBILIDADE DO DIREITO

Da mesma forma que as leis promulgadas por determinada autoridade só podem ser revogadas por ela mesma ou por entidade superior, a revelação divina só pode ser revogada por uma revelação divina posterior.

Do mesmo modo, as diretrizes do Profeta só podem ser alteradas por ele próprio ou por Deus, nunca por qualquer de seus discípulos ou outras pessoas. Vemos que uma autoridade inferior não modifica a lei, mas pode interpretá-la, surgindo daí as várias posições e correntes religiosas dentro do Islamismo, indo das liberais às fundamentalistas.

É que o direito muçulmano é parte integrante da religião islâmica; a vida social não comporta, para um muçulmano, outras regras que não as da sua religião, da qual o direito muçulmano é parte indissociável, constituindo uma das múltiplas faces da fé contida no Alcorão – o livro sagrado do islã.

Importante ressaltar que, nas últimas décadas, vários países muçulmanos foram fortemente influenciados pelo Ocidente, tendo promovido mudanças em seu direito; é o caso da Turquia, cujo Código Penal admite alternativas à prisão, como o trabalho de interesse geral e a restrição ao exercício temporário de certos direitos.

O direito dos muçulmanos, portanto, é marcado tanto pela imutabilidade como pela flexibilidade, que é o recurso ao costume e às convenções, buscando adaptar a charia aos tempos atuais. Esse objetivo nem sempre é alcançado, já que existem várias correntes de interpretação (sunitas, xiitas). Além disso, convive com a charia o direito positivo dos Estados muçulmanos, extremamente diversificado, já que o islamismo abrange países de costumes e tradições bem distintos.

INDICAÇÃO DE FILME

Gabbeh (França/Irã). Direção de Mohsen Makhmalbaf. 1996.

Gabbeh é um tipo de tapete persa, composto de figuras que contam a história da tribo ou da região onde foi confeccionado. No filme, que tem o formato de realismo fantástico, é contada a história de uma moça, também chamada Gabbeh, que foi impedida de casar-se com seu amado. Mostra os costumes muçulmanos.

Persépolis (EUA/França). Direção de Marjane Satrapi e Vincent Paronnaud. 2007.

Animação que retrata a queda do Xá no Irã no final da década de 1970 e a chegada ao poder do regime islâmico, com todas as alterações que provoca na sociedade.

Alcorão de Cor (Vários países). Direção de Greg Barker. 2011.

Documentário sobre competição anual que ocorre na cidade do Cairo. Mais de 70 países enviam suas crianças, entre as que mais se destacam estão as que decoram e recitam o Corão.

QUESTÕES

1. Quais as principais diferenças existentes entre o direito dos muçulmanos e o sistema do *civil law*? Justifique.
2. Sabe-se que os árabes permaneceram durante séculos na Península Ibérica. Explique os principais motivos de, apesar de tanto tempo de dominação, que resultou em inúmeras influências culturais, o direito português praticamente não apresentar influências do direito dos muçulmanos?
3. Discorra sobre as principais fontes do direito dos muçulmanos. Qual a mais importante? Justifique.

Capítulo 12

O DIREITO NO BRASIL-COLÔNIA

12.1. O SURGIMENTO DO DIREITO PORTUGUÊS

Quando Roma dominou a Península Ibérica, vários povos já haviam habitado o lugar, como os celtas, iberos, tartéssios, cartagineses, fenícios, gregos e os celtiberos, destacando-se entre estes os lusitanos, que habitavam o centro e o norte do que é hoje Portugal. Os romanos sofreram resistência destes últimos, mas no século II a.C. os lusitanos absorveram a cultura dos invasores.

A partir do século V, os povos bárbaros germânicos começaram a invadir a península ibérica, principalmente os alanos, vândalos e suevos. Com isso, outra tribo, a dos visigodos, fez acordo com os romanos e tomou a região, momento em que o direito visigótico passou a dominar a região, por intermédio do Código Visigótico.

A região também recebeu, mesmo que de forma tênue, influência do direito muçulmano. É que, após a morte de Maomé (c. 632), formou-se um Estado teocrático militar governado por Califas, chefes político-religiosos, que buscaram a expansão do islamismo.

Em 711, os mouros (muçulmanos) chegaram ao estreito de Gibraltar, entre a Europa e a África. Em seguida, conquistaram a Península Ibérica, mas foram derrotados em sua expansão em direção ao território dos francos, permanecendo na Península até o século XV, influenciando enormemente a cultura da região.

Essa influência só não foi maior devido à política de tolerância dos muçulmanos, que mantinham a estrutura dos locais conquistados, inclusive as instituições existentes, como o direito. É que o direito muçulmano personaliza-se em razão do credo da pessoa, diferentemente do direito visigótico que utilizava a raça do indivíduo.

Com os mouros havia tolerância religiosa e jurídica, garantindo aos condados relativa autonomia administrativa e jurídica, com utilização do Código Visigótico e do direito Canônico. Por esse motivo, houve pouca aplicação do direito muçulmano no território em que hoje se situa Portugal.

12.2. O NASCIMENTO DE PORTUGAL

Nos séculos IX e X, somente o norte da Península Ibérica escapava ao domínio árabe. Foi a partir do século XI, com a formação dos reinos cristãos de Castela, Aragão, Navarra e Leão, que a luta pela expulsão dos muçulmanos (mouros) iniciou-se efetivamente.

Nobres de outras regiões iam lutar ao lado dos cristãos da península pela expulsão dos chamados "infiéis", os mouros. Como havia necessidade de constante mobilização militar, a figura do chefe do exército foi reforçada, facilitando a centralização de poder em torno do rei.

Para manter o exército, eram necessários recursos, arrecadados em nível nacional por uma burocracia muito bem organizada, burocracia essa que, aliada ao poder centrado na figura do rei, fez Portugal tornar-se o primeiro Estado na acepção moderna do termo.

Importante salientar que no século XI Portugal ainda não tinha se formado como Estado, sendo o território que atualmente faz parte de Portugal, do rio Mondego para o sul, ainda ocupado pelos sarracenos, e desse rio para o norte pertencia ao Rei de Leão. O território ocupado pelos cristãos estava dividido em dois condados: Portucalense e Coimbra.

No início do século XII, quando Afonso VI era o Rei de Leão, chegou para lutar contra os mouros um nobre francês chamado Henrique de Borgonha. Como recompensa pelos préstimos prestados, recebeu do rei a sua filha Dona Teresa em casamento e o governo do Condado Portucalense. Buscando independência, o Conde Henrique anexou ao seu domínio o Condado de Coimbra, mas faleceu logo depois, assumindo o trono a viúva, Dona Teresa, já que o filho e herdeiro Afonso Henriques estava com apenas três anos nesta ocasião.

Dona Teresa alimentou a ambição de declarar a independência de Portugal e coroar-se rainha, mas coube tal tarefa a seu filho, que ao completar dezoito anos colocou-se à frente de um movimento armado que terminou pela derrota dos partidários de sua mãe, Dona Teresa.

Dom Afonso Henriques entrou em guerra incessante contra o Rei Afonso VII de Leão e contra os Mouros. Ao vencer de forma espetacular os Sarracenos na Batalha de Ourique, em 1139, declarou a independência do Condado Portucalense e dos territórios por ele conquistados, nascendo assim Portugal. Posteriormente, obteve do Rei de Leão o reconhecimento da independência, sendo que alguns anos depois o Papa também reconheceu o nascimento dessa nova nação.

Enquanto viveu, Dom Afonso Henriques travou batalhas contra os mouros objetivando a ampliação do território, em que obteve grande êxito. Quando do seu falecimento, legou ao filho, Dom Sancho, um reino independente e muito mais extenso que os primitivos condados Portucalense e Coimbra.

Posteriormente, D. Diniz, que governou entre 1279 e 1323, fez valer em Portugal um documento legal de origem espanhola: a Lei das Sete Partidas. Foi um documento inspirado no direito romano e no direito canônico, que buscava superar os costumes e o chamado direito velho. Essa lei foi posteriormente substituída pelas Ordenações Reais.

A Lei das Sete Partidas marca de vez a adoção pelos portugueses do sistema romano-germânico, também conhecido como *civil law*.

12.3. ORDENAÇÕES AFONSINAS

Foi a primeira compilação com características fortemente portuguesas, já que buscava diferenciar-se da legislação espanhola.

No final do século XIV houve uma crise dinástica em Portugal, devido ao fato de o rei D. Fernando morrer sem deixar herdeiros homens. Como sua filha era casada com o rei de Castela, que queria anexar Portugal a seus domínios, houve revolta, já que tal fato interessava à nobreza, mas não ao povo nem à burguesia, que conseguiu colocar no poder o irmão "bastardo" de D. Fernando, coroado em 1385 como D. João I.

Teve início a Dinastia de Avis e, com ela, ganhou espaço no poder o grupo mercantil urbano, sendo este um dos fatores que propiciaram a Portugal sair à frente nas Grandes Navegações.

Tentando desvincular-se do risco de ser anexado por Castela, D. João I determina a feitura de ordenações diferentes das que constam na Lei das Sete Partidas. Foram concluídas somente em 1446, recebendo a denominação Ordenações Afonsinas. Eram elas divididas em cinco livros, assim como as Ordenações posteriores:

Livro I – Relativo aos regimentos dos cargos públicos (régios e municipais) compreendendo o governo, a justiça, a fazenda e o exército.

Livro II – direito Eclesiástico, jurisdição e privilégios dos donatários, prerrogativas da nobreza e o estatuto dos judeus e dos mouros.

Livro III – Processo civil.

Livro IV – direito civil.

Livro V – direito penal e direito processual penal.

A estrutura judiciária contava com Magistrados Singulares e Tribunais Colegiados de segundo e terceiro graus de jurisdição. As Ordenações Afonsinas receberam muita influência do direito Canônico, utilizando, inclusive, as palavras pecado e crime como se sinônimas fossem.

12.4. ORDENAÇÕES MANUELINAS

Mesmo depois da promulgação das Ordenações Afonsinas, que buscava unificar o direito português, leis extravagantes continuaram a ser editadas. Adicione-se o fato de que o advento das Grandes Navegações trouxe mudanças sociais relevantes na sociedade e percebe-se a clara necessidade de fazer um novo corpo de lei, em consonância com o momento vivido por Portugal.

Surgiram em 1521 as Ordenações Manuelinas, que, da mesma forma que a anterior, utilizava o *Corpus Juris Civilis* como direito subsidiário, aquele que supria as lacunas e falhas do documento jurídico.

Também havia a divisão em cinco livros, sendo que as Ordenações Manuelinas tratavam de maneira mais específica as questões de direito marítimo, de contratos e de mercadores. No que tange ao direito penal, não houve alteração de uma lei para outra. Já os fidalgos continuavam a ter vantagens em relação ao povo, e a pena de morte não deixou de ser largamente aplicada, assim como a tortura.

12.5. INVASÃO PORTUGUESA AOS TERRITÓRIOS INDÍGENAS

O século XV tem como um dos seus principais momentos históricos o advento das grandes navegações, que permitiram a alguns países europeus, como Portugal, Espanha e Inglaterra, explorarem os povos e as terras de localidades bastante distantes do continente europeu. Um desses lugares distantes era o Brasil, "descoberto" por Pedro Álvares Cabral no dia 22 de abril de 1500, já nos estertores do século XV.

Antes mesmo da chegada de Pedro Álvares Cabral, o Brasil já era alvo de grande disputa entre Portugal e Espanha, como pode ser observado pelos seguintes tratados entre os dois países:

a) Tratado de Toledo: celebrado em 6 de março de 1480, dava a Portugal a exclusividade de águas e terras ao sul das Ilhas Canárias.
b) Bula *Inter Coetera*: expedida em 4 de maio de 1493 pelo Papa Alexandre VI. Deu domínio exclusivo para a Espanha de todas as terras que estivem a oeste de uma linha imaginária a 100 léguas dos Açores e Cabo Verde.
c) Tratado de Tordesilhas: lavrado em 7 de junho de 1494, apontou o meridiano traçado a 370 léguas a oeste das Ilhas Cabo Verde como marco divisório, sendo que a Oeste era da Espanha e a Leste, de Portugal.

Ao aqui chegar, os portugueses encontraram uma população dispersa em grupos, chamaram, então, esse povo indistintamente de indígenas. Como é sabido, o estágio evolutivo dos que aqui residiam era comparado ao do período neolítico (desconheciam a escrita, a roda etc.). Adicione-se a isso o fato de não existirem instituições políticas e jurídicas com um mínimo de representatividade. Não houve nem discussão: os portugueses impuseram sem o menor constrangimento o seu sistema jurídico à nova colônia, não restando absolutamente nada dos antigos costumes jurídicos dos indígenas.

Outro povo que teve, assim como nações indígenas, imensa influência na formação cultural do nosso país, foram os africanos. Da mesma forma que aqueles, mas por motivo diverso, já que para cá vieram como escravos, não exerceram influência alguma nas nossas instituições políticas e jurídicas.

Na história da formação do direito no Brasil os indígenas e negros foram considerados mais como objetos, coisas, do que sujeitos de direito. Portanto, advém daí a total relação do nosso direito com os sistemas romanistas, já que, além de ter sido importado diretamente de Portugal e de termos ficado sob o jugo direto da Metrópole até o Grito do Ipiranga, em 7 de setembro de 1822, nenhuma outra civilização influenciou a formação jurídica brasileira.

Junto com o sistema romanista importamos também alguns vícios do sistema jurídico português. Um deles, bastante legítimo na época, era o fato de um cargo ou função pública serem considerados patrimônio pessoal de seu ocupante. A aplicação desse sistema na colônia leva a constituir um poder público sem compromisso com a ética e a igualdade, sendo utilizado como se fosse exclusividade de um estrato social constituído por oligarquias agrárias e por grandes proprietários de terras.

A enorme distância da colônia, a dificuldade de acesso e a falta de estrutura pública faziam com que a autoridade chegasse enfraquecida ao Brasil. Para fazer valer minimamente a vontade dos dominadores havia necessidade de utilizar-se do poder local. É a partir daí que o poder público e o poder privado disputam continuamente força e influência, muitas vezes associando-se e confundindo-se. Fica mais vivo do que nunca o patrimonialismo, a confusão que se faz entre o público e o privado, que veremos com mais detalhes no final do capítulo. Foi essa aliança do poder aristocrático com as elites agrárias locais que permitiu construir um modelo de Estado calcado na defesa dos interesses de segmentos sociais donos da propriedade e dos meios de produção[1], fato que ainda persiste neste século XXI.

As raízes e a evolução das instituições jurídicas brasileiras estão intimamente ligadas:

a) a um passado colonial patrimonialista e escravocrata;

b) à dominação social de uma elite agrária;

c) à hegemonia ideológica de um liberalismo paradoxalmente conservador;

d) à submissão econômica aos Estados mais avançados.

A colônia, base de nosso país, formou-se como uma sociedade agrária baseada no latifúndio, existindo, sobretudo, em função da Coroa. Sua economia era complementar, baseada em monopólios e estancos, obrigatórios, que eram bastante benéficos para a burguesia mercantil lusitana. Os colonos vinham para cá "fazer a América", com a esperança de um dia voltar para Portugal e usufruir das riquezas aqui conquistadas. Não havia o espírito da construção de um país livre e soberano. O que dominava era o desejo de sugar tudo que a nova terra podia dar, sem preocupações com o que ela poderia vir a se tornar.

Adesão à contrarreforma

Importante ressaltar nessa breve história o fato de Portugal e Espanha, principalmente, não terem aceitado as propostas de Calvino e Lutero. Consequência direta dessa opção pela contrarreforma, dessa demora em aceitar o Renascimento, fechando-se no dogma eclesiástico da fé e da revelação, na supervalorização da tradição estabelecida e

---

1 Antonio Carlos Wolkmer, *História do direito no Brasil*, p. 40.

no apego a uma religião fundada na renúncia e na disciplina, fez Portugal distanciar-se da modernidade científica e filosófica, das novas tecnologias e de sua repercussão no desenvolvimento industrial futuro, berço do nosso atual capitalismo.

Portugal, portanto, pioneiro nas grandes navegações, por não ter acompanhado o desenvolvimento que outros países tiveram, acabou por se tornar vassalo da coroa britânica, que, a partir do século XVIII, é o reino que realmente dá as cartas no Brasil-Colônia. Como essas cartas eram dadas via Portugal, não sofremos qualquer influência da cultura inglesa, menos ainda do seu direito, o *Common Law*.

12.6. ESTRUTURA JUDICIAL NO BRASIL-COLÔNIA

O primeiro período da colonização brasileira, que vai até 1549, foi marcado pelas capitanias hereditárias – extensas faixas de terra destinadas aos nobres portugueses para que, por conta própria, as explorassem e se comprometessem com a respectiva povoação. Era um sistema tipicamente feudal, em que as questões políticas, administrativas e jurídicas ficavam a cargo dos donatários. Como não havia burocratização quanto aos procedimentos adotados, na prática confundia-se em uma só pessoa as funções de legislar, acusar e julgar.

Foram os donatários das capitanias hereditárias, portanto, as primeiras autoridades judiciárias do Brasil-Colônia. Izidoro Martins Junior, na clássica obra em que aborda a história do direito nacional, assim retrata os poderes exercidos por eles:

> Na primeira fase da colonização, o órgão supremo da suprema Junção judiciária fora o poderoso senhor do feudo, de quem tudo emanava, e que, possuindo a terra, possuía a soberania quase plena. Administrador, chefe militar e juiz ao mesmo tempo, o donatário não repartia com outros o direito de aplicar a lei aos casos ocorrentes, dirimindo os conflitos de interesses e direitos entre os habitantes da capitania[2].

O fato de a administração da justiça estar entregue aos senhores donatários permitiu todo tipo de abuso. Mas a mudança de sistema não teve esses abusos como causa, e sim o fracasso econômico das capitanias, com exceção das de São Vicente e de Pernambuco. É por esse motivo que em 1549 é instituído pela Coroa o Governo-Geral, que assume amplas responsabilidades burocráticas e fiscais, tendo à frente o governador-geral. Com esse novo modelo há grande evolução, permitindo que se crie uma justiça colonial e, ao mesmo tempo, tem-se o início da formação da burocracia, composta por um grupo de agentes profissionais que estavam a serviço do governador-geral.

É de suma importância contextualizar o funcionamento do poder estatal em relação ao período em estudo, como bem salienta Victor Nunes Leal:

---

2 J. Izidoro Martins Junior, *História do Direito Nacional*, p. 125.

> Não se pode compreender o funcionamento das instituições daquele tempo, inclusive das autoridades locais, com a noção moderna da separação de poderes, baseada na divisão das funções em legislativas, executivas e judiciárias. Havia, nesse terreno, atordoadora confusão, exercendo as mesmas autoridades funções públicas de qualquer natureza, limitadas, quantitativamente pela definição, nem sempre clara, das suas atribuições, e subordinadas a um controle gradativo, que subia até ao Rei[3].

Um exemplo que pode ser mencionado é o funcionamento das câmaras municipais, que exerciam prioritariamente funções administrativas e legislativas, sendo estas por intermédio das posturas que aprovavam. Entretanto, possuíam, em determinadas matérias, amplas funções jurisdicionais, tanto que em sua composição constavam, além dos vereadores e dos chamados oficiais da câmara (procurador, tesoureiro e escrivão), também o juiz ordinário. A investidura dos membros da câmara, inclusive a do juiz ordinário, decorria de um processo eleitoral cujo voto era indireto, em que atuavam, em primeiro grau, os homens bons, indicando estes os eleitores de segundo grau, de cujos votos resultavam os eleitos para os diferentes cargos ou ofícios.

O sistema jurídico que vigorava durante todo o período do Brasil-colônia era o mesmo que existia em Portugal, ou seja, as ordenações reais, compostas pelas Ordenações Afonsinas (1446), Ordenações Manuelinas (1521) e Ordenações Filipinas (1603), estas, fruto da união das Ordenações Manuelinas com as leis extravagantes em vigência.

Grande mudança legislativa aconteceu somente no século XVIII, com as reformas pombalinas (assim denominadas por causa do Marquês de Pombal), que introduziram a chamada "Lei da Boa Razão", em 1769. Seu intuito era estabelecer regras centralizadoras que uniformizassem a interpretação e aplicação das leis no caso de omissão, imprecisão ou lacuna presentes no ordenamento português. Como ensina Haroldo Valladão, sua função era minimizar a influência do direito romano, dando preferência e dignidade às leis pátrias e só recorrendo àquele direito, subsidiariamente, se estivesse de acordo com o direito natural e as leis das Nações Cristãs iluminadas e polidas, se em boa razão fossem fundadas[4].

Como não podia deixar de ser, a principal finalidade da Lei da Boa Razão era beneficiar e favorecer a metrópole. Exemplo desse tipo de interpretação foi em relação à lei que pôs fim à escravidão em Portugal, em 1773, mas que não se estendia às colônias portuguesas, já que o trabalho escravo era a base da produção agrícola destas.

A aplicação do direito no vasto espaço territorial do Brasil-Colônia, com reduzidíssima densidade demográfica, não fazia parte das preocupações portuguesas. O que de fato interessava à Metrópole eram as regras que asseguravam o pagamento dos impostos e tributos aduaneiros, assim como acenar com rigoroso ordenamento penal que inibisse tentativas de independência em alguma parte do território.

Receitas da Coroa na Colônia

A arrecadação dos direitos reais (direitos régios) era diferente da que conhecemos atualmente. Na atualidade, a atividade tributária é eminentemente função pública, de

---

3 Victor Nunes Leal, *Coronelismo, enxada e voto*, p. 61-62.

4 Haroldo Valladão, *História do direito, principalmente do direito brasileiro*, p. 76.

direito público. No entanto, durante a colonização a arrecadação de tributos era atividade atribuída a particulares. O Estado não tinha aparato que permitisse o desempenho dessa função, então a cobrança era deixada a cargo de determinados particulares, que contratavam a arrecadação por meio de leilões. O Estado reconhecia sua inépcia para essa atividade essencial, admitindo à época que os particulares possuíam maior capacidade para exercer a tarefa.

Principais receitas da Coroa na Colônia

a) Os próprios da Coroa	Os veeiros e minas de ouro (quinto do ouro)[5], os frutos dos bens patrimoniais do rei.
b) Impostos ou tributos	Dízima (10% do produto da terra, dos mares e dos animais); dízima das mercadorias (aduana, direitos alfandegários); sisa (10% do valor das vendas, trocas e rendimentos de dinheiro).
c) Estancos ou monopólios	Exclusivo comercial (pau-brasil, tabaco, diamantes, escravos etc.).
d) Condenações	Perda dos bens do condenado em favor da Coroa.

Organização judiciária

Deve-se ressaltar que os órgãos propriamente judiciários eram vários, já que as respectivas competências sofriam variações, tanto em razão do lugar em que tais órgãos atuavam quanto do valor das causas que lhes eram submetidas a julgamento. Ademais, poucas eram as pessoas qualificadas para julgar, tendo em vista que não existia no Brasil quadros jurídicos suficientes para preencher a estrutura judiciária. Essa deficiência propiciou que, mesmo sendo leigos, os cidadãos exercessem a função de julgar, atuando ao lado dos juízes togados, que eram a minoria e nomeados pela Coroa. Já os juízes leigos eram eleitos pelos, à época, chamados "homens bons", mais precisamente os possuidores de bens ou titulares de profissões mais elevadas.

Para situar a organização judiciária do Brasil-Colônia no seu contexto histórico é necessário considerar a complexidade da estrutura administrativa que foi aqui implantada pelo governo de Portugal. Nas palavras de Medina:

> Os Poderes públicos não se achavam, então, concebidos como hoje e longe estava de existir a noção de separação entre os órgãos do Estado. Por outro lado, Estado e Igreja eram entidades indissociáveis, cujas competências se confundiam, muitas vezes, a ambos cabendo, aliás, o exercício de funções jurisdicionais, em áreas que não se distinguiam com clareza. Disso resultava que os órgãos judiciários atuavam tanto na sua esfera específica quanto na órbita administrativa, assim como órgãos a que competiam, fundamentalmente, atividades administrativas e

---

5 O quinto é uma instituição tributária antiga, muito anterior à descoberta do ouro nas futuras Minas Gerais. Remonta ao direito feudal ibérico, incidindo sobre coisas diversas, tais como a produção mineral ou agrícola, e sobre despojos de guerra dos súditos do rei, entre outros. Quinto não é propriamente um tributo, mas sim o pagamento de um direito, como os *royalties*.

legislativas, como era o caso das Câmaras Municipais, que também julgavam, em determinadas matérias. No que concerne à jurisdição, propriamente, conviviam, lado a lado, a justiça secular e a justiça eclesiástica[6].

No que concerne à justiça secular, tínhamos:

a) Primeira instância: formada por juízes singulares que eram distribuídos nas categorias de ouvidores, juízes ordinários e juízes especiais. Por sua vez, estes se desdobravam em juízes de vintena, juízes de fora, juízes de órfãos, juízes de sesmarias etc.

Os juízes de fora, nomeados pela Coroa, atuavam, em geral, nas sedes de comarcas. Nas demais cidades e vilas, o exercício da jurisdição cabia aos juízes ordinários. Quanto aos juízes de vintena ou juízes pedâneos (julgavam de pé), eram os oficiais de justiça das jurisdições mais reduzidas do reino e do seu ultramar, pertencendo ao universo da justiça não letrada, isto é, não se exigia formação em direito, nem integrava o aparelho de administração judicial da Coroa. Exerciam jurisdição nas aldeias formadas por, no mínimo, vinte casas, e tinham competência para julgar causas de pequeno valor, mediante processo oral.

Apesar de ter uma complexa e diversificada organização da magistratura, a divisão judiciária era limitada, com pequeno número de comarcas. No final do século XVIII, o Brasil contava com 24 (vinte e quatro) comarcas, assim distribuídas: a) Comarca de Porto Alegre, cujo território jurisdicional compreendia Rio Grande de São Pedro e Santa Catarina; b) Comarcas de Paranaguá, Itu e São Paulo, na capitania de São Paulo; c) Comarcas de Rio das Mortes (sede em São João del Rey), Sabará, Serro Frio (hoje Serro) e Vila Rica (atual Ouro Preto), na capitania das Minas Gerais; d) Comarca de Belém, na capitania do Pará; e) Comarca de São Luís, compreendendo os territórios do Maranhão e do Piauí; f) Comarca do Ceará, na capitania de mesmo nome; g) Comarca do Rio Grande, na capitania do Rio Grande do Norte; h) Comarca da Paraíba, na capitania de mesmo nome; i) Comarcas de Sergipe, Salvador, Ilhéus, Porto Seguro e Jacobina, na capitania da Bahia; j) Comarcas do Rio de Janeiro e do Espírito Santo, na capitania do Rio de Janeiro; k) Comarca de Cuiabá, na capitania de Mato Grosso; l) Comarcas de Pernambuco e Alagoas, na capitania de Pernambuco[7].

As comarcas dividiam-se em termos, localizados fora das respectivas sedes, o que permitia ampliar um pouco esse quadro limitado supra-apontado.

b) Segunda instância: composta de juízes colegiados que atuavam nos chamados Tribunais da Relação; apreciavam os recursos e embargos.

No Brasil, o primeiro Tribunal da Relação foi criado na Bahia, em 1587, mas entrou efetivamente em funcionamento apenas em 1609. Era composto por dez desembargadores, contando com o chanceler. Cada um deles tinha uma função definida. Tempos depois, em função das grandes distâncias, novos tribunais foram criados: Rio de Janeiro, em 1751; Maranhão, em 1812; e Pernambuco, em 1821.

---

6 Paulo Roberto de Gouvêa Medina, A organização judiciária do Brasil Colônia, p. 209-224, 2012.

7 Cf. Ronaldo Vainfas, *Dicionário do Brasil Colonial*, verbete "Justiça", por Maria de Fátima Gouvea.

Vale salientar que a competência dos Tribunais da Relação compreendia basicamente três situações processuais: era uma instância recursal e, em grau de recurso, recebia dois tipos de recursos: as apelações e os agravos; tinha competência para ações originárias, em certos casos, nas áreas cível, criminal e do patrimônio estatal; competência avocatória em determinadas situações de juízo criminal. Como se vê, não era um Tribunal exclusivamente recursal.

c) Mesa do Desembargo do Paço: foi estabelecida em Portugal durante o reinado de D. João II (1481-1495), e tinha por competência as matérias de graça que tocassem à justiça e a generalidade dos assuntos relativos à administração civil do reino.

Seu funcionamento no Brasil deu-se pelo alvará de 22 de abril de 1808, incorporando também a competência da Consciência e Ordens, órgão superior da administração judiciária que se instalou no Brasil com a vinda da Corte portuguesa com a denominação de Tribunal da Mesa do Desembargo do Paço e da Consciência e Ordens. Conforme consta no alvará de 12 de maio de 1808, o recém-criado tribunal encarregava-se dos negócios que, em Portugal, pertenciam a quatro secretarias: os tribunais da Mesa do Desembargo do Paço, da Mesa da Consciência e Ordens, do Conselho do Ultramar e da Chancelaria-Mor do Estado do Brasil.

Antes da criação do Tribunal da Mesa do Desembargo do Paço e da Consciência e Ordens no Brasil, eram as relações da Bahia e do Rio de Janeiro os tribunais de última instância na colônia, possuindo ambas suas próprias mesas de desembargo. Com isso, no que concerne aos processos iniciados na primeira instância perante os juízes de fora ou perante as ouvidorias das comarcas, após a interposição de recurso às relações, poderiam apenas apresentar apelação à Casa de Suplicação de Lisboa, e somente em casos excepcionais ao Desembargo do Paço[8].

Ressalte-se que, apesar de constituírem um único tribunal, o Desembargo do Paço e a Mesa da Consciência e Ordens funcionaram, na prática, separadamente, em conformidade com o disposto em seu alvará de criação.

d) Casa de Suplicação: era o tribunal supremo de Portugal, encarregado do julgamento em última instância dos pleitos judiciais, com sede em Lisboa. Entretanto, com a vinda da família real para o Brasil, foi também aqui instituída, por meio do alvará de 10 de maio de 1808, com a transformação da Relação do Rio de Janeiro em tribunal superior de última instância, com a mesma alçada da Casa de Suplicação de Lisboa.

Após a independência, com a Constituição de 1824, promoveram-se mudanças na estrutura da administração da justiça no Brasil. Como resultado, a lei de 18 de setembro de 1828 criou o Supremo Tribunal de Justiça, e a lei de 22 de setembro do mesmo ano extinguiu tanto a Casa de Suplicação quanto o Tribunal da Mesa do Desembargo do Paço e da Consciência e Ordens. As matérias a elas atribuídas passaram para a jurisdição dos juízes de primeira instância, juízes criminais, juízes de órfãos, relações provinciais, Tesouro e juntas de Fazenda, Supremo Tribunal de Justiça e secretarias de Estado. No

---

8 Cf. Arno Wehling, *Administração portuguesa no Brasil de Pombal a D. João (1777-1808)*, p. 156.

entanto, apesar de extinta, a Casa de Suplicação do Brasil continuou exercendo suas atividades até 1833, quando foi restaurada a Relação do Rio de Janeiro, voltando à sua condição de tribunal local. Naquele momento, sua jurisdição abrangia as províncias do Rio de Janeiro, São Paulo, Goiás, Mato Grosso, Minas Gerais, Santa Catarina, Paraná e Rio Grande do Sul.

Ainda em 1828, a lei de 1º de outubro retirou das câmaras municipais a função judicante, definindo-as como corporações meramente administrativas e sem qualquer jurisdição contenciosa, caminhando para a separação de poderes prevista no texto constitucional de 1824.

Magistrados

Grande parte dos operadores jurídicos era de classe média, e sua presença no funcionalismo real demonstrava o uso que faziam da carreira de jurista como canal de ascensão social. Afinal, estamos bem antes da Revolução Francesa, portanto a mobilidade social era praticamente nula nessa época. Após serem indicados pelo poder central e visando benefícios nas futuras promoções e recompensas, acabavam sendo extremamente leais aos interesses da Coroa.

O exercício da atividade judicial impunha uma série de normas que visava afastar os magistrados do contato com a vida local. Isso tinha dois objetivos: (a) mantê-los isentos das disputas locais, para que pudessem julgar com isenção e equidade, e (b) permanecerem leais servidores da Coroa. Essas regras funcionavam muito bem em Portugal, mas no Brasil eram constantemente violadas.

Principais limitações impostas aos operadores jurídicos no período colonial:

a) designação apenas por um período de tempo no mesmo lugar;

b) proibição de casar sem licença especial;

c) proibição de pedir terras na sua jurisdição;

d) não podiam exercer o comércio em proveito pessoal.

Os magistrados da época faziam parte da elite dominante e, como membros desse segmento, sua tendência era defender os interesses desse segmento social. Percebe-se, portanto, que, desde aquela época, a imparcialidade e a neutralidade jurídica não passavam de mitos, subjugadas pela troca de favores e tráfico de influências. Consequência disso é que se confunde, até hoje, o âmbito do público com o privado, os interesses particulares com os interesses gerais.

Para ingressar na carreira, além da origem social, era condição indispensável ser graduado na Universidade de Coimbra, de preferência em direito civil ou canônico. A atividade profissional começava como "juiz de fora", prosseguindo como ouvidor de comarca e corregedor. Somente após certa experiência na administração judiciária é que o magistrado era promovido a desembargador, podendo ser designado tanto para a metrópole como para as colônias.

12.7. ORDENAÇÕES FILIPINAS

O sistema jurídico que vigorou durante todo o período do Brasil-Colônia foi o mesmo que existia em Portugal, ou seja, as Ordenações Reais, compostas pelas Ordenações Afonsinas (1446), Ordenações Manuelinas (1521) e, por último, fruto da união das Ordenações Manuelinas com as leis extravagantes em vigência, as Ordenações Filipinas, que surgiram como resultado do domínio castelhano. Ficaram prontas ainda durante o reinado de Filipe I, em 1595, mas entraram efetivamente em vigor em 1603, no período de governo de Filipe II.

Não houve inovação legislativa por ocasião da promulgação das Ordenações Filipinas, apenas a consolidação das leis então em vigor. O foco eram casos concretos reduzidos a escrito, isto é, essa legislação estava muito distante do tipo de consolidação que se deu na França no início do século XIX, como consequência da Revolução Francesa, na qual se baseiam os nossos atuais códigos, que buscam sanar as contradições, repetições e lacunas – as consolidações da época mal tinham uma parte geral, com regras abstratas. Além disso, como não era intenção de Filipe I e Filipe II, castelhanos que circunstancialmente governavam Portugal, impor novas leis a esse povo, aproveitaram-se das normas já existentes, optando por não corrigir as contradições e lacunas anteriormente existentes.

A norma editada seguia a estrutura dos Decretais de Gregório IX, dividindo-se em cinco livros que continham títulos e parágrafos: (I) direito Administrativo e Organização Judiciária; (II) direito dos Eclesiásticos, do Rei, dos Fidalgos e dos Estrangeiros; (III) Processo Civil; (IV) direito Civil e direito Comercial; (V) direito Penal e Processo Penal. Destaca-se o livro II, que demonstra a principal característica dos direitos do Antigo Regime, ou seja, a existência de normas especiais para cada uma das castas que compunham a sociedade daquele período.

Como os costumes que imperavam à época eram muito variados e locais, a regra que vigorava nos julgamentos era, sempre que possível, seguir a jurisprudência do mais alto tribunal do Reino – a Casa de Suplicação. Construía-se, assim, uma forma de buscar uniformidade nas decisões e, em última instância, fortalecer o poder central em detrimento dos vários poderes locais.

Nos casos a serem julgados e que não estivessem previstos nas Ordenações Filipinas, casos omissos da legislação nacional, aplicavam-se subsidiariamente (i) o direito romano (Código de Justiniano), a partir das glosas (interpretações) de Acúrsio e das opiniões de Bártolo ou (ii) o direito canônico. Este era invocado quando estivesse em voga o pecado, como nos casos de crimes de heresia ou sexuais. Portanto, para julgar os casos que a eles chegassem, os tribunais deveriam ter à sua disposição o texto das Ordenações, o *Corpus Iuris Civilis* de Justiniano (glosas de Acúrsio) e os textos de Bártolo. Na falta de qualquer solução a partir dessas fontes, e não fosse o caso passível de ser avaliado pelos tribunais eclesiásticos, deveria ser remetido ao rei. A decisão proferida pelo rei passava a valer como lei para outros feitos semelhantes.

As penas previstas nas Ordenações Filipinas eram consideradas severas e bastante variadas, destacando-se o perdimento e o confisco de bens, o desterro, o banimento, os açoites, morte atroz (esquartejamento) e morte natural (forca). Mas, como típica sociedade estamental da época, não poderiam ser submetidos às penas infamantes ou vis os que gozassem de privilégios, como os fidalgos, os cavaleiros, os doutores em cânones ou leis, os médicos, os juízes e os vereadores.

É de salientar que a aplicação do direito no vasto espaço territorial do Brasil-Colônia não fazia parte das preocupações portuguesas, já que o objetivo da Metrópole era principalmente assegurar o pagamento dos impostos e tributos aduaneiros, mas mesmo assim as Ordenações Filipinas foram a base do direito no período colonial e também durante a época do império no Brasil.

Foi a partir da nossa Independência, em 1822, que os textos das Ordenações Filipinas foram sendo paulatinamente revogados, mas substituídos por textos que, de certa forma, mantinham suas influências. Primeiro surgiu o Código Criminal do Império de 1830, que substituiu o Livro V das Ordenações; em seguida foi promulgado, em 1832, o Código de Processo Criminal, que reformou o processo e a magistratura; em 1850 surgiram o Regulamento 737 (processo civil) e o Código Comercial. Os Livros I e II perderam a razão de existir a partir das Revoluções do Porto em 1820 e da Proclamação da Independência brasileira

O livro que ficou mais tempo em voga foi o IV, vigorando durante toda a época do Brasil Império e parte do período republicano, com profundas influências no nosso atual sistema jurídico.

As Ordenações, portanto, tiveram aplicabilidade no Brasil por longo período e impuseram aos brasileiros enorme tradição jurídica, sendo que as normas relativas ao direito civil só foram definitivamente revogadas com o advento do Código Civil de 1916. O estudo do texto das Ordenações Filipinas é salutar para a compreensão de boa parte dos nossos atuais institutos jurídicos.

Estrutura das Ordenações Filipinas

Livro I – Direito Administrativo e Organização Judiciária;

Livro II – Direito dos Eclesiásticos, do Rei, dos Fidalgos e dos Estrangeiros;

Livro III – Processo Civil;

Livro IV – Direito Civil e Direito Comercial;

Livro V – Direito Penal e Processo Penal.

12.8. PATRIMONIALISMO

Os veículos de comunicação noticiam, de tempos em tempos, com grande alarde, a nomeação de parentes de gestores públicos para o exercício de funções públicas. É o chamado nepotismo, palavra derivada do latim *nepotis* (sobrinho). A utilização do vocábulo no sentido hoje difundido em todo o mundo em muito se deve a alguns Papas, que tinham por hábito conceder cargos e favores aos parentes mais próximos. Nos dias atuais, nepotismo passou a ser associado à conduta dos agentes públicos que fazem tais concessões aos seus familiares. O termo guarda íntima relação com a história brasileira, assolada também pela prática de outros "ismos", como patrimonialismo, coronelismo, feudalismo, mandonismo. Todos frutos da muito pouco clara distinção entre Estado e sociedade, público e privado, palavras que se confundem no imaginário popular e nas reiteradas apropriações do público pelo privado. São fenômenos histórico-sociais que, como sustenta Raymundo Faoro em relação ao caso do patrimonialismo, estão arraigados desde a formação do Estado português, quando o direito servia de instrumento para institucionalizar a dominação pessoal do rei. O processo de burocratização instituído no Brasil pelos portugueses, ao contrário do modelo liberal, assentou-se desde sua origem na imbricada relação entre interesses privados e públicos, inibindo o surgimento do capitalismo industrial, da sociedade de classes e do Estado democrático representativo.

O direito e a justiça colonial oferecem instrumental importante à compreensão dos fenômenos sociais já apontados, dos quais ainda tentamos nos libertar. Exemplo disso foi a instituição pela Coroa, em 1609, do Tribunal da Relação da Bahia. Para comandar esse tribunal desembarcou no Brasil um grupo de magistrados profissionais, todos ciosos de suas funções burocrático-racionais e ansiando pela ascensão profissional e social, já que a maioria não era descendente da nobreza. Oriundos, quase todos, da Universidade de Coimbra, os magistrados da Relação – corte de apelação – eram obrigados a seguir rígido código disciplinar que, entre outros itens, vedava a aquisição de propriedades em áreas de sua competência territorial, não permitia o exercício de atividades comerciais e proibia o casamento com brasileiras (alvará de 22 de novembro de 1610). A intenção do Reino era constituir uma elite burocrática, que defendesse a lei e a Coroa. Para tanto, proporcionou aos magistrados bons salários e títulos honoríficos que os distinguissem da população em geral e não os colocassem em posição de inferioridade em relação aos fidalgos.

As distinções dos magistrados e a importância destes na estrutura político-administrativa do Reino tornaram-nos objeto da cobiça das elites coloniais, que, por meio de estratégias como o compadrio, trataram de estabelecer com eles relações pessoais e familiares, interferindo nas pretensões da Coroa de manter a imparcialidade dos magistrados. Ao lado da grande elite canavieira, outros se associavam aos juízes em negócios comerciais, proporcionando rendimentos indevidos aos funcionários do rei. Assim, a elite letrada e pseudoburocrata aliava-se aos colonos em busca de prestígio local e dinheiro, oferecendo em troca a íntima relação com o poder da metrópole do qual eram representantes. Os colonos usufruíam, dessa forma, da relação com o poder, que lhes era negada por não possuírem representantes na metrópole.

Flagrante curioso de desrespeito à lei, de confusão entre público e privado, é colhido por Arno Wehling e Maria José Wehling[9] nos arquivos de outro tribunal estabelecido pela Coroa, o Tribunal da Relação do Rio de Janeiro (1751-1808). Por meio da denominada "provisão para apelar de causa passada", passou o tribunal a reconhecer o direito de recorrer após o decurso do prazo. Os recursos eram frequentemente acolhidos diante de argumentos como a distância física do tribunal e a escassez de profissionais capacitados para a advocacia. O deferimento era, no entanto, subordinado ao

---

9 Arno Wehling e Maria José Wehling, A atividade judicial do Tribunal da Relação do Rio de Janeiro, 1751-1808, p. 88-89.

pagamento de taxas, submetendo a não aplicação do trânsito em julgado a quantias a serem recolhidas ao tribunal. Instituiu-se o pagamento para o descumprimento da lei. A cobrança de taxas pela Relação do Rio de Janeiro não era extraordinária; muito pelo contrário: era comum a comutação de penas, em especial as de degredo, por dinheiro, recolhido aos cofres do Tribunal.

O uso das funções públicas em benefício próprio não foi privilégio apenas dos altos funcionários. Segundo Stuart Schwartz[10], tabeliães, escrivães, fiscais e demais subalternos intensificaram a privatização do público. Tais cargos, que faziam parte da estrutura da administração pública portuguesa, eram tidos como prêmios aos fiéis do rei, e objetivavam buscar o equilíbrio entre a aristocracia e o povo na composição da burocracia estatal. Consequentemente, proporcionavam maior segurança aos interesses da Coroa nas ações estatais subalternas. Assim, o uso das funções públicas em benefício próprio era o custo da manutenção de burocratas fiéis aos grandes interesses da metrópole.

Confundindo constantemente o público e o privado, carregamos até hoje a triste herança deixada pela burocracia profissional instalada na colônia, a quem, entre as funções racional-burocráticas e patrimoniais, simbolicamente foi confiado o encargo de defender os interesses da Coroa e da *res publica*, exercendo a dúbia função de guardiã dos valores técnico-racionais modernos e patrimoniais-pessoais.

12.9. CONJURAÇÃO MINEIRA

A Conjuração Mineira foi abordada em incontáveis estudos, mas nem sempre existe concordância acerca de suas reais motivações. Alguns defendem que o movimento buscava a independência das capitanias de Minas e do Rio de Janeiro. Outros apontam uma atuação mais regional, atribuindo o levante ao descontentamento da população de Vila Rica em relação ao governo português. Há também os que argumentam que a luta era para instaurar a república na colônia, e outros afirmam que a principal intenção era instaurar uma monarquia local. Não abordaremos esses meandros históricos; nossa discussão se limitará à sentença que cominou a pena capital para Joaquim José da Silva Xavier, mais conhecido como "Tiradentes".

Após a prisão dos conjurados, em 1789, sob a acusação de crime de lesa-majestade (atentar contra a vida do rei ou de seus representantes), estendeu-se o processo até 1792, quando foi divulgada pelo Tribunal da Relação do Rio de Janeiro a sentença estipulada para os revoltosos. Onze foram os condenados à morte, sendo os outros condenados ao degredo perpétuo na África. Sem sucesso nos embargos apresentados ao tribunal, contaram os réus com a clemência da Soberana, que liberou do enforcamento todos os participantes do movimento, à exceção de Tiradentes. Qual o motivo de apenas um revolucionário ter sido condenado à morte, entre tantos que participaram ativamente do "quase" levante? Analisemos a sentença concedida ao principal condenado para chegar à respectiva conclusão.

---

[10] Stuart Schwartz, *Burocracia e sociedade no Brasil colonial*, p. 145.

Na véspera do Natal de 1790, chegou à cidade do Rio de Janeiro uma alçada composta por três ministros, desembargadores da Suplicação, cujo intuito era dar andamento, de forma unificada, ao julgamento dos revoltosos. Depois de vastos interrogatórios e depoimentos, decidiu-se, em janeiro de 1792, que fossem sentenciados e condenados, com pena última, os cabeças da conspiração e os que começaram e mantiveram os conventículos; que os sacerdotes réus fossem sentenciados segundo a qualidade de seus crimes; que outras penas fossem impostas àqueles que souberam e não denunciaram tamanha perfídia. Após ansiosa espera, divulgou-se a sentença, relatando que na capitania de Minas alguns vassalos da rainha, animados do espírito de ambição, elaboraram infame plano para se subtrair à sujeição e obediência devida à soberana, pretendendo desmembrar e separar parte do Estado para formar uma república independente, cuja capital seria a vila de São João Del-Rei. Sua bandeira teria por armas três ângulos, em alusão à Santíssima Trindade, cujo mistério era da maior devoção de Tiradentes. Fundariam uma universidade em Vila Rica, o ouro e os diamantes teriam livre exploração, seriam formadas leis para o governo da república e a cabeça do governador da capitania seria cortada. Ainda de acordo com a sentença, mostrou-se que, entre os chefes da conjuração, o primeiro a suscitar as ideias de república foi o réu Tiradentes. Com base nesses e em outros fundamentos formulou-se a seguinte condenação:

> (...) Portanto condenam ao Réu Joaquim José da Silva Xavier, por alcunha o Tiradentes, Alferes que foi da tropa paga da Capitania de Minas, a que com baraço e pregão seja conduzido pelas ruas públicas ao lugar da forca e nela morra morte natural para sempre, e que depois de morto lhe seja cortada a cabeça e levada a Vila Rica, aonde em lugar mais público dela será pregada, em um poste alto até que o tempo a consuma, e o seu corpo será dividido em quatro quartos, e pregado em postes pelo caminho de Minas no sítio da Varginha e das Cebolas, aonde o Réu teve as suas infames práticas, e os mais nos sítios de maiores povoações até que o tempo também os consuma; declaram o Réu infame, e seus filhos e netos tendo-os, e os seus bens aplicam para o Fisco e a Câmara Real, e a casa em que vivia em Vila Rica será arrasada e salgada, para que nunca mais no chão se edifique e não sendo própria será avaliada e paga a seu dono pelos bens confiscados e no mesmo chão se levantará um padrão pelo qual se conserve em memória a infâmia deste abominável Réu (...).

Outros dez revoltosos também foram sentenciados à pena capital. Mesmo o réu Cláudio Manoel da Costa, que se matou no cárcere, teve declarada infame a sua memória e infames seus filhos e netos, tendo seus bens sido confiscados para o Fisco e a Câmara Real.

Tendo em vista o sistema jurídico da época, no qual não se aplicava o princípio da separação de poderes e nem estava sedimentada a ideia do juiz natural, os julgamentos ficavam muitas vezes à mercê dos interesses políticos. Como aponta Oiliam José, foi o que aconteceu no julgamento dos conjurados mineiros de 1789:

> Era a Alçada, que se formou para julgar os conjurados mineiros, tribunal declaradamente de exceção. Foi constituído pela Soberana para fazer a justiça que o

Executivo luso desejava aplicar aos revolucionários de 1789. Faltava-lhe o que é essencial a qualquer tribunal medianamente aceitável: a independência para agir. Mas sobrava-lhe anseio de agradar aos que eventualmente conduziam a nação lusa[11].

Ante a divulgação da sentença, a população mostrou-se perturbada, horrorizada até, já que a execução, mesmo não revestida da crueldade que recomendavam as leis da época, era a mais estarrecedora que a cidade do Rio de Janeiro já tinha visto. Após a Relação não aceitar os embargos apresentados pela defesa, dez dos onze condenados à forca conseguiram a clemência da rainha, sendo a respectiva pena comutada para degredo. Tiradentes foi o único que não obteve clemência...

A atrocidade foi cometida num sábado. Tiradentes foi enforcado na cidade do Rio de Janeiro no dia 21 de abril de 1792. Logo depois foi esquartejado, e seus quartos espalhados pela estrada real, sendo a cabeça exposta na praça central de Vila Rica, atual Ouro Preto, onde hoje se encontra um monumento em sua memória. Os juízes que condenaram Tiradentes e assinaram a sentença foram: Sebastião Xavier de Vasconcellos Coutinho (chanceler da rainha); Antônio Gomes Ribeiro; Antônio Diniz da Cruz e Silva; José Antônio da Veiga; João de Figueiredo; João Manoel Guerreiro de Amorim Pereira; Antônio Rodrigues Gayoso e Tristão José Monteiro.

Chega-se à conclusão de que Tiradentes, entusiasta da Conjuração e dono das ideias mais radicais, como a Proclamação da República e a abolição da escravidão, além de não fazer parte da elite colonial, acabou por ser o escolhido para dar exemplo ao povo do que não se devia fazer: conspirar contra a Coroa. O tiro acabou saindo pela culatra, já que de "justiçado" Tiradentes se transformou em mártir da luta contra o jugo da metrópole e um dos baluartes da defesa da república.

12.10. CONJURAÇÃO BAIANA (OU REVOLTA DOS ALFAIATES)

No final do século XVIII, sob a influência do iluminismo, da Revolução Americana e principalmente da Revolução Francesa, surgiu movimento ainda pouco estudado, mas de grande relevância, que buscava pela primeira vez em nossa história uma sociedade mais igualitária: a Conjuração Baiana, capitaneada por populares e alguns intelectuais, e que queriam fundar uma república baseada na cidade de Salvador/BA.

O movimento teve duas fases distintas. A primeira, iniciada em 1796, contou com a participação de parte da elite baiana. Contava-se com provável apoio militar da França para dar início à sedição. Como o apoio não se concretizou, o movimento perdeu força, mas, devido à crise econômica e à divulgação cada vez mais extensiva dos ideais iluministas, foi retomado no ano seguinte, contando com a participação cada vez mais massiva das camadas populares, como os libertos, artesãos, alfaiates etc.

---

11 Oiliam José. *Tiradentes*. Belo Horizonte: Itatiaia, 1985, p. 156.

A cidade de Salvador, a segunda mais populosa do Império português, contava com mais de 60 mil habitantes, sendo que havia muitos habitantes no seu entorno, como Feira de Santana, região que tinha muitos quilombos. Adicione-se o fato de que com a derrocada da mineração nas Minas Gerais, a Bahia voltou a ter destaque entre as províncias portuguesas na América, com grande produção de tabaco, açúcar e algodão.

Fato marcante da conjuração foi a queima, no início de 1798, da forca instalada no largo em que estava estabelecido o Pelourinho, que simbolizava o poder absoluto da Coroa portuguesa, local em que não só eram açoitados os escravos como também eram anunciados os decretos do rei[12]. Foi uma atitude que mostrava desafio à autoridade política da metrópole.

Negros e pardos sofriam com uma sociedade racista, os impostos eram aviltantes, havia proibição de produzir produtos manufaturados, os soldos eram baixos e, no maior porto do Brasil, apenas navios portugueses atracavam, cobrando altos valores pelos produtos que traziam. Esse monopólio era opressor, assim como todo o sistema colonial. Era ambiente propício para a propagação do ideário iluminista, que foi disseminado a partir da colagem de inúmeros panfletos pela cidade. Esses panfletos representavam o anseio de vários segmentos sociais, mas com grande impacto nos libertos, escravos e pobres de toda ordem. Inclusive o fim da escravidão era defendido, fato inédito. Entre os intelectuais destacou-se o cirurgião e jornalista Cypriano Barata, que estudou na Universidade de Coimbra, e passou a divulgar os ideais republicanos a partir de 1792, data em que retornou a Salvador.

Na manhã de 12 de agosto de 1798, a cidade acordou repleta de panfletos manuscritos que foram afixados nas ruas de Salvador, que pregavam, entre outras coisas: "Animai-vos povo bahiense, que está por chegar o tempo feliz de nossa liberdade; o tempo em que seremos todos irmãos; o tempo em que seremos todos iguais". Um dos panfletos indicava o apoio ao movimento de 676 pessoas.

Buscava-se, com essa ousadia, a adesão imediata de grande parte da população. Em resposta, o governador ordenou uma devassa para descobrir quem eram os conjurados. Em reunião marcada para o dia 25 de agosto de 1798, denunciada por traidores, começaram as prisões, que se estenderam até o início de 1799. Alguns conjurados nunca foram encontrados. Dos 39 detidos, 32 foram formalmente acusados, sendo que seis deles foram condenados à morte por crime de lesa-majestade. Os outros receberam penas de degredo ou prisão. Dos que foram condenados à pena capital, o soldado Romão Pinheiro teve sua pena comutada para degredo na África, e o ourives Luís Pires desapareceu.

A pena recaiu principalmente sobre os pobres e mulatos que se dispuseram a assumir uma voz pública. Em novembro de 1799, no Largo da Piedade, foram enforcadas as lideranças do movimento, mas apenas as que pertenciam à camada mais pobre da população: Lucas Dantas, Manuel Faustino, João de Deus e Luís Gonzaga. Todos mulatos soldados ou alfaiates. Seus corpos foram esquartejados e pendurados em várias partes da Cidade. As mãos de Luís Gonzaga das Virgens, acusado de escrever boa parte dos panfletos, ficaram pregadas na forca.

---

12 Schwarcz e Starling, *Brasil*: uma biografia, p. 147.

Já os líderes que pertenciam a um segmento social mais privilegiado tiveram outra sorte. O jornalista Cypriano Barata foi preso e libertado em 1799, por falta de provas. O tenente Pantoja e José Gomes de Oliveira Borges, que receberam penas de apenas seis meses de prisão, foram perdoados.

A Conjuração Baiana não só apresentou ao Brasil o fantasma da Revolução que havia ocorrido no Haiti, em que os escravos eliminaram os brancos e assumiram o poder, como propôs algo inovador: a inclusão social dos desvalidos. Mais de 200 anos tiveram de transcorrer para que esse processo de inclusão, defendido pelos conjurados, tivesse início. E foi com as políticas sociais implementadas a partir da chegada ao poder do Presidente Luís Inácio Lula da Silva, em 2003.

INDICAÇÃO DE FILME

Carlota Joaquina: princesa do Brasil (Brasil). Direção de Carla Camurati. 1995.

O filme retrata a vinda da Corte portuguesa ao Brasil, em 1807, focando a personagem histórica que foi casada com Dom João VI. A vinda da família real impulsionou a autonomia econômica e política do Brasil, acarretando sua posterior independência.

Desmundo (Brasil). Direção de Alain Fresnot. 2003.

O filme é uma adaptação da obra homônima de Ana Miranda. A história se passa no Brasil do século XVI. Jovens órfãs portuguesas eram encaminhadas ao Brasil para se casar com os colonizadores. O filme aborda questões relacionadas à disputa por terras, ao conflito cultural entre "brancos" e indígenas, bem como à mistura de diferentes povos que compunham os habitantes da época.

Xica da Silva (Brasil). Direção de Carlos Diegues. 1976.

O filme retrata a história da ex-escrava que, na segunda metade do século XVIII, em Diamantina, manteve relacionamento com um importante português, contratador de diamantes, causando escândalo na sociedade local.

Brava gente brasileira (Brasil/Portugal). Direção de Lucia Murat. 2000.

O filme se passa no Pantanal, em 1778, e conta a história de um cartógrafo português que chega à região do Mato Grosso do Sul para fazer um levantamento topográfico. Ele é acompanhado por um grupo, que acaba por estuprar índias do povo Kadiwéu. O filme, além de abordar o conflito cultural entre "brancos" e indígenas, ressalta a busca "a qualquer preço" dos colonizadores por riquezas minerais.

QUESTÕES

1. O que diferencia o direito liberal que surge na segunda metade do século XVIII do direito relacionado ao "Antigo Regime", ou seja, o direito imediatamente anterior, ainda embasado em uma sociedade estamental?

2. Com base no texto a seguir, discorra sobre a importância do advento da Lei da Boa Razão de 1769 para a adoção do Iluminismo em Portugal.

   "A força do pombalismo estava na crítica do saber jurídico tradicional, e que na prática buscava a certeza jurídica e a limitação do arbítrio dos juízes, com a libertação do direito laico da influência do direito canônico, a reinterpretação do direito romano, ainda em vigor, no sentido que lhe era dado nos países do centro da Europa, e, também, a instauração da filosofia política racionalista como a linha mestra da formação intelectual dos juristas" (José Fabio Rodrigues Maciel, A Lei da Boa Razão e a formação do direito brasileiro, *Carta Forense*, jun. 2008, disponível em: http://www.cartaforense.com.br/conteudo/colunas/a-lei-da-boa-razao-e-a-formacao-do-direito-brasileiro/1668).

3. Considerando que, durante a unificação ibérica (1580-1640), surgiram as Ordenações Filipinas, relate em que grau o direito espanhol da época influenciou o direito português.

4. A partir do excerto da Sentença de 1792 que condenou Tiradentes à morte, infratranscrita, relacione as penas previstas nas Ordenações Filipinas com os ideais do liberalismo advindos com o Iluminismo nessa mesma época.

   "Portanto condenam ao Réu Joaquim José da Silva Xavier por alcunha o Tiradentes Alferes que foi da tropa paga da Capitania de Minas a que com baraço e pregão seja conduzido pelas ruas publicas ao lugar da forca e nella morra morte natural para sempre, e que depois de morto lhe seja cortada a cabeça e levada a Vila Rica aonde em lugar mais publico della será pregada, em um poste alto até que o tempo a consuma, e o seu corpo será dividido em quatro quartos, e pregados em postes pelo caminho de Minas no sitio da Varginha e das Sebolas aonde o Réu teve as suas infames práticas e os mais nos sitios (sic) de maiores povoações até que o tempo também os consuma; declaram o Réu infame, e seus filhos e netos tendo-os, e os seus bens applicam para o Fisco e Câmara Real, e a casa em que vivia em Villa Rica será arrasada e salgada, para que nunca mais no chão se edifique e não sendo própria será avaliada e paga a seu dono pelos bens confiscados e no mesmo chão se levantará um padrão pelo qual se conserve em memória a infamia deste abominavel Réu" (Saga: a grande história do Brasil, *Abril Cultural*, São Paulo, 1981, v. 2, p. 262-263).

Capítulo 13

ESTADO MODERNO: UNICIDADE X PLURALISMO

13.1. DIREITOS HUMANOS ORIUNDOS DA REVOLUÇÃO FRANCESA

Este capítulo tem por objetivo discutir a influência da unicidade do direito advinda com o surgimento do Estado Moderno e catapultada pela Revolução Francesa, com a consequente codificação do direito e a busca da segurança jurídica, comparativamente ao atual estágio jurídico ocidental, em que ganha projeção a ideia de pluralismo jurídico. Ademais, o direito que toma forma no Brasil a partir do início do século XIX recebe enorme influência do aqui discutido.

Na trilogia que representa o ideário da Revolução supra-apontada existem dois ideais que efetivamente não foram aplicados (igualdade e fraternidade) no decorrer do século XIX, sendo ambos substituídos por outros dois itens, que fazem parte, como salienta Marx, dos direitos humanos da burguesia: a segurança e a propriedade. Marx afirmava que os direitos humanos, expressos na "igualdade, liberdade, segurança e propriedade", nada mais eram (ou são) que os direitos da sociedade burguesa, na sua individualidade, sendo todos garantidos formalmente pelo Estado[1]. O que efetivamente se buscou após a queda da Bastilha foi a liberdade centrada no individualismo burguês, associada à segurança, principalmente em relação ao acúmulo e manutenção da propriedade. A igualdade foi utilizada não como princípio, mas apenas de forma suficiente para garantir o mínimo de intervenção do poder estatal nas relações privadas, especialmente as econômicas. Já a fraternidade, hoje tão conhecida como solidariedade, teve fim mais triste. A história fez perceber que quando é ela deixada ao livre convencimento dos humanos a tendência é sua não concretização, havendo sempre necessidade, com raras exceções, de medidas de coação para que a fraternidade seja realizada em sua inteireza.

Uma sociedade que busca arduamente liberdade (mesmo que seja a "egoísta" liberdade de consumir) e ao mesmo tempo a segurança, dois itens quase que na totalidade paradoxais, encontrará suas respostas? É possível conciliar itens tão díspares? Talvez seja necessário aliar outros itens à busca de liberdade antes de efetivamente obter segurança. Quem sabe a retomada da igualdade como equidade e também da solidariedade, base

---

1 Karl Marx, *A questão judaica*, p 33-36.

maior da tolerância e da aceitação da diversidade, resolvam essa angústia. Para tanto, também o direito deverá resgatar sua questão totalizante (e não unitária), que nada mais é do que aceitar várias formas de organização como também sendo jurídicas, abrindo mão da unicidade do direito, *i.e.*, de aceitar como jurídico, legítimo e válido apenas aquilo que advém do poder estatal. É nessa busca da conciliação entre liberdade e segurança, se é que tal diálogo é possível, que se discutirá o histórico das sociedades em que o pluralismo jurídico teve vigência. De Roma à Idade Média, desta ao Estado Moderno, da Revolução Francesa ao direito brasileiro, passando pela questão dos indígenas, dos quilombolas e de Pasárgada, sendo este o codinome dado pelo sociólogo Boaventura de Souza Santos ao direito que emanava de uma favela carioca[2].

Como admitir a existência de direitos, e torná-los legítimos, sem fazer ruir a aura de segurança jurídica surgida com o contrato social na forma proposta por Rousseau, em que o indivíduo cede (hipoteticamente) todos os seus direitos naturais a um ente abstrato (o Estado), que imediatamente os devolve sob a chancela de "direito positivo"? Talvez o direito, em sua acepção mais ampla que "ordenamento jurídico", possa apresentar, senão a solução, ao menos propostas mais convincentes para essa questão.

Como o conceito de soberania na atualidade adentra em crise, visto que em um mesmo território os Estados nacionais não são mais absolutos no legislar, tendo de respeitar regras de direitos humanos e de direito internacional, por exemplo, entra também em crise a própria ideia de unicidade do direito. Surge com vigor, até como solução para a crise, nova percepção de pluralismo jurídico, e, para entendê-lo, é fulcral resgatar os momentos em que este vigorou na história da civilização humana, levando-se em consideração a definição de Boaventura para o termo, que diz que o pluralismo jurídico caracteriza-se pelo fato de existir, em um mesmo espaço geopolítico, mais de uma ordem jurídica, mesmo que nem todas sejam reconhecidas oficialmente como tal[3].

13.2. A QUESTÃO DO "ESPÍRITO MUNICIPAL"

Quando se dá atenção especial à história das primeiras cidades que futuramente foram consideradas gloriosas pela civilização ocidental, principalmente aquelas que, posteriormente, deram origem à tradição jurídica que o Brasil adota, percebe-se que na sua formação imperava o que Fustel de Coulanges, na obra *A cidade antiga*, denominou espírito municipal. Esse espírito era resultado do entendimento de que a pátria era, antes de tudo, a terra dos pais, aquela que mantém sepultos os ossos de seus ancestrais e é ocupada por suas almas[4]. Portanto, cada cidade tinha seus próprios cultos, uma forma específica de organização e não aceitava,

2 Boaventura de Souza Santos, *Notas sobre a história jurídico-social de Pasárgada*. Disponível em: http://www.dhnet.org.br/direitos/militantes/boaventura/boaventura1d.html. Acesso em: 20 out. 2025.

3 Boaventura de Souza Santos, *Notas sobre a história jurídico-social de Pasárgada*. Disponível em: http://www.dhnet.org.br/direitos/militantes/boaventura/boaventura1d.html. Acesso em: 20 out. 2025.

4 Fustel de Coulanges, *A cidade antiga, p. 219.*

em hipótese alguma, o transporte desses costumes para outra cidade, já que se isso ocorresse, não estariam mais em sua pátria, com as almas dos seus. Nesse aspecto o culto, transmitido de geração em geração, passa a ser o fundamento de organização e hierarquia da cidade, ou seja, aquela família que não conseguia dar continuidade ao culto de seus antepassados deixava de ser respeitada e perdia o poder[5], sendo natural que o chefe da família acumulasse também a chefia das questões religiosas.

Como o espírito de pertencimento a terra era forte, o mesmo se dava em relação ao culto, ao direito, ao governo e a toda questão religiosa ou política. Até o casamento fora dos limites da cidade era algo impensado, tanto que os filhos de pais de cidades diferentes normalmente não encontravam cidadania em nenhuma delas. Percebe-se aqui claramente a dificuldade, praticamente impossibilidade, de ocorrer união que fizesse cidades diferentes viverem sob a égide de um mesmo governo. Não é isso que acontecerá com a cidade de Roma, não sendo mero acaso o fato de ter conquistado vasto império. É que o espírito municipal dos romanos era diferenciado, tendo relação direta com a formação da cidade. A composição étnica da população romana foi especialíssima, já que teve por origem a mistura de vários povos: latinos, troianos (graças a Eneias), gregos, sabinos e etruscos[6]. Essa mistura de povos fez de Roma grande agregado de famílias com as mais diferentes origens e cultos.

13.3. ROMA E O PLURALISMO JURÍDICO

Formada por famílias das mais variadas origens, que cultuavam deuses de lugares tão díspares, Roma surge como uma cidade cuja religião municipal não a isolava das demais. Ao contrário, estava ligada à vasta região, da Itália à Grécia, sendo poucas as cidades (e respectivos deuses) que os romanos não admitiam em seu lar[7]. Os romanos passaram a utilizar essa peculiar característica, a multiplicidade étnica de seus cidadãos, para, paulatinamente, agregar todos os povos da Itália mediante um único governo. A lenda do rapto das mulheres sabinas por Rômulo, por exemplo, muito bem relatada por Coulanges[8], explica que o intuito do rapto não era conquistar algumas mulheres, mas, sim, o direito de casamento com a população sabina. É dessa forma que Roma cresce: conquistando povos, territórios e os cultos das cidades vencidas. Se, pela religião, as outras cidades estavam isoladas, Roma teve a habilidade de usá-la para integrar-se e dominar inúmeras outras cidades[9].

É a diversidade étnica supra-apontada que justifica as diferentes origens dos reis romanos (o primeiro foi latino, o segundo Sabino, o quinto filho de grego e o sexto etrusco). Em uma sociedade religiosa era natural que o rei fosse também o grande sacerdote, acumulando ainda a função de grande juiz. Em Roma esse rei era assessorado pelo senado, um conselho de anciãos constituído pelos chefes das famílias fundadoras

---

5 Fustel de Coulanges, *A cidade antiga*, p. 45.
6 Fustel de Coulanges, *A cidade antiga*, p. 384-385.
7 Fustel de Coulanges, *A cidade antiga*, p. 386-387.
8 Fustel de Coulanges, *A cidade antiga*, p. 387.
9 Fustel de Coulanges, *A cidade antiga*, p. 390.

da cidade, os patrícios. O senado, durante a república (509-27 a.C.), assumiu o comando de Roma.

A cidade não era composta apenas pelos patrícios, mas também por outras classes sociais consideradas inferiores, mais precisamente os clientes, plebeus, escravos e peregrinos (estrangeiros). A história de Roma está repleta de relatos da luta entre patrícios e plebeus, lutas que existiram também nas cidades sabinas, latinas e etruscas, evidenciando a distinção e a separação de classes[10] da época, em que havia o reconhecimento de tal situação. A consequência lógica era o tratamento jurídico diferenciado para cada segmento social, uma das facetas do pluralismo jurídico, não a mais nobre, obviamente.

Inicialmente o direito romano era constituído pelo *ius civile*, aplicado apenas aos cidadãos (*cives*), restando para os outros segmentos e para os outros povos aquilo que eles chamavam de *ius gentium*, direito este sem excessos formalistas, pouco embasado nos costumes e de característica mais universal. O direito das gentes destinava-se às relações dos estrangeiros entre si e em seus contatos com os *cives*. Dentro da divisão das magistraturas romanas, cabia ao pretor urbano aplicar o *ius civile*, e ao chamado pretor peregrino decidir as questões afetas aos estrangeiros, em conformidade com o *ius gentium*. Além de o sistema jurídico aplicado em Roma ter muito mais uma característica personalista, e não territorial, utilizava-se o pluralismo jurídico também nas conquistas militares romanas. É que, ao dominar determinado povo, os romanos não impunham suas regras jurídicas, deixando que os dominados continuassem a ser regidos pelo seu próprio direito. Isso permitia uma compreensão dos costumes e do direito da civilização conquistada, o que propiciava, inclusive, que os romanos aperfeiçoassem sua estrutura jurídica com base na adoção de determinadas condutas jurídicas dos povos dominados[11].

13.4. A IDADE MÉDIA E O PLURALISMO JURÍDICO

Com a queda do Império Romano do Ocidente, em 476, adentra-se a história no período denominado Idade Média, momento em que a percepção de pluralismo jurídico evidencia-se. Levando-se em conta o ensinamento de Jérôme Baschet, de que "as datas retidas importam pouco, pois toda periodização é uma convenção artificial, em parte arbitrária, e enganadora se lhe são conferidas mais virtudes do que ela pode oferecer"[12], percebe-se a importância de delimitar determinados períodos em busca de maior uniformidade e contextualização dos eventos a serem estudados. A par não haver objeção à divisão feita por Le Goff, que a partir da percepção de história de longa duração estende os parâmetros que caracterizam a Idade Média até o século

10 Fustel de Coulanges, *A cidade antiga*, p. 254.

11 Os romanos consideravam os povos conquistados bárbaros, assim como os respectivos direitos. Mesmo esse fato não era impeditivo para a melhoria constante da dinâmica jurídica dos romanos.

12 Jérôme Baschet. *A civilização feudal*: do ano mil à colonização da América, p. 34.

XVIII[13], entender-se-á como o período supracitado, aquele compreendido entre a queda dos impérios Romanos do Ocidente em 476 e do Oriente em 1453. Em relação à periodização interna há uma subdivisão denominada Alta Idade Média, período compreendido entre a queda do Império Romano do Ocidente, no século V, e o advento da burguesia, entre os séculos XI e XII, época histórica em que ficou muito evidente a coexistência de vários sistemas jurídicos, em autêntico pluralismo. É que, com o esfacelamento de Roma, assumiram o poder os bárbaros, especialmente aqueles de origem germânica. Detentores de um direito consuetudinário, embasado nos costumes, não conseguiram impor sua forma de organização social aos romanos, civilização muito mais evoluída. A solução foi optar pela aplicação do princípio da personalidade da lei, em que o direito germânico vigorava para os que tinham essa ascendência, e o direito romano era aplicado aos romanos.

No entanto, com o passar dos anos, tanto pela miscigenação entre os povos em questão, como pela incorporação mútua de direitos, acabou-se por produzir o que os historiadores denominam de direito bárbaro-romano, com a mistura de costumes bárbaros com o avançado direito romano. Isso propiciou que cada civilização produzisse seu direito com base nos respectivos costumes, mas todos com um direito temperado pela sapiência romana. Foi o caso dos francos, eslavos, visigodos, ostrogodos etc.

No mesmo período, aproveitando-se das invasões bárbaras que colocaram fim à milenar autoridade romana, os cristãos, mais precisamente a Igreja católica, herdaram essa autoridade. Pauta-se o cristianismo por ser uma religião de caráter universal, que não se regula pela ligação do homem com a cidade, e sim por sua relação direta com Deus. Ao abrir mão da *potestas*, do poder temporal, podia essa nova religião ser adotada por reinos distintos, mesmo que fossem inimigos entre si. A autoridade colocava-se acima do poder[14] e, com isso, a Igreja conseguiu impor o direito canônico a todos aqueles reinos que se converteram à nova religião, e foram praticamente todos no continente europeu à época.

No final do século VIII a Igreja fez aliança com Carlos Magno, rei dos francos, a principal potência bélica europeia da época, com o intuito de unificar novamente a autoridade com o poder temporal, numa busca pela reedição do Império Romano do Ocidente, agora com a perspectiva de uma autoridade mítica do Império do Ocidente como *República cristã* (católica). Essa união serviu para confirmar a relação de autoridade (*auctoritas*) exercida pela Igreja face ao poder (*potestas*) temporal, como visto no item em que Roma é analisada. Ocorre que a luta pela unificação dos vários reinos existentes à época obrigou Carlos Magno a negociar apoio, e este era recebido em troca de grandes extensões de terras e relativa autonomia dada a inúmeros nobres. Acabou por fortalecer a vassalagem, que é uma homenagem pessoal, um vínculo entre senhores, e o benefício da concessão de terras. Com a morte de Carlos Magno e consequente ruptura do Império Carolíngio, naturalmente abriu-se caminho para a feudalização da Europa, movimento que vinha ocorrendo lentamente desde o século V, com o retorno das populações ao campo. Esse fato propiciou a autonomia de diversas forças para produzir o direito, já que surgiu um vácuo de poder, sem nenhuma força capaz

---

13 Jacques Le Goff, *As raízes medievais da Europa, passim.*

14 Hannah Arendt, *Entre o passado e o futuro*, p. 169.

de preencher o vazio existente. Foi justamente essa impotência, responsável pela não utilização do direito como instrumento de poder que possibilitou relativa autonomia das diversas forças presentes na sociedade, promovendo uma situação plural de direitos, com vários centros produtores de normas.

Pelo anteriormente exposto percebe-se claramente que na sociedade europeia da Alta Idade Média conviviam diversas ordens jurídicas, mais especificamente (i) o direito comum temporal, embasado nos costumes derivados do antigo direito romano e que permaneceu como caldo cultural nas sociedades daquele período; (ii) o direito germânico, também embasado no direito consuetudinário e por muitas vezes influenciado pelo Código Teodosiano, de 438; (iii) o direito canônico, que era o direito comum em matérias espirituais, mas com grande influência também no direito laico; (iv) e os direitos próprios, específicos de cada comunidade, de cada feudo. Importante salientar que também o direito canônico se distinguia entre o direito comum, cujas normas eram emanadas de uma jurisdição geral, como aquelas oriundas dos concílios ecumênicos, e os direitos próprios, relativos às ordens das autoridades religiosas locais.

Naquele período, portanto, havia a dispersão da autoridade entre inúmeros centros de poder, como reis, Igreja, senhores feudais, corporações de ofício etc., gerando o enfraquecimento da ideia de uma autoridade central. Com isso, as atividades legislativa, judicial e administrativa eram disputadas entre eles. Vale trazer a lição de Dalmo Dallari sobre o tema:

> Conjugados os três fatores (...), o cristianismo, a invasão dos bárbaros e o feudalismo, resulta a caracterização do Estado Medieval, mais como aspiração do que como realidade: um poder superior, exercido pelo Imperador, com uma infinita pluralidade de poderes menores, sem hierarquia definida; uma incontável multiplicidade de ordens jurídicas, compreendendo a ordem imperial, a ordem eclesiástica, o direito das monarquias inferiores, um direito comunal que se desenvolveu extraordinariamente, as ordenações dos feudos e as regras estabelecidas no fim da Idade Média pelas corporações de ofícios. Esse quadro, como é fácil de compreender, era causa e consequência de uma permanente instabilidade política, econômica e social, gerando uma intensa necessidade de ordem e de autoridade, que seria o germe da criação do Estado Moderno[15].

Como no momento histórico abordado não havia ainda surgido o conceito de soberania, característica marcante do Estado Moderno, que será objeto de análise no próximo item, não se tinha a percepção de que o Estado era soberano em relação a determinado território, devendo haver neste apenas um único direito a ser aplicado. Portanto, naquele período, oficialmente, várias ordens jurídicas sobrepunham-se, podendo ser aplicada qualquer uma delas, dependendo das circunstâncias e dos interesses em jogo, em clara situação de pluralismo jurídico, em que coexistem no mesmo espaço social diferentes complexos normativos, com legitimidade e os mais diversos conteúdos, bem diferente da atualidade, em que um direito estatal sobrepõe-se a qualquer possibilidade de validade de outras ordens jurídicas.

---

15 Dalmo de Abreu Dallari, *Elementos de teoria geral do Estado*, p. 77.

13.5. O ESTADO MODERNO E A SOBERANIA

O advento do Estado Moderno tem como data específica o ano de 1648, período em que foram elaborados os tratados de paz de Westfália, que colocaram fim à Guerra dos Trinta Anos, um conflito religioso com características de guerra civil que dizimou boa parte da população da Europa. É a partir desse evento que ganha destaque o conceito de soberania, que passou a ser inerente a qualquer Estado, independentemente do tamanho do seu território ou de seu poderio econômico ou militar. O Estado passa a ser caracterizado pela presença de quatro itens específicos, ou seja, para ser considerado como tal precisa ter povo, território, soberania e finalidade[16]. Sendo a soberania considerada una, indivisível, inalienável e imprescritível, da sua união com o quesito "território" nasceu a percepção de que em determinado espaço territorial deve ter vigência apenas uma ordem jurídica, sob pena de não se concretizar um Estado.

Entre os séculos XVI e XVIII o direito tornou-se cada vez mais escrito, sendo tal fato resultado direto do fortalecimento dos Estados, que passaram a dar redação oficial para a maior parte das regras costumeiras. Em busca da legitimidade para essa nova ordem, dois filósofos políticos se destacaram: Montesquieu, com a divisão dos poderes na obra *O espírito das leis*, e Rousseau, com a soberania do povo na obra *Do contrato social*. É que a nova ordem, para ter legitimidade, necessitava de instituições que garantissem a segurança, e a separação dos poderes foi fundamental para tanto, desvinculando o Judiciário do Executivo, fato que trouxe a aura de neutralidade ao direito. Essa nova perspectiva, tão reclamada pelos juristas, foi fundamental para o surgimento de outra forma de saber jurídico, que culminou na ciência do direito do século XIX, que trouxe junto com ela a unicidade do direito e a redução deste à norma posta. É que após Rousseau, com a substituição do rei pela nação, conceito mais abstrato e maleável, foi possível manter o caráter uno, indivisível, inalienável e imprescritível da soberania em perfeita sintonia com o princípio da divisão dos poderes[17]. Como resultado direto da neutralização política do Judiciário, ocorreu o deslocamento da feitura de normas para o Legislativo, ganhando a lei lugar destacado como fonte do direito.

13.6. MODERNIDADE E PLURALISMO

A modernidade acelerou a ruptura com um modelo de sociedade baseado na regulação religiosa, inaugurando novo *modus vivendi*. A partir de então é a consciência do sujeito que assume o *status* de definidora de critérios para a definição de valores e regras que orientam a vida.

A ênfase na afirmação do sujeito abre espaço para o reconhecimento de diversas concepções de vida, já que é mais aceita a existência de uma única fonte de critérios

---

16 Dalmo de Abreu Dallari, *Elementos de teoria geral do Estado*, p. 79.

17 Tercio Sampaio Ferraz Jr., *Introdução ao estudo do direito*, p. 48.

e valores. A vida em sociedade torna-se um espaço plural em que os diferentes sujeitos, individuais ou coletivos, têm de conviver entre si, reconhecendo a legitimidade de uns e outros[18].

Nesse contexto o pluralismo coloca-se acima da diversidade. Configura-se na existência de diferentes concepções de vida, além de exigir o reconhecimento pela sociedade e pelo Estado da legitimidade dessas diversas concepções, reclamando as condições necessárias para "garantir que pessoas, grupos e instituições convivam entre si com liberdade e com transigência"[19]. Graças à afirmação da autonomia do sujeito, que atinge a dimensão pessoal, e à autonomização, que atinge as diferentes esferas sociais onde estão os grupos e as instituições, ganha força o pluralismo de concepções de vida. E é nesse pluralismo, considerado importante item da democracia atual, que:

> (...) possibilita compreender esta última como um cenário de crise latente em que o conflito é uma situação constante nas relações entre os vários sujeitos. A democracia, por isso, não é só a possibilidade de convivência das diferentes concepções de vida, mas é também o espaço onde essas diferentes concepções se colocam de forma abertamente conflitiva[20].

Como a ideia de democracia como convivência pacífica não só é uma ilusão, como não contribui para a democratização da sociedade[21], para buscar uma sociedade igualitária (e não igual), torna-se necessário aceitar cada vez mais o diferente e as diferenças. Acontece que a unicidade do direito vai justamente na contramão dessa evidente necessidade.

Ademais, diferentemente de todas as épocas históricas anteriores, em que o direito era considerado algo estável perante as mudanças do mundo (*fundação* para os romanos; *revelação* para a Idade Média; *razão* na Era Moderna), no século XIX foi a mutabilidade do direito que passou a ser usual (lei escrita), e a ideia de que o direito não muda passou a ser a exceção[22]. Essa institucionalização do direito, agora com total enfoque na fonte escrita, foi denominado direito positivo, e a partir de então ganhou força a tese de que só existe um direito, o positivo, sendo este o fundamento do chamado positivismo jurídico, corrente dominante a partir do século XIX.

13.7. O CÓDIGO CIVIL FRANCÊS DE 1804 E A CODIFICAÇÃO DO DIREITO

O Código Civil Francês, de 21 de março de 1804, ficou conhecido, a partir de 1807, como "Código Napoleão", devido ao fato de ter sido editado durante o consulado de

---

18 Wagner Lopes Sanchez, Pluralismo e modernidade, p. 13.

19 Wagner Lopes Sanchez, Pluralismo e modernidade, p. 13.

20 Wagner Lopes Sanchez, Pluralismo e modernidade, p. 13.

21 Wagner Lopes Sanchez, Pluralismo e modernidade, p. 14.

22 Tercio Sampaio Ferraz Jr., *Introdução ao estudo do direito*, p. 49.

Bonaparte. Após o Congresso de Viena, em 1815, voltou a ser conhecido apenas como "Código Civil", mas a adesão dos juristas ao título personalista, principalmente no chamado "Novo Mundo", fez que um Decreto de 1852 restabelecesse a denominação oficial de Código Napoleão, em homenagem ao seu idealizador e artífice. Foi a partir do momento histórico conhecido como golpe do 18 Brumário (9 de novembro de 1799) que foi instalado o Consulado na França, com três membros, sendo Napoleão declarado o primeiro Cônsul. No ano seguinte instalou-se uma comissão para elaborar o Projeto do Código Civil, que devia ter linguagem clara e acessível aos cidadãos franceses.

Sob o comando de Napoleão, que presidiu mais da metade de cerca de cem sessões de aprovação da Comissão de Legislação do Conselho de Estado, encarregada de elaborar o Projeto, o Código Civil francês foi redigido por Tronchet, Presidente da *Cour de Cassation*, antigo e respeitado processualista, Portalis, membro do Tribunal de Presas, advogado e respeitável jurista, e Bigot de Préameneu, Comissário do Governo junto ao *Tribunal de Cassation* e Maleville, Juiz da *Cour de Cassation*. Após três meses de exaustivo trabalho, o texto foi submetido ao Conselho de Estado, conforme determinava a Constituição do Ano VIII (o calendário foi zerado a partir da Revolução Francesa), sob o controle de Cambaceres, segundo cônsul. Concebido como um conjunto de leis que regulamentava as relações entre os cidadãos, o Código estribou-se em três pilares que caracterizavam a burguesia surgida da Revolução Francesa: a propriedade, o contrato e a responsabilidade civil. A propriedade foi transformada em direito inviolável e sagrado, sendo à época apresentada por Portalis como "a alma universal da legislação". Portador da visão de mundo do final do século XVIII e início do XIX, ou seja, trazendo em seu bojo as ideias presentes no Iluminismo e na Revolução Francesa, com total ligação à queda do *Ancien Regime* e à construção da sociedade liberal, até hoje o Código Napoleão revela surpreendente modernidade e adaptabilidade, permitindo acompanhar a transformação da sociedade francesa que, em dois séculos, passou de uma organização patriarcal à afirmação da igualdade entre homens e mulheres. Em vigência até hoje, serviu e serve de referência para incontáveis legisladores desde o século XIX.

Permanecendo praticamente inalterado por mais de um século, com exceção da fortíssima restrição ao divórcio em 1816, o Código de 1804 foi inovador: suprimiu o direito de primogenitura em relação às sucessões, admitiu a possibilidade de divórcio em casos de adultério e eliminou o que ainda restava do feudalismo em relação ao direito das coisas, com o intuito de eliminar totalmente os usos e costumes feudais ainda presentes na sociedade francesa. Adotou o sistema do registro civil laico, em consonância com o Estado laico que surgiu após a Revolução de 1789. Enfatizou-se que o legislador não deve perder de vista que as leis são elaboradas para os homens, e não os homens para as leis e que estas devem ser adaptadas ao caráter, aos hábitos, à situação do povo, para o qual elas se destinam.

As grandes mudanças levadas a cabo só aconteceram a partir de 1964; necessárias devido às transformações da sociedade francesa durante esses mais de 200 anos. Mesmo assim, dos atuais 2.302 artigos, 1.200 continuam em vigência com a redação original. Para constatar a força do Código Civil francês vale destacar que nesse período a França teve mais de dez constituições, sendo a de 4 de outubro de 1958, que regula o funcionamento das instituições da Quinta República, a última delas. Mesmo com toda a transformação constitucional o Código foi sempre recepcionado pelas novas constituições. Adquiriu, com isso, a chancela de referência jurídica para o povo francês e desfruta desde tempos remotos de enorme prestígio internacional.

O Código de 1804 foi o responsável pela unificação da legislação civil e pelo sepultamento do pluralismo jurídico, já que admitia apenas um único direito vigente para qualquer membro da sociedade. Ademais, fazendo parte e sendo o principal código da codificação capitaneada por Napoleão Bonaparte, é um marco na positivação do direito e no estudo deste como sistema, em que não se admitem lacunas, devido ao fato de abranger de forma clara e objetiva, pelo menos no entendimento dos legisladores e aplicadores da época, todo o direito vigente na sociedade francesa. Além disso, ganha envergadura o princípio da univocidade do direito, em que se destaca a postura de defender a existência de apenas um sistema jurídico, justamente aquele imposto pela ordem estatal. O legislador francês utilizou-se de tipos normativos minuciosos, raramente utilizando-se de conceitos vagos ou abertos, o que limitava enormemente a atividade jurisdicional do juiz. Surgiu, com isso, a Escola da Exegese, que deu ao legislador todo o cometimento possível, o que limitou a possibilidade interpretativa dos juízes, ao restringir esta ao aspecto gramatical e sistemático das disposições do código.

13.8. O CÓDIGO NAPOLEÃO E SUA INFLUÊNCIA NO DIREITO CIVIL BRASILEIRO

Como visto no item anterior, o Código Civil francês de 1804 exerceu e exerce enorme influência na cultura jurídica dos países que adotam o sistema romanista, mais precisamente os que compõem a Europa continental e suas ex-colônias. Partindo do princípio de que "o legislador não deve perder de vista que as leis são elaboradas para os homens, e não os homens para as leis e que estas devem ser adaptadas ao caráter, aos hábitos, à situação do povo, para o qual elas se destinam", como consta no Discurso Preliminar sobre o Projeto, o Código Napoleão segue à risca os princípios liberais de igualdade e liberdade que vigoravam à época. Sua intenção era reformar o sistema jurídico francês com base nos princípios estabelecidos pela Revolução Francesa de 1789, já que, antes do advento do Código, a França não tinha um único corpo de leis, e sim vários costumes locais, havendo frequentemente isenções e privilégios dados por reis ou senhores feudais. Como a Revolução aboliu os vestígios do feudalismo, era necessário que o pluralismo jurídico da época desse lugar a um único direito, com incidência sobre toda a população. O Código Civil foi elaborado com essa finalidade.

O Código Civil francês tem uma estrutura que serviu de base para todos os códigos que vieram depois, ou seja, apresenta as regras gerais que deverão sempre ser levadas em consideração quando da aplicação das regras especiais. Apresenta a matéria de direito civil distribuída de forma lógica, com o intuito de sanar toda e qualquer lacuna, funcionando como autêntico sistema jurídico. Como exemplo da sistematização capitaneada pelos franceses, segue comparação entre os dois principais códigos europeus atuais e o Código Civil Brasileiro: a) O Código Napoleão é composto por três livros, além do Título Preliminar (arts. 1o a 6o): I – Das pessoas (arts. 7o a 515); II – Dos bens e das diversas modificações da propriedade (arts. 516 a 710); III – Das diferentes formas por que se adquire a propriedade (arts. 711 a 2.302); b) o **Código Civil Alemão de 1900, conhecido como BGB** (*Bürgerliches Gesetzbuch*) (BGB), tem cinco livros: I – Parte Geral; II – Obrigações e Contratos; III – Coisas; IV – Família; V – Sucessões; c) o **Código Civil Brasileiro, em vigência desde 11 de janeiro de 2003, continha à época de sua publicação 2.046 artigos, sendo dividido em duas partes: (i) Parte Geral, com três Livros: Livro I – Das Pessoas; Livro II – Dos Bens; e Livro III – Dos fatos Jurídicos, e (ii) Parte Especial**, composta de cinco livros: Livro I – Do direito das Obrigações; Livro II – Do direito de Empresa; Livro III – Do direito das Coisas; Livro IV – Do direito de Família, e Livro V – Do direito das Sucessões.

Os dois primeiros códigos ora citados estão ainda em vigência nos seus países de origem, como ícones de uma nova cultura jurídica que foi fruto de dois movimentos distintos nesses países: o iluminismo na França e o *pandectismo* na Alemanha. Não só serviram de modelos para os códigos vindouros em outras nações como são tão expressivos que não se cogita em substituí-los, seja por representatividade histórica, seja pelo fato de não ter surgido escolas jurídicas capazes de propor nova sistemática que requeresse tamanha alteração de percurso, com renovações avassaladoras. É que mesmo transformações sociais que geram fortes impactos nas relações civis são frutos de processos históricos, e acabam adaptando-se à sistemática prevista nesses grandes códigos. Exemplo é a peculiar transformação por qual passou o instituto do pátrio poder, hoje entendido muito mais como pátrio dever. É possível fazer essa transformação apenas modificando alguns conceitos e a interpretação do arcabouço jurídico já existente, sem necessidade de alterar a estrutura do sistema jurídico. É importante salientar que alguns países já alteraram seus códigos civis, mas sem que implicasse mudanças substanciais em relação aos dois códigos do século XIX já citados. É o caso do Brasil (1916-2002), da Itália (1865-1942) e Portugal (1867-1966), sendo que os dois últimos fizeram a alteração por mudança de inspiração – saíram do modelo francês para beber nas águas do BGB.

No Brasil, em matéria de direito civil, teve vigência desde a independência até 1916 parte do Livro IV das Ordenações Filipinas, que foi substituída pelo Código Civil de 1916, cujo anteprojeto foi elaborado pelo jurista Clóvis Bevilacqua, discípulo de Tobias Barreto. Apesar de a inspiração no modelo germânico do BGB ser evidente, principalmente no que concerne à classificação das matérias, a utilização dos preceitos estabelecidos pelo Código Napoleão é clara, como a aplicação temporal da norma, os atos jurídicos, o instituto da responsabilidade civil, o princípio contratual embasado no *pacta sunt servanda* (relativizado no Código Civil de 2002) e vários outros institutos. É de salientar que há inúmeros artigos no Código de 1916 que praticamente reproduzem o disposto no Código Napoleão. Como pouca coisa mudou com o advento do Código de 2002, a influência francesa ainda é bastante acentuada.

Como diferenciação em relação ao modelo francês e com base no modelo germânico, o legislador civil pátrio utilizou na elaboração do Código Civil Brasileiro, tanto o atual como o revogado, conceitos vagos ou abertos, com grande dose de generalidade e abstratividade. Já o legislador francês utilizava-se de tipos normativos minuciosos, plenos de elementos definitórios, fato que limitava sobremaneira a atividade jurisdicional do juiz. É que se buscava ao máximo limitar a discricionariedade do intérprete, justificável se for levada em conta a finalidade para a qual o Código Napoleão foi elaborado.

13.9. UNICIDADE DO DIREITO E SEGURANÇA JURÍDICA

Com o iluminismo no século XVIII e a vitória burguesa na Revolução Francesa buscou-se a segurança em altíssimo grau, principalmente para defender a propriedade, e nada mais eficaz para tanto do que um direito feito por quem detém o poder econômico e adaptável às suas respectivas necessidades. É que com a Revolução Industrial a transformação técnica era muito rápida, fato que exigia respostas rápidas do direito, e que o direito costumeiro não conseguia atender. Já o direito reduzido ao legal (único e positivado), como basta uma caneta para alterá-lo, é mais adaptado às questões temporais. Sua validade começa a ser percebida como algo maleável, até manipulável. Ocorre a supervalorização da lei que vai crescendo até chegar no legalismo. Com isso foi possível considerar qualquer comportamento como juridicizável, ou seja, não era mais necessário considerar o aspecto consuetudinário, aquilo que sempre foi. Agora as normas passam a ser escolhidas conforme as necessidades, mas devem fazer parte de um único sistema, o ditado pela classe dominante, já que a segurança continua sendo primordial, principalmente a patrimonial. O Código Napoleão foi um exemplo dessa uniformização do direito, garantindo sua unicidade.

Condicionou-se no imaginário popular, inclusive em relação ao mundo jurídico, que só o direito pode assegurar a ordem e a segurança necessárias ao progresso. O resultado dessa nova percepção é o abandono tanto da descentralização do poder como do pluralismo de ordenamentos jurídicos, em busca de unificação dos territórios, a fim de permitir a formação de um Estado Nacional soberano e detentor do monopólio de produção das normas jurídicas.

Como ainda se adota a forma de organização estatal oriunda do Estado Moderno, complementada pelas modificações trazidas pela Revolução Francesa, não se pode aceitar, dentro do mesmo território, mais do que um único sistema jurídico. A consequência direta dessa ciência jurídica moderna ocidental é a ocultação da diversidade existente na sociedade. Com isso se aceita uma ficção que exerce a função ideológica de ocultar as diferenças, além de impor seus próprios fundamentos como forma de dominação cultural. Exemplo disso é o tratamento dado ao indígena (e a seus direitos, inclusive como nação) ao longo da história do Brasil. No momento da Independência de Portugal não se deu reconhecimento legal aos indígenas, passando eles a serem tratados como indivíduos formalmente iguais aos demais. O resultado, trágico, é a famosa e triste frase "índio bom é índio morto": entendeu-se que o indígena devia mesmo ser aculturado, integrado à sociedade dominante, em clara predileção pela política de aculturação em detrimento da valorização da diversidade cultural[23].

A unicidade do direito não só é uma ficção como atenta frontalmente com o respeito à diversidade cultural. Boaventura de Souza Santos, por exemplo, diz que:

> (...) existe uma situação de pluralismo jurídico sempre que no mesmo espaço geopolítico vigoram (oficialmente ou não) mais de uma ordem jurídica. Esta plu-

---

23 Manuela Carneiro da Cunha, *História dos índios no Brasil*, p. 136.

ralidade normativa pode ter uma fundamentação econômica, rácica, profissional ou outra; pode corresponder a um período de ruptura social como, por exemplo, um período de transformações revolucionárias; ou pode ainda resultar, como no caso de Pasárgada, da conformação específica do conflito de classes numa área determinada da reprodução social – neste caso, a habitação[24].

Como o sistema jurídico não reconhece essa pluralidade, somos obrigados a massificar o direito, reduzindo-o ao ordenamento jurídico, e esse ordenamento é único, sendo aquele imposto pelo Estado.

Essa percepção de que o Estado não deve concentrar e unificar o direito, desconsiderando a pluralidade e complexidade de nossa civilização, também é defendida por Wolkmer, que afirma que:

> (...) o principal núcleo para o qual converge o pluralismo jurídico é a negação de que o Estado seja o centro único do poder político e a fonte exclusiva de toda produção do Direito. Na verdade, trata-se de uma perspectiva descentralizadora e antidogmática que pleiteia a supremacia de fundamentos ético-político-sociológicos sobre critérios tecno-formais positivistas[25].

13.10. A CIÊNCIA JURÍDICA MODERNA E O OCULTAMENTO DAS DIFERENÇAS

Como visto no item anterior, há clara predileção pela política de aculturação em detrimento da valorização da diversidade, sendo a história dos povos originários brasileiros e americanos em geral exemplo gritante desse fato, como será abordado no final do capítulo referente à república. É que o tecnicismo, do qual a unicidade do direito é um dos frutos, serviu para a europeização do mundo, devendo, portanto, os "bárbaros", incapazes de desenvolveram uma ciência como a europeia, serem todos "aculturados". Com isso vendia-se o mal sob a forma de benefício ofertado pelo explorador aos explorados. A consequência é que a ciência jurídica moderna ocidental oculta a diversidade existente na sociedade e aceita uma ficção que exerce a real função ideológica de ocultamento das diferenças e de imposição de seus próprios fundamentos como forma de dominação cultural. Ao aceitar a existência de apenas um sistema jurídico, impõe-se, com base na univocidade do direito, a concepção jurídica dominante sobre todas as outras formas existentes dentro do território nacional.

Se o direito moderno, com foco na igualdade-liberdade-individualidade anulou as diferenças étnicas e culturais, significa que não aceita o diferente. Como o sistema jurídico brasileiro atual ainda é construído sobre esse tripé, fica patente a insuficiência dos direitos e garantias fundamentais na proteção dos direitos das minorias étnicas.

---

24 Boaventura de Souza Santos. *Notas sobre a história jurídico-social de Pasárgada*. Disponível em: http://www.dhnet.org.br/direitos/militantes/boaventura/boaventura1d.html. Acesso em: 20 out. 2025.

25 Antonio Carlos Wolkmer, *Pluralismo jurídico*, p. 15.

Aceitar a existência de outros direitos que não o imposto pelo Estado representa não só opor-se a uma única matriz cultural, mas também respeitar e proteger o direito à diferença, essencial para o futuro humano.

A história do direito indígena não é diferente da dos negros africanos que aqui aportaram e daqueles hoje denominados afrodescendentes. Exemplo categórico refere-se aos quilombolas e sua árdua luta pelo reconhecimento de propriedade da terra que forma o quilombo. Vale ressaltar que quilombo, que na língua banto significa "*povoação*", foi definido, em 1740, pelo Conselho Ultramarino Português, como "*toda habitação de negros fugidos, que passem de cinco, em parte despovoada, ainda que não tenham ranchos levantados e nem se achem pilões nele*". Por incrível que pareça, foi essa caracterização que influenciou vários pensadores, que passaram a admitir a existência de quilombos como algo pretérito, cuja existência coincidia com o regime escravocrata e tão somente isso. A visão histórica sobre as comunidades rurais estabelecidas pela comunidade negra ficou reduzida, sendo essa "redução" proposital, fruto de uma ideologia que ignora intencionalmente os efeitos da escravidão no Brasil e, principalmente, o que aconteceu logo após a abolição da escravatura: total falta de política pública que buscasse a inserção do antigo indivíduo escravizado na sociedade[26]. Exemplo dessa política que desconsidera a diversidade e a pluralidade é o fato de não ter sido regularizada, até hoje, a posse de terras às comunidades de escravos e descendentes de escravos que legitimamente as detinham à época.

No mesmo diapasão podem-se citar vários outros exemplos. Segue mais um, que foi fruto de excelente pesquisa desenvolvida na favela do Jacarezinho, na cidade do Rio de Janeiro. Lá, no início dos anos 1970, Boaventura de Souza Santos fez intensa pesquisa junto aos moradores e à Associação de Moradores, avaliando o histórico do direito à moradia daquela comunidade. Na favela, normalmente um "espaço territorial, cuja relativa autonomia decorre, entre outros fatores, da ilegalidade coletiva da habitação à luz do direito oficial brasileiro"[27], existe um direito não oficial, que no caso em tela foi chamado por Boaventura de "direito de Pasárgada", direito este que "vigora em paralelo (ou em conflito) com o direito oficial brasileiro e é dessa duplicidade jurídica que se alimenta estruturalmente a ordem jurídica de Pasárgada"[28].

Entre os dois direitos estabelece-se uma relação de pluralismo jurídico extremamente complexa. Não se trata de uma relação igualitária, já que o direito da comunidade que habita uma favela é sempre e de múltiplas formas um direito dependente em relação ao direito oficial brasileiro. Dois dos mecanismos oficiais de ordenação e controle social, a polícia e os tribunais, não ajudam a resolver essa questão. É que chamar a polícia é inútil e perigoso, porque além de aumentar a visibilidade de Pasárgada como comunidade ilegal, fato que poderia eventualmente criar pretextos para remoção, a polícia também é vista pela comunidade como uma força hostil investida de funções

---

26 Neusa M. M. de Gusmão, Os direitos dos remanescentes de quilombos, p 14.

27 Boaventura de Souza Santos, *Notas sobre a história jurídico-social de Pasárgada*. Disponível em: http://www.dhnet.org.br/direitos/militantes/boaventura/boaventura1d.html. Acesso em: 20 out. 2025.

28 Boaventura de Souza Santos, *Notas sobre a história jurídico-social de Pasárgada*. Disponível em: http://www.dhnet.org.br/direitos/militantes/boaventura/boaventura1d.html. Acesso em: 20 out. 2025.

estritamente repressivas. Em relação aos tribunais a situação não é diferente, sendo vistos, tanto advogados como juízes, como demasiado distanciados das classes baixas para poder entender as necessidades e as aspirações dos mais pobres[29]. Com isso a comunidade fica ilegal à luz do direito oficial, e recorrer aos tribunais para resolver conflitos sobre terras e habitações não só é inútil como perigoso. Inútil porque os tribunais devem seguir o código, e os direitos previstos nos códigos nem sempre atendem às necessidades dessas comunidades; perigoso porque trazer a situação ilegal da comunidade à atenção dos serviços do Estado pode levá-los a perder o que possuem[30].

13.11. A IGUALDADE COMO MEDIADORA DA LIBERDADE E DA SEGURANÇA

O Estado Moderno traz no seu bojo os ideais de igualdade e liberdade, mas procura realizar efetivamente a liberdade e a segurança, que devem ser garantidas a partir da positivação do direito. Ocorre que o direito desse mesmo Estado, que se diz democrático e liberal, vem a ser a suprema realização do conceito de direito identificado na lei, trazendo como resultado a unicidade do sistema jurídico, ou seja, não há outro direito que não o do Estado, ignorando-se as formas plurais de juridicidade. Como o Estado é ligado à denotação otimista da ordem, a história do direito apresenta-se como a história do bem comum, da democracia, da liberdade e da igualdade, jamais sendo apresentada como a história da sede de poder, do egoísmo, da ganância, da tirania, da intolerância, do retrocesso humano.

Ao se proclamar como a única ordem existente, ou pelo menos válida, a unicidade do direito não passa de uma ficção, em que se aniquila a realidade em busca da segurança jurídica, mas que na maioria das vezes não deixa de ser a sobreposição da ideologia dominante aos autênticos interesses do coletivo. Não é possível tutelar a diversidade sociocultural presente em um Estado abrindo mão da pluralidade de direitos existentes no seio de suas inúmeras comunidades, mesmo que seja em prol da pretensa segurança de um único sistema jurídico. Normalmente, busca-se no sistema jurídico ofertado pelo Estado a solução para as injustiças existentes. Ocorre que a validade das normas é tratada principalmente em seu caráter condicional, retrospectivo: basta seguir os parâmetros estabelecidos para sua produção que ela passa a ser válida, fato que reproduz a hegemonia de poder da classe dominante. Está na hora de avançar na prática da validade finalística, aquela que permite ajustar a norma para obter um fim que dignifica o ser humano na sua individualidade e a sociedade como um todo. Validade finalística é aquela em que a validade da norma está relacionada aos fins que ela alcança, principalmente em relação à base principiológica presente, no caso do Brasil, na Constituição Federal.

---

29 SANTOS, Boaventura de Souza. *Notas sobre a história jurídico-social de Pasárgada*. Disponível em: http://www.dhnet.org.br/direitos/militantes/boaventura/boaventura1d.html. Acesso em: 20 out. 2025.

30 SANTOS, Boaventura de Souza. Notas sobre a história jurídico-social de Pasárgada. Disponível em: http://www.dhnet.org.br/direitos/militantes/boaventura/boaventura1d.html. Acesso em: 20 out. 2025.

Partindo da ideia de que só é possível obter liberdade e segurança em boa medida quando estão elas acompanhadas da igualdade, nada melhor do que utilizar a validade finalística para atingir a igualdade, o que propicia certo afastamento da ordem estatal e o respeito a uma ordem plural de direitos. Se a principal finalidade do direito é a justiça social, e para tanto a igualdade deve ser buscada, melhor ir logo ao seu encalço, porque liberdade e segurança, apesar de prometidas pelo direito único, são falácias se desvinculadas da busca constante por uma sociedade mais justa, solidária e igualitária.

INDICAÇÃO DE FILME

Mar Adentro (Espanha/França/Itália). Direção de Alejandro Amenábar. 2004.

O filme é importante para aprofundar a discussão sobre a eutanásia, ao mesmo tempo que demonstra que a ordenação estatal regula não só nossa vida como também o próprio direito de morrer, colocando em conflito direitos fundamentais como a vida e a liberdade. Como conciliar questões tão díspares? Pode o Estado regrar dessa maneira nossa existência?

Sombras de Goya (Espanha). Direção de Milos Forman. 2006.

Usando como pano de fundo o gênio artístico do pintor espanhol Francisco Goya, que tem sua musa inspiradora presa e torturada nos porões da Igreja acusada de heresia, o filme retrata a Inquisição como instrumento do Estado com objetivo de uniformizar comportamentos. Terreno fértil para impor uma única ordem jurídica para toda a sociedade, superando o pluralismo comum durante a Idade Média.

Hotel Ruanda (Itália/Reino Unido/África do Sul). Direção de Terry George. 2004.

Retrata as consequências de uma guerra civil que eclode em Ruanda em 1994, envolvendo as duas principais etnias daquele país, os tutsi e os hutus, levando à morte centenas de milhares de pessoas. Mostra que a sociedade, quando não aceita os diferentes, pode chegar ao ponto de a eles negar a própria existência, fugindo de qualquer possibilidade de convivência.

QUESTÕES

1 Levando-se em conta que ao se proclamar como a única ordem existente, ou pelo menos válida, a unicidade do direito não passa de uma ficção, em que se aniquila a realidade em busca da segurança jurídica, mas que na maioria das vezes não deixa de ser a sobreposição da ideologia dominante aos autênticos interesses do coletivo, retrate como viabilizar a convivência de mais de uma ordem jurídica no mesmo território.

2. O novo constitucionalismo latino-americano representa uma ruptura com a concepção clássica do direito Constitucional, tendo em vista que introduz a noção da plurinacionalidade do Estado, indo muito além do multiculturalismo que caracteriza a Constituição brasileira. Após pesquisar sobre o tema, relacione-o ao pluralismo jurídico apresentado neste Capítulo.

3. Em relação à situação dos quilombos no Brasil, relate a possibilidade ou não de considerar legais seus costumes caso estes colidam com o disposto no ordenamento jurídico brasileiro.

4. O Código de Napoleão, responsável por inaugurar com estilo a codificação do direito, modelo adotado posteriormente para a construção de um arcabouço jurídico próprio no Brasil, ainda exerce influência na construção do direito civil brasileiro? Justifique com base na sistemática organizacional dos dois códigos civis, tanto o de 1916 como o atual, de 2002.

Capítulo 14

O DIREITO NO IMPÉRIO

Após a conquista da independência, uma das principais tarefas que surgem é dotar o novo país de instituições fortes que garantam a unidade nacional e, ao mesmo tempo, permitam a construção de uma nação coesa e comprometida com o seu novo *status*. Como uma das principais instituições que se faz presente é a jurídica, surge o dilema: como dotar o Brasil de leis próprias, que não carreguem a marca do período colonial, sem romper com o passado histórico de construção do país? A solução veio com a substituição paulatina das leis portuguesas do nosso ordenamento e com a manutenção do filho mais ilustre da Metrópole no comando do novo governo: D. Pedro I assume o Império.

Não ocorreu ruptura com o estado anterior de dominação. Talvez seja por essa falta de ruptura que vivemos até hoje de certa forma "colonizados".

14.1. 1808 – A AMÉRICA PORTUGUESA DEIXA DE SER COLÔNIA

O século XIX começa com enormes transformações na organização social das sociedades ocidentais. Isso ocorre em grande parte pelos resultados alcançados pelas Revoluções Norte-Americana, em 1776, e Francesa, em 1789, com a consequente ascensão da burguesia e o triunfo do liberalismo, que traz em seu bojo o absolutismo ilustrado. Consequência imediata para o direito foi a codificação levada a cabo na França por Napoleão Bonaparte, imperador que foi o responsável direto pela vinda da família real portuguesa para o Brasil, fato histórico que mudou a relação entre colonos e colonizados no início do século XIX, funcionando como um catalisador para o processo de independência que se deu alguns anos depois.

Caio Prado Júnior assim lecionou sobre a vinda da família real para a então Colônia:

> A transferência da Corte portuguesa para o Brasil em 1808 veio dar à nossa emancipação política um caráter que a singulariza no conjunto do processo histórico da independência das colônias americanas. Todas elas, mais ou menos pela mesma época, romperam os laços de subordinação que as prendiam às nações do Velho Mundo. Mas enquanto nas demais a separação é violenta e se resolve nos campos de batalha, no Brasil é o próprio governo metropolitano, premido pelas circunstâncias, embora ocasionais, que faziam da colônia a sede da monarquia, quem vai paradoxalmente lançar as bases da autonomia brasileira. A vinda da Corte deriva do conjunto de circunstâncias que assinalam o agitado momento

> por que então atravessa a Europa. Mas, em última análise, representa muito mais uma hábil manobra da diplomacia britânica. A situação anormal do Velho Mundo, presa das convulsões que sobre ele desencadeara a Revolução Francesa de 1789, não foi senão a arma de que se utilizou a Inglaterra para completar a sua já tradicional política de absorção econômica do pequeno Reino lusitano[1].

Atrelado ao governo inglês, que auxiliou a vinda da família real para cá em 1808, D. João VI teve de ceder a algumas modernizações exigidas pelo capitalismo nascente dos ingleses, como a abertura dos portos (1808). Importante anotar que as tarifas para os produtos ingleses eram extremamente benéficas. Além disso, com a vinda de praticamente toda a corte lisboeta para o Rio de Janeiro, outras medidas administrativas foram tomadas, como a criação do Banco do Brasil, em 1810, e a elevação do Brasil a Reino Unido de Portugal e Algarves, em 1815.

Os franceses saíram de Portugal e, com a Revolução do Porto, em 1820, D. João VI teve de voltar para sua terra natal, caso contrário poderia perder o trono. Ficou no Brasil seu filho mais velho, que logo depois assumiria o trono do império brasileiro com o nome de D. Pedro I.

Como o Brasil era um reino unido a Portugal, o país teve direito de eleger deputados às cortes. Esse fato acelerou o processo de independência, já que, participando ativamente das atividades legislativas, tomaram contato direto com o liberalismo que imperava na Europa, e trouxeram esses ideais para cá. Além disso, tiveram de defender os interesses do país enquanto estavam do outro lado do Atlântico, percebendo claramente o interesse de Portugal de enrijecer novamente sua relação com a Colônia.

14.2. LIBERALISMO

O liberalismo, que ganhou ímpeto no século XVIII e foi catalisado pela Revolução Francesa, defendia, entre outros temas:

a) a liberdade pessoal, o individualismo e a tolerância;
b) direitos econômicos e individuais, como direito à propriedade, à herança e à plena liberdade de produzir, de comprar, de vender (*pacta sunt servanda* = os pactos devem ser cumpridos);
c) representação política, divisão dos poderes, descentralização administrativa, soberania popular etc.

No aspecto jurídico, o liberalismo foi o fio condutor no discurso dos brasileiros, que defendiam a luta contra o sistema colonial, os monopólios e estancos, o fisco, a antiga administração da justiça, a administração portuguesa etc.

No entanto, o liberalismo da escola europeia tinha enormes diferenças em relação à estrutura sociopolítica vigente no Brasil, ou seja, uma estrutura político-administrativa

1 Caio Prado Júnior, *Evolução Política do Brasil e outros ensaios*, p. 44.

patrimonialista e conservadora, com dominação econômica escravista das elites agrárias. Foi, portanto, o liberalismo no Brasil canalizado e adequado para servir de suporte aos interesses das oligarquias, dos grandes proprietários de terras e do clientelismo vinculado ao monarquismo absoluto. Muito diferente era o espírito que reinava na Europa, onde o liberalismo estava ligado a uma ideologia revolucionária articulada por novos setores da sociedade e focado na luta contra os privilégios da nobreza. Isso explica uma das maiores ambiguidades da época do Império no Brasil, ou seja, a conciliação "liberalismo-escravidão", por mais paradoxal que isso possa parecer. Justifica-se pelo fato de o Estado liberal brasileiro ter surgido por vontade da elite dominante, passando ao largo de qualquer processo revolucionário.

Apesar do exposto, o liberalismo impulsionava a busca de liberdade política e democracia, mesmo que sem representatividade popular. Com isso, dois problemas principais surgiram no início do governo de D. Pedro I: a luta contra o absolutismo que se instalava e a descentralização político-administrativa, rumo ao federalismo. Essas lutas não tiveram o sucesso almejado, mas também não foram de todo derrotadas.

Com a solidificação da Independência, havia necessidade de formar o novo arcabouço jurídico do jovem país. Para isso, duas principais medidas foram tomadas: a criação de cursos jurídicos nacionais e a substituição das Ordenações Filipinas por nova legislação. Inicia-se, então, a grande tarefa dos legisladores, que precisavam reformar praticamente todas as instituições remanescentes do Antigo Regime, como a justiça, o governo e a fazenda. A preocupação com o judiciário e com a produção de novas legislações era tamanha que o art. 179, XVIII, da Constituição de 1824, dispunha o seguinte:

> Art. 179. A inviolabilidade dos Direitos Civis, e Políticos dos Cidadãos Brasileiros, que tem por base a liberdade, a segurança individual, e a propriedade, é garantida pela Constituição do Império, pela maneira seguinte.
>
> (...)
>
> XVIII – Organizar-se-á quanto antes um Código Civil, e Criminal, fundado nas sólidas bases da Justiça, e Equidade.

Os juristas

Os magistrados desempenharam sempre um papel político duplamente importante, pois era-lhes permitido candidatar-se a deputado e terminavam sendo também legisladores[2]. Ao avaliarmos as principais casas legislativas do mundo veremos que não é diferente desse passado brasileiro, caso incluamos outros profissionais da área jurídica nesse espectro. O problema residia justamente nesse fato, já que a formação jurídica dos que aqui atuavam tinha sido levada a cabo, na sua esmagadora maioria, na Universidade de Coimbra. Resultado disso foi que o processo de independência do país não contou com a adesão dos magistrados, muito ligados à monarquia lusitana.

Para alterar esse quadro criaram-se, a partir de 1827, os cursos jurídicos no Brasil, com o objetivo de substituir a geração de juízes formados em Coimbra. Em 1831, quando se formam os primeiros bacharéis em São Paulo e Olinda, dá-se início à substituição.

---

2 José Reinaldo de Lima Lopes, *O direito na história*, p. 335.

A magistratura, no momento da Independência, tinha algumas características que, apesar de condenáveis, interessava aos que acabavam de assumir o poder, como corporativismo elitista, aparato burocrático com poder de construção nacional e corrupção como pano de fundo. Aproveitando essa última característica, utilizava-se da magistratura para garantir a unidade nacional e o *status quo* dominante. Dentro dessa união, ficava o poder judicial intrinsecamente ligado ao poder político, mesmo com as instituições sendo jurídica e administrativamente distintas.

Durante todo o período imperial, o poder político central barganhava com o judiciário, principalmente pelo artifício de remoção, promoção, suspensão e aposentadoria de juízes para administrar seus interesses. Some-se a isso o fato de a justiça ser partidária, com as indicações para vários cargos estando ligadas diretamente e oficialmente aos detentores do poder. Como conciliar a orientação partidária com os deveres funcionais do cargo? A primeira opção geralmente falava mais alto, e eram os juízes controlados pelos poderes do governo central.

Outro fator que deve sempre ser abordado é o fato de a magistratura, na época, ter sido um dos caminhos mais rápidos para entrar na elite imperial. A contrapartida a essa benesse era solicitada, e quem pagava eram sempre os que não faziam parte da elite.

A par das maldades ora apontadas, a magistratura funcionava como um dos carros-chefe na formação das instituições brasileiras. Além disso, a partir de meados do século XIX, graças aos liberais, algumas reformas começaram a ser feitas visando dar garantias para o bom exercício da função jurisdicional, diminuindo a influência do poder central sobre as atividades da justiça.

Cursos de direito no Brasil

Como visto, após a Independência havia a premente necessidade de buscar identificação jurídica nacional, mas que estivesse apartada do sistema imposto pela antiga Metrópole. Criaram-se, então, por Lei de 11 de agosto de 1827, os cursos de direito no Brasil, com sedes em Olinda e São Paulo[3]. Esse ato foi importantíssimo, já que com a Independência perdeu-se o acesso à Universidade de Coimbra, não mais disponível aos brasileiros como durante a colonização.

A criação dos cursos de direito, mais do que atender às demandas da sociedade por justiça, visava prover o país de pessoas capacitadas tecnicamente para operar a sua burocracia. Esse intento foi amplamente atingido, principalmente com os formandos de São Paulo, que se tornaram os quadros mais importantes do Estado imperial. As duas primeiras faculdades de direito do Brasil, apesar de fundadas na mesma data, contribuíram de maneira diversa para a cultura jurídica nacional. A escola do Recife (Olinda) funcionou como um centro intelectual, que preparava novos doutrinadores e formulava novas teorias; a escola de São Paulo, ao contrário, estava focada na formação de políticos e burocratas de Estado, cientes da existência de carências teóricas, mas que direcionavam seus esforços mais para a política da nação do que para o aperfeiçoamento do sistema jurídico.

---

3 A Faculdade de São Paulo foi instalada em 1º de março de 1828 no Convento de São Francisco, e a de Olinda foi instalada em 15 de maio de 1828 no Mosteiro de São Bento, transferida posteriormente para Recife em 1854.

Para ingressar na faculdade de direito era requisito que os alunos tivessem no mínimo quinze anos, sendo submetidos a exames de francês, latim, retórica, filosofia e geometria.

Cadeiras dos cursos de direito no Brasil (art. 1º da Lei de 11.08.1827)

Primeiro ano	Direito natural, direito público, análise da constituição do império, direito das gentes e diplomacia.
Segundo ano	Continuação das matérias do primeiro ano, acrescidas de direito público eclesiástico.
Terceiro ano	Direito pátrio civil, direito pátrio criminal e teoria do processo criminal.
Quarto ano	Direito pátrio civil, direito mercantil e marítimo.
Quinto ano	Economia política e teoria e prática do processo adotado pelas leis do Império.

LEI DE 11 DE AGOSTO DE 1827[4]

Crêa dous Cursos de sciencias Juridicas e Sociaes, um na cidade de S. Paulo e outro na de Olinda.

Dom Pedro Primeiro, por Graça de Deus e unanime acclamação dos povos, **Imperador Constitucional e Defensor Perpetuo do Brazil**: Fazemos saber a todos os nossos subditos que a Assembléia Geral decretou, e nós queremos a Lei seguinte:

Art. 1.º – Crear-se-ão dous Cursos de sciencias jurídicas e sociais, um na cidade de S. Paulo, e outro na de Olinda, e nelles no espaço de cinco annos, e em nove cadeiras, se ensinarão as matérias seguintes:

1.º ANNO

1ª Cadeira. direito natural, publico, Analyse de Constituição do Império, direito das gentes, e diplomacia.

2.º ANNO

1ª Cadeira. Continuação das materias do anno antecedente.

2ª Cadeira. direito publico ecclesiastico.

3.º ANNO

1ª Cadeira. direito patrio civil.

2ª Cadeira. direito patrio criminal com a theoria do processo criminal.

---

4 Disponível em: http://www.planalto.gov.br/ccivil_03/leis/lim/LIM.-11-08-1827.htm. Acesso em: 23 out. 2025.

4.º ANNO
1ª Cadeira. Continuação do direito patrio civil.
2ª Cadeira. direito mercantil e marítimo.

5.º ANNO
1ª Cadeira. Economia politica.
2ª Cadeira. Theoria e pratica do processo adoptado pelas leis do Imperio.

Art. 2.º – Para a regencia destas cadeiras o Governo nomeará nove Lentes proprietarios, e cinco substitutos.

Art. 3.º – Os Lentes proprietarios vencerão o ordenado que tiverem os Desembargadores das Relações, e gozarão das mesmas honras. Poderão jubilar-se com o ordenado por inteiro, findos vinte annos de serviço.

Art. 4.º – Cada um dos Lentes substitutos vencerá o ordenado annual de 800$000.

Art. 5.º – Haverá um Secretario, cujo offício será encarregado a um dos Lentes substitutos com a gratificação mensal de 20$000.

Art. 6.º – Haverá u Porteiro com o ordenado de 400$000 annuais, e para o serviço haverão os mais empregados que se julgarem necessarios.

Art. 7.º – Os Lentes farão a escolha dos compendios da sua profissão, ou os arranjarão, não existindo já feitos, com tanto que as doutrinas estejam de accôrdo com o systema jurado pela nação. Estes compendios, depois de approvados pela Congregação, servirão interinamente; submettendo-se porém á approvação da Assembléa Geral, e o Governo os fará imprimir e fornecer ás escolas, competindo aos seus autores o privilegio exclusivo da obra, por dez annos.

Art. 8.º – Os estudantes, que se quiserem matricular nos Cursos Juridicos, devem apresentar as certidões de idade, porque mostrem ter a de quinze annos completos, e de approvação da Lingua Franceza, Grammatica Latina, Rhetorica, Philosophia Racional e Moral, e Geometria.

Art. 9.º – Os que freqüentarem os cinco annos de qualquer dos Cursos, com approvação, conseguirão o grão de Bachareis formados. Haverá tambem o grào de Doutor, que será conferido áquelles que se habilitarem som os requisitos que se especificarem nos Estatutos, que devem formar-se, e sò os que o obtiverem, poderão ser escolhidos para Lentes.

Art. 10.º – Os Estatutos do VISCONDE DA CACHOEIRA ficarão regulando por ora naquillo em que forem applicaveis; e se não oppuzerem á presente Lei. A Congregação dos Lentes formará quanto antes uns estatutos completos, que serão submettidos á deliberação da Assembléa Geral.

Art. 11.º – O Governo crearà nas Cidades de S. Paulo, e Olinda, as cadeiras necessarias para os estudos preparatorios declarados no art. 8.º.

Mandamos portanto a todas as autoridades, a quem o conhecimento e execução da referida Lei pertencer, que a cumpram e façam cumprir e guardar tão inteiramente, como nella se contém. O Secretario de Estado dos Negocios do Imperio a faça imprimir, publicar e correr.

Dada no Palacio do Rio de Janeiro aos 11 dias do mez de agosto de 1827, 6.º da Independencia e do Imperio.

IMPERADOR com rubrica e guarda. (L.S.)

VISCONDE DE S. LEOPOLDO.

Carta de Lei pela qual Vossa Majestade Imperial manda executar o Decreto da Assemblèa Geral Legislativa que houve por bem sanccionar, sobre a criação de dous cursos juridicos, um na Cidade de S. Paulo, e outro na de Olinda, como acima se declara.

Para Vossa Majestade Imperial ver.

Albino dos Santos Pereira a fez.

Registrada a fl. 175 do livro 4.º do Registro de Cartas, Leis e Alvarás. – Secretaria de Estado dos Negocios do Imperio em 17 de agosto de 1827. – Epifanio José Pedrozo.

Pedro Machado de Miranda Malheiro.

Foi publicada esta Carta de Lei nesta Chancellaria-mór do Imperio do Brazil. – Rio de Janeiro, 21 de agosto de 1827. – Francisco Xavier Raposo de Albuquerque.

Registrada na Chancellaria-mór do Imperio do Brazil a fl. 83 do livro 1.º de Cartas, Leis, e Alvarás. – Rio de Janeiro, 21 de agosto de 1827. – Demetrio José da Cruz.

No ano de 1854 são introduzidas duas disciplinas novas: direito romano (1º ano) e direito administrativo (5º ano). Como consta no item 2.2.4. *retro*, a disciplina de história do direito nacional é introduzida nos currículos acadêmicos pela Reforma Benjamin Constant (Decreto republicano n. 1.232, de 02.01.1891), sobrevivendo até 1901, quando nova reforma a retira da grade. Só recentemente voltou a fazer parte do currículo das principais faculdades do país.

14.3. A CONSTITUIÇÃO DE 1824

Como consequência da Revolução do Porto, muitos políticos brasileiros participaram como deputados das Cortes convocadas em 1820, adquirindo excelente experiência legislativa. Quando convocada a Assembleia Constituinte no início do Império, essa experiência foi aproveitada, já que muitos retornaram e assumiram postos para a elaboração da nossa primeira Constituição genuinamente nacional. É aí que começam a surgir os primeiros problemas, já que foram tremendamente influenciados pelo pensamento liberal, e o liberalismo tinha como ícones as bem-sucedidas Revoluções Americana e Francesa, cujos princípios não eram facilmente adaptáveis à recente condição de ex-colônia do nosso país.

A Revolução Americana não era bom exemplo para a recente monarquia nacional, já que adotava o regime republicano, com o poder descentralizado na forma de um Estado Federativo. Essas ideias iam contra a posição de D. Pedro I, governo monárquico e centralizador das decisões. Além disso, a liberdade federativa colocava em risco a unidade nacional, visto que a nossa identidade como nação ainda se formava. Adicione-se a isso o fato de a Constituição Americana pregar logo na sua Primeira Emenda o Estado laico (proibia a existência de religião oficial e a criação de obstáculos ao livre exercício de qualquer religião). Isso era verdadeiro atentado ao clero brasileiro, o qual, desde que aqui se instalou, vivia sob o patrocínio oficial do rei, o chamado regime do padroado. Os religiosos eram uma espécie de funcionário público, recebendo proventos do reino. Já os resultados da Revolução Francesa tinham se mostrado muito instáveis, além de seu ideário (igualdade, liberdade e fraternidade) não se coadunar com a sociedade latifundiária e escravocrata em que vivíamos, indo contra o pensamento das oligarquias locais. Outro fator a se notar é que a Revolução Francesa foi uma revolução burguesa, classe minoritária no Brasil por ocasião da Independência.

Convocada a constituinte em 1823, não é de espantar que D. Pedro I a tenha dissolvido logo depois, já que sua composição era de maioria liberal radical, que defendia interesses bons para o novo país, mas totalmente contrários aos dos que detinham o poder real. A solução encontrada, após a dissolução da Assembleia Constituinte, foi concentrar a elaboração da Constituição nas mãos de poucos e, em vez de termos uma Constituição promulgada, tivemos como marco da nossa primeira Lei Maior ter sido ela outorgada. Foi elaborada a Carta Constitucional e outorgada em 11 de dezembro de 1823. Encaminhada para análise dos Estados, entrou em vigor em 25 de março de 1824, data em que foi jurada pelo Imperador.

Características

a) Constituição outorgada pelo poder monárquico, que institucionalizou a monarquia parlamentar.
b) Exacerbado individualismo econômico.
c) Governo centralizado, com acentuado centralismo político.
d) Instituição de um quarto poder, denominado Poder Moderador, que dava amplos poderes ao detentor do cargo máximo. Essa previsão constava nos arts. 98 a 101 da Constituição. Citamos o art. 99 como exemplo: "A Pessoa do Imperador é inviolável e Sagrada: Ele não está sujeito a responsabilidade alguma".
e) O voto era censitário, limitado aos homens livres, com renda superior a cem mil réis, derivada de bens de raiz, indústria, comércio ou emprego, excluídos os menores de 25 anos, os filhos que vivessem na companhia dos pais, os criados de servir e os religiosos. As mulheres, portanto, como em todo o resto do mundo na época, não votavam (arts. 90 a 97).
f) A eleição de deputados gerais ou provinciais eram indiretas. Elegiam-se os eleitores que votariam para preencher esses cargos. Para ser deputado só podiam se candidatar os que tivessem renda superior a 400.000 mil réis, excluindo-se os brasileiros naturalizados e os não católicos (arts. 94 e 95).
g) Não institui um Estado laico, sendo a religião católica a oficial do Estado. Não eram permitidos outros cultos, a não ser os domésticos, como previsto no art. 5º: "A Religião Católica Apostólica Romana continuará a ser a Religião do Império. Todas as outras Religiões serão permitidas com seu culto

doméstico, ou particular em casas para isso destinadas, sem forma alguma exterior do Templo".

h) Seguindo a temática de um Estado escravocrata e latifundiário, calou-se sobre os escravos. Era como se realmente tivessem vergonha de ainda compactuar com essa barbárie em pleno século do liberalismo.

i) Quanto aos cidadãos passivos, aqueles que não gozavam do direito de votar ou de serem votados, esses tiveram seus direitos básicos garantidos no texto constitucional, como os direitos civis de liberdade, propriedade e segurança de suas vidas e de seus bens.

A única emenda que a Constituição de 1824 sofreu, de fato, foi por meio do Ato Adicional de 12 de agosto de 1834, aprovado pela Lei n. 16, durante o governo da Regência Trina Permanente. Foi uma vitória dos liberais, que conseguiram descentralizar a administração do Império.

Entre as principais alterações que constam em seus 32 artigos, destacam-se as que foram feitas no Capítulo V da Constituição, que definia as atribuições dos Conselhos Gerais de Província. O Ato Adicional extinguiu os Conselhos Gerais das províncias e criou, em seu lugar, as assembleias legislativas provinciais com poderes para legislar sobre questões tributárias e justiça, entre outros. Essas alterações, ao descentralizar o poder, permitiram uma experiência federativa e republicana ainda durante o Império, tendo em vista que também se definiu que a Regência seria una e com mandato de quatro anos.

Insta ressaltar que, sob o ponto de vista material, a Constituição de 1824, por ser considerada flexível, completou-se por intermédio de um conjunto de leis ordinárias, todas com teor constitucional. Pode-se destacar como as mais importantes as seguintes normas:

> Lei de 15 de outubro de 1827, que definiu os crimes e regulou os processos de responsabilidade dos ministros e conselheiros de Estado;
> Lei de 18 de setembro de 1828, que criou o Supremo Tribunal de Justiça (substituiu a Casa de Suplicação) e dispôs sobre suas atribuições;
> Lei de 1º de outubro de 1828, que criou, em cada cidade e vila do império, Câmaras Municipais;
> Código Criminal, de 16 de dezembro de 1830, que adequou a legislação penal ao pensamento filosófico vigente;
> Código de Processo Criminal, de 20 de dezembro de 1832, responsável pela modernização do processo criminal, ao estabelecer o juizado de instrução, com perfil do contraditório;
> Código Comercial (Lei n. 556), de 25 de junho de 1850, responsável pelo início, de fato, do processo de industrialização do Brasil;
> Lei de Terras (Lei n. 601), de 18 de setembro de 1850, que revogou o regime das sesmarias, tratando-se inclusive de lei rácica, que dificultou o acesso à terra, permitindo apenas a aquisição para os que já possuíam recursos financeiros;
> Lei Saraiva, n. 3.029, de 9 de janeiro de 1881, que instituiu o voto direto.
> Lei Áurea, de 13 de maio de 1888.

14.4. O CÓDIGO CRIMINAL DE 1830

Promulgado em 16 de dezembro de 1830, revogou o Livro V das Ordenações Filipinas, que ainda estava em vigor na época e tinha previsão de penas rigorosas, como o esquartejamento. Foi o primeiro Código Penal da América Latina e vigorou até 1890, quando entrou em vigor o Código Republicano.

Era necessário substituir o previsto nas Ordenações Filipinas, já que penas muito rigorosas, associadas a uma cultura leniente, acabam tendo função inversa do planejado, ou seja, beneficiam o criminoso e favorecem a impunidade. Dentro de uma arbitrariedade, os juízes acabam, nesses casos, fazendo uso seletivo da lei, punindo com a letra da lei apenas os despossuídos ou os casos de grande repercussão.

Vários princípios gerais de política penal já estavam delineados pelo art. 179 da Constituição do Império, como consta a seguir:

> Art. 179. A inviolabilidade dos direitos civis e políticos dos cidadãos brasileiros, que tem por base a liberdade, a segurança individual e a propriedade, é garantida pela Constituição do Império, pela maneira seguinte.
>
> 1º) Nenhum cidadão pode ser obrigado a fazer ou deixar de fazer alguma coisa, senão em virtude da lei.
>
> (...)
>
> 5º) Ninguém pode ser perseguido por motivo de religião, uma vez que respeite a do Estado, e não ofenda a moral pública.
>
> (...)
>
> 8º) Ninguém poderá ser preso sem culpa formada, exceto nos casos declarados na lei; e nestes, dentro de vinte e quatro horas, contadas da entrada na prisão, sendo em cidades, vilas, ou outras povoações próximas aos lugares da residência do juiz e nos lugares remotos dentro de um prazo razoável, que a lei marcará, atenta a extensão do território, o juiz, por uma nota por ele assinada, fará constar ao réu o motivo da prisão, o nome do seu acusador, e os das testemunhas, havendo-as.
>
> 9º) Ainda com culpa formada, ninguém será conduzido à prisão, ou nela conservado estando já preso, se prestar fiança idônea, nos casos que a Lei a admite, e em geral, nos crimes que não tiverem maior pena do que a de seis meses de prisão ou desterro para fora da comarca, poderá o réu livrar-se solto.
>
> 10) À exceção de flagrante delito, a prisão não pode ser executada senão por ordem escrita da autoridade legítima. Se esta for arbitrária, o juiz que a deu e quem a tiver requerido serão punidos, com as penas que a lei determinar. O que fica disposto acerca da prisão antes de culpa formada não compreende as ordenanças militares, estabelecidas como necessárias à disciplina e recrutamento do exército, nem os casos que não são puramente criminais, e em que a lei determina todavia a prisão de alguma pessoa, por desobedecer aos mandados da justiça, ou não cumprir alguma obrigação dentro de determinado prazo.

> 11) Ninguém será sentenciado senão pela autoridade competente, por virtude de lei anterior, e na forma por ela prescrita.
>
> (...)
>
> 18) Organizar-se-á, quanto antes, um código civil e criminal, fundado nas sólidas bases da justiça e equidade.
>
> 19) Desde já ficam abolidos os açoutes, a tortura, a marca de ferro quente, e todas as mais penas cruéis.
>
> 20) Nenhuma pena passará da pessoa do delinquente. Portanto, não haverá, em caso algum, confiscação de bens; nem a infâmia do réu se transmitirá aos parentes em qualquer grau que seja.
>
> 21) As cadeias serão seguras, limpas e bem arejadas, havendo diversas casas para separação dos réus, conforme suas circunstâncias e natureza de seus crimes.

Grande debate instaurou-se quando da elaboração do código, principalmente para tratar das penas de morte e de galé, que acabaram sendo aprovadas. Como será visto no caso prático do final do capítulo, D. Pedro II comutou todas as penas de morte a partir de 1855, depois do erro judiciário no caso de Manuel da Mota Coqueiro, mais conhecido como "a fera de Macabu".

Com a intenção de assegurar a ordem social do país, o Código Criminal tratava dos crimes e dos delitos e, consequentemente, das penas a serem aplicadas. Era dividido em duas partes principais: Título I – Definia de forma abstrata o crime, "os crimes justificáveis", o criminoso, as circunstâncias agravantes e atenuantes; Título II – Definia as penas, como as de morte, galés (trabalhar em obras públicas), prisão com trabalhos, prisão simples, banimento (enviado para fora do Império, sem poder voltar), degredo (residência em local determinado), desterro (não entrar nos termos do local do delito), privação de direitos políticos, perda de emprego público, multas. Vale salientar que o cumprimento do desterro e do degredo eram controlados pela ação dos juízes de paz.

Os crimes dividiam-se em públicos, privados e contra a civilidade e os bons costumes, conforme a vítima.

Tipos de crimes no Código Penal de 1830

Crimes particulares	Praticados contra a propriedade ou contra o indivíduo (homicídio, furto, roubo etc.).
Crimes públicos	Atos que atentavam contra a boa ordem e a administração pública, o Império e o imperador, o tesouro e a propriedade pública, o livre exercício dos poderes políticos. De acordo com a abrangência e repercussão eram chamados de revoltas, rebeliões ou insurreições.
Crimes policiais contra a civilidade e os bons costumes	Estavam nesse leque os vadios, os capoeiras, as sociedades secretas, a prostituição, as posturas sanitárias e o crime de imprensa.

Apesar do ideal liberal que se buscou para o Código, sua essência não trouxe a igualdade em seu bojo, nem na letra da lei. Ocorreu um "esquecimento" e deliberada omissão (inclusive na Constituição de 1824) sobre o direito dos indígenas e dos negros escravos. É que em sociedade desigual como era(é) a nossa, o sistema normativo tende a conservar as desigualdades. Seguem dois exemplos para ilustrar essa desigualdade: o art. 60 conservou para os escravos a pena de açoites, expressamente extinta pela Constituição; celebrar cultos de outra religião que não a católica continuou sendo considerado crime policial.

Apesar da tendência mais liberal do Código, sua aplicação era competência do Conselho de Jurados (tribunal do júri). Esse fato não permitiu maiores avanços, já que pelo fato de os jurados virem dos grupos que representavam as grandes oligarquias, o que foi preservado foi a moralidade e as atitudes conservadoras, deixando de lado o ideal de certa forma liberal que constava no texto da lei.

14.5. O CÓDIGO DE PROCESSO CRIMINAL

Em 29 de novembro de 1832, foi aprovado o Código de Processo Criminal, projeto de Manuel Alves Branco, segundo Visconde de Caravelas. Alterou substancialmente o direito brasileiro, dando cabo da investigação criminal filipina, baseada na devassa de tom inquisitorial. A estrutura judicial definida pelo novo Código, que também serviu para a justiça civil, teve como característica principal o juizado de instrução, de perfil contraditório, dirigido pelo juiz de paz, leigo e eleito. Esse Código, além de sepultar o sistema judicial do antigo regime e dar ampla autonomia judiciária aos municípios, trouxe novidades ao ordenamento, como o Conselho de Jurados e o *habeas corpus*.

Havia, na época, além dos juízes de direito, os juízes de paz, nas mãos de quem se concentrou o poder municipal. Isso se deu porque, além dos poderes judiciários, tinham eles também o poder de polícia. Esses juízes eram eleitos pela população local, mas, como o voto era censitário, esses cargos foram controlados ou neutralizados pelos grandes proprietários locais. Eram eles que detinham o poder de fato e, com isso, deixavam de ser punidos por seus crimes.

O Código de Processo Criminal, seguindo o Código Criminal, distinguia os crimes públicos dos crimes particulares. Aqueles davam causa à ação penal promovida pelo promotor público ou por qualquer cidadão, quando cabível a ação penal popular. Já os crimes particulares davam ao ofendido a possibilidade de promover a ação penal. Como no Código Criminal, o que era levado em consideração era a vítima, portanto até mesmo o homicídio era considerado particular, pois ofendia a segurança individual. Devido à ação penal popular, que hoje não mais existe, mesmo quem não fosse vítima poderia promover a ação penal, no caso de ser um crime público.

O sistema judiciário passa a contar com juízes de direito, juízes municipais, juízes de paz, promotores de justiça e jurados, sendo que em grau de recurso havia as Juntas de Paz ou as Relações (Rio de Janeiro, Salvador, São Luís e Recife). Para o Supremo Tribunal havia apenas o recurso de revista.

Principais cargos judiciários previstos pelo Código de Processo Criminal

Juízes de Direito	Eram nomeados pelo Imperador e atuavam na Comarca. Sua principal função era presidir o Conselho de Jurados e "aplicar a lei aos fatos". Eram vitalícios e deviam ser bacharéis em direito, com prática de um ano no foro. Presidiam os dois júris da época, o de acusação e o de sentença.
Juízes Municipais	Eram nomeados pelos presidentes das Províncias, escolhidos em lista tríplice feita pelas Câmaras Municipais, por três anos, entre pessoas bem-conceituadas. Podiam ser formados em direito ou advogados hábeis e substituíam os juízes de direito. Atuavam em um termo, dentro da Comarca, no qual davam execução às sentenças e exerciam a jurisdição policial.
Juízes de Paz	Cargos eletivos com duração de um ano. Tinham funções de polícia e de jurisdição no processo sumário, como os crimes policiais contra as posturas municipais e crimes cuja pena máxima fosse seis meses de prisão ou cem mil réis de multa.
Juntas de Paz	Compunham-se de cinco Juízes de Paz. Eram o órgão responsável por julgar os recursos advindos dos Juízes de Paz.
Promotores Públicos	Nomeados pelos presidentes das Províncias por três anos, entre os que poderiam ser jurados, a partir de listas tríplices feitas pelas Câmaras Municipais.

O Código dispunha também sobre o processo em geral, como prescrição, audiências, suspeições, queixa, denúncia, citação, prova, acareação, interrogatório e fiança. Havia também a previsão do Conselho de Jurados, dividido em duas etapas distintas, um sistema misto entre o aplicado na Inglaterra e na França. O primeiro Conselho de Jurados (júri da acusação ou da pronúncia) compunha-se de 23 membros. O júri de sentença tinha 12 jurados.

Havia previsão de dois tipos de processo: o sumário e o ordinário. No sumário, os processos eram da competência do juiz de paz, responsável também pela instrução das queixas a ele apresentadas. Ao término da instrução havia duas possibilidades: julgar o caso, em sendo de sua alçada, ou remeter para o juiz de direito, que presidiria os dois Conselhos de Jurados. No ordinário, os processos eram da competência do Conselho de Jurados, tanto na fase da denúncia (aceitação ou não da queixa) quanto na de julgamento. O Conselho de Jurados era presidido pelo juiz de direito.

No dia 3 de dezembro de 1841 foi promulgada a Lei n. 261, verdadeiro revés ao espírito liberal que dominava a redação do Código, já que essa reforma foi capitaneada pelos conservadores. Teve como principais características centralizar a tomada de decisões e, para isso, aboliu o júri de acusação, esvaziou as atribuições do juiz de paz, o chefe da Polícia na Corte e nas províncias, escolhidos dentre desembargadores e juízes de direito, passou a ser nomeado pelo Imperador, e o chefe de polícia, auxiliado por delegados, ficou sendo o responsável pelos inquéritos. Desde essa época a instrução criminal passou a ser matéria de polícia. Já o inquérito policial, nos termos que temos hoje, só foi criado em 1871.

14.6. FIM DO PRIMEIRO REINADO E PERÍODO REGENCIAL

O **Período Regencial** brasileiro, marcado por fortes instabilidades políticas, pode ser considerado uma experiência republicana dentro do Império. Estendeu-se de 1831 a 1840, ou seja, entre a abdicação de D. Pedro I e o golpe da maioridade que elevou D. Pedro II ao poder, golpe este capitaneado pelos liberais.

Inúmeras foram as revoltas populares que ocorreram nesse período, destacando-se a Farroupilha (RS – 1835 a 1845), Cabanagem (PA – 1835 a 1840), Sabinada (BA – 1837 a 1838), Malês (BA – 1835) e Balaiada (MA – 1838 a 1841).

O Primeiro Reinado, instaurado com o grito da independência do dia 7 de setembro de 1822, não foi politicamente um período dos mais estáveis, muito pelo contrário. Não só foi necessário unificar a antiga América Portuguesa, o que resultou em várias crises internas, como as questões externas também afetaram a administração do país, especialmente a disputa da Província Cisplatina, que teve decretada sua independência em 1828, transformando-se na República do Uruguai, como as questões hereditárias para a sucessão do trono em Portugal, após a morte de D. João VI.

D. Pedro I foi acusado de dar mais atenção aos interesses portugueses que aos brasileiros, mesmo tendo abdicado do trono português em nome de sua filha, após a morte de D. João VI.

Como consequência da grande instabilidade política interna, no dia 7 de abril de 1831 abdicou D. Pedro I do trono brasileiro em nome do infante D. Pedro de Alcântara, seu filho, ainda uma criança de cinco anos. Esse ato de desprendimento evitou uma revolução de consequências imprevisíveis para a monarquia.

Enquanto D. Pedro I retornou para Portugal e travou luta fratricida contra seu irmão mais novo, D. Miguel, pela disputa da coroa portuguesa, iniciava-se no Brasil o chamado Período Regencial. D. Pedro I, conhecido em Portugal como D. Pedro IV, morreu pouco depois que ganhou a disputa com D. Miguel, mais precisamente às 14h30min do dia 24 de setembro de 1834, no Palácio Real de Queluz, em Portugal.

A abdicação do Imperador provocou vazio político no país, acirrando a disputa pelo poder entre as duas principais correntes do Império: (i) liberais moderados, formados pelas camadas médias urbanas; (ii) liberais conservadores, constituídos pelos representantes da aristocracia rural. Essas duas correntes políticas compunham o chamado Partido Brasileiro, e tinham se aliado em uma tentativa de intimidação a D. Pedro I, insatisfeitos que estavam com o absolutismo que caracterizava o governo deste. No episódio conhecido como "A Noite das Garrafadas", em março de 1831, enfrentaram-se com os membros do Partido Português, simpáticos à forma de governo autoritária de D. Pedro I, precipitando a abdicação.

Com a derrocada do Partido Português, os grupos que compunham o Partido Brasileiro colocaram-se em disputa no chamado Período Regencial. Os liberais moderados redigiram, no dia seguinte à abdicação, um documento intitulado "Proclamação em nome da Assembleia Geral aos povos do Brasil", no qual informavam sobre os acontecimentos, afirmavam seu apoio aos regentes nomeados e aconselhavam prudência e moderação à população, que observasse a Constituição e respeitasse os novos governantes.

Regência Trina Provisória (1831). Como Dom Pedro II era menor de idade, devia-se seguir o previsto na Constituição de 1824, ou seja, escolher um regente, que deveria ser membro da família real e ter mais de 25 anos de idade. Como não existia ninguém que atendesse essa exigência, deputados e senadores elegeram uma regência composta por três membros, mais precisamente o Brigadeiro Francisco Lima e Silva, de grande prestígio militar; José Joaquim Carneiro Campos, marquês de Caravelas, conservador; e o senador Nicolau Pereira de Campos Vergueiro, de espírito liberal.

Como primeira medida, a Regência reintegrou o ministério de 20 de março (cuja demissão no dia 5 de abril foi o estopim para a abdicação), retirou do exército todos os estrangeiros e anistiou os que eram acusados de crimes políticos. Vários movimentos revoltosos começam a eclodir, dando a tônica do Período Regencial.

Apesar de manter as estruturas políticas do Império autoritário, a Regência Provisória tinha um caráter liberal e antiabsolutista. Com ela teve início o chamado avanço liberal, que durou até 1837, quando os grupos políticos das províncias alcançaram maior grau de autonomia.

Regência Trina Permanente (1831 a 1835). No dia 17 de junho de 1831, foram eleitos o Brigadeiro Lima e Silva e os deputados José da Costa Carvalho e João Bráulio Muniz. Essa composição representava uma tentativa de equilíbrio entre as forças do norte e do sul do país, e a permanência de Lima e Silva buscava demonstrar estabilidade.

Foi um período agitadíssimo, não só pelo crescente aumento das revoltas, como também pela formação de três grandes grupos políticos que se hostilizavam mutuamente: o Moderado, que apoiava a Regência; o Exaltado, que defendia ideias republicanas; e o Restaurador ou Caramuru, que pregava o retorno de D. Pedro I.

A grande força política deste período não foram os regentes, e sim o Padre Diogo Feijó, Ministro da Justiça. Assumiu o cargo sob a condição de que lhe garantissem grande autonomia de ação. Feijó teve atuação enérgica na repressão às agitações populares e aos levantes militares que ocorreram na capital e em diversos pontos do país nesse período, sufocando motins e sedições e mantendo a ordem a todo custo.

Para garantir a integridade territorial e a defesa da ordem pública criou, em 18 de agosto de 1831, o Corpo de Guardas Municipais Permanentes, no Rio de Janeiro, e a Guarda Nacional na Corte e em todas as províncias. Esta tinha por objetivo retirar poder do Exército e transferir poder aos senhores locais, que se transformaram nos chamados coronéis, que passaram a concentrar o poder econômico, político e militar, gerando forte impacto na política nacional durante mais de um século, quiçá até nossos dias.

Os órgãos supracitados, subordinados ao Ministério da Justiça, transformaram-se na principal força armada do Império. Feijó concentrou os poderes nacionais em suas mãos até o advento do Ato Adicional, em 1834, que alterou a constituição de 1824, cedendo ao liberalismo e descentralizando poder, com a criação das Assembleias Legislativas Provinciais, cujos deputados eram eleitos e com competência nas áreas civil, judiciária, eclesiástica, educacional, policial, econômica e tributária. Foi também criada a Regência Una. Como o novo Regente devia ser eleito, com mandato de quatro anos, considera-se essa alternância do chefe do Poder Executivo uma experiência considerada republicana e presidencialista.

Vale ressaltar que o Ato Adicional de 1934, assinado em 12 de agosto e redigido em grande parte pelo deputado Bernardo Pereira de Vasconcelos, trouxe significativas modificações político-administrativas. Passou para a história como uma experiência republicana, presidencialista e federalista do Império, tendo como influência a Constituição dos EUA.

Regência de Feijó. Em 7 de abril de 1835 foi eleito o paulista Diogo Antônio Feijó (Moderado), derrotando o pernambucano Antônio Francisco de Paula Holanda Cavalcanti (Exaltado). Feijó venceu por pequena diferença de votos (600), dos cerca de seis mil eleitores do país que, nessa época, tinha aproximadamente cinco milhões de habitantes. Explica-se tal fato devido ao voto ser censitário, ou seja, só votava quem ganhava mais de cem mil réis por ano.

Feijó chegou a defender o fim da escravatura, atraindo para si a fúria da aristocracia agrária. Enfrentou grande oposição ao seu governo e, com a saúde debilitada, renunciou em 19 de setembro de 1837.

Regência de Araújo Lima. Começando como interino, era conservador e ponderado. Organizou ele um ministério que ficou conhecido como "ministério das capacidades", já que contava com vários nomes de prestígio da época. Foi obtida ordem, com o fim de algumas revoltas, e prosperidade econômica. Não encontrou dificuldade para se eleger na eleição que ocorreu em abril de 1838. Entre suas realizações está a remodelação da Escola Militar (1839) e a criação do Colégio Pedro II (1837), além do Instituto Histórico e Geográfico Brasileiro, a mais importante sociedade científica e literária do século XIX no país.

Não terminou seu mandato, que era de quatro anos, tendo em vista que os liberais promoveram o chamado golpe da maioridade em 1840, que levou ao trono o Imperador D. Pedro II, então com quinze anos, colocando fim ao Período Regencial e inaugurando o chamado Segundo Reinado.

Cabanagem no Pará (1835-1840). Recebeu nome parecido ao movimento que havia eclodido em Pernambuco em 1832, a Cabanada. Nas duas províncias o nome estava relacionado às paupérrimas cabanas que serviam de moradia para a população de indígenas, mestiços e negros.

O enfrentamento dos grupos supramencionados em relação à elite local deu início, em 7 de janeiro de 1835, ao conflito. Liderados por Antonio Vinagre, os rebeldes tomaram o quartel e o palácio do governo de Belém, assassinando o presidente da Província, Lobo e Souza, e apoderando-se de farto material bélico.

Foi movimento extremamente violento, com grande participação dos indígenas e negros. A grande participação dos escravizados trouxe o temor de que a história do Haiti também acontecesse aqui. A rebelião alastrou-se rapidamente e atingiu grande território (Pará e Amazonas). Em 13 de maio de 1836, Belém foi reconquistada pelas tropas imperiais, mas o movimento não foi extinto, tendo migrado para o interior.

Os cabanos lutaram até 1840, quando foram ferozmente exterminados. Estima-se que cerca de 30% a 40% de uma população de 100 mil habitantes foi morta no conflito. Milhares também foram os prisioneiros, mantidos nas corvetas imperiais, transformadas em prisões.

Revolta dos Malês na Bahia (1835). A província da Bahia carregava histórico de lutas por autonomia política desde o final do século XVIII. Vários levantes ocorreram no início do século XIX, trazendo a tônica não só da luta por igualdade como também o desejo do fim da escravidão, sempre com anseios de autonomia em relação à Coroa portuguesa.

O avanço do candomblé e o surgimento de inúmeros quilombos coincidem no chamado Recôncavo Baiano. Em 1826, por exemplo, eclodiu uma tentativa de ocupação de Salvador, a partir de sua periferia. Um grupo de escravos, refugiados no Quilombo do Urubu, tinha intenção de matar a população branca e libertar todos os escravos da cidade. As tropas legais agiram antes da anunciada invasão e grande luta foi travada, já que o quilombo ofereceu árdua resistência, liderado por uma mulher, Zeferina. Ficou patente que "a religião havia se transformado em linguagem política para os escravos"[5], com o avanço do candomblé.

Entre 1807 e 1835 foram inúmeras as revoltas tanto em Salvador como em seus arredores, tendo como pano de fundo o desejo de liberdade dos cativos. As revoltas indicavam relação de cooperação entre escravos da zona rural e da zona urbana, com os quilombos, que haviam se multiplicado, atuando diretamente na mobilização dos escravos rebeldes.

Vários escravos que provinham do norte da atual Nigéria, com origem nos grupos haussás, adeptos do islamismo, planejavam deflagrar, em maio de 1807, um levante que objetivava queimar a Casa da Alfândega, local em que chegavam os escravos vindos da África; matar a população branca; queimar as imagens dos santos em praça pública; e depois atacar a província de Pernambuco para libertar os haussás que também estavam escravizados naquelas cercanias. Tudo isso contando com o apoio de pardos e negros.

Devido a uma delação, as tropas portuguesas sufocaram o movimento antes que eclodisse, e severas foram as punições aplicadas, mas sem impedir que muitos fugissem para os quilombos da região. Alguns anos depois, entre fevereiro e abril de 1814, os haussás tentaram novo levante e, apesar de estarem ainda mais bem organizados, não obtiveram sucesso diante das tropas do governo.

Foi só em 1835 que, de fato, a sublevação dos escravos eclodiu, com o ataque partindo de dentro da cidade de Salvador. No dia 25 de janeiro, tanto grupos de escravos como de libertos, armados com inúmeras armas brancas, enfrentaram soldados e civis nas ruas da cidade. Boa parte deles estavam vestidos com túnicas rituais brancas (abadás), vestes dos adeptos do islamismo, além de carregarem mensagens do Alcorão.

Quem capitaneou a sublevação foi a Sociedade dos Malês, que englobava os africanos adeptos do islamismo na Bahia, nome pelo qual ficaram conhecidos: malês.

O islamismo, por ser universal, englobava libertos e cativos de mais de uma etnia, e o Levante dos Malês buscava instaurar uma Bahia para os africanos, mas não obteve o apoio necessário entre os próprios escravos e entre a população pobre. Mais de quinhentos revoltosos foram mortos ou deportados.

---

5 Schwarcz e Starling, *Brasil*: uma biografia, p. 255.

Mas a insatisfação e a busca da igualdade era algo disseminado na Bahia, e pouco tempo depois mais uma sublevação ocorreu, agora englobando também a população livre, mas também oprimida, da província.

Sabinada na Bahia (1837-1838). Devido aos diversos conflitos de norte a sul do país, chegou a notícia de que recrutamentos obrigatórios seriam feitos também no norte para fortalecer os combates aos farroupilhas na província do Rio Grande do Sul. Como resposta a essas notícias, na noite do dia 6 de novembro de 1837 o Corpo de Artilharia, ampliado pela adesão de alguns civis, tomou o controle da cidade de Salvador e, no dia seguinte, declararam a independência em relação ao Rio de Janeiro, nomeando um novo Presidente. Tinham ainda a intenção de montar uma Assembleia Constituinte.

Uma das principais lideranças do movimento que declarou a existência da República Bahiense foi o médico Sabino Álvares da Rocha Vieira, advindo daí o nome histórico do levante. Interessante informar que os próprios revoltosos impunham uma limitação à nova República, que deveria existir apenas enquanto durasse a menoridade de D. Pedro II.

A reação do governo foi rápida. Um novo presidente legal da província instalou-se em Itaparica e comandou a retomada, contando também com o apoio de tropas vindas de Pernambuco. Salvador foi invadida, não sem duros combates em suas ruas. Os rebeldes entregaram-se, mas centenas de mortos e feridos já haviam sido contabilizados.

Dados oficiais apontam que morreram 1.258 rebeldes e 594 soldados, com a prisão de quase três mil rebeldes. As principais lideranças também foram presas e julgadas, sendo que Sabino foi deportado para Goiás e depois para Mato Grosso, província em que faleceu em 1846.

Balaiada no Maranhão (1838-1841). O Maranhão, dentro da chamada América Portuguesa, sempre teve relação direta com Lisboa. De 1621 a 1651, por exemplo, dispôs de administração própria, e formava conjuntamente com as capitanias do Ceará, Grão-Pará e Amazonas o Estado Colonial do Maranhão e Grão-Pará. A sede de governo ficava em São Luís, e tinha relações muito mais próximas com a África e Europa do que com as demais capitanias e províncias da América Portuguesa.

Durante a administração do Marquês de Pombal, durante o governo de D. José I (1750-1777), como consequência do Tratado de Madri, toda a atual região amazônica foi incorporada ao Império português, e a capital passou para Belém.

Quando da independência do Brasil, o Maranhão, juntamente com o Pará, foram as últimas províncias a se submeteram militarmente ao novo Império brasileiro, o que só aconteceu no final de 1823. A partir daí passou a sofrer dos mesmos problemas das outras províncias, como excesso de tributação e quase nenhum retorno por parte da corte estabelecida no Rio de Janeiro. Ademais, o principal produto da província, o algodão, sofria forte concorrência internacional, gerando séria crise financeira.

Quem mais sentia a carestia eram os trabalhadores livres, vaqueiros, camponeses e escravos, que em determinado momento reagiram contra as enormes injustiças que eram recorrentes na região. Teve início a revolta em 1838, sem grande mobilização ou clareza de objetivos.

O nome da rebelião tem por origem o apelido de um dos seus chefes, Manuel Francisco dos Anjos Ferreira, conhecido como Balaio, que teve uma das suas filhas estuprada por um policial sem que houvesse nenhuma punição. Esse fato, em conjunto com a prisão injustificada do irmão do vaqueiro Raimundo Gomes, foram o estopim para o movimento, que acabou por mobilizar grande parte da população pobre da província contra o poder e a opressão de um grupo de latifundiários da região.

Em dezembro de 1838, um dos líderes do movimento, Raimundo Gomes, invadiu a prisão e libertou o irmão. Utilizando táticas de guerrilha, os revoltosos começaram a saquear fazendas e vilas, e acabaram por conquistar a importante vila de Caxias, em 1839. O governo maranhense organizou suas forças militares, inclusive com apoio de militares de outras províncias, e passou a combater fortemente os balaios. Com a participação de muitos escravos fugitivos, prisioneiros e trabalhadores pobres da região, os balaios conseguiram obter algumas vitórias no início dos conflitos.

Para combatê-los a Regência enviou ao Maranhão, como Presidente e Comandante das Armas da Província o coronel Luís Alves de Lima e Silva, que tinha experiência militar por ter lutado na Guerra de Independência e na Guerra da Cisplatina, de 1825 a 1828. Ele recebeu o comando de todas as tropas em operação no Maranhão, Piauí e Ceará em 7 de fevereiro de 1840.

Os revoltosos, que utilizavam a estratégia de guerrilha rural, atacando só os pontos fracos da defesa do governo, chegaram a reunir mais de dois mil combatentes. Os balaios ainda tiveram o apoio de cerca de três mil escravos, que fugiram das fazendas, aquilombaram-se e depois ficaram sob a liderança do negro Cosme Bento das Chagas.

Em 1841, o último líder da Balaiada, Cosme Bento, foi capturado e enforcado. Os outros líderes do movimento já estavam mortos. Lima e Silva receberia, mais tarde, o título de Barão de Caxias por essa campanha.

Guerra dos Farrapos no Rio Grande do Sul (1835-1845). Tem por base a busca de maior autonomia da província e menor concentração de poderes na Corte. Defendendo a República e a Federação e, em alguns momentos, a libertação dos escravos, foi a única rebelião da sua época que constituiu de fato um Estado republicano, elegendo inclusive Assembleia Constituinte e toda uma administração própria, como organização de polícia, serviço de correios, jornal oficial e símbolos oficiais.

No início do século XIX, com a transformação do café no principal produto de exportação do Brasil, os grandes proprietários escravistas do Vale do Paraíba tornaram-se a classe dominante do país. Para manter seu poder, buscaram manter uma monarquia centralizada e unitária, capaz de sustentar seu domínio escravocrata e submeter as demais províncias aos seus interesses. No Rio Grande do Sul, nessa época, desenvolvia-se uma economia periférica, subsidiária da economia central, que tinha por base uma pecuária extensiva, voltada essencialmente à produção de charque para alimentar a escravaria do país.

Com o processo de independência e a centralização política capitaneada pela corte a partir do Rio de Janeiro, os altos impostos cobrados espoliavam a região e diminuíam as rendas locais. A partir da perda da província Cisplatina (atual Uruguai), grande cicatriz se formou no orgulho daquele povo, e o sentimento que corria era o de meros prestadores de serviços e defensores da fronteira.

Um nome oriundo do desprezo, Farrapos, como afirmou Olavo Bilac, transformou-se de epíteto injurioso em título de suprema honra. Era termo pejorativo utilizado desde pelo menos uma década antes da eclosão do movimento e designava os rio-grandenses contrários ao governo central e ligados ao Partido Liberal.

No início do movimento, que explodiu em 20 de setembro de 1835 a 1º de março de 1845, nem todos eram republicanos e federalistas, mas o lema de que "o centro explora o Sul" acabou por unir a diversidade de interesses.

Nos seus dez anos de luta, inúmeras foram as batalhas travadas, com sucessos e derrotas dos farroupilhas, que acabaram por assinar uma chamada paz honrosa, em que várias das reivindicações dos revolucionários foram atendidas, como a integração dos oficiais farroupilhas ao Exército imperial, liberdade aos escravos que participaram na guerra, anistia aos presos, dívidas contraídas durante o conflito foram assumidas pelo Império.

Vale atentar para o fato de historicamente ocorrer tentativa de apropriação ideológica da revolução pela oligarquia pecuarista gaúcha, através de uma historiografia tradicional, que supervalorizava os chamados monarcas das coxilhas, compostos por brancos e ricos, aliada à ideia de uma democracia dos pampas, que trazia a ideia de que não existia explorados e exploradores.

Na realidade tal posicionamento acabou por idealizar o espírito "libertário" dos grandes fazendeiros que hegemonizaram a luta pela República, fechando os olhos para suas contradições diante da escravidão e ignorando o protagonismo nessa luta dos outros segmentos sociais, composta por negros, indígenas, mestiços e brancos pobres que habitavam a região.

É a nova historiografia que reconta essa revolução, compreendendo o caráter progressista do enfrentamento ao Império escravocrata e centralista e da luta pela república, comprovado pela forte adesão à luta farroupilha de escravos, negros libertos, mestiços, indígenas e pobres de uma maneira geral.

14.7. O CÓDIGO COMERCIAL

Apesar de o art. 179 da Constituição do Império prever expressamente que os primeiros códigos a serem elaborados fossem o criminal e o civil, esse último não era prioridade da sociedade latifundiária da época, que para os feitos cíveis não precisavam mais do que os derivados até então das Ordenações Filipinas. Com o direito comercial era diferente, já que os ecos da Revolução Industrial aqui chegavam e as novas demandas comerciais requeriam uma série de institutos ainda não previstos no ordenamento jurídico. Além disso, a pressão internacional para o fim da escravatura chegava ao seu ápice, e lentamente o país cedia a essas pressões, com a publicação da Lei Eusébio de Queirós em 1850. No mesmo ano saiu a Lei de Terras, que transformou a terra em propriedade imobiliária, ou seja, somente pela compra alguém poderia tornar-se proprietário. Essa lei, portanto, tornou a aquisição pela posse ilegal, com as aquisições de terras públicas só se concretizando por intermédio da compra. Só adquiriam a propriedade aqueles que tivessem condições de pagar por ela, o que explica os latifúndios e o fato de imigrantes, trabalhadores brancos pobres, negros libertos e mestiços terem acesso limitado às terras que, quando ocorria, era como posseiros, numa situação de ilegalidade, sem direito ao título de propriedade.

O Código Comercial surge nessa mesma época, de olho no capital que teria novo destino com o fim do tráfico de escravos. Foi aprovado em 1850, como resultado de projeto elaborado por comerciantes e, de certa forma, com influência do pensamento liberal. Um dos maiores empreendedores brasileiros de todos os tempos, Irineu Evangelista de Souza, o Barão de Mauá, estava envolvido no projeto e o via com bons olhos, como uma etapa que devia ser vencida no caminho da modernização da civilização brasileira.

A burguesia nascente no Brasil, atrelada aos latifundiários, preferiu dar prioridade à regulamentação da vida econômica sobre a vida civil, o que fez com que as disposições do Código Comercial muitas vezes fossem utilizadas também no direito privado comum enquanto não surgissem leis específicas. Isso se dá até o advento do Código Civil em 1916.

Dividia-se o Código Comercial em três partes específicas, como consta no quadro a seguir. Observe-se a projeção que tem o direito marítimo na época.

Partes em que se divide a Lei n. 556, o Código Comercial de 1850

1. Do comércio em geral	Trata da qualidade de comerciante, das praças de comércio, dos auxiliares, dos banqueiros, dos contratos mercantis, das sociedades etc.
2. Do comércio marítimo	Trata das embarcações, dos proprietários, compartes e caixas dos navios, dos capitães ou mestres de navio, dos direitos e obrigações dos tripulantes, dos fretamentos, do contrato de dinheiro a risco ou câmbio marítimo, dos seguros marítimos, do naufrágio e salvados etc.
3. Das quebras	Aborda a natureza, declaração e efeitos das quebras, da reunião de credores e da concordata, dos administradores, dos dividendos, da liquidação, da reabilitação do falido, da moratória etc.

Vale destacar que na época a disseminação de capital de risco não era vista com bons olhos, portanto a separação de patrimônio entre sociedade e sócios, permitida na sociedade anônima, não só era exceção como dependia de autorização governamental para ser implementada. As origens das sociedades anônimas remontam à criação das companhias pelas Metrópoles, com a finalidade de obter melhor exploração de suas colônias. A contrapartida oferecida a essas companhias era, além do monopólio, a possibilidade de ter seu capital representado por ações de responsabilidade limitada. As sociedades comerciais previstas no Capítulo III (arts. 300 a 353) do Título XV é que eram a regra – sociedade em comandita, sociedades em nome coletivo ou com firma, sociedades de capital e indústria, sociedade em conta de participação.

14.8. O REGULAMENTO N. 737

Publicado o Código Comercial, havia um vazio jurídico a ser preenchido, já que a legislação processual utilizada, a que constava no Código de Processo Criminal, não se adequava ao disposto na Lei n. 556/1850. Portanto, com exceção do processo criminal, o regime processual adotado era o das Ordenações Filipinas. Coube ao Ministro da Justiça na época, Eusébio de Queirós, sancionar um decreto que trouxesse ordem ao processo e criasse os tribunais de comércio. Em 25 de novembro de 1850 é expedido o Decreto n. 737, mais conhecido como Regulamento n. 737. Apesar de estar direcionado a dar andamento à lei comercial, a regular o processo nas causas comerciais, funcionará como verdadeiro Código de Processo Civil no Brasil, deixando de vigorar apenas a partir da publicação do Código de Processo Civil de 1939. Aliás, com o advento do Decreto n. 763, de 19.09.1890, houve grande extensão no seu alcance, com maior amplitude na aplicação aos processos cíveis, ressalvadas as disposições das Ordenações Filipinas, relativas a processos especiais, como, por exemplo, as ações possessórias.

No sistema até então em vigor, das Ordenações, os juízes ordinários eram eleitos e não letrados. Como havia dois tipos de processo, um ordinário e outro sumário, no qual se resolviam as pendengas verbalmente, em vários casos as decisões eram informais, sem apelação e sem agravo. Na mesma rota do Código de Processo Criminal, que já havia trazido novidades em termos de processo civil, como a redução de todos os agravos ao agravo nos autos do processo (art. 14), o Regulamento n. 737, além de disciplinar os procedimentos a serem observados nos Tribunais do Comércio, apresentava a relação de atividades econômicas de mercancia, como compra e venda de bens móveis ou semoventes para revenda ou aluguel, indústria, bancos, logística, espetáculos públicos, seguros e armação e expedição de navios.

Partes em que se dividia o Decreto n. 737, o Regulamento n. 737

Primeira Parte	Tratava do processo comercial em geral (até a sentença), do juízo e do juiz, da aplicação da lei comercial, do conflito de leis, da competência, da conciliação, da citação, do foro competente, da ação ordinária, das exceções, da contestação, da reconvenção, das provas, das ações sumárias etc.
Segunda Parte	Essa parte compreendia as execuções.
Terceira Parte	Abordava os recursos (embargos, apelações e agravos), as nulidades do processo e da sentença e o recurso de revista.

Na elaboração do Regulamento n. 737 ainda se fazia presente a disputa entre liberais e conservadores que durava desde antes da Proclamação da Independência. Os liberais buscavam ampliar a participação dos poderes locais no procedimento e, para tanto, defendiam a descentralização das decisões, com a manutenção de juízes leigos, como os juízes de paz e os jurados; os conservadores, ao contrário, queriam centralizar as decisões. Como o poder da magistratura letrada ganhou força após a fundação dos cursos jurídicos no país, a reforma do processo coloca ordem nos preceitos em voga, mas nem de longe democratiza o acesso à Justiça. Essa reforma acaba por agradar liberais e conservadores, que no Brasil do século XIX sempre foram da mesma classe social, a dos proprietários. O texto do regulamento, feito pelo poder político, foi utilizado para a manutenção de privilégios, supervalorizando inclusive a própria organização da magistratura, que, além de ser um poder de Estado, nunca deixou de ser também um estamento social.

14.9. OS FUNDAMENTOS DOS DIREITOS PRIVADO E PÚBLICO

A dogmática jurídica da segunda metade do século XIX, fortemente influenciada pela bibliografia francesa, incorporou aos seus estudos as ideias e os conceitos de "natureza" e de "associação civil", desenvolvendo-os a par das unidades conceituais: "Direito Natural" e "Direito Político". Os "direitos naturais", encontrados nas obras dos autores do período, possuem dois fundamentos intrinsecamente acoplados e indissociáveis: o divino e o racional. A razão, uma dádiva divina, seria o procedimento segundo o qual o homem conheceria das leis naturais.

As leis divinas, cuja finalidade, segundo Brotero[6], seria a conservação e o aperfeiçoamento humano, ambos necessários à glória do ser supremo (Deus), dividir-se-iam em: reveladas e naturais. As leis naturais seriam as "que Deos determinou que o homem seguisse em suas acções, e que gravou no coração do mesmo homem, e fez pública a toda humanidade, por uma inata luz, que se chama razão"[7]. Já as reveladas, ou leis divinas positivas, seriam as anunciadas por profetas ou pessoas sobrenaturalmente inspiradas.

As leis da natureza, tão antigas quanto a razão humana, seriam obrigatórias em todos os países e tempos; seriam imutáveis e universais, portanto fundantes de todas as leis que, consequentemente, também seriam "verdadeiras e certas, visto que a mesma Natureza Naturante tem estes dous caracteres"[8]. As leis humanas ou civis, constituídas e ditadas pela soberania das nações, para fins de preservação da felicidade e da tranquilidade do homem, não deveriam contrariar as naturais, e, se o fizerem, não se deveria considerá-las válidas, pois contrariariam a razão e o próprio Deus[9].

---

6 José Maria Avellar Brotero. *Princípios de direito natural compilados*, p. 17. Brotero foi professor da Faculdade de direito do Largo de São Francisco até 1871, quando de sua aposentadoria (Waldemar Ferreira, Congregação da Faculdade de direito de São Paulo na centúria de 1827 a 1927. *Revista da Faculdade de Direito de São Paulo*, v. XXIV, p. 41-42, 1928). Sobre a polêmica apresentação de Princípios de direito natural compilados, de autoria de Brotero, ver: Sérgio Adorno, Os aprendizes do poder, p. 151.

7 José Maria Avellar Brotero. *Princípios de direito natural compilados*, p. 52.

8 José Maria Avellar Brotero. *Princípios de direito natural compilados*, p. 18.

9 José Maria Avellar Brotero. *Princípios de direito natural compilados*, p. 17 e 52.

Pimenta Bueno, avançando sobre os estudos constitucionais, dividiu os direitos em: (i) direitos naturais; (ii) direitos civis e (iii) direitos políticos. Os direitos naturais seriam morais e de revelação racional da criatura de Deus, portanto inalienáveis e imprescritíveis, características sem as quais o homem seria abatido, aviltado e deixaria de ser o que é. Tais direitos, compartilhados por todas as criaturas racionais de Deus, seriam, naturalmente, universais, imutáveis e hierarquicamente superiores à lei positiva, a qual não poderia contrariá-los[10].

Os direitos positivos, civis ou políticos, deveriam acima de tudo promover os Direitos Naturais, assegurando o próprio gozo deles. Entre os direitos positivos, os direitos civis conteriam os direitos naturais individuais e outros que a lei reconhecesse. Assim se manifesta Pimenta Bueno:

> Os direitos individuaes, que se podem tambem denominar naturaes, primitivos, absolutos, primordiaes ou pessoaes do homem, são, como já indicámos as faculdades, prerogativas moraes que a natureza conferio ao homem, como ser intelligente; são attributos essenciaes de sua individualidade, são propriedades suas inherentes á sua personalidade, são partes integrantes da entidade humana[11].

Já os direitos políticos seriam as criações convencionais das leis políticas (Constituições) e compartilhariam com os direitos civis não naturais o fato de serem particulares de cada nação e, portanto, mutáveis, segundo os diversos legislativos nacionais ou assembleias constitucionais[12].

As compreensões de Pimenta Bueno sobre os fundamentos do direito, tanto quanto a sua divisão e classificação, são compartilhadas por Ribas, que, a partir de citação direta ao Senador[13], avança em suas construções teóricas sobre os direitos público e privado. Segundo Ribas, o direito Público Positivo versaria sobre os princípios constitutivos do poder social, em seus diversos ramos, podendo, também, ser dividido em direito público interno e direito público externo. O direito público interno subdividir-se-ia em: direito político ou governamental e direito administrativo. Já esse último admitiria a divisão entre direito internacional ou das gentes e direito eclesiástico[14].

O direito político ou governamental regularia a relação entre os poderes, interviria nos negócios públicos; orientaria os principais órgãos do Estado sobre como se deveria dirigir a política internacional ou as suas próprias relações gerais com os associados. O direito político ou governamental teria íntima relação com o direito administrativo, mas com ele não se confundiria, apesar de complementá-lo[15], pois o direito administrativo desce à:

---

10 José Antonio Pimenta Bueno. *Direito publico brazileiro e analyse da Constituição do Imperio*, p. 390.

11 José Antonio Pimenta Bueno. *Direito publico brazileiro e analyse da Constituição do Imperio*, p. 390.

12 José Antonio Pimenta Bueno. *Direito publico brazileiro e analyse da Constituição do Imperio*, p. 389-390.

13 Antonio Joaquim Ribas. *Direito administrativo brasileiro*: noções preliminares, p. 31.

14 Antonio Joaquim Ribas. *Direito administrativo brasileiro*: noções preliminares, p. 27-28

15 Antonio Joaquim Ribas. *Direito administrativo brasileiro*: noções preliminares, p. 28-29; 49-50.

applicação individuada desse pensamento director, na gestão dos interesses diplomaticos e internos; na organização das instituições, que servem de instrumento e auxilio á sua multipla actividade; ou na administração dos interesses collectivos e dos individuaes, que em attenção ao interesse social cumpre serem protegidos[16].

O direito Privado, que os jurisconsultos romanos definiram: "*quod ad singulorum utilita – tem spectat*, (Inst. I. 1º tit. 1º § 4º, D. I. 1º tit. 1º c. 1º § 2º)", seria o conjunto de leis que regeriam as relações dos indivíduos entre si, determinando os seus direitos e deveres recíprocos[17]. Apesar das distinções entre os diversos ramos do direito, todos eles seriam estreitamente ligados e se auxiliariam de forma mútua, de maneira que:

> (i) Em certos casos a applicação do direito Administrativo pela autoridade administrativa presuppõe outra applicação do direito Privado pela autoridade judiciária"[18]. (ii) "É o direito Privado que regula o exercicio de certas attribuições administrativas, como a tutela sobre as corporações e instituições pias, e então torna-se subsidiario do direito Administrativo"[19]. (iii) "É tambem o direito Privado que empresta as formulas que são imitadas pelo processo contencioso-administrativo[20].

Por outro lado, o direito administrativo também auxiliaria o direito privado:

> (i) Protegendo o exercício dos direitos particulares que deste emanão"[21]. (ii) "Instituindo e regulando a organisação judiciaria, e dando as necessarias providencias para que ella possa livremente funccionar"[22]. (iii) "Providenciando tambem sobre a prevenção dos factos que o direito Penal prohibe, ou auxiliando as autoridades judiciarias a tornarem effectivas as applicações deste direito aos delinquentes"[23]. (iv) "Incumbindo ás autoridades judiciarias o exercício de algumas attribuições administrativas, de que ellas necessitão para o bom preenchimento de sua missão[24].

Vale destacar que o direito tributário estava contido na ciência das finanças e, principalmente, no que à época se entendia por direito administrativo. O comum era os assuntos tributários serem abordados nos manuais de direito administrativo, fato que perdurou praticamente até a promulgação do Código Tributário Nacional, em 1966, momento em que tais campos do conhecimento desvincularam-se de modo mais evidente.

---

16 Antonio Joaquim Ribas. *Direito administrativo brasileiro*: noções preliminares, p. 49-50.
17 Antonio Joaquim Ribas. *Direito administrativo brasileiro*: noções preliminares, p. 31; 49-50.
18 Antonio Joaquim Ribas. *Direito administrativo brasileiro*: noções preliminares, p. 32.
19 Antonio Joaquim Ribas. *Direito administrativo brasileiro*: noções preliminares, p. 32.
20 Antonio Joaquim Ribas. *Direito administrativo brasileiro*: noções preliminares, p. 32-33.
21 Antonio Joaquim Ribas. *Direito administrativo brasileiro*: noções preliminares, p. 33.
22 Antonio Joaquim Ribas. *Direito administrativo brasileiro*: noções preliminares, p. 33.
23 Antonio Joaquim Ribas. *Direito administrativo brasileiro*: noções preliminares, p. 33.
24 Antonio Joaquim Ribas. *Direito administrativo brasileiro*: noções preliminares, p. 33.

As noções de natureza e de direito, sob influência do Jusnaturalismo moderno, marcaram a doutrina jurídica brasileira da última metade do século XIX e determinaram os conceitos de direito, bem como a divisão do direito. Fundamento último de validade dos direitos individuais, a norma revelada pela razão confundia-se com os desígnios incontestáveis de Deus. Os direitos individuais diferenciavam-se, assim, dos direitos políticos por sua natureza e fundamento, estes direitos elaborados pelos homens para os homens e os primeiros revelados pela razão (uma dádiva de Deus) para a defesa dos indivíduos. A partir dessas noções, será pensada a operacionalização da divisão de poderes e, especialmente, a execução das leis pelo Executivo e pelo Judiciário, o que será determinante para a constituição das próprias instituições.

14.10. OS PODERES DE EXECUTAR A LEI

As instituições são moldadas segundo suas missões. Foi o que fez a doutrina jurídica da segunda metade do século XIX, constituindo dogmas sobre as funções, os limites, as garantias dos quatro poderes. Calcando no agir sob os direitos individuais racionais, algo que remontaria ao próprio desígnio divino, o Judiciário foi alçado a um patamar distinto ao do Executivo, cuja missão de executor das leis era similar, mas, igualmente, distinta à missão do Judiciário, pois este se encontrava no mundo dos homens, dos interesses e não era o fiador de direitos ou dos direitos dos indivíduos. Era o local de livre socorro de todos aqueles que tivessem seus bens perturbados, fossem estes materiais ou não.

O poder político, expressão natural e necessária da soberania, seria uma forma de poder delegado pela soberania nacional, a ser exercido para a garantia da manutenção do bem-estar social[25]. Conforme a Constituição de 1824, a soberania foi delegada à quatro poderes (Legislativo, Moderador, Executivo e Judicial), que, harmônicos entre si, conservariam e garantiriam a efetivação dos direitos constitucionais.

A contenção entre os poderes seria um meio eficaz de se evitar o despotismo e, para tanto, a soberania deveria ser fatiada e exercida nos limites de cada um dos quatro poderes[26]. Ao Executivo caberiam os poderes inerentes à defesa dos interesses e dos direitos públicos, enquanto ao Judiciário caberiam os poderes para a defesa dos direitos e dos interesses individuais (propriedade, liberdade, honra e vida)[27]. Já ao Legislativo caberia a produção das leis que vinculariam os exercícios do Executivo e do Judiciário. Por fim, o Poder Moderador seria o zelador da harmonia entre os demais poderes e existiria em quase toda a associação nacional incorporado ao Executivo[28].

A distinção entre os poderes do Estado não deveria ser compreendida como a absoluta, mas, sim, como a separação entre os órgãos de um ser vivo, cuja harmonia

---

25 José Antonio Pimenta Bueno. *Direito publico brazileiro e analyse da Constituição do Imperio*, p. 30-31.

26 Antonio Joaquim Ribas. *Direito administrativo brasileiro*: noções preliminares, p. 33

27 Antonio Joaquim Ribas. *Direito administrativo brasileiro*: noções preliminares, p. 35.

28 Antonio Joaquim Ribas. *Direito administrativo brasileiro*: noções preliminares, p. 30-31.

definiria a própria existência viva do ser[29]. Assim, os poderes poderiam ser distintos e até independentes, mas seriam, substancialmente, ligados entre si. Tal percepção fez com que Ribas não acentuasse a distinção, mas, sim, a harmonia e a organicidade dos poderes, permitindo ao administrativista incluir o Poder Judiciário nos ramos do Poder Executivo, este composto, também, pelos poderes governamental e administrativo[30]. Pimenta Bueno, que não incluía o Judiciário no rol dos poderes executivos, considerava que este se ocuparia da execução das leis de ordem pública ou administrativa (leis que regulam e protegem os interesses coletivos ou gerais da associação) e o poder judicial, da aplicação das leis que formam o direito Particular, a ordem civil que regularia e comporia os interesses dos indivíduos entre si[31].

O norte do Judiciário seria a Justiça e não o interesse público[32]; já o do Executivo seria a persecução do triunfo estatal, ainda que com o sacrifício dos indivíduos[33]. Mesmo acentuando a harmonia entre os poderes e considerando o Judiciário parte do Executivo, competiria ao Judiciário, segundo Ribas, o supervisionamento das relações individuais e recíprocas entre os associados, fazendo impor-se, mediante a aplicação das leis do direito Privado, o respeito aos direitos e deveres[34].

Coerente com as funções do direito Político, Ribas considerou que o ramo governamental do Executivo (também denominado político) teria uma missão inteiramente moral e de superintendência. Caber-lhe-ia:

> (...) perscrutar attento as tendências da opinião pública para esclarecê-las, e guiá-las; estudar as paixões do povo para moderá-las, dirigi-las e aproveitá-las em prol da causa pública; sondar todas as suas necessidades, todos os seus soffrimentos para saná-los, ou ao menos attenuá-los; finalmente cumpre-lhe, inspirando-se do pensamento nacional, formular princípios claros e exequíveis, transmiti-los aos agentes da administração, e traçar-lhes as vias que no seu desenvolvimento devem trilhar. O seu código é o direito Publico externo e interno[35].

Enquanto ao ramo governamental caberia a direção política da nação, ao ramo administrativo incumbiria a gerência prática dos interesses públicos em todos os pontos do território, com a execução das leis de interesse geral e coletivo prescritas na legislação administrativa[36]. Já quando a administração representasse o Estado, como pessoa

---

[29] Antonio Joaquim Ribas, *Direito administrativo brasileiro*: noções preliminares, p. 52-53.

[30] Antonio Joaquim Ribas, *Direito administrativo brasileiro:* noções preliminares, p. 51.

[31] Pode-se perceber a existência de uma preocupação explícita do autor com o abuso dos interesses coletivos e públicos frente ao direito de propriedade. O Judiciário seria o bastião da defesa dos interesses dos indivíduos, sendo estável e não sensível às mudanças de governo (Antonio Joaquim Ribas, *Direito administrativo brasileiro:* noções preliminares, p. 35).

[32] Antonio Joaquim Ribas, *Direito administrativo brasileiro:* noções preliminares, p. 35.

[33] José Antonio Pimenta Bueno, *Direito publico brazileiro e analyse da Constituição do Imperio*, p. 34-35.

[34] Antonio Joaquim Ribas, *Direito administrativo brasileiro*: noções preliminares, p. 52-53.

[35] Antonio Joaquim Ribas, *Direito administrativo brasileiro*: noções preliminares, p. 51.

[36] Antonio Joaquim Ribas, *Direito administrativo brasileiro:* noções preliminares, p. 51-52.

jurídica, em litígios sobre matéria pertencente ao "direito dos bens", submeter-se-ia à autoridade judicial, a quem cabe decidir com independência e soberania[37].

O desenho institucional desenvolvido pela dogmática jurídica seria insuficiente, caso deixasse ao mero dissabor da honestidade dos agentes públicos a sua concretização. Ao par da distribuição de poderes era necessário que se desenvolvessem métodos e critérios para a solução do conflito entre poderes, evitando que os conflitos, até mesmo, a existir, viessem a existir, mas – caso ocorressem – seriam satisfatoriamente resolvidos.

14.11. INTERPRETAÇÃO E FISCALIZAÇÃO DA APLICAÇÃO DAS LEIS

A precedência ou não da interpretação à aplicação das leis não era um problema em meados do século XIX. Adstritos à dogmática exegética, a doutrina jurídica desconsiderou os precedentes históricos da Retórica e a Tópica e agarrou-se à possibilidade da subsunção lógica do caso à norma, construindo um método – pretensamente – seguro de se dizer o direito. A interpretação da lei poderia e deveria ser a verdadeira, mas diante da possível violação da verdade, ou mesmo da incapacidade de se identificar a verdade da lei, haveria de existir formas eficazes de controle.

Pimenta Bueno[38] alertou aos seus leitores que a interpretação seria a declaração, a explicação do sentido da lei honestamente revelada por sábios ou jurisconsultos. Haveria, segundo o constitucionalista do Império, dois tipos de interpretação: (i) a autêntica, atributo exclusivo do Poder Legislativo, e a (ii) doutrinal, realizada pelos Poderes Executivo e Judiciário.

A interpretação autêntica, reveladora do verdadeiro sentido da lei, seria de cumprimento obrigatório quando declarado por via de disposição geral. Tal atributo do legislativo acendeu a dúvida sobre reanálises de casos que poderiam ter sido elucidados segundo interpretações "errôneas" da lei. Poderia uma interpretação declaratória retroagir para retificar atos já constituídos? Segundo Pimenta Bueno, seria admissível quando o legislador, por interesse público, indicasse expressamente a retroação, que, por sua vez, não poderia ofender a direitos individuais ou versar sobre matéria criminal[39].

"Nenhum outro poder é depositário real da vontade e intelligencia do legislador."[40] No entanto, diante da necessidade cotidiana de aplicação da lei, os executores deveriam formar opiniões, as quais jamais seriam infalíveis, pois a vontade e o pensamento do legislador seriam devidamente conhecidos apenas pelo próprio legislador[41]. Realizada

---

37 Antonio Joaquim Ribas, *Direito administrativo brasileiro:* noções preliminares, p. 53.

38 José Antonio Pimenta Bueno, *Direito publico brazileiro e analyse da Constituição do Imperio*, p. 69.

39 José Antonio Pimenta Bueno, *Direito publico brazileiro e analyse da Constituição do Imperio*, p. 69; 74; 76; 78-79.

40 Pimenta Bueno narra a disputa entre legislativo, Conselho de Estado e a Coroa na França, entre 1807 e 1837, externando sua inconformidade com qualquer tipo de delegação para interpretação das leis ao Conselho de Estado, pois tal atividade seria uma prerrogativa do Legislativo (José Antonio Pimenta Bueno, *Direito publico brazileiro e analyse da Constituição do Imperio*, p. 72-73).

41 José Antonio Pimenta Bueno, *Direito publico brazileiro e analyse da Constituição do Imperio*, p. 70.

pelos juízes e administradores, a interpretação, denominada doutrinal, seria dividida em: (i) interpretação judicial e (ii) interpretação administrativa. O primeiro tipo de interpretação doutrinal derivaria da obrigação legal do magistrado de declarar o verdadeiro sentido da lei, por meio de um processo de dedução lógica[42]. A interpretação doutrinal do agente administrativo diferiria da realizada pelo juiz apenas devido à autoridade habilitada para interpretar, pois o método dedutivo seria o mesmo utilizado pelo magistrado[43].

Diante da evidente incapacidade de o direito regular todas as condutas de uma sociedade, as leis circunscrever-se-iam em princípios ou em teses gerais que deveriam ser interpretados objetivando o oferecimento de soluções a casos concretos. A rigor, essa interpretação deveria ser apenas do legislador, mas, como isso seria impossível, tal função é delegada ao Judiciário, que poderia, para fins de aplicação da lei, estendê-la, esclarecê-la e mesmo suprir suas disposições, quando incompletas, obscuras ou omissas, sempre, para tanto, utilizando os Princípios Gerais do Direto, as regras de justiça, a equidade e os costumes, tal como deveria ser feito por árbitros legítimos entre partes[44].

Os desvios do Judiciário seriam limitados pelo Legislativo e pelo próprio Judiciário. O primeiro deveria agir elaborando leis que, dentre outras condutas, vedassem as decisões judiciais por disposições gerais (resolução), enquanto o Judiciário, por meio dos Tribunais, serviria para o restabelecimento da verdade, revogando interpretações falsas e evitando o erro ou o abuso, pois seria certo a possibilidade de erro ou prevaricação pelo juiz[45].

O controle da interpretação da lei pela administração seria realizado diretamente pelo Governo Central ou pelo Conselho de Estado, este sendo o que determina a unidade e a uniformidade da jurisprudência administrativa. A Administração e o Conselho de Estado nunca deveriam exceder suas atribuições às decisões sobre direitos individuais. No entanto, "havendo conflito entre regulamentos e direitos individuais, os tribunais seriam os órgãos competentes para a decisão"[46].

O "erro" na interpretação das leis poderia provocar a reforma da decisão no Tribunal ou, simplesmente, sua manutenção, perpetuando a injustiça, mas o "erro" poderia provocar, também, um conflito entre poderes, que, por interpretarem de forma diversa algum dispositivo legal de atribuição de competência, atribuir-se-iam o mesmo poder de "executar" a lei. A doutrina jurídica da época, sempre pronta a prestigiar o legislativo,

---

[42] O juiz deveria interpretar segundo a dedução e não pelas considerações das partes ou da doutrina dos jurisconsultos, pois tal competência, apesar de não explícita na Constituição, derivaria da própria independência do Judiciário. É certo que, se o juiz não pudesse interpretar a lei de forma independente e fosse ordenado a interpretar de determinado jeito, não restariam garantias aos direitos fundamentais, que, naturalmente, ficariam sob risco (José Antonio Pimenta Bueno, *Direito publico brazileiro e analyse da Constituição do Imperio*, p. 77-79.)

[43] José Antonio Pimenta Bueno, *Direito publico brazileiro e analyse da Constituição do Imperio*, p. 80.

[44] José Antonio Pimenta Bueno, *Direito publico brazileiro e analyse da Constituição do Imperio*, p. 78.

[45] José Antonio Pimenta Bueno, *Direito publico brazileiro e analyse da Constituição do Imperio*, p. 77-79.

[46] José Antonio Pimenta Bueno, *Direito publico brazileiro e analyse da Constituição do Imperio*, p. 80.

foi obrigada, por força da lei, a argumentar sobre a prevalência entre o Judiciário e o Executivo nos casos de conflito, justificando suas alternativas – mais uma vez – com fundamento nos direitos privados[47].

"O conflicto de attribuição é a que se eleva entre uma autoridade administrativa e outra judiciária, que disputão competência sobre uma questão dada."[48] Os conflitos de atribuição[49] poderiam ser positivos ou negativos. Os positivos seriam aqueles nos quais duas autoridades se julgariam competentes para conhecer a questão; já os negativos seriam os que ambas as autoridades se considerariam incompetentes. Conforme o direito brasileiro, apenas o procurador da coroa *ex officio*, ou a requerimento da parte, poderia levantar o conflito. Em regra, exigir-se-ia a proposição de uma exceção declinatória, com indicação da lei ou princípio que revelasse a usurpação por parte do Judiciário[50]. Após ouvir a autoridade judiciária, o presidente da província ou o procurador-geral da coroa, vendo que há usurpação dos poderes da administração, oficiaria à autoridade judicial para que suspendesse o processo até que se decidisse a questão. Tudo deveria ser enviado ao Ministério da Justiça para que este ouvisse a Seção de Justiça do Conselho de Estado[51].

O sistema de controle da interpretação e da aplicação das leis, além das formas próprias de controle da interpretação/aplicação e, também, da sistemática de resolução dos conflitos de atribuições, possuía, na fiscalização constitucional, uma forma de controle dos Poderes do Estado. O direito de inspeção (fiscalização), segundo Pimenta Bueno, seria um dos principais atributos delegados pela soberania nacional ao Legislativo[52]. Assim prescreve o texto Constitucional em seu art. 15: "É da attribuição da Assembléa Geral: VIII. Fazer Leis, interpretal-as, suspendel-as, e rovogal-as; (...) IX. Velar na guarda da Constituição, e promover o bem geral da Nação".

---

47 A "theoria ou systema" que intervém e soluciona o conflito de atribuições é fundamental para assegurar a distinção e a independência recíproca dos poderes e de suas funções (José Antonio Pimenta Bueno, *Direito publico brazileiro e analyse da Constituição do Imperio*, p. 295).

48 José Antonio Pimenta Bueno, *Direito publico brazileiro e analyse da Constituição do Imperio*, p. 295.

49 Não se deveria confundir tal conflito com o de jurisdição, apesar de ser confusão comum, estando presente no próprio regulamento do Conselho de Estado (José Antonio Pimenta Bueno, *Direito publico brazileiro e analyse da Constituição do Imperio*, p. 295-296).

50 Não havia previsão legal sobre a invasão do Judiciário pela administração. Tal previsão era necessária, segundo Pimenta Bueno (José Antonio Pimenta Bueno, *Direito publico brazileiro e analyse da Constituição do Imperio*, p. 295).

51 Segundo Pimenta Bueno, a resolução do conflito de atribuição entre o Judiciário e o Executivo deveria ser atribuída ao Governo, pois, embora este acabasse atuando como juiz e parte, retirar dos tribunais algumas atribuições é um inconveniente menor do que seria o Judiciário retirar atribuições do Executivo. Por desvirtuar, em muito, das funções legislativas, não caberia tal função ao Legislativo, que, além do mais, não se reuniria permanentemente. A decisão do Conselho de Estado não anularia os julgados senão indiretamente e só no que houvesse incompetência do Judiciário (José Antonio Pimenta Bueno. *Direito publico brazileiro e analyse da Constituição do Imperio*, p. 295).

52 Seria uma garantia valiosa dos administrados sobre a correção das condutas dos seus administradores, um instrumento valioso contra os abusos ministeriais (José Antonio Pimenta Bueno. *Direito publico brazileiro e analyse da Constituição do Imperio*, p. 105).

A Fiscalização constitucional[53], conforme prescrita pelo art. 173 da Constituição, determinava que a Assembleia Geral deveria, no início de suas sessões, examinar possíveis violações à Carta Política. Dessa fiscalização dependia a inviolabilidade dos Direitos Civis e Políticos dos cidadãos brasileiros, fundados na liberdade, na segurança individual e na propriedade. O "controle de constitucionalidade", termo não utilizado à época, era estendido a todo cidadão, que, por escrito, poderia apresentar ao Poder Legislativo e ao Executivo reclamações, queixas, ou petições e até mesmo expor qualquer infração à Constituição, requerendo a efetiva responsabilização dos infratores.

A construção de uma dogmática da interpretação e da aplicação das leis, provocou, por medida de segurança, uma dogmática do controle da aplicação e interpretação da lei. O principal postulado dogmático era aquele que distinguia os agentes aplicadores, cabendo ao Judiciário os direitos individuais e ao Executivo o direito público. A partir dessa separação, houve uma atenção maior aos direitos individuais e, portanto, ao Judiciário, sendo o Executivo compreendido como um poder com alto grau de discricionariedade, enquanto os magistrados eram bocas da lei. Toda a dogmática da aplicação e controle da lei acaba por convergir para a separação entre os poderes, mas fundante dos direitos que se aplicavam nas duas esferas eram os direitos naturais e os direitos públicos.

14.12. O RESULTADO PRÁTICO DA APLICAÇÃO DOS DIREITOS INDIVIDUAIS PELO JUDICIÁRIO NO SÉCULO XIX

A separação entre os poderes, bem como os conceitos e classificações do direito, fornece fértil fonte de pesquisas, conduzindo as leituras e as investigações a caminhos pouco explorados pela historiografia jurídico-política da literatura jurídica.

Tradicionalmente pensada pela Teoria Política ou pela Teoria do Estado, a partir dos clássicos de Locke, de Montesquieu, dos Federalistas e, até mesmo, do Renascimento italiano e da história política inglesa. A ideia e o debate sobre a separação dos poderes se impuseram à maioria da literatura jurídico-política como uma discussão sobre o equilíbrio, a ponderação e a redução de um ou mais poderes. O foco, talvez exagerado, na "engenharia política", que pareceu ser o objeto principal dos autores que trabalharam o tema da separação dos poderes, sombreou outras possibilidades explicativas, dentre elas, os pressupostos teóricos de produção do discurso jurídico-político e seu instrumental explicativo. A dogmática jurídica, como espaço discursivo que atribui os sentidos necessários à compreensão e à aplicação do direito, figura como um privilegiado campo para a análise da separação dos poderes e do universo conceitual a ela vinculado, como a distinção entre Justiça administrativa e Justiça judicial.

---

[53] De todas as leis a que demandaria maior inspeção seria a Constituição, pois fundamenta todas as outras, as garantias individuais e a própria existência da sociedade política (José Antonio Pimenta Bueno, *Direito publico brazileiro e analyse da Constituição do Imperio*, p. 105).

À distinção entre as esferas de Justiça, segundo suas funções e finalidades, deve-se adicionar outra divisão, muito mais antiga: distinção entre os direitos públicos e privados, objetos das Justiças administrativa e judicial. Constituída pelo direito romano, a separação entre direito público e privado, estudada e conhecida pelos juristas do século XIX, foi apropriada e ressignificada, passando a gozar de fundamentos normativos distintos aos dos romanos. O direito privado, no século XIX, passou a se fundamentar no direito natural, enquanto o direito público fundou-se na vontade da nação, prescrevendo-se, ainda que de forma silenciosa, uma hierarquia entre os dois ramos do direito. Superior, por ser natural, o direito privado mereceria um tratamento diferenciado ao do direito público.

Dada a própria naturalidade do direito privado, sua aplicação e interpretação não careceriam de grandes reflexões ou operações conceituais, visto que a aplicação do direito natural era "natural", ou seja: de simples cálculo lógico. Como a interpretação e a aplicação do direito privado não requereriam muita sapiência ou poder, o magistrado e o próprio poder judiciário não foram alvos de grandes preocupações, especialmente quanto aos limites dos seus poderes. Controlado principalmente pela responsabilização pessoal dos magistrados e pelos julgamentos dos conflitos de atribuições, não era crível à doutrina da época a alta probabilidade de usurpação de poderes pelo Judiciário.

O magistrado, no ideário da época, deveria ser um árbitro das causas privadas, alguém apto a assegurar a inviolabilidade dos direitos. O juiz seria, como previsto na Constituição, um fiador da liberdade, da segurança individual e da propriedade[54], o que indicava sua real missão: a proteção dos direitos individuais da elite econômica e política do período. Para o fiel cumprimento de seu mister, dever-se-ia garantir ao magistrado a independência e a inamovibilidade, impondo-lhe a vinculação ao direito. Distintamente, os agentes do Executivo (poder governamental e administrativo) seriam parciais e móveis, exercendo seus poderes, até certo ponto, de forma discricionária.

Preso ao cárcere da subsunção lógica dos casos às normas de direito natural, o magistrado da segunda metade do século XIX arbitrava e aplicava racionalmente o direito particular (privado) aos conflitos de interesses individuais, garantindo a preservação dos direitos humanos de primeira geração à elite econômica, fortalecendo a subordinação do público ao privado e justificando a separação entre as justiças administrativa e judicial. Temos resquícios fortes desse comportamento interpretativo até os dias atuais!

14.13. LEI ÁUREA E OUTRAS LEIS "ABOLICIONISTAS"

Em 14 de novembro de 1921, em território francês, morria Isabel Cristina Leopoldina de Bragança, a Princesa Isabel, também conhecida como "Princesa Redentora". Nascida em 29 de julho de 1846, no Rio de Janeiro, ela era a segunda filha de D. Pedro II e da Imperatriz Tereza Cristina. Isabel foi por três vezes regente do

54 "Os direitos absolutos que derivão da mesma natureza do homem, e se reduzem a três pontos principaes, a saber liberdade, segurança individual e propriedade" (Visconde do Uruguay, *Ensaio sobre o direito administrativo*, p. 6).

Império, nas ausências do Imperador D. Pedro II, ocasiões em que sancionou diversas leis, entre elas as referentes ao primeiro recenseamento do Império, à naturalização de estrangeiros, ao desenvolvimento da viação férrea, à solução de questões de limites territoriais e às relações comerciais com países vizinhos. Em 28 de setembro de 1871 sancionou a Lei do Ventre Livre e, em 13 de maio de 1888, a Lei Áurea, lei esta que extinguiu juridicamente a escravidão no país. Foi graças à Lei Áurea que a Princesa Isabel alcançou lugar de destaque na História do Brasil. Seguem as origens do que culminará com a tão festejada Lei Áurea.

Há mais de quinhentos anos o Brasil foi invadido por colonizadores europeus em busca de riquezas, mas o trabalho de exploração da colônia era árduo. A solução encontrada foi a oficialização da escravidão como política econômica, fato que contaminou as relações raciais e sociais, com consequências até hoje.

O principal contingente de escravos foi obtido na África, dando início a próspero comércio, sendo também o mais desumano deles: a venda de seres humanos! De humilhação em humilhação, perde-se tudo, da dignidade à própria condição de humano – foi o que os colonizadores europeus e depois os residentes na colônia fizeram com os povos africanos que aqui aportaram. Após a permissão da escravidão, vários foram os atos oficiais que limitaram de alguma forma esse comércio, alguns com ares de fraternidade e inclusão social da população negra, mas nenhum com respaldo suficiente para liquidar a triste realidade de exploração vigente. Algumas dessas leis se devem à campanha abolicionista, movimento social e político ocorrido entre 1870 e 1888, que defendia o fim da escravidão no Brasil e contou com a participação de políticos e intelectuais importantes, como Joaquim Nabuco e José do Patrocínio.

Houve leis anteriores ao movimento abolicionista que também trataram da matéria, como a **Lei Eusébio de Queirós**. Com ela, a extinção do tráfico de escravos foi aprovada em 1850. Como os escravos continuavam a entrar no país, foi complementada em 1854 pela **Lei Nabuco de Araújo**, que impôs rígida fiscalização policial e severas penas aos traficantes. No entanto, a escravidão começou a declinar não pela proibição do tráfico de escravos, reforçada em 1850, já que leis anteriores tratavam da matéria, mas pela mudança na economia local, que progressivamente começou a substituir os escravos por imigrantes europeus assalariados. Como consequência direta do movimento abolicionista, temos:

Lei do Ventre Livre: o Partido Liberal, de oposição, compromete-se publicamente com a causa, mas é o gabinete do Visconde do Rio Branco, do Partido Conservador, que promulga a primeira lei abolicionista, a Lei do Ventre Livre, em 28 de setembro de 1871. De poucos efeitos práticos, declaravam-se livres todos os filhos de mãe escrava nascidos a partir da promulgação da lei, mas ficavam eles sob a tutela de seus senhores até atingirem a idade de 21 anos. Quando a criança completasse 8 anos podia optar entre receber uma indenização do Estado ou utilizar os serviços da criança até que completasse 21 anos. Percebe-se que foi lei meramente contemporizadora, não resolvendo em nada o problema do negro escravizado.

Lei dos Sexagenários: em 1884 o Ceará antecipa-se à nação e decreta o fim da escravidão em seu território. A decisão cearense aumentou a pressão da opinião pública sobre as autoridades federais, culminando, em 1885, por proposta do ministro liberal

José Antônio Saraiva e aprovada pelo ministério conservador do Barão de Cotegipe, na Lei Saraiva-Cotegipe, mais conhecida como Lei dos Sexagenários. Com ela, ganharam liberdade os escravos com mais de sessenta anos, mediante compensações a seus proprietários. A lei não apresenta resultados significativos, já que poucos cativos atingiam essa idade e os que sobreviviam não tinham de onde tirar o próprio sustento ou pagar pela libertação, como previa a Lei.

Lei Áurea: somente em 13 de maio de 1888 o governo imperial rendeu-se às pressões, com a assinatura da Lei n. 3.353, que declarou extinta a escravidão no Brasil:

> A PRINCESA IMPERIAL Regente em Nome de Sua Majestade o Imperador o Senhor D. Pedro II, faz saber a todos os súditos do IMPÉRIO que a Assembleia Geral Decretou e Ela sancionou a Lei seguinte:
>
> Art. 1º É declarada extinta desde a data desta Lei a escravidão no Brasil.
>
> Art. 2º Revogam-se as disposições em contrário.
>
> Manda portanto a todas as autoridades a quem o conhecimento e execução da referida Lei pertencer, que a cumpram e façam cumprir e guardar tão inteiramente como nela se contém.
>
> O Secretário de Estado dos Negócios d'Agricultura, Comércio e Obras Públicas e Interino dos Negócios Estrangeiros Bacharel Rodrigo Augusto da Silva do Conselho de Sua Majestade o Imperador, o faça imprimir, publicar e correr.
>
> Dado no Palácio do Rio de Janeiro, em 13 de Maio de 1888 – 67º da Independência e do Império.
>
> Apenas o senado aprovou quase unanimemente o projeto, irrompeu uma salva prolongada de palmas, e vivas e saudações foram levantadas ao senado, ao gabinete 10 de março, à absolvição, aos senadores abolicionistas e a S. A. Imperial Regente.

Foi desse modo que o jornal Gazeta de Notícias relatou a aprovação da Lei Áurea, legislação que colocou fim a praticamente quatro séculos da mais vil das explorações: a escravidão.

Foi a Lei n. 3.353, de 13 de maio de 1888, o ponto final em uma série de medidas demagógicas que nunca atacaram de verdade essa chaga que carregamos em nossa história. Lei do Ventre Livre, Lei do Sexagenário e tantas outras serviam apenas para aplacar o ímpeto dos que lutavam por justiça social, mas, longe de beneficiar os escravos, atendiam mais aos interesses econômicos de seus senhores.

A Lei Áurea beneficiou juridicamente os escravos, mas da maneira mais irresponsável possível deixou de lado o grave problema social gerado por séculos de escravidão. Com isso, não só ficaram as feridas abertas, como os ex-escravos e seus descendentes continuaram a ter uma vida de privações, não conseguindo até hoje a tão sonhada ascensão social. Se juridicamente foram libertados da escravidão, o único item do ideário da Revolução Francesa a que tiveram acesso foi a liberdade. Igualdade e fraternidade ainda estão longe de serem alcançados. Os descendentes de pessoas escravizadas, no Brasil, não foram beneficiados pelo fim da sociedade estamental, a principal conquista da burguesia. Ainda no século XXI temos grande massa afastada do conhecimento, da saúde e do respeito à dignidade humana, condição não condizente com o grau de civilidade que dizemos ter.

Vale citar passagem da obra *Brasil: uma biografia*[55]:

> E, se a ideia é não esquecer, não há como deixar de mencionar a enraizada e longa experiência social da escravidão, a qual acabou por dar forma à sociedade brasileira. Essa marca continua presente ainda nos dias de hoje, na nossa arquitetura (nos minúsculos "quartos de empregada" ou nos elevadores de serviço – na verdade para serviçais), no nosso vocabulário, nas práticas cotidianas de discriminação social e racial ou de culpabilização dos mais pobres, com frequência negros. A própria definição de escravo já significava a negação dos direitos fundamentais de liberdade e igualdade. Escravo, juridicamente, é o indivíduo destituído de direitos, ou, na definição clássica, *servus non habet personam* – aquele que não tem nome, nem sobrenome ou passado. É certo que escravizados refizeram tal definição no Brasil, rebelando-se, praticando toda sorte de reação e negociando sua condição. Mas no cerne da nossa comunidade permaneceu, teimosa, a concepção de que existiriam homens, por natureza, diversos; repartido por sua história, sua biologia e condição. Tanto que o destino dos homens livres pobres, aliás, a grande maioria da população, não seria muito diferente emaranhados a estruturas de dominação como o mandonismo e o coronelismo, giraram em torno das "relações de favor"; expediente muito mais exercido a partir de estruturas de dependência pessoal do que pautado numa cartela de direitos civis ou sociais. Na verdade, "o favor", essa sorte de moeda nacional e de larga circulação interna, representa a própria negação dos direitos. Implica um inflacionamento dos poderes pessoais e privados em detrimento da esfera oficial e pública.

14.14. QUILOMBOS – A PRESERVAÇÃO DE UMA IDENTIDADE SOCIAL E ÉTNICA

O art. 215 da Constituição Federal estabelece que o Estado deve proteger as manifestações culturais e formas de expressão de diferentes grupos formadores da sociedade brasileira. Já o art. 68 do Ato das Disposições Constitucionais Transitórias (ADCT) garante o reconhecimento definitivo de propriedade aos remanescentes das comunidades de quilombos que estejam ocupando suas terras, devendo o Estado emitir-lhes os títulos respectivos. Essas comunidades, que se constituem em territórios étnicos e preservam costumes, tradições, condições sociais, culturais e econômicas específicas, foram formadas a partir do século XVII inicialmente como resultado da fuga de negros africanos que se opunham à escravidão. Mas, apesar de historicamente os habitantes reconhecerem esses territórios como seus, falta-lhes o documento formal que garante a propriedade. Para tanto é necessário demonstrar, por um processo histórico, o direito

---

[55] Schwarcz e Starling. *Brasil:* uma biografia. p. 500-501.

dos habitantes dos quilombos – conhecidos como quilombolas – à posse e propriedade daquilo que, mais do que evidente, lhes pertencem.

Quilombo, que na língua banto significa "povoação", foi definido, em 1740, pelo Conselho Ultramarino Português como "toda habitação de negros fugidos, que passem de cinco, em parte despovoada, ainda que não tenham ranchos levantados e nem se achem pilões nele". Por incrível que pareça, foi essa caracterização que influenciou vários pensadores, que passaram a admitir a existência de quilombos como algo pretérito, cuja existência coincidia com o regime escravocrata e tão somente isso. É o que afirma Neusa M. M. de Gusmão, no artigo "*Os direitos dos remanescentes de quilombos*" (*Cultura Vozes*, n. 6, nov.-dez. 1995), em que diz ser reduzida a visão histórica sobre as comunidades rurais estabelecidas pela comunidade negra. Essa "redução" é proposital, fruto de uma ideologia que ignora propositalmente os efeitos da escravidão no Brasil e, principalmente, o que aconteceu logo após a abolição da escravatura: total falta de política pública que buscasse a inserção do antigo escravo na sociedade. Com isso, não foi regularizada a posse de terras às comunidades de escravos e descendentes de escravos que legitimamente as detinham à época.

O primeiro passo para garantir a essas comunidades o acesso oficial às suas terras é enquadrá-las como oriundas de antigos quilombos, reconhecendo em seus habitantes uma identidade quilombola. É necessário, portanto, ater-se ao próprio conceito de quilombo, ampliando o seu entendimento além da versão disseminada pela nossa cultura como sendo apenas os agrupamentos resultantes da fuga de escravos.

Várias são as origens das comunidades quilombolas, portanto não podemos reduzir o termo "quilombo" apenas a esses agrupamentos e a seus escassos remanescentes. Esses territórios originaram-se a partir de alguns fatores, como a rebelião de cativos que eram mantidos em senzalas de grandes fazendas; doações de terras realizadas a partir da desagregação de lavouras de monoculturas; compra de terras pelos próprios escravos, fugidos ou libertos; terras recebidas pela prestação de serviço militar. Não importa a origem dessas ocupações, o que realmente deve ser avaliado é que são frutos de um regime que sempre alijou os escravos e seus descendentes do processo aquisitivo e decisório.

Considerando que o principal conceito de quilombo deve ser, sobretudo, o da autonomia, e não o especificado pela definição do Conselho Ultramarino, conclui-se que qualquer agrupamento de afrodescendentes em que haja autonomia, sem passar pelo grande proprietário, deve ser identificado como quilombo e, assim, ser garantido o direito à propriedade da terra a essas comunidades.

Apesar de esses agrupamentos, em determinadas ocasiões, efetivarem trocas que, inclusive, interessam a vários comerciantes locais, que lucram com os produtos produzidos no interior dessas comunidades, o que conta é a sua não integração à sociedade estabelecida. Fato que comprova essa realidade é que o trabalho livre sobre a terra não garantiu aos ex-escravos o acesso a ela quando da Abolição. Nem depois, sendo lamentavelmente necessário inserir artigo específico na nossa Constituição Federal para regular o assunto. Aliás, quando da abolição preferia-se indenizar os ex-senhores de escravos a indenizar os recém-libertos...

Foi a necessidade de regulamentação do art. 68 do ADCT (atualmente regulamentado pelo Decreto n. 4.887, de 20.11.2003) que serviu de catalisador para a redefinição do termo quilombo, que passou a abranger vários outros grupos que não os remanescentes de escravos que não aceitavam viver sob o jugo de outros "humanos".

O que se busca para que certas comunidades sejam enquadradas no citado artigo constitucional é a existência de uma identidade social e étnica compartilhada por esses grupos, além de uma avaliação do tempo em que as terras são ocupadas pelas respectivas comunidades. Adicione-se a necessidade de esses grupos étnico-raciais terem trajetória histórica própria e serem dotados de relações territoriais específicas, com presunção de ancestralidade negra relacionada com a resistência à opressão histórica sofrida. É de bom tom salientar que pelo fato de o acesso à terra ser tradicionalmente garantido pelo parentesco, pela hereditariedade, e essa terra ser objeto de cobiça de pessoas que habitam fora da comunidade, a luta pela manutenção do seu território nas últimas décadas de certa forma construiu a identidade dos quilombolas.

Esses grupos rurais negros lutam hoje pelo direito de continuar ocupando e transmitindo às futuras gerações o território que receberam de seus antepassados. Não é qualquer território, mas aquele que simboliza a luta contra a dominação, conformada em relações coletivas ajustadas para superar as pressões sofridas. Como a identidade dos quilombolas se constrói sempre numa correlação profunda com o seu território, fica ele impregnado de significações relacionadas à resistência cultural. Portanto, a permanência no território original é fator decisivo não só para a autoestima desses agrupamentos, mas também para a própria preservação étnica.

Nada mais lamentável que um país, na sua formação histórica, tenha obrigado parte da sua população a autossegregar-se para tentar obter o mínimo de dignidade. Passou da hora, e muito, de validar formalmente a ocupação da terra pelos quilombolas. E isso é só o começo!

14.15. EXEMPLO PRÁTICO – O JULGAMENTO DA "FERA DE MACABU"

Na história da sociedade brasileira há casos evidentes da ausência de efetividade do direito penal, tanto pela prática do perdão como pela falta de vontade política dos governantes. Em todo o período colonial e em parte do Império, as normas que vigoravam (até 1830) eram as Ordenações do Reino (Afonsinas, Manuelinas e Filipinas), famosas pela severidade extrema de seu texto, que previa inclusive mutilações. Nem por isso a violência deixou de existir, pois a impunidade é que imperava, com a prática do perdão ligada à família real portuguesa, funcionando como legitimação ideológica do poder real. Ao lançar mão do terror e da clemência, o rei se tornava, ao mesmo tempo, senhor da Justiça e mediador da graça. Além disso, era da tradição portuguesa que o instituto do perdão fosse utilizado para fins de povoamento, como de fato aconteceu na ocupação de nossas terras.

Durante o reinado de D. Pedro II, tentou-se mudar o quadro já institucionalizado de impunidade, principalmente em relação aos mais abastados, já que os destituídos de posses presentes nesse grupo, os escravos, eram os únicos a sentir o peso da mão da (in)Justiça. Era o momento de grandes avanços, como o fim do tráfico negreiro, a aprovação do Código Comercial e a promulgação da Lei de Terras, que extinguiu o sistema de sesmarias. Foi nesse contexto que ocorreu o julgamento de Manoel da Motta Coqueiro, homem abastado da cidade de Macaé, no Rio de Janeiro, que exercia grande influência política na região.

Coqueiro foi condenado à morte por haver sido considerado mandante do assassinato de uma família de colonos: Francisco Beneditino, sua mulher e seis filhos do casal, tendo escapado do infortúnio apenas uma filha, Francisca. Os colonos habitavam uma das fazendas de Motta Coqueiro, a localizada próximo à Vila de Macabu – daí a alcunha "Fera de Macabu". A principal testemunha de acusação foi a escrava Balbina, líder espiritual da senzala da Fazenda Bananal, sob cujo catre foram encontradas roupas ensanguentadas das vítimas. Balbina poderia ter sido considerada suspeita do crime, mas acabou se tornando a principal testemunha de acusação. Tudo indicava que o fazendeiro fora o mandante; os indícios o acusavam. Coqueiro era amante de uma das filhas do colono assassinado, Francisca, que estava grávida; pouco tempo antes do massacre havia ocorrido séria discussão entre o pai da moça e o fazendeiro. Durante o processo, este tentou se defender por todas as formas, mas sem sucesso, já que dois erros prejudicaram gravemente sua defesa: a troca de advogados em momentos importantes e o fato de ele ter fugido assim que foi acusado, "confiando" na impunidade que reinava na época. Preso, Coqueiro foi julgado e condenado à morte. Após a condenação ser ratificada pelos tribunais superiores, foi-lhe também negada por D. Pedro II a graça imperial. Exemplarmente, seria executado.

A história deixa entrever que Coqueiro sabia quem havia sido o verdadeiro mandante do massacre, mas por questão de foro íntimo não o quis revelar. Na véspera da data fatídica, confessou-se a um padre, que ficou totalmente transtornado com as palavras do sentenciado. Tudo indica que nesse momento o fazendeiro contou quem era o verdadeiro mandante. Para muitos, Úrsula, esposa de Coqueiro, indignada com a descoberta do relacionamento extraconjugal do marido, teria sido a verdadeira responsável pela barbárie.

José do Patrocínio assim descreve a execução da "Fera de Macabu":

> A um golpe dado na corda, o corpo do sentenciado bateu em cheio no tablado e o carrasco veio, de um salto, colocar-se sobre ele, carregando-lhe com a mão sobre a boca. Estava desafrontada a sociedade. Rufaram os tambores, canglorarm as cornetas e o carrasco desceu para recolher-se de novo à fermentação silenciosa dos seus ruins instintos. A confraria desfilou precedida pela sua bandeira e fechada pela cruz, onde a cabeça descorada do Cristo parecia ter-se inclinado ainda mais. É que, desfeiando-a, na história da humanidade redimida negrejava mais uma iniquidade.

A execução da "Fera de Macabu", em Macaé, no Rio de Janeiro, no dia 6 de março de 1855, era para ser exemplar, na luta do governo contra a impunidade, mas, desgraçadamente, acabou entrando para a história como erro judiciário. Após a constatação da injustiça cometida, D. Pedro II, que fazia questão de ser e parecer justo, passou a atender a todos os pedidos de graça e a comutar as penas capitais proferidas. A aplicação da pena de morte foi diminuindo, sendo sistematicamente comutada pelo Imperador, até ser abolida de fato.

INDICAÇÃO DE FILME

Mauá: o imperador e o rei (Brasil). Direção de Sérgio Rezende. 1999.

O filme retrata a vida do Barão de Mauá, no século XIX, que ficou famoso por ser um empreendedor e industrial em uma época – o período colonial – na qual o Brasil era ainda essencialmente agrícola.

Netto perde sua alma (Brasil). Direção de Beto Souza e Tabajara Ruas. 2001.

O filme é uma adaptação do livro homônimo de Tabajara Ruas. Conta a história do general que participou da Guerra dos Farrapos (1835-1845) e da Guerra do Paraguai (1861-1866).

Danton: o processo da revolução (Polônia/França/Alemanha). Direção de Andrzej Wajda. 1982.

O filme retrata o final do século XVIII, em que um antigo líder da Revolução Francesa revolta-se contra o governo francês, liderado por Robespierre, que implanta o terror entre a população, mesmo após a promulgação da Declaração de Direitos do Homem e de se ter apregoado a liberdade, a igualdade e a fraternidade.

Guerra do Brasil (Brasil). Direção de Sylvio Back. 1986.

O filme retrata a Guerra do Paraguai, conflito bélico ocorrido entre 1864 e 1870, envolvendo Brasil, Argentina, Uruguai e Paraguai, que vitimou em torno de um milhão de pessoas.

QUESTÕES

1. Em 1850, temos a publicação do Código Comercial, dos Regulamentos n. 737 e 738, da Lei de Terras e da Lei Eusébio de Queiroz. Explique o contexto histórico que fez essas leis surgirem em um mesmo ano no Brasil.
2. Abordando os respectivos momentos históricos, disserte a respeito da relação que se deu entre a Igreja Católica e o Estado a partir da Constituição do Império de 1824 e, posteriormente, com a promulgação da Constituição Republicana de 1891.
3. Quais as características básicas do Estado Liberal que surgiram, se fortaleceram e predominaram no mundo Ocidental a partir do século XIX?
4. Apesar de Teixeira de Freitas, um dos maiores juristas brasileiros, ter elaborado um projeto de Código Civil durante o Segundo Império, o Brasil só publicou seu primeiro Código Civil em 1916. Quais os motivos de o século XIX não ter sido contemplado com um Código Civil brasileiro?

Capítulo 15

A REPÚBLICA E O DIREITO

15.1. PRIMEIRA REPÚBLICA (REPÚBLICA VELHA)

O contexto temporal, situado entre os últimos momentos do Império e os primeiros anos da República, é de grandes transformações, onde pululam diversas ideologias importadas e mal absorvidas, bem como avançam os valores burgueses em face dos tradicionais. As mudanças são processadas no âmbito das mentalidades, pois sob o aspecto político e social a ordem liberal já havia sido parcialmente incorporada no Império, como exemplificam a Lei de Terras e a da abolição da escravatura, cujos conteúdos incorporam elementos tipicamente liberais, assim como a própria Constituição de 1824, garantidora de uma série de liberdades como a de manifestação de pensamento, de reunião, de profissão. As mudanças na legislação imperial pareciam, inclusive, mais afeitas à democracia que as republicanas, já que, mesmo apresentando uma cláusula de barreira econômica ao eleitor (voto censitário), a legislação do Império permitiu maior participação da população nas eleições indiretas (cerca de 10%) que aquelas realizadas em 1894, quando aproximadamente 2% da população teve acesso às urnas graças ao novo e principal critério de exclusão dessa última eleição: o analfabetismo. Mas, justiça seja feita: as primeiras eleições diretas no Império contaram com apenas 1% do eleitorado, proporção inferior às eleições diretas na República.

15.1.1. Os republicanismos e a desestabilização do Segundo Reinado

Da chegada do café ao Brasil, em 1727, até o seu apogeu, no século XX, a produção cafeeira transformou os locais por onde passou, modificando a economia e a sociedade brasileira. Produzido, inicialmente, no Vale do Paraíba, o café, ao longo dos séculos XIX e XX, migrou, paulatinamente, para o Oeste Paulista, deslocando o centro econômico e político da província do Rio de Janeiro e da cidade do Rio de Janeiro para o estado de São Paulo e sua capital. Na fase vale-paraibana de expansão do café, formou-se uma elite econômica que se beneficiou da malha de trilhas, abertas pela mineração; da proximidade com o porto do Rio de Janeiro; do clima propício; da então quantidade abundante de terras; da facilidade de contato com financiadores da corte, além da grande oferta de mão de obra escravizada[1].

Os produtores de café, longe de serem nobres ou membros da alta nobiliarquia portuguesa, como se autoproclamaram os barões do café, descendiam ou eram: comerciantes pequenos proprietários ou militares de alta patente. Possuidores legais ou não, o ambiente do século XIX era de conflito pela terra. Além do investimento para o negócio em si, ter capangas armados para a defesa da terra foi essencial para que a grande propriedade se firmasse, garantindo a ascensão dos cafeicultores ao patamar que outrora fora ocupado pelos senhores de engenho[2].

Consumido largamente na Europa e nos Estados Unidos da América, o café transformou-se rapidamente no principal produto de exportação brasileiro. Apesar da importância econômica desses senhores, a Coroa não se deslocou a reboque dos seus interesses, o que provocou conflitos que, após sedimentação, não puderam ser amenizados por títulos de nobreza e mesmo financiamentos estatais. A forma arredia com a qual se movia a burocracia em relação aos barões do café, denotava a visão subalterna que a elite burocrata possuía, não apenas do povo, mas também dos cafeicultores.

Como topo da elite, eles eram dotados, e em grau acentuado, certas características que marcavam essa camada, sobretudo a grande distância social e cultural em relação ao grosso da população, e a proximidade ao centro do Estado. Pelo que eram e de onde se achavam, era um Brasil especial o que viam e o que julgavam dever representar. Esse Brasil era como um sistema heliocêntrico, dominado pelo sol do Estado, em torno do qual giravam os grandes planetas do que chamavam as "classes conservadoras" e, muito longe, a miríade de estrelas da grande massa do povo[3].

15.1.1.1. Escravismo e cafeicultura

O gabinete conservador do Marquês de Porto Alegre, apoiado pela burocracia, incluindo os magistrados, e, também, pelos grandes proprietários fluminenses, ascendeu ao poder em setembro de 1848. Dentre os membros do Gabinete de Porto Alegre, o Ministro da Justiça – Eusébio de Queirós – seria notabilizado pela História do Brasil. Filho de um juiz luso-angolano, nascera em Angola e casara com uma brasileira da elite urbana da Corte. Distante dos negócios escravistas e sob pressão britânica, o Ministro Eusébio de Queirós produziu, em 1850, a Lei que viria a ser batizada com o seu nome e cujo conteúdo prescrevia a apreensão da carga humana encontrada em embarcações brasileiras ou estrangeiras em território nacional. A Lei Eusébio de Queirós buscava dar efetividade à Lei de 7 de novembro de 1831, que vedava o tráfico negreiro e determinava a apreensão das embarcações em caso da existência de evidências sobre o uso da nave para o tráfico de escravizados.

---

1 Cf. Jane Victal e Rodrigo Vitorino Assumpção, Fluxo, migração e fixação na Capitania de São Vicente: o vetor de expansão urbana no Vale do Paraíba, p. 155.

2 Cf. Luis Fernando Cerri, *Non Ducor, Duco*: a ideologia da paulistanidade e a escola, p. 117-119.

3 Cf. José Murilo de Carvalho, *A Construção da Ordem – A elite política imperial/O Teatro das Sombras – A política imperial*, p. 375.

A proibição do tráfico negreiro foi um dos pontos nevrálgicos da relação entre os barões e a Coroa, criando a cisão ou cizânia que os opôs até a queda do Império. Da Lei Eusébio de Queirós à irremediável crise entre os cafeicultores e a Monarquia, passou-se menos de 40 anos, período no qual a crença na dependência da economia brasileira do sistema escravista de mão de obra era combatida pelos abolicionistas, mas compartilhada entre as elites e as classes medianas. Naturalmente, o governo, envolto pelas elites e também pelas classes medianas, gozava da opinião destes grupos, mas via-se pressionado pela Inglaterra.

A cadeia econômica da venda de seres humanos é mais complexa que a simplificação promovida pelo senso comum histórico, segundo o qual haveria três momentos: apresamento, venda/compra e exploração do trabalho na forma escrava. Nessa simplificação, omite-se a complexidade econômica e política do modelo comercial escravagista. A escravidão era comum em algumas culturas africanas, como no Reino de Oyó que, em dado momento, passou a ser um exportador de seres humanos. Localizado próximo ao Golfo de Benin, o reino africano possuía local privilegiado para o escoamento da mão de obra escravizada, apresada após conflitos bem-sucedidos com outros povos[4].

Antes do traficante, ou seja, do comerciante interatlântico, a mão de obra escravizada cumpria um importante papel econômico em civilizações africanas organizadas. O enraizamento do escravismo o tornava natural, dificultando qualquer ruptura, seja por motivos econômicos, seja por motivos culturais. O traficante, em geral brasileiro ou português, adquiria o ser humano, feito escravo, em diversos locais de comércio da costa africana ou em locais próximos a ela, vendendo-os em praças como Recife, Salvador e Rio de Janeiro. Os comerciantes de escravizados, com seus altos lucros, gozaram, por muito tempo, de prestígio e, enquanto durou a atividade, tinham influência para manter sua atividade ilegal longe dos homens da lei.

Introduzida na economia cafeeira, a mão de obra escravizada passou a ser sinônimo de produção. Tal qual se contabilizam máquinas e insumos, na agricultura de hoje, os escravizados – como mercadoria – eram contabilizados e acima de tudo, para os barões do café, eram produtos adquiridos com seus recursos econômicos, ou seja: os escravizados faziam parte dos investimentos para a produção do café. A dependência ao sistema escravista era, portanto, complexa, desde a sua origem até os mercados consumidores estadunidenses e europeus. Mexer na escravidão era mexer com mais da metade da economia brasileira e com interesses que transbordavam o território nacional.

Composto por uma série de acontecimentos de evidentes conotações políticas e jurídicas, o processo que desembocou no fim da escravidão em território brasileiro foi marcado, após a Lei Eusébio de Queirós (1850), pela Lei do Ventre Livre (1871). Segundo este último estatuto legal, os filhos de mulher escravizada que nascessem no Império seriam considerados livres. Os menores ficariam sob o poder dos senhores de suas mães, devendo estes senhores criá-los até os oito anos, quando o senhor teria

---

4 Oyó foi um dos mais poderosos estados do Golfo do Benin, chegando a controlar, segundo João José Reis, os reinos do Daomé, Borgu e Nupe, o que fez de Oyó um reino controlador, entre os séculos XVII e XIX, dos povos de cultura Iorubá. Mais de 50% dos escravizados emancipados em 1848 eram iorubás. Cf. João José Reis, Flávio dos Santos Gomes e Marcus J. M. de Carvalho, *O Alufá Rufino*: tráfico, escravidão e liberdade no Atlântico Negro, p. 11; 12; 15 e 178.

a opção de receber indenização do Estado ou de utilizar-se dos serviços do menor até a idade de 21 anos. A indenização deveria ser

> (...) paga em titulos de renda com o juro annual de 6%, os quaes se considerarão extinctos no fim de 30 annos. A declaração do senhor deverá ser feita dentro de 30 dias, a contar daquelle em que o menor chegar á idade de oito annos e, se a não fizer então, ficará entendido que opta pelo arbitrio de utilizar-se dos serviços do mesmo menor. (§ 1º do art. 1º da Lei do Ventre Livre)

É francamente perceptível, pela simples leitura do texto legal, a ineficácia da maior parte das normas da Lei do Ventre Livre, a começar pela previsão de desvencilhamento do serviço obrigatório, pelos menores, mediante indenização. As obrigações impostas aos senhores intensificaram os discursos oposicionistas, mas não gozaram da efetividade necessária para galgar a simpatia plena dos abolicionistas. O texto que segue bem dimensiona o tamanho do problema criado pelo governo:

> § 3º Cabe tambem aos senhores criar e tratar os filhos que as filhas de suas escravas possam ter quando aquellas estiverem prestando serviços. Tal obrigação, porém, cessará logo que findar a prestação dos serviços das mãis. Se estas fallecerem dentro daquelle prazo, seus filhos poderão ser postos à disposição do Governo. § 4º Se a mulher escrava obtiver liberdade, os filhos menores de oito annos, que estejam em poder do senhor della por virtude do § 1º, lhe serão entregues, excepto se preferir deixal-os, e o senhor annuir a ficar com elles. § 5º No caso de alienação da mulher escrava, seus filhos livres, menores de 12 annos, a acompanharão, ficando o novo senhor da mesma escrava subrogado nos direitos e obrigações do antecessor. § 6º Cessa a prestação dos serviços dos filhos das escravas antes do prazo marcado no § 1º, se, por sentença do juizo criminal, reconhecer-se que os senhores das mãis os maltratam, infligindo-lhes castigos excessivos. § 7º O direito conferido aos senhores no § 1º transfere-se nos casos de successão necessaria, devendo o filho da escrava prestar serviços á pessoa a quem nas partilhas pertencer a mesma escrava. (Lei do Ventre Livre)

Tal lei desagradou aos senhores e aos abolicionistas, tratando-se de ato destinado a reduzir o potencial de revolta entre os negros, acalmando a massa escravizada, o que não contava com a apoio dos deputados do Centro-Sul, mas gozou de adesão de seus colegas de Câmara do Norte-Nordeste, composto, em grande parte, por burocratas leais ao governo Central[5].

Apesar de toda a força para a manutenção e a intensificação da escravização, a Revolução Industrial anunciava novas formas de produção e com elas requeria-se trabalhadores remunerados, aptos a consumir a grande quantidade de produtos que passaram a ser produzidos industrialmente. A Inglaterra, país precursor da Revolução Industrial, lançou-se contra o uso de mão de obra escravizada e, consequentemente, contra o apresamento, o comércio e o uso de escravizados. O Império, grande devedor

---

5 Cf. Christiane Laidler, A Lei do Ventre Livre: interesses e disputas em torno do projeto de abolição gradual, p. 196-199.

de bancos ingleses, viu-se oprimido, por um lado, pela pressão externa e pelos abolicionistas e, por outro, pelos barões do café e por grande parcela da sociedade.

Foram diversas as iniciativas britânicas para pôr fim ao regime escravista, em especial, ao tráfico. Entre as medidas mais significativas, o Bill Aberdeen[6] permitiu à Marinha inglesa tratar qualquer navio negreiro como pirata[7]. No entanto, mesmo antes dessa lei, os ingleses apresavam navios negreiros, como ocorreu, por exemplo, em 1841, quando a Escuna Euro, que carregara escravizados, foi apresada e seu proprietário levado a julgamento[8]. Esse não foi um caso isolado, mas uma prática dos ingleses para a expansão do mercado de consumo e de sua produção industrial. A escravidão estava com os dias contados.

Havia grande desconforto pairando na vida social, um incômodo que, por mais que se tentasse ocultar, era visível a todos, o que só tornava o desconforto mais evidente. A verdade – no dizer de Nabuco – é que era ofensiva à suscetibilidade nacional admitir ser o Brasil um país escravocrata, o que fazia o governo brasileiro empenhar-se, por ação ou omissão, em fazer crer, ao mundo, que a escravidão estava em seu epílogo. Espalhava-se que os escravizados estavam sendo libertados em grande proporção e, ainda, que os filhos das escravizadas nasciam livres. O País sabia, no entanto, que, após a Lei de 1871, a vida dos escravizados não mudara quase em nada. Em 1883, nas palavras de Nabuco, tudo o que era indecoroso, humilhante, triste para o governo, era cuidadosamente apagado[9].

O mal-estar brasileiro com a escravidão, que já era antigo, só aumentava. Teixeira de Freitas[10], jurista de notório saber, esquivou-se da escravidão ao escrever o seu comemorado Projeto de Leis Civis. O civilista optara por não manchar a sua obra com a escravidão, pois esta já estaria fadada à extinção. O jurista optou, então, por organizar as regras civis da escravidão em um Código Negro, deixando a sua Consolidação das Leis Civis limpa para servir a posteridade.

O discurso de Teixeira de Freitas, que beira ao cinismo, foi atacado frontalmente, de forma elegante, por Joaquim Nabuco:

> As disposições do nosso Código negro são muito poucas. A escravidão não é um contrato de locação de serviços que imponha ao que se obrigou certo número de deveres definido para com o locatário. É a posse, o domínio, o sequestro de um homem corpo, inteligência, forças, movimentos, atividades – e só acaba com a morte. Como se há de definir juridicamente o que o senhor pode sobre o escravo, ou que este não pode contra o senhor? Em regra, o senhor pode tudo. Se quiser

---

6 Lord Aberdeen era o Ministro das Relações Exteriores da Inglaterra.

7 "Poucos no Brasil se atreviam a defender o 'infame comércio', mas tornou-se rotina na imprensa e no parlamento o protesto contra a arrogância da Marinha inglesa. Esse discurso nacionalista e ufanista, anti-inglês, ganharia cada vez mais adeptos, principalmente depois do Bill Aberdeen, em 1845, que permitia que os cruzadores ingleses caçassem negreiros no litoral brasileiro" (João José Reis, Flávio dos Santos Gomes e Marcus J. M. de. Carvalho, *O Alufá Rufino*: tráfico, escravidão e liberdade no Atlântico Negro, p. 202).

8 João José Reis, Flávio dos Santos Gomes e Marcus J. M. de Carvalho, *O Alufá Rufino*: tráfico, escravidão e liberdade no Atlântico Negro, p. 144.

9 Joaquim Nabuco, *O abolicionismo*, p. 85 e 89.

10 Augusto Teixeira de Freitas, *Consolidação das Leis Civis*, p. XXXVII.

> ter o escravo fechado perpetuamente dentro de casa, pode fazê-lo; se, tendo ele mulher e filhos, quiser que eles não se vejam e não se falem, se quiser mandar que o filho açoite a mãe, apropriar-se da filha para fins imorais, pode fazê-lo. Imaginem-se todas as mais extraordinárias perseguições que um homem pode exercer contra outro, sem o matar, sem separá-lo por venda de sua mulher e filhos menores de quinze anos – e ter-se-á o que legalmente é a escravidão ente nós. A Casa de Correção é, ao lado desse outro estado, um paraíso. Exceto a ideia do crime – que é pior que a sorte do escravo mais infeliz, tomando-se por exemplo um condenado inocente – não há comparação entre um regime de obrigações certas, de dependência a lei e dos seus administradores, e um regime de sujeição como sua propriedade, a um indivíduo, que pode ser um louco ou um bárbaro[11].

O Visconde do Rio Branco, quando no exercício do seu mandato de Ministro das Relações Exteriores, também tentou escamotear-se da escravidão, o que ocorreu em duas etapas: em 1857 e em 1868. Durante as tratativas para a celebração de um tratado de extradição entre Brasil e França, o texto final do acordo não pôde ser concluído, pois o Brasil não abrira mão, na composição do tratado, da devolução de escravizados fugitivos. Em 1868, mais uma vez, tentou-se celebrar o acordo, mas a França exigiu que escravizados extraditados ao Brasil fossem tratados como cidadãos, pois, como inexistia escravidão em território francês, os escravizados, apropriados por brasileiros, ao pisarem na França, converter-se-iam em homens livres. Tudo isso angustiava o Visconde do Rio Branco que tinha, segundo Joaquim Nabuco, grande repugnância em mencionar a palavra "escravo" em documentos internacionais[12].

Independentemente da continuidade do tráfico, de forma ilegal, a importação de escravizados, com o Bill Aberdeen e com a Lei Eusébio de Queirós, sofreu uma drástica redução, o que provocou abundância de capital no mercado. Tratava-se do dinheiro que seria escoado aos traficantes interatlânticos e que agora era dirigido ao tráfico entre regiões do Brasil, mas tais recursos alimentaram, também, iniciativas tipicamente capitalistas, como bancos, empresas de navegação, indústrias, diversificando, ainda que timidamente, as atividades econômicas brasileiras. Entre os destinos dos escravizados, que eram deslocados do Nordeste para o Sudeste, o Oeste paulista figurou como grande região receptora, o que demonstrava a expansão e a potencialidade da nova área produtora de café[13].

Compreendida nas regiões de Campinas, Rio Claro, São Carlos, Araraquara, Catanduva, Pirassununga, Casa Branca e Ribeirão Preto, a nova região cafeicultora do Brasil produzira cana-de-açúcar, mas ingressara na aventura do café com a queda dos preços da cana. A nova cultura agrícola tornou-se o carro-chefe da região e, por fatores naturais, econômicos e políticos, acabou por ser a principal região produtora, deslocando a centralidade econômica do país para a província paulista. A Construção da estrada de ferro de Santos a Jundiaí, a disponibilidade de terras virgens para expansão, solos, clima e topografia apropriados contribuíram decisivamente para o sucesso da empreitada dos novos cafeicultores. Parcela da elite do Vale do Paraíba deslocou-se

---

11 Joaquim Nabuco, *O abolicionismo*, p. 90.

12 Joaquim Nabuco, *O abolicionismo*, p. 95.

13 Richard Graham, Nos tumbeiros mais uma vez? O comércio interprovincial de escravos no Brasil, p. 138-139.

para o Oeste Paulista, mas, grosso modo, instituíram-se dois grupos distintos: os barões do Oeste Paulista e os do Vale do Paraíba[14].

Apesar de produzir poucos efeitos práticos, a Lei de 1871 acirrara os ânimos e as diferenças entre abolicionistas e escravistas, clivando uma evidente diferença entre os deputados, o que refletia as elites: o Sul votara majoritariamente contra a Lei do Ventre Livre, enquanto o Norte posicionara-se favoravelmente. O Sul, a partir do Sudeste, refletia a elite cafeicultora e suas franjas, enquanto o Norte representava, em muito, a burocracia e elites da borracha, da cana e do algodão, estas duas escravistas, mas economicamente muito desabastecidas de escravizados, perante o poder de compra dos barões do café. Em 1884, refletindo o pouco interesse do Norte pela mão de obra escravizada, o Ceará, unilateralmente, proclamou a abolição da escravidão, em mais uma etapa do curso inexorável que culminaria em 1888.

Em 1885, a Lei dos Sexagenários, proposta sob a égide de um gabinete liberal e aprovada sob a vigência de um gabinete conservador, preparava os ânimos para a abolição, porém a abolição que se buscava desenhar era aquela promovida mediante a indenização dos proprietários de escravizados. Em seu art. 3º, a Lei Saraiva-Cotegipe (Lei dos Sexagenários) previu que os escravizados poderiam ser libertados, mediante indenização de seu valor, o que deveria funcionar como estímulo estatal ao fim da escravidão. Às vésperas da abolição, os escravistas almejaram a criação de instrumentos legais que compensassem as alforrias que já se mostravam, no horizonte, inevitáveis.

Mergulhado no espírito de seu momento, os movimentos abolicionistas espalhavam-se pelo interior e promoviam a fuga de escravos, desorganizando a produção cafeeira. Não era prudente, diante do quadro geral, que se investisse em escravidão, o que fez com que a imigração se tornasse uma opção segura e necessária para o preenchimento do vazio deixado na lavoura. Em 1888, agarravam-se à escravidão os cafeicultores fluminenses, cujos representantes compuseram oito dos nove deputados que se opuseram à Lei de 13 de maio. A escravidão já havia ruído.

Ao sucesso do Oeste Paulista, paulatinamente correspondeu a decadência do Vale do Paraíba. Com solos desgastados pelos anos de uso, e com uma elite endividada com agentes financeiros e comerciantes de escravizados, os fazendeiros do Vale sentiram brutalmente a Abolição, decretada em 13 de maio de 1888. O Oeste Paulista sofreu menos, pois já havia ensaiado, antes de 1888, a substituição de escravizados por mão de obra importada da Europa, especialmente da Itália. Com antecedentes desde 1847, no Oeste Paulista, a imigração de trabalhadores foi incentivada pelo Governo da Província de São Paulo, a partir de 1871, chegando em 1884 a criar-se imposto provincial sobre a mão de obra escravizada, com o intuito de financiar a imigração. Em 1886, Martinho Prado Jr. e Antônio da Silva Prado criaram a Sociedade Promotora da Imigração que, em território europeu, promovia a imigração para o Oeste Paulista. Todas essas iniciativas colaboraram para o aumento de 6.500 imigrantes em 1885 para 91.826 em 1888[15].

---

14 Cf. J. R. de Araújo Filho, O café, riqueza paulista, p. 83.

15 Cf. Marcelo Freitas Soares de Moraes Cruz, *Resgate – Revista Interdisciplinar de Cultura*, p. 193-186; Richard Graham, Nos tumbeiros mais uma vez? O comércio interprovincial de escravos no Brasil, p. 137-138; Guilherme Vilela Fernandes, Tributação e escravidão: o imposto da meia siza sobre o comércio de escravos na província de São Paulo (1809-1850), p. 102-113; Paulo Cesar Gonçalves, A cidade de São Paulo: um entreposto de braços para a lavoura cafeeira, p. 5-7.

A imigração europeia atendia a necessidade de mão de obra e, ao mesmo tempo, promovia o embranquecimento da população, em larga escala mestiçada e, também, negra. Com a solução migratória, "resolvia-se", segundo o pensar racista da época, dois problemas, relegando os negros à ociosidade. É certo que os ex-escravizados eram pouco desejosos de retornar à lavoura, mesmo em condição diversa à anterior, afinal as lembranças recentes da escravidão impunham aos negros a desconfiança, ou melhor, a quase certeza de que não seriam tratados como trabalhadores. Certamente, tal lembrança também povoava a mente dos senhores que dificilmente tratariam os negros como brancos. O problema não resolvido no final do século XIX ou no início do século XX marca a condição social de negros e mestiços, sem solução até os dias de hoje.

15.1.1.2. Os Republicanismos

O discurso republicano, perceptível no Brasil desde o século XVII, adquiriu, no século XVIII, os sentidos insurgentes que, ao longo dos séculos subsequentes, misturaram-se aos ideais e aos interesses políticos e econômicos, moldando a diversidade de sentidos com os quais os republicanos do século XIX constituíram seus repertórios de ideias republicanas. Dentre as matrizes do pensar a República, destacaram-se a da Antiguidade Romana, a do renascimento italiano, a inglesa do século XVII, a norte-americana do século XVIII e a francesa dos séculos XVIII e XIX[16]. Em meados do final do século XIX, as referências republicanas se misturaram, em maior ou menor grau, para formatar os discursos republicanos que enfraqueceram e justificaram a derrubada do Segundo Reinado.

O repertório de ideias republicanas era amplo e antigo, o que levou a historiografia republicana a criar uma linha sucessória entre diversos eventos históricos, a começar pela Conjuração Mineira. Nitidamente evolucionista, mas coerente com a sua época, a interpretação historicista, oferecida por autores como Felisbello Freire[17], nos impede de apreender o limite entre o mero discurso político, cujo objetivo era a legitimação da Proclamação da República, e a honesta convicção de que a República se concretizou por ser fruto do inexorável progresso da humanidade. Aceitável, no entanto, é o reconhecimento de que, por convicção ou interesse, as ideias de continuidade e progresso alimentaram a legitimação da Proclamação, afastando dela a interpretação, durante o início do século XX, de golpe de estado.

Ao lado das contestações republicanas de matiz político-liberal, influenciadas por revoluções e ideias norte-americana e francesa, perceptíveis a partir do final da década de 1860, as oligarquias brasileiras passaram, em nome das províncias, a contestar a centralidade do poder, requerendo mais autonomia política, administrativa e tributária. Aos interesses oligárquicos, circunstancialmente, moldou-se um liberalismo: eram ideias que coincidiam com interesses. Dessa conjugação,

---

16 Cf. Heloísa Starling, *Ser Republicano do Brasil colônia*, p. 7-9.

17 Felisbello Freire "Inconfidência de Minas, grande movimento político e berço das nossas tradições republicanas", p. 308.

pregava-se por: autonomia do Judiciário, extinção da justiça administrativa, fim do Poder Moderador e, especialmente, por um modelo de federalismo no qual a descentralização política proveria as províncias da autonomia necessária para o controle da política bancária, da decisão sobre a aplicação das rendas governamentais, da política de imigração e, ainda, ofereceria aos cidadãos de províncias sub-representadas, como São Paulo, representação proporcional à dos cidadãos das demais províncias. O surgimento desse movimento republicano conservador assentou-se, em 1873, com a criação do Partido Republicano Paulista (PRP), agremiação composta pela oligarquia cafeeira paulista.

Os republicanos do Rio de Janeiro, distintamente dos conservadores, inseriram no debate republicano as liberdades civis e políticas, o que se desdobrou, naturalmente, para a discussão sobre a expansão da representação, ou seja, sobre a democracia. As garantias individuais e o fim do sistema escravagista, novamente em contraste com os republicanos paulistas, eram presentes nos discursos dos republicanos da corte que parecia afinar-se com os conservadores paulistas em torno do federalismo, bandeira das duas correntes. No entanto, mesmo convergindo sobre o federalismo, o modelo pregado por ambos era distinto e divergente. A real convergência dos dois movimentos era o antimonarquismo, este sim fator de convergência entre os dois grupos[18].

Os republicanos da corte sabiam que a estruturação da monarquia brasileira estava assentada na teoria do governo misto[19] e, por isso, buscaram desestabilizá-la por meio de discursos acentuadamente democráticos e de defesa do progresso, em contraposição ao Antigo Regime. Os discursos republicanos preocupavam-se mais com o ataque à Monarquia do que com a defesa clara de proposições para a reforma política, pois esses republicanos percebiam a monarquia constitucional como uma miscelânea de absolutismo com democracia, algo incompatível com a "evolução natural da sociedade". A república, como forma de governo "mais adiantada", seria inevitável e necessária ao progresso do País[20].

Organizada em Congressos Agrícolas, a oligarquia do Café, preocupada com a intenção da Coroa de intervir no mercado de trabalho, promovendo a abolição da escravatura, combateu a Monarquia por suas posições reformistas e passou a adotar, parcialmente, o discurso liberal, o que serviu de fachada para a reação oligárquica, cujo propósito era o de instalar um parlamentarismo aristocrático, no qual apenas as elites tivessem o controle do Estado[21].

---

18 Christian Edward Cyril Lynch e Cláudio Pereira de Souza Neto, O Constitucionalismo da inefetividade: a Constituição de 1891 no cativeiro do estado de sítio, p. 89-90.

19 O governo misto, presente na estrutura política romana, é elemento fundamental da teoria do republicanismo clássico, segundo a qual pode haver equilíbrio político entre duas câmaras, uma ocupada pela aristocracia, outra pela democracia (Christian Edward Cyril Lynch, Do Direito à Política: a Gênese da Jurisdição Constitucional Norte-Americana, p. 15-40, *passim*.

20 Christian Edward Cyril Lynch e Cláudio Pereira de Souza Neto, O Constitucionalismo da inefetividade: a Constituição de 1891 no cativeiro do estado de sítio, p. 92.

21 Christian Edward Cyril Lynch, *O Momento Monarquiano*: o Poder Moderador e o Pensamento Político Imperial, p. 91.

A versão rural do republicanismo, protagonizada pela oligarquia cafeicultora paulista, inspirava-se no darwinismo social spenceriano[22], ideologia que laureava todos aqueles que ocupavam as posições de poder como indivíduos mais aptos na disputa social da qual teriam participado. É como pensava Alberto Sales, para quem a pujança econômica paulista derivaria da superioridade racial, psicológica e cultural da elite econômica cafeicultora, descendente do que havia de melhor entre os colonizadores portugueses. A decadência econômica do resto do Brasil era explicada pela miscigenação do branco com o negro e com o indígena, em contraposição à pureza presente na genealogia paulistana, o que teria garantido "o notável desenvolvimento moral e intelectual de São Paulo"[23].

Na busca incessante por modelos que extinguissem o poder para a reforma social pelo alto, a aristocracia rural aderiu sucessivamente ao federalismo e ao republicanismo, especialmente depois da Lei Áurea. O sentido liberal-republicano, para os paulistas da oligarquia cafeicultora, deveria determinar: a não intervenção do Estado no mercado ou na sociedade, bem como um modelo federalista que não permitisse a redistribuição da riqueza, recém-concentrada em São Paulo, entre as demais províncias. A liberdade comercial e industrial, a separação entre a Igreja e o Estado e a liberdade de ensino eram corolários para essa elite cafeicultora que pensava, ainda, ter o direito de dispor dos recursos públicos provinciais segundo seus interesses[24].

Os projetos republicanos, do Rio de Janeiro e o de São Paulo, representavam as novas faces dos dois partidos monárquicos, sob uma roupagem republicana e federalista. Os antigos republicanos, essencialmente democráticos e de origem urbana, constituíram-se como liberais históricos e sucessivamente como radicais e republicanos propriamente ditos. Muito ativos nos jornais, nos debates públicos e nas ruas, o republicanismo do Rio de Janeiro não se aglutinou em um grupo de interesse como os paulistas e mineiros, por meio dos Partidos Republicanos Paulista e Mineiro.

O influxo conservador não era coisa estranha aos olhos do modelo de república defendido pelo republicanismo agrário paulista. Esses republicanos, recém-convertidos, concebiam o espaço público, nos limites de seus interesses, como sendo o dos proprietários de terras, dos profissionais liberais e dos altos funcionários do Estado, assemelhando-se ao conceito de "nação", idealizado pelos conservadores: um modelo aristocrático e menos inclusivo que o da Monarquia vigente. Indispostos com o reformismo imperial, a maior parte dos conservadores monarquistas aceitaram, sem pesar, o golpe militar e o governo provisório dele decorrente. Poucos dias depois do

---

22 Herbert Spencer, por meio de ponderações pretensamente científicas, opunha-se à intervenção do Estado no mercado, pois pressupunha a ideologia do mercado perfeito, segundo a qual a competição promoveria a evolução natural, laureando os mais aptos. Assim, exigia-se que o Estado se abstivesse de intervir na sociedade, sob pena de interromper a evolução social, promovendo a ignorância, retardando o progresso e comprometendo a sobrevivência dos mais aptos. Consequentemente, Spencer repudiava a legislação social, o direito à greve e a sindicalização, pois interfeririam no processo de competição (Herbert Spencer, *El individuo contra El Estado*).

23 Alberto Sales, *A Pátria Paulista*, p. 102.

24 Christian Edward Cyril Lynch e Cláudio Pereira de Souza Neto, *O Constitucionalismo da inefetividade*: a Constituição de 1891 no cativeiro do estado de sítio, p. 91 e 93.

15 de novembro, praticamente toda a grande aristocracia rural já estava nas fileiras do Partido Republicano.

15.1.2. Aspectos jurídico-políticos

A concepção restritiva de participação popular presente na Constituição do Império apenas mudou de aparência na Constituição republicana. Ambas excluíam, na melhor das hipóteses, 90% da população, demonstrando que o processo que desembocaria na República dos Estados Unidos do Brasil, apesar das diversas concepções democráticas que o animou, foi monitorado e controlado pelos donos do poder, pelas oligarquias ávidas por maior divisão do poder entre aqueles que faziam parte do um centésimo dos cidadãos ativos na República do Brasil, pois poderiam, então, concorrer ao Senado, antes vitalício, e gozar, também, de maior autonomia política em suas unidades da Federação. É sintomático e não apenas simbólico que ao mesmo tempo que os constituintes exigiram alfabetização para qualificar o cidadão, excluíssem do texto da nova Constituição a obrigação do Estado de promover meios para a educação da população. A ordem que se inaugurava em 1889 era cruelmente liberal, abandonando, por exemplo, o direito ao socorro público do texto do Império e quase criminalizando o direito de greve no texto do Código Criminal de 1890.

Com a queda do Império, vários grupos colocaram-se em disputa: representantes das oligarquias, da pequena classe média urbana, assim como algumas lideranças, como Silva Jardim que, independentemente de suas origens de classe, eram crentes do ideal republicano e do futuro da República brasileira. As tendências políticas republicanas haviam se agrupado ainda no Império e compunham-se de liberais republicanos, novos liberais, positivistas abolicionistas, federalistas positivistas e federalistas científicos, ou seja, um conjunto disforme que unia conservadores e radicais jacobinos. Com a estabilização da República, conservadores esqueceriam os discursos democráticos de outrora e assumiriam, sem pudor, à frente de seus negócios públicos ou privados, o controle da República dos Estados Unidos do Brasil.

Os federalistas de São Paulo, Minas Gerais e Rio Grande do Sul, representantes dos principais grupos oligarcas e os militares formaram o eixo central do movimento que comandaria o golpe republicano. Os paulistas, representantes do interesse dos produtores de café, logo se associaram aos mineiros, grandes produtores de leite, formando a política do café com leite que, além de excluir do primeiro plano políticos, militares e gaúchos, imperou no Brasil, com raras exceções, de 1898 ao final da Primeira República. Antecedeu à estabilidade da política do café com leite a preocupação dos grupos liberais quanto à sua pretensa hegemonia, pois os militares estavam no poder e temia-se um prolongamento do governo provisório em forma de ditadura, o que impossibilitaria a regular alternância no poder, típica da democracia e no contexto em questão útil às oligarquias. Assim, para dar forma constitucional ao Brasil, convocou-se uma assembleia constituinte que se responsabilizaria pela elaboração da primeira carta jurídico-política republicana do Brasil, mas não sem antes observar os estudos da comissão dos cinco mais um – a comissão responsável pela elaboração do anteprojeto de Constituição.

A comissão dos cinco, composta por: Joaquim Saldanha Marinho, presidente; Américo Brasiliense de Almeida Mello, vice-presidente; Antônio Luiz dos Santos Werneck; Francisco Rangel Pestana e José Antonio Pereira de Magalhães Castro, concluiu seus trabalhos, após laboriosas reuniões no escritório de advocacia do presidente da comissão, no dia 24 de maio de 1890. O anteprojeto dos cinco, após ser entregue ao governo provisório, passou pelo crivo do então Ministro da fazenda, Rui Barbosa, que o alterou de tal maneira que ele próprio passou a considerar-se autor do projeto, gerando uma celeuma entre os juristas da época que viram a necessidade de posicionarem-se sobre a real autoria do projeto. Tudo indica que Rui deva ter alterado substancialmente o texto dos cinco, visto que as instituições incorporadas ao projeto, incomuns no contexto intelectual da época, em muito se aproximavam dos estudos do jurista baiano. Assim, parece mais justo considerar a comissão como de cinco membros mais Rui Barbosa. Eleito, o Congresso passou ao exame do projeto de constituição a ele encaminhado pelo governo provisório. Formou-se, para tal tarefa, uma comissão de 21 membros (um por Estado) que, tendo sido constituída no dia 22 de novembro, concluiu sua análise e redação final do projeto no dia 21 de fevereiro de 1891, sendo levado ao plenário e discutido até 23 de fevereiro, véspera de sua promulgação. Do recebimento do projeto à promulgação da Constituição passaram-se 58 dias de sessões e, como o tempo pode sugerir, as alterações introduzidas foram reduzidas, mas algumas simbolicamente significativas como a introdução da eleição direta para presidente e vice-presidente da República.

15.1.3. Inovações jurídicas

Durante os debates da Assembleia Constituinte o federalismo ganhou destaque. A novidade concentrou a atenção dos congressistas, seja pela possibilidade de implementar algo inusitado ou pela dificuldade na demarcação do grau de autonomia que seria destinado aos Estados da Federação. Destarte, a Assembleia viu-se dividida em dois grupos: os unionistas, defensores de maior centralidade da Federação na União, e os federalistas, alguns radicais e outros moderados. Os radicais desejavam um alto grau de autonomia dos Estados, já os moderados preferiam uma posição intermediária que mantivesse uma ligeira vantagem na concentração de competências destinadas à União, sem a anulação do modelo federal. Durante as sessões, o apostolado positivista compareceu à Assembleia para clamar aos constituintes pela maior descentralização do poder, visto que o futuro seria de pátrias pequenas e distintas, conforme pregava Augusto Comte, não devendo, assim, o legislador atrasar o progresso natural da organização política.

A transição operada pela oligarquia do café, novo grupo hegemônico, impôs uma nova ordem de valores e de juridicialidade determinados pelos interesses agroexportadores dos cafeicultores. A nova ordem, por mais que descolada do sentimento do povo, foi competente na institucionalização jurídica de algumas concepções do liberalismo clássico que proporcionariam aos cafeicultores o controle da República sob uma aparência democrática. Assim os direitos civis aliados à defesa intransigente da propriedade e do liberalismo econômico aparecem como um sinal de modernidade. Tal modernidade seria alcançada pelo direito privado, quando o dualismo do regime imperial, após 27 anos de República, fosse solapado pelo Código Civil de Clóvis Beviláqua. Até 1917, início da vigência do Código Civil de 1916, vigorou no Brasil, em matéria de direito privado, o Código Comercial, aprovado no Império, algumas leis esparsas e as Ordenações Filipinas. Dessa forma, o direito civil brasileiro esteve em grande parte da Primeira República submetido às Ordenações do Reino, que, se não compunham necessariamente um texto medieval, continham institutos de tal período e do Antigo Regime, tornando-se ambos os casos um explícito anacronismo no Brasil republicano.

A convivência no Império das Ordenações e do Código Comercial constituiu um dualismo do direito privado, que seria dissolvido por Teixeira de Freitas em seu projeto de Código Civil realizado para o Império; no entanto, como tal projeto não se consubstanciou em texto legal, coube ao Código Civil de Clóvis Beviláqua a ruptura com os textos medievais, mesmo que estes em grande parte já tivessem caducado no meio social. Beviláqua elaborou uma legislação civil coerente com a mentalidade e os conflitos de interesse vigentes no final do século XIX e início do século XX, sendo influenciado, na tradição da Escola do Recife, pela doutrina alemã e seu Código Civil. Conservador, o Código Civil tornou-se instrumento útil para as oligarquias rurais, especialmente pela sua ênfase nos direitos patrimoniais.

A Constituição de 1891 mal fora publicada e já se acirravam os ânimos por sua revisão. Vindos de liberais ou até de conservadores como Alberto Torres, o clamor pela revisão constitucional galgou todos os grupos que outrora participaram da promulgação de seu texto, inclusive de seu principal artífice: Rui Barbosa. É fato que os momentos posteriores ao ano de 1902 correspondem ao explícito controle das oligarquias mineira e paulista sobre a política nacional, gerando desequilíbrio e desconfiança progressiva das regras constitucionais. No entanto, mesmo diante da iminente crise, os donos do poder negaram-se, sob a justificativa da manutenção de uma estabilidade republicana, em promover a revisão constitucional, preparando, com tal atitude, seu próprio réquiem. Em 1926 finalmente as oligarquias dominantes cedem à revisão do texto constitucional, mas o momento já não era mais oportuno, pois os grupos excluídos do poder na Primeira República já se articulavam por meio de suas oligarquias, como a do Rio Grande do Sul, de movimentos da classe média urbana, como o Tenentismo, e dos movimentos operários. De 1889 a 1926 houve gradual desgaste e enfraquecimento de mineiros e paulistas, que se mantinham no poder mediante eleições fraudadas com baixo grau de legitimidade perante o povo e às oligarquias excluídas do pacto de poder na Primeira República. Assim, as reformas de 1926, quando vieram, não eram mais suficientes para mudar o curso da história, que já havia sido traçado pela estrutura de dominação com a qual se deveria romper em breve.

15.1.4. O poder das oligarquias

A Primeira República está subdividida em dois períodos históricos, conhecidos como a República da Espada (1889-1894), momento da consolidação das instituições republicanas e cujos Presidentes foram Deodoro da Fonseca e o marechal Floriano Peixoto, e a República Oligárquica

(1894-1930), período em que o Estado esteve sob forte controle dos grandes proprietários de terras, havendo certa alternância de poder entre políticos de Minas Gerais e de São Paulo, tendo tal período, por esse motivo, recebido a alcunha de café com leite. Essa denominação deve-se ao fato de a base econômica do Estado de São Paulo ser a produção de café e a de Minas Gerais a produção de leite, além de este Estado possuir o maior colégio eleitoral na época. As oligarquias de outros Estados também participavam desse processo político, haja vista que imperou durante esse período, principalmente a partir do governo de Campos Sales, a chamada política dos governadores, acordo político firmado durante o período da Primeira República com o intuito de unir os interesses das oligarquias locais ao governo federal, a fim de garantir o controle do poder político tanto nos estados como nacionalmente.

Logo após a queda da Monarquia, com receio de uma reação desta, mesmo tendo o golpe da república ampla base de políticos civis, optou-se por consolidar as instituições republicanas com o apoio dos militares, sendo tal período denominado de República da Espada. Pela sua participação ativa no golpe, os militares sentiram-se como uma espécie de garantidores da República, exercendo, no decorrer do século XX, uma série de ações que apoiavam determinados políticos em detrimento de outros, sempre com a desculpa de preservar o espírito republicano.

Quando Deodoro da Fonseca assumiu o governo provisório, tomou uma série de medidas que, mesmo anteriores ao advento da Constituição Republicana de 1891, abriu caminho para superar o absolutismo que caracterizou os reinados e introduzir alguns mecanismos do liberalismo, que influenciou a elaboração de nossa segunda Carta. Com influência do modelo norte-americano, as primeiras medidas tomadas foram transformar o Estado em uma República Federativa e suprimir o Poder Moderador, além de adotar o estado laico, separando a Igreja do Estado. Ocorreu a extinção da vitaliciedade do Senado, a supressão do Conselho de Estado, a extinção do regime do Padroado e do beneplácito e as províncias foram alçadas à condição de estados-membros da federação, sem contar o banimento da Família Real. Para institucionalizar a República convocou-se uma Assembleia Nacional Constituinte.

Após a promulgação da primeira constituição republicana, em 1891, foi eleito Presidente da República pelo colégio eleitoral, em eleição indireta, Deodoro da Fonseca, saindo derrotado Prudente de Morais, político civil de São Paulo. Floriano Peixoto, que era o vice de Prudente de Morais, sagrou-se vitorioso na eleição para vice-presidente e, quando do afastamento do poder do presidente eleito, no final de 1891, assumiu o comando da República, ficando até o final do mandato, quando, por eleições diretas, foi eleito Prudente de Morais, em 1894, momento em que as oligarquias passam a controlar diretamente a política nacional.

As oligarquias, constituídas por grandes proprietários de terra, garantiram a dominação política no país utilizando inúmeros artifícios. O mais conhecido é o chamado coronelismo. É que desde a criação da Guarda Nacional, em 1831, deu-se aos senhores de terra também o poder militar, somando-o ao poder econômico e político que já detinham. Como o voto passou a ser aberto, controlavam com mãos de ferro os eleitores de suas regiões, por intermédio do chamado voto de cabresto e, com isso, criando os famosos "currais" eleitorais.

Soma-se ao coronelismo a chamada política dos governadores, que consistia em um acordo destes com o governo central. Apoiavam o Presidente, sem discordar da política adotada e, como moeda de troca, o governo federal só reconheceria a vitória de deputados e senadores que representassem esses governadores. Dessa forma, o governador mantinha o controle da política local e o presidente da República governava sem oposição no Congresso Nacional.

Com ampla fraude eleitoral, associada ao instrumento chamado "degola", que consistia em uma comissão responsável por verificar a "lisura" do processo eleitoral, mas que na prática servia para impedir que deputados e senadores da oposição recebessem a diplomação, essencial para tomarem posse, já que eram acusados de fraude eleitoral, estabeleceu-se a política dos governadores.

Vale ressaltar que o café era na época da Primeira República o principal produto de exportação do Brasil, fato que dava enorme poder econômico aos seus produtores. Como também dominavam a cena política nacional, mesmo nas épocas de crise, quando o valor de exportação do produto estava reduzido, utilizaram-se das contas públicas para manter seus ganhos, estabelecendo políticas de valorização do preço do café, criando estoques reguladores e, com isso, transferiam eventuais prejuízos para o setor público. É que, para adquirir a produção cafeeira, os governos estaduais tomavam empréstimos no exterior e, caso a demanda internacional não fosse suficiente, os produtos excedentes eram destruídos. Dessa forma, os produtores tinham a garantia dos lucros e eventuais prejuízos eram repassados para toda a população.

Os recursos advindos da produção cafeeira contribuíram, desde 1870, de forma direta para o processo de industrialização do Brasil. Prudente de Morais, buscando ampliar o processo de industrialização, estabeleceu elevadas taxas alfandegárias para a importação de produtos, mas caiu em desgosto com a oligarquia cafeeira, que preferia incentivos para a produção rural e não para a industrialização.

Durante o governo de Prudente de Morais tivemos o episódio que passa para a história como o massacre de Canudos. Era um movimento popular, de características messiânicas, que ocorreu no interior da Bahia entre os anos de 1896 e 1897. Devido ao modo de produção, embasado em monoculturas que privilegiavam a exportação, ocorreu aumento da miséria e da fome, além da dificuldade de acesso à terra pelos mais pobres. Em vez de ser tratada como uma questão social, a República declarou guerra aos sertanejos miseráveis, resultando em um terrível massacre de pessoas que necessitavam apenas de direitos sociais. E, infelizmente, não foi o único na nossa história. Menos de duas décadas depois, agora na região Sul, entre os Estados de Santa Catarina e Paraná, tivemos a Guerra do Contestado, com características semelhantes e resultado previsível: o massacre de pessoas que apenas lutavam por seus direitos. Em vez de fornecer direitos à população mais necessitada o Estado enviou forças militares para combater sua própria população.

Como apontam Schwarcz e Starling:

> Em distintas regiões do país estouraram movimentos sociais que combinavam a questão agrária e a luta pela posse da terra com traços fortemente religiosos. Levantes como Contestado, Juazeiro, Caldeirão, Pau-de-Colher e Canudos representaram o lugar do encontro entre a mística e a revolta, o resultado pouco previsto do processo de modernização e da desatenção com esse grande contingente populacional. Abandonados por uma República que fazia da propriedade

> rural a fonte do poder oligárquico, grupos de sertanejos buscaram transpor o abismo que os separava da posse da terra, teceram relações inesperadas entre a história e o milenarismo, e sonharam viver numa sociedade justa e harmônica.[25]

Campos Sales (1898-1902) sucedeu Prudente de Moraes, destacando seu governo pelo saneamento das contas públicas, com foco em uma política econômica que atendia aos interesses dos produtores rurais. Deixou de emitir moeda e criou novos impostos, além de renegociar a dívida externa brasileira, obtendo amplo apoio para seus projetos por intermédio da política dos governadores.

O saneamento das contas públicas permitiu que o próximo Presidente, Rodrigues Alves (1902-1906), fizesse a modernização dos portos, modernizasse a cidade do Rio de Janeiro, na época a Capital do Brasil e investisse na ampliação da rede ferroviária.

Os demais governos, todos com viés conservador e despreocupados com as questões sociais, acabaram por ter de lidar com movimentos no campo e principalmente movimentos dos operários urbanos, estes a partir principalmente de 1910 e com forte influência do pensamento anarquista trazido da Europa pelos imigrantes, que dentro de um contexto mundial passaram a lutar pelos chamados direitos de segunda dimensão, ligados à igualdade e que demandavam direitos trabalhistas e acesso à educação e à saúde. São os tenentistas que vão incorporar esses ideais e lutar contra a Primeira República de maneira mais orgânica, contribuindo para seu fim em 1930.

15.2. O MOVIMENTO TENENTISTA

Na esteira da Revolta da Chibata, capitaneada pelo marinheiro João Cândido no final de 1910, ganhou força o movimento tenentista. Contrários aos castigos corporais ainda aplicados na Marinha, marinheiros dominaram os couraçados Minas Gerais, São Paulo e Bahia, além do navio de patrulha Deodoro, e viraram os canhões para a capital da República. A exigência foi imediata: ou terminavam os castigos corporais ou a cidade seria bombardeada.

O governo cedeu ao pedido dos revoltosos, e o Congresso Nacional anistiou todos os envolvidos, mas no dia 4 de dezembro foram presos 22 marinheiros na ilha das Cobras e acusados de conspiração. Sofreram tantos castigos que apenas dois deles sobreviveram, entre eles João Cândido, o principal líder da revolta da chibata. Para revolta dos oficiais da Marinha, foi transformado em herói nacional e alçado pela imprensa à posição de Almirante Negro.

O Tenentismo tem origem nas fileiras do Exército e remonta à última década do século XIX. É que os jovens oficiais entendiam que a Instituição tinha se acovardado e assumido posição de subserviência em relação à política do café com leite, momento em que os civis assumiram o controle da República, em detrimento do poder militar.

Os jovens oficiais do Exército (tenentes e capitães) defendiam a reorganização do Exército para que este estivesse na dianteira da transformação política que modernizasse a sociedade brasileira. Oriundos da classe média, tanto urbana como rural, esses

25 Schwarcz e Starling, *Brasil*: uma biografia, p. 332.

jovens oficiais eram sensíveis aos anseios tanto das camadas médias e operárias como da própria tropa, que sentiam na pele os problemas econômicos do país.

Os tenentes, como eram chamados os que participaram do movimento, passaram a exigir reformas dentro do próprio exército e, também, na estrutura política e social brasileira, como o combate à corrupção e o fim do voto aberto, causa de enormes distorções eleitorais, como o voto de cabresto e o curral eleitoral.

A partir da eleição de Artur Bernardes, em 1922, candidato da velha oligarquia, os tenentes perceberam que não havia alternativa para chegar ao poder senão pela via da luta armada. Após terem participado ativamente da campanha do candidato da oposição, Nilo Peçanha, com o apoio de segmentos urbanos, foram derrotados pela velha oligarquia, habituada às fraudes eleitorais e outras formas de corrupção.

Com a derrota eleitoral o movimento, incrivelmente, ganhou força. Após o fechamento do Clube Militar e da prisão de seu presidente, o marechal Hermes da Fonseca, os tenentes pegaram em armas. Invadiram o Forte de Copacabana e também atacaram o Quartel General do Exército. Cercados por tropas legais, muitos abandonaram o movimento. Mas alguns deles, com a adesão de um civil, resolveram sair e lutar contra as tropas legalistas, marchando pela praia de Copacabana, no episódio conhecido como "Os 18 do Forte de Copacabana". Desses apenas dois sobreviveram, mas estava aberta a ferida e iniciada a luta que culminaria na Revolução de 1930.

Exatamente na data de comemoração de dois anos dos 18 do Forte, em 5 de julho de 1924, eclodiu em São Paulo aquela que passaria para a história como a "Revolução Esquecida". A Revolução Paulista, que tinha como líderes os tenentistas Juarez Távora, Joaquim Távora e Eduardo Gomes, foi capitaneada pelo general reformado Isidoro Lopes.

Embora contassem com apoio da classe operária paulista, e de setores médios da sociedade, as tropas revolucionárias não resistiram ao ataque das forças do governo Artur Bernardes.

Depois de atacar o Palácio do governo paulista, nos Campos Elíseos, o governador Carlos de Campos teve de fugir, e contou com o apoio das tropas federais para retomar a cidade.

Artur Bernardes comunicou que São Paulo devia ser destruída, para que os revoltosos perdessem o apoio popular. Durante três semanas os bairros operários e da classe média foram bombardeados pelas tropas do governo, inclusive com o uso de aviões. Os principais bairros atacados foram Mooca, Brás, Cambuci e Perdizes. Quase trezentas mil pessoas deixaram a cidade, com um saldo de mais de quinhentos mortos e cerca de cinco mil feridos.

Apesar de recente e de grande magnitude, tal revolução ainda não é estudada nas escolas, já que defendia interesses contrários aos da oligarquia dominante (até hoje) em nossa sociedade. Defendiam direitos trabalhistas, sociais, fim do voto aberto etc. É um movimento que só agora ganha nova dimensão histórica, a partir da nova historiografia.

A Revolução Paulista reproduziu outros movimentos no RS, PE, AM, PA e SE. A reunião dos revoltosos de São Paulo e do Rio Grande do Sul acabou por formar a famosa Coluna Prestes (este um dos líderes da revolta no RS), que percorreu mais de 25 mil km pelos sertões brasileiros, e que trouxe à tona uma triste realidade social que era desconsiderada pela elite brasileira. Juntamente com o movimento Modernista serviu para denunciar as mazelas da população mais pobre do Brasil, e afirmar que, de fato, somos mestiços, cafuzos, caboclos e mamelucos, identidade ainda rejeitada por setores preconceituosos de nossa sociedade. Foram os tenentes, que sempre contaram com o apoio do governo do Rio Grande do Sul, grandes artífices da Revolução de 1930, que levou Getúlio Vargas ao poder.

15.3. A REVOLUÇÃO DE 30 E A NOVA ORDEM JURÍDICO-POLÍTICA

Durante a primeira República os militares que haviam sido especialmente importantes para o sucesso da empreitada republicana tiveram pouco acesso ao poder. No momento subsequente ao golpe republicano, os militares elegeram dezenas de oficiais para a Assembleia Constituinte e tinham o chefe do governo provisório, mesmo sem se constituírem num grupo homogêneo, já que se encontravam divididos entre os partidários do Marechal Deodoro e do Marechal Floriano Peixoto, numa divisão que indicava, sobretudo, o distanciamento dos antigos oficiais, partidários de Deodoro, dos novos, partidários de Floriano e influenciados pelos ideais positivistas transmitidos por Benjamin Constant. É desse segundo grupo que brota a ideia do soldado-cidadão possuidor de uma missão para o Brasil, esta mais afeita aos interesses corporativos de participação nas decisões políticas que fundamentadas em ideologias políticas, apesar do ideário positivista, dentre os demais disponíveis à época, ter se adaptado bem à caserna. Assim, militares – agentes do Estado – pleiteavam cidadania e o espaço político que a eles não fora concedido; buscavam concretizá-lo de dentro do Estado para a política, configurando o fenômeno da estadania, estudada por José Murilo de Carvalho[26]. A longa tradição patrimonial-estatalista luso-brasileira oferecia, como na época medieval, parcelas do poder público aos donos do poder que, por sua vez, concediam benefícios aos novos grupos ascendentes, tornando-os sujeitos coletivos capazes de exigir espaço na sociedade política. Este é o caso dos militares que, ao buscarem seu espaço na sociedade política como cidadãos, o fazem graças ao reconhecimento anterior que lhes foi concedido como agentes do Estado.

A indiferença das oligarquias dominantes em relação aos militares alimenta uma série de movimentos oriundos da caserna, como o Tenentismo, que angariará a simpatia e adesão das classes médias urbanas, oferecendo a legitimidade necessária ao início do processo conspiratório contra a Primeira República. Dos quartéis aos conflitos entre as oligarquias mineira e paulista, passando pela exclusão de coronéis e caudilhos de todo o Brasil, o destino da Primeira República já parecia estar traçado desde 1926, quando a revisão constitucional, em tom conformista, abdicou à possibilidade de recompor a arena político-institucional, abrindo o único caminho aparentemente possível para o rearranjo de poder: a ruptura. Assim, em 3 de outubro de 1930 gaúchos comandados por Getúlio Vargas chegam ao Rio Janeiro onde encontram Washington Luiz, último presidente da Primeira República, deposto por uma junta militar. Getúlio assume a liderança do movimento e é proclamado presidente provisório do Brasil.

26 *Pontos e bordados: escritos de história e política*, p. 96-101, e do mesmo autor: *Os bestializados:* o Rio de Janeiro e a República que não foi, p. 48-50.

A Revolução, logo após a tomada do poder, carecia de claras orientações, pois além de não existirem ideais estruturantes para um novo Brasil, os grupos hegemônicos da revolução conflitavam interesses entre si. O quadro de indefinição política proporcionou a Getúlio e à União, sob seu comando, uma centralidade cada vez maior, destinando à República que nascia uma experiência inversa àquela da fundação da República dos Estados Unidos do Brasil. As tendências autoritárias, presentes no Brasil de então, não impediram que as novas forças, inexistentes ou incipientes na Primeira República, tomassem fôlego e se aliassem ao governo ou dele tomassem proveito, como a nascente burguesia industrial que muito se beneficiou do fim da política regionalista comandada pelos senhores do café ou ainda da classe operária quando a ela foram concedidos direitos sociais. Assim, Getúlio conquistou o seu espaço político incorporando a figura de um árbitro que, diante da falta de grupos hegemônicos, garantia a ordem e a composição dos conflitos interiores às elites e entre o povo e os grupos dominantes.

15.3.1. "Revolução" (Revolta) Constitucionalista

Importante acontecimento da história política brasileira foi a "Revolução" (Revolta) Constitucionalista de 1932, que ocorreu durante o Governo Provisório de Getúlio Vargas e se desencadeou em São Paulo, estado este que havia sido a principal base política dos governos que antecederam a denominada "Era Vargas".

Os políticos paulistas, representantes da velha e retrógrada oligarquia do café, principalmente os membros do PRP (Partido Republicano Paulista), não se conformaram com a vitória da Revolução de 1930, que retiraram do poder um Presidente da República que representava São Paulo e impediu a ascensão de outro que também lá havia feito sua carreira política: Júlio Prestes.

Como a oligarquia paulista ficava cada vez mais longe do cenário decisório, fiou-se no discurso constitucionalista como forma de pressão sobre Vargas, levando essa bandeira até as últimas consequências. Indiferente às reivindicações paulistas, o governo federal tomou medidas que irritaram ainda mais as elites do Estado, como o reconhecimento oficial dos sindicatos dos operários, a legalização do Partido Comunista e o apoio ao aumento no salário dos trabalhadores. Some-se a isso o fato de uma greve, em 1932, ter mobilizado 200 mil trabalhadores no Estado de São Paulo. Preocupados, empresários e latifundiários paulistas se uniram contra Vargas.

Depois que assumiu o poder e até a eclosão do movimento, Vargas teve de nomear sucessivamente quatro interventores para São Paulo, que parecia ingovernável, até eclodir o movimento que se caracterizava por forte ressentimento ocasionado pela perda de poder, que buscava devolver à velha oligarquia do café o poder sobre a nação brasileira.

Apesar de alguns sinais de trégua por parte do Governo Federal, como a publicação do Código Eleitoral em fevereiro de 1932 e a nomeação de novo interventor para São Paulo, o civil e paulista Pedro de Toledo, a disputa política não diminuiu. Criou-se a Frente Única Paulista – FUP, aliança política formada pelos dois principais partidos do Estado de São Paulo: o Partido Republicano Paulista – PRP e o Partido Democrático – PD. Imediatamente após a fundação da FUP, iniciaram-se contatos nos meios militares com vistas à preparação de um movimento armado contra o governo federal, tendo como principais lemas, como forma de angariar a simpatia popular e esconder as intenções oligárquicas, a constitucionalização do país e a autonomia de São Paulo.

Setores políticos gaúchos e mineiros emprestaram solidariedade à campanha constitucionalista sem, no entanto, romper naquele momento com o Governo Provisório. Com a sociedade paulista em polvorosa, o fato de Vargas ter marcado em maio de 1932 a data das eleições para dali a um ano não surtiu nenhum efeito na prática, já que naquele momento a conspiração política corria solta. A situação agravou-se quando, durante manifestação pública contra o governo federal, em 23 de maio de 1932, após conflitos com a polícia getulista, caíram mortos quatro estudantes paulistas: Mário Martins de Almeida, Euclides Miragaia, Dráusio Marcondes de Sousa e Antônio Camargo de Andrade, transformados imediatamente em mártires do movimento. As iniciais de seus nomes formam a sigla MMDC, que se tornaria o grande símbolo da Revolução.

No dia 9 de julho o movimento revolucionário ganhou as ruas da capital e do interior de São Paulo, tendo o apoio de amplos setores da sociedade paulista. A Revolução Constitucionalista teve a duração de 85 dias (de 9 de julho a 2 de outubro de 1932). Geograficamente, desenvolveu-se sobretudo nos Estados de São Paulo e Mato Grosso. Houve episódios isolados no Rio Grande do Sul, Paraná, Minas Gerais, Distrito Federal, Rio de Janeiro, Bahia, Pará e Amazonas. O foco da luta armada dos constitucionalistas deu-se no Estado de São Paulo, já que Estados como Rio Grande do Sul e Minas Gerais, apesar de acordos firmados em prol da campanha pela constitucionalização, acabaram não aderindo ao movimento, aliando-se, ao contrário do esperado, com a força militar do Governo Federal. Isolados, os paulistas não tiveram condições de manter por muito tempo o levante. Três meses depois, em outubro de 1932, assinaram a rendição.

Vargas, após a rendição, em vez de endurecer, fez composição política com os revoltosos, nomeando como interventor o paulista e civil Armando Sales de Oliveira, responsável pela reorganização das elites políticas paulistas e pela reconstrução do aparelho administrativo que, após anos de instabilidade política, estava em frangalhos. Obra de destaque do governo de Armando Sales foi a criação da Universidade de São Paulo (USP), principal responsável pela formação de uma nova elite político-intelectual destinada a influir no futuro do Estado e do país.

Um dos resultados do levante foi que pressionou o governo central a, de fato, convocar eleições para uma Assembleia Constituinte.

As diferenças da nova Constituição (1934) em relação à Constituição anterior, a de 1891, nada tem a ver com as reivindicações paulistas, mas principalmente com as mudanças sociais e políticas ocorridas no Brasil nesse considerável espaço de tempo. Uma delas, senão a principal, foi a ruptura da concepção liberal de Estado, fato que permitiu a inclusão no texto da Constituição de vários elementos de caráter socioideológico, mostrando nítido compromisso com a questão social, uma das marcas do governo de Getúlio. Além disso, podemos destacar: criação da justiça do trabalho e da justiça eleitoral, conferindo à União a exclusividade para legislar sobre esse tema; instituição do voto secreto, talvez a principal modificação introduzida pela nova Constituição; acesso das mulheres à cidadania, garantindo-lhes o direito ao voto; previsão do mandado de segurança e da ação popular, instrumentos que passaram a assegurar as liberdades públicas; e direitos sociais elevados à categoria constitucional, sendo reconhecidos e conferidos aos trabalhadores.

Foi a Revolução Constitucionalista de 1932 um movimento singular, com uma série de peculiaridades. Uma delas, que podemos destacar, é o fato de ser comemorada apenas pelos que foram derrotados: os paulistas.

15.3.2. A institucionalização da Revolução de 30

O processo de institucionalização jurídica da Revolução de 30 tem início com a edição do Decreto n. 19.398, de 11 de novembro de 1930, e se finda com a promulgação da Constituição de 1934. O primeiro ato normativo dos revolucionários concentrou no governo provisório as funções executivas e legislativas; dissolveu o Congresso Nacional, as Assembleias Legislativas e Câmaras Municipais; vedou a apreciação judicial dos atos do governo provisório ou dos interventores federais praticados em harmonia com o Decreto de 11 de novembro. A primeira norma da Revolução de 30 não revogou as Constituições estaduais nem a Federal, mas submeteu-as à superioridade hierárquica do governo provisório. Assim, as Constituições em vigor não poderiam conflitar com os atos do governo provisório, e se a contradição entre as normas surgisse prevaleceria o ato do governo provisório. O governo era limitado, então, apenas pelo ato de sua autoinstituição. Após quase dois anos de regime de exceção, o governo provisório editou decreto prevendo o dia 3 de maio de 1933 como data da realização de eleições para a Assembleia Constituinte. Em 19 de agosto de 1933, outro decreto define a data 15 de novembro de 1933 como da instalação da Assembleia Constituinte. É evidente, por intermédio da sequência legislativa, a indisposição do governo provisório em abdicar do poder constituinte originário que vinha gozando, dos poderes absolutos que concentrava, e aceitar, com a elaboração de uma constituição, a delimitação temporal para exercício de tais poderes.

O mesmo decreto que marcou as eleições para 3 de maio de 1933 previu a criação de uma comissão que deveria elaborar o anteprojeto da constituição. Em novembro de 1932, outro decreto regulou o processo de elaboração do anteprojeto de constituição, prevendo a instituição de uma subcomissão incumbida de elaborar o anteprojeto a ser subsequentemente submetido à outra comissão de maior porte de onde, finalmente, partiria para a Assembleia Constituinte. No dia primeiro de novembro de 1932, na residência de Afrânio de Melo Franco, realizou-se a abertura dos trabalhos da subcomissão composta por: Afrânio de Melo Franco, como presidente; Assis Brasil; Antônio Carlos; Prudente de Morais Filho; João Mangabeira; Carlos Maximiliano; Artur Ribeiro; Agenor Roure; José Américo de Almeida; Oswaldo Aranha Oliveira Viana; Góes Monteiro e Themístocles Cavalcanti. Dos membros da referida subcomissão, Bonavides reconhece três tendências ideológicas distintas: a velha tradição republicana liberal representada por Melo Franco, Assis Brasil e Carlos Maximiliano; o recente pensamento social de esquerda por intermédio de João Mangabeira e José Américo de Almeida. Compunha o grupo, também, Oliveira Vianna, Góes Monteiro e Themístocles Cavalcanti, como representantes do nacionalismo de direita[27]. A subcomissão dividiu-se em grupos temáticos e, depois das 51 reuniões realizadas no Itamaraty, apresentou suas conclusões ao governo provisório em 5 de maio de 1933. Encaminhado diretamente pelo governo provisório à Assembleia Constituinte, o anteprojeto de constituição não passou pela prevista comissão ampla que deveria ter sido composta para a finalização do anteprojeto.

Regida pelo Código Eleitoral de 1932, que ampliou consideravelmente o universo de eleitores, as eleições para a Assembleia Constituinte impingiram uma razoável derrota aos tenentistas, que se viram desprestigiados em relação aos grupos políticos locais. O Código Eleitoral previa a composição da Assembleia por 214 deputados diretamente e 40 indicados por entidades de classe reconhecidas pela lei civil. Assim, no Código Eleitoral já estava presente um dos pilares da política que serviria de base para a legitimação do poder de Vargas: o uso da base sindical como elo do líder com a massa de trabalhadores, aproximando o líder, mediante uma rede de clientelismo, da imensa massa de trabalhadores que o Brasil formava. De maneira semelhante, a Assembleia Constituinte alterou o anteprojeto de Constituição, incluindo a previsão de representação classista no Congresso Nacional, passando a compor o texto constitucional em seu art. 23. A inclusão da representação profissional na Constituição não se deu de forma pacífica; os constituintes de formação liberal viram tal dispositivo como uma aberração e já previam a função prática que se desejava dar a tal instituto, em nada divergente do que a história demonstrou, ou seja, a representação profissional serviria para oferecer base de sustentação ao governo por meio do clientelismo sindical.

Os trabalhos da Constituinte não foram realizados sob estado de sítio como as atividades de revisão constitucional de 1826, mas o fantasma do fechamento da Assembleia certamente influenciou no resultado das atividades, pois a ausência de imprensa livre, de comícios e o exílio de lideranças da oposição provocaram, ao menos, um estado de desconfiança. No entanto, debates calorosos tiveram sede na Constituinte, entre os quais a discussão sobre o federalismo que opôs os liberais saudosos da Constituição de 1891 aos defensores de maior centralização do poder, resultando, dessa discussão, a manutenção do federalismo com maior concentração de poderes na União. Parlamentarismo e sistema unicameral também mereceram ricas discussões que poderiam alterar, se recepcionados pelo constituinte, a estrutura republicana, mas a Assembleia manteve a tradição do modelo bicameral e não aprovou o regime parlamentarista.

A estrutura formal do Estado, prevista pela Carta Política de 1934, não divergiu muito da anterior e manteve os mesmos fundamentos liberais da organização estatal. Também, sob o aspecto material, não houve supressão das liberdades da Carta de 1891, garantindo-se a inviolabilidade dos direitos à liberdade, à propriedade e à segurança individual. A inovação preparada pelo constituinte ficou a cargo do mandado de segurança, instituto que tinha por objetivo a garantia da efetividade de direito certo e incontestável, aliado incondicional do exercício das liberdades. Mas, sobretudo, no que tange aos direitos sociais, a Constituição de 1934 inovou em diversos aspectos, fazendo de seu texto quase um libelo do Estado Social. Sob tal inspiração, determinou lugar privilegiado à ordem econômica e social, à família, à cultura e à educação, su-

[27] Paulo Bonavides, *História constitucional do Brasil*, p. 286.

bordinou a propriedade ao interesse social e coletivo, determinou ao poder público o amparo dos indigentes, previu o direito ao trabalho e à proteção social do trabalhador com determinação de jornada de oito horas, repouso e férias remunerados, versou sobre o direito à assistência médica do trabalhador e da gestante. Foram diversos os direitos sociais plasmados no texto constitucional, indicando que o Brasil caminhava para o Estado Social e cambiava sua influência americana pela alemã de Weimar. No entanto, ao lado dos elementos liberais e sociais, garantiram presença na Carta política elementos típicos do corporativismo de direita e do fascismo, como a representação por classe. Dessa forma, apesar da incorporação de diversos direitos sociais, a Constituição guardava em si os elementos das diversas concepções políticas do contexto histórico em que foi criada.

15.3.3. A Constituição de 1934

Antecedendo à instalação da Assembleia Constituinte, destaca-se a seguinte legislação instituída pelo então Governo Provisório[28]:

i) O Decreto n. 21.402, de 14 de maio de 1932, marcou para o dia 3 de maio de 1933 a data das eleições destinadas à escolha dos representantes da Assembleia Constituinte, além de instituir uma Comissão encarregada de elaborar o anteprojeto da nova Constituição;

ii) Posteriormente, o Decreto n. 22.040, de 1º de novembro de 1932, regulamentou os procedimentos a serem seguidos pela referida Comissão, bem como o envio de seus trabalhos conclusivos ao Chefe do Governo Provisório;

iii) Já o Regimento Interno da Assembleia Constituinte, inicialmente elaborado pelo próprio Governo Provisório e publicado junto ao Decreto n. 22.621, de 5 de abril de 1933, era composto por 22 artigos. Esse regimento, no entanto, foi mais tarde substituído por outro, redigido pela própria Constituinte e reformado durante o curso dos trabalhos legislativos, passando a reger efetivamente o processo de elaboração da Constituição de 1934.

A Assembleia Constituinte foi instalada em 10 de novembro de 1933, sob a presidência do mineiro Antônio Carlos Ribeiro de Andrada. A nova Constituição, terceira da história do Brasil e segunda da era republicana, foi promulgada em 16 de julho de 1934. Conforme já mencionado, o anteprojeto constitucional havia sido elaborado por integrantes do Governo Provisório, entre os quais se destacavam o general Góis Monteiro, Oswaldo Aranha e João Mangabeira.

Composta por 250 deputados e 50 representantes classistas, a Constituinte de 1933 refletiu as influências das novas correntes ideológicas que, ao romperem com o individualismo típico do constitucionalismo liberal, incorporaram elementos sociais ao texto constitucional, aproximando-o de uma nova concepção de direitos humanos. Essa mudança teve impactos diretos sobre o princípio da representativi-

[28] Ronaldo Poletti, *Constituições brasileiras*, p. 21.

dade, ao conferir maior efetividade participativa às categorias profissionais dentro do processo parlamentar[29].

À medida que se aproximava o meio do ano de 1934, os trabalhos da Assembleia Nacional Constituinte ganhavam novo ritmo, marcados por acalorados debates e tensões políticas crescentes. O período entre maio e junho foi particularmente sensível, não apenas em razão da complexidade do processo constituinte em sua reta final, mas, sobretudo, pela iminência da escolha do futuro presidente da República. Em jogo estavam decisões que extrapolavam o conteúdo normativo da nova Carta e que influenciariam diretamente o arranjo de forças no cenário político nacional.

Nesse contexto, entraram em pauta as chamadas "Disposições Transitórias", seção do projeto constitucional de grande relevância estratégica, pois buscava disciplinar a transição institucional entre o Governo Provisório e a ordem constitucional recém-estabelecida. Entre os temas mais controversos estavam a legalidade e legitimidade dos atos praticados pelo Governo Provisório desde 1930; a definição sobre a possibilidade de os interventores federais, nomeados para substituir os governadores, participarem das eleições; e a transformação da Assembleia Constituinte em um parlamento ordinário, com poderes legislativos regulares após a promulgação da Constituição[30].

No dia 1º de junho de 1934, o plenário aprovou o que viria a ser o art. 18 das Disposições Transitórias, que conferia validade a todos os atos do Governo Provisório, encerrando controvérsias sobre a segurança jurídica das medidas adotadas durante aquele período de exceção. Poucos dias depois, em 4 de junho, foi aprovada a norma que garantia a elegibilidade dos interventores (art. 112, 1), com exceção apenas dos nomeados em conformidade com o previsto no art. 12 do então novel texto constitucional[31], o que teve efeitos políticos imediatos, pois legitimava suas candidaturas aos cargos eletivos, inclusive à Presidência da República, dentro do novo ordenamento constitucional. Essa decisão se alinhava à lógica de continuidade institucional defendida por setores que apoiavam Getúlio Vargas, então interventor federal e principal liderança do Governo Provisório[32].

Superadas essas etapas fundamentais, a Assembleia designou uma comissão de redação encarregada de sistematizar e revisar o texto final da Constituição, incorporando os dispositivos votados e organizando-os em sua forma definitiva. A aprovação do texto ocorreu em 15 de julho de 1934, e a promulgação oficial deu-se no dia seguinte,

---

29 Paulo Bonavides e Paes de Andrade, *História constitucional do Brasil*, p. 301.

30 Alzira Alves de Abreu *et al. Dicionário histórico-biográfico brasileiro*: pós-1930, p. 378.

31 "Art. 12. A União não intervirá em negocios peculiares aos Estados, salvo:
I, para manter a integridade nacional;
II, para repellir invasão estrangeira, ou de um Estado em outro;
III, para pôr termo á guerra civil;
IV, para garantir o livre exercicio de qualquer dos poderes publicos estaduaes;
V, para assegurar a observancia dos principios constitucionaes especificados nas letras *a* a *h* do art. 7º, nº I, e a execução das leis federaes;
VI, para reorganizar as finanças do Estado que, sem motivo de força maior, suspender, por mais de dois annos consecutivos, o serviço da sua divida fundada;
VII, para a execução de ordens e decisões dos juizes e tribunaes federaes.
(...)".

32 Alzira Alves de Abreu *et al. Dicionário histórico-biográfico brasileiro*: pós-1930, p. 379.

16 de julho, encerrando-se, assim, um dos mais relevantes processos constituintes da história republicana brasileira.

A nova Constituição, fortemente influenciada por modelos europeus contemporâneos, notadamente a Constituição de Weimar (1919), representou um marco na incorporação de direitos sociais no constitucionalismo brasileiro. Rompendo com o caráter estritamente liberal das Cartas anteriores, a Constituição de 1934 introduziu uma concepção mais ampla de cidadania, com dispositivos voltados à proteção do trabalho, à previdência social e à intervenção do Estado na economia, sem, no entanto, abandonar pilares tradicionais como a separação dos Poderes, o presidencialismo e o regime federativo[33].

No que tange à organização do Estado, manteve-se a estrutura da Federação, com a União e os Estados gozando de competências próprias, reafirmando-se, dessa forma, a autonomia estadual como elemento central da ordem federativa. Além disso, a tripartição dos Poderes foi preservada, ainda que com inovações importantes, como o fortalecimento das funções normativas do Poder Executivo e a previsão de mecanismos de controle mais amplos.

15.3.3.1. Principais características da Constituição de 1934

Tendo como paradigma a Constituição de Weimar, de 1919, a Constituição de 1934 representou um marco inovador no constitucionalismo brasileiro ao incorporar, de forma sistemática e inédita, um extenso rol de direitos sociais ao texto constitucional. Pela primeira vez, a ordem jurídica nacional reconhecia expressamente, e com força normativa, o papel do Estado na promoção de políticas públicas voltadas ao bem-estar coletivo. Essa virada paradigmática colocou no centro do debate constitucional temas até então periféricos, como a universalização da educação, a proteção à saúde, a organização da previdência social e a regulamentação das relações de trabalho[34].

A Carta de 1934, sem abdicar dos direitos de liberdade já assegurados nas constituições precedentes, buscava garantir também prestações positivas do Estado, voltadas à justiça social e à redução das desigualdades. Nesse novo arranjo, os direitos civis e políticos deixaram de ser os únicos protagonistas do constitucionalismo brasileiro, sendo complementados por direitos de natureza social, cuja efetividade passou a depender não apenas da abstenção do Estado, mas também de sua atuação concreta e estruturante. Como resultado, a Constituição de 1934 assumiu o compromisso explícito de estruturar um Estado Social de Direito, incorporando dispositivos que tratavam do acesso gratuito à instrução primária, da proteção ao trabalhador urbano e rural, da limitação da jornada de trabalho, do descanso semanal, da proibição do trabalho infantil e da obrigatoriedade da previdência para determinadas categorias profissionais. Esses avanços evidenciam o compromisso da Assembleia Constituinte com uma concepção mais ampla de cidadania, em sintonia com as transformações sociais e econômicas em curso tanto no Brasil quanto no cenário internacional à época.

---

33 Edson Simões, *A luta pela República e democracia no Brasil*: de Vargas a Bolsonaro, p. 143.

34 Edson Simões, *A luta pela República e democracia no Brasil*: de Vargas a Bolsonaro, p. 25.

Entre outras disposições relevantes da Carta de 1934, merecem destaque[35]:

– A Câmara dos Deputados passou a ser composta por parlamentares eleitos em duas modalidades distintas: representantes dos Estados, eleitos proporcionalmente à população, e representantes das categorias profissionais organizadas, vinculados a sindicatos, os chamados deputados classistas ou profissionais (conforme estabelecido nos §§ 1º e 3º do art. 23).

– A regra geral para as eleições passou a ser o sufrágio universal, direto, secreto e baseado na maioria dos votos (art. 52, § 1º). Contudo, em caráter excepcional, o art. 1º das Disposições Transitórias determinou que a própria Assembleia Constituinte elegeria, no dia seguinte à promulgação da Constituição, o presidente da República, o que ocorreu de forma indireta em 17 de julho de 1934, com a eleição de Getúlio Vargas.

– Pela primeira vez no constitucionalismo brasileiro, a Carta de 1934 tratou expressamente dos requisitos para nomeação e das competências dos ministros de Estado, conforme os dispositivos a partir do art. 59.

– A eleição de deputados (art. 23) e senadores (art. 89) passou a obedecer ao princípio do sufrágio universal, com voto direto e secreto, mantendo-se também a modalidade de voto profissional, conforme previsto pelo Código Eleitoral de 1932.

– O Supremo Tribunal Federal foi formalmente transformado em Corte Suprema, assumindo novo status institucional no sistema de justiça (art. 73).

– A Constituição previu, no art. 76, inciso III, a possibilidade de interposição de recurso extraordinário perante a Corte Suprema contra decisões proferidas pelas justiças locais em única ou última instância, sempre que estivesse em debate a validade de lei federal à luz da Constituição.

– A Justiça Eleitoral foi criada com estrutura própria para garantir a organização e a fiscalização dos pleitos (art. 82), ao passo que a Justiça Militar foi igualmente instituída como ramo especializado do Poder Judiciário (art. 84).

– O Senado Federal recebeu atribuição de atuar como Poder Coordenador, função que anteriormente havia sido idealizada para o Conselho Supremo. Cabia-lhe, entre outras responsabilidades, articular a harmonia entre os poderes da Federação, assegurar a continuidade da administração pública, zelar pela Constituição e cooperar no processo legislativo (art. 88).

– O Poder Legislativo passou a dispor da competência para suspender a execução de leis declaradas inconstitucionais pelo Judiciário, estabelecendo, assim, um mecanismo de controle legislativo da eficácia normativa (art. 96).

– Os Conselhos Técnicos foram previstos como órgãos de assessoramento aos ministros de Estado, com natureza consultiva e atuação vinculada também à colaboração com membros do Poder Legislativo, conforme disposto no art. 103.

– O art. 109 inovou ao estabelecer o alistamento e o voto como obrigatórios não apenas para os homens, mas também para as mulheres que ocupassem cargos

---

35 Edson Simões, *A luta pela República e democracia no Brasil*: de Vargas a Bolsonaro, p. 26-29.

públicos remunerados. A norma reconhecia como eleitores todos os brasileiros, de ambos os sexos, com idade mínima de 18 anos.

– Foi assegurada a liberdade de manifestação do pensamento em todas as matérias, sem necessidade de censura prévia. Contudo, não se admitia a realização de propaganda bélica ou que defendesse métodos violentos para alteração da ordem política ou social (art. 113, n. 9).

– O *habeas corpus* foi garantido como remédio constitucional essencial à liberdade individual, podendo ser impetrado sempre que alguém sofresse, ou estivesse sob ameaça de sofrer, coação ou violência por ilegalidade ou abuso de poder (art. 113, n. 23).

– O ordenamento vedava expressamente as penas de banimento, confisco, de morte e de caráter perpétuo, com exceção da pena capital nos casos previstos pela legislação militar, em tempos de guerra contra país estrangeiro (art. 113, n. 29).

– O mandado de segurança foi consagrado como instrumento jurídico destinado à proteção do direito líquido e certo, possibilitando sua impetração contra atos ilegais ou abusivos praticados por qualquer autoridade (art. 113, n. 33).

– O texto constitucional autorizava o monopólio estatal sobre setores econômicos ou industriais específicos, desde que houvesse interesse público claramente definido, aprovação legislativa e pagamento de indenização justa (art. 116).

– A possibilidade de nacionalização de empresas, tanto nacionais quanto estrangeiras, foi prevista para os casos em que fossem consideradas prejudiciais ao interesse nacional. Nesses casos, a estatização deveria ser acompanhada do devido pagamento de indenização, sendo estendida também às seguradoras estrangeiras (art. 117).

– A exploração de recursos minerais foi submetida à autorização estatal, tornando-se atividade dependente de concessão pública, conforme estabelecido no art. 119.

– Os sindicatos passaram a ter reconhecimento constitucional, com garantias de autonomia e possibilidade de pluralidade sindical, conforme previsão expressa no art. 120.

– A produção agrícola e industrial passou a contar com amparo normativo, estabelecendo-se, no art. 121, a necessidade de leis específicas para disciplinar as condições de trabalho tanto nas áreas urbanas quanto rurais, com o objetivo de assegurar proteção social ao trabalhador e promover o desenvolvimento econômico do país.

– A Constituição impôs limites à imigração, prevendo que a entrada de estrangeiros de determinada nacionalidade não poderia ultrapassar o percentual de 2% do total de imigrantes da mesma origem estabelecidos no país ao longo dos cinquenta anos anteriores (art. 121, § 6º).

– Outro avanço importante foi a criação da Justiça do Trabalho, voltada à solução de conflitos nas relações laborais e à promoção da proteção jurídica do trabalhador (art. 122).

– Reconheceu-se o direito possessório dos povos indígenas sobre as terras que habitassem de forma permanente, vedando-se, porém, a alienação dessas áreas pelos próprios silvícolas (art. 129).

– O art. 131 proibiu que pessoas estrangeiras possuíssem ou controlassem veículos de comunicação, como jornais e periódicos, buscando preservar a soberania informacional e a influência nacional sobre a imprensa.

– Determinou-se que uma porcentagem mínima de trabalhadores brasileiros deveria obrigatoriamente compor o quadro de pessoal de serviços públicos concedidos e de empresas pertencentes a determinados setores do comércio e da indústria, conforme critérios fixados por lei (art. 135).

– Estabeleceu-se a obrigação, por parte de empresas agrícolas ou industriais situadas fora de centros escolares, de oferecer ensino primário gratuito e obrigatório nos casos em que tivessem mais de 50 trabalhadores e, entre estes e seus filhos, pelo menos 10 analfabetos (art. 139).

– A proteção estatal à família foi afirmada com base em sua constituição pelo casamento, o qual era considerado indissolúvel, segundo os termos do art. 144.

– A Constituição de 1934 instituiu um plano nacional de educação, estabelecendo como dever do Estado a oferta obrigatória e gratuita do ensino primário, inclusive para adultos. Para os demais níveis de ensino, foi prevista a implementação progressiva da gratuidade (art. 150).

– As Forças Armadas foram reconhecidas como instituições nacionais permanentes, organizadas sob rígida hierarquia e disciplina. Sua missão constitucional foi definida como a defesa da soberania nacional, a preservação da ordem pública e o resguardo dos poderes constituídos (art. 162).

– A decretação de estado de sítio e de intervenção federal ficou condicionada à prévia autorização do Poder Legislativo, nos termos dos arts. 175, 56, § 12, e 12, § 1º, refletindo a busca por maior controle institucional sobre medidas de exceção.

– Em contraposição ao laicismo consagrado na Constituição de 1891, a Carta de 1934 reaproximou simbolicamente o Estado da religiosidade, ao declarar no Preâmbulo: "Nós, os representantes do povo brasileiro, pondo a nossa confiança em Deus (...)". Complementarmente, o art. 176 reafirmava esse vínculo ao manter a representação diplomática junto à Santa Sé.

– Introduziu-se no texto constitucional a distinção formal entre os institutos da emenda e da revisão constitucional, com procedimentos próprios para cada hipótese de alteração da Carta (art. 178).

No âmbito das Disposições Transitórias da Constituição de 1934, o art. 1º conferiu a Getúlio Vargas o mandato de Presidente da República, por eleição indireta, realizada pela própria Assembleia Nacional Constituinte, na qual venceu o candidato Borges de Medeiros. O dispositivo estabelecia que Vargas deveria exercer o cargo até 3 de maio de 1938, configurando uma solução de transição institucional entre o governo provisório instaurado em 1930 e a normalização das estruturas republicanas. As mesmas disposições determinaram ainda a conversão da Assembleia Constituinte na Câmara dos Deputados, com funções legislativas regulares, e fixaram o prazo de 90 dias para a realização das eleições estaduais, visando completar a reorganização institucional nos marcos da nova ordem constitucional.

Outro ponto a destacar é o que estava previsto no art. 19 das Disposições Transitórias, que estabeleceu ampla anistia política, abrangendo inclusive os envolvidos nas movimentações das "Frentes Únicas" em São Paulo e no Rio Grande do Sul, o que demonstrava uma tentativa de reconciliação nacional após os conflitos políticos recentes.

Quanto ao Supremo Tribunal Federal, sua reconfiguração institucional após a Revolução de 1930 marcou um dos episódios mais significativos da história do Judiciário brasileiro. Ainda nos primeiros meses do novo regime, o Governo Provisório de Getúlio Vargas promoveu alterações profundas na composição da Corte, afastando compulsoriamente seis de seus ministros por meio do Decreto n. 19.711, de 18 de fevereiro de 1931. Entre eles, o então presidente do Tribunal, ministro Godofredo Cunha, e o ministro Pires e Albuquerque. Essa intervenção direta evidenciava o esforço do novo governo em moldar as instituições à nova ordem política[36].

No período que se estendeu do golpe de 1930 até a promulgação da Constituição de 1934, diversas propostas de reforma do Supremo estiveram em debate, tanto no interior do Governo Provisório quanto nas discussões preparatórias da Subcomissão do Itamaraty e da Assembleia Nacional Constituinte. O centro do debate gravitava em torno de qual deveria ser o papel da Corte na nova República. Setores liberais, preocupados com a integridade do Judiciário e sua independência, passaram a defender mecanismos capazes de assegurar a autoridade da instituição perante o Executivo fortalecido.

Entre os temas mais sensíveis estava o excessivo volume de processos acumulados no Supremo, fato que vinha sendo objeto de críticas desde a década de 1910. Um dos mais insistentes defensores de uma racionalização do funcionamento da Corte foi Levi Carneiro, jurista de destaque à época, que via no acúmulo processual um obstáculo à atuação eficaz do Tribunal em sua função primordial: a guarda da Constituição. Atuando simultaneamente como presidente do Instituto dos Advogados do Brasil e Consultor-Geral da República, Carneiro propôs uma reestruturação interna que restringisse a competência do plenário, deixando para este "tão somente o julgamento das causas constitucionais, de modo que os temas infraconstitucionais passassem a ser julgados por turmas"[37].

Essa proposta foi acolhida pelo Governo Provisório no Decreto n. 19.656, de 3 de fevereiro de 1931, que instituiu uma reorganização provisória do Supremo Tribunal Federal. A norma estabeleceu novas regras para acelerar os julgamentos e incorporou o modelo de divisão da Corte em turmas, permitindo maior celeridade e eficiência no trâmite das causas, sem comprometer a função constitucional do plenário.

A Constituição de 1934, ao tratar do órgão de cúpula do Judiciário nos arts. 73 e seguintes, formalizou essa nova configuração institucional. A Corte foi formalmente designada como Corte Suprema, consolidando seu papel de guardiã da Constituição e reafirmando sua posição como órgão de cúpula do Poder Judiciário. Entre as inovações mais relevantes, destacou-se a possibilidade de interposição do recurso extraordinário contra decisões proferidas pelas justiças locais, sempre que estivesse em jogo a interpretação ou a validade de norma federal em face da Constituição. Essa previsão buscava

---

36 Christian Edward Cyril Lynch e Wingler Alves Pereira, Capas pretas, um arsenal de livros, a Constituição: panorama histórico da autoridade do Supremo (1891-1988), p. 281.

37 Christian Edward Cyril Lynch e Wingler Alves Pereira, Capas pretas, um arsenal de livros, a Constituição: panorama histórico da autoridade do Supremo (1891-1988), p. 279.

fortalecer a uniformização da jurisprudência constitucional e ampliar o controle difuso de constitucionalidade. Além disso, a Constituição de 1934 passou a disciplinar, de maneira mais clara, a composição e as competências do STF, situando-o no centro do sistema de garantias fundamentais e ampliando seu protagonismo na proteção dos direitos individuais e no equilíbrio entre os Poderes da República.

Essas alterações refletiam o esforço da Assembleia Constituinte em conferir maior efetividade aos mecanismos de controle constitucional, reforçando o papel do Judiciário na mediação dos conflitos entre cidadãos e Estado e no zelo pela integridade da ordem constitucional recém-estabelecida.

A Constituição de 1934, embora tenha tido vida breve, sendo substituída em 1937 por uma Carta outorgada no contexto do Estado Novo, marcou uma inflexão no desenvolvimento constitucional do país ao incorporar princípios de justiça social e ampliar o papel do Estado como agente regulador e garantidor de direitos fundamentais. Suas inovações revelam o espírito transformador que a capitaneou e, embora efêmera em sua vigência, lançou as bases para uma nova concepção de constitucionalismo no Brasil, com viés mais sensível às demandas sociais e comprometida com a construção de uma sociedade menos desigual.

Tratou-se de um documento que espelhou as transformações políticas, econômicas e ideológicas em curso no Brasil e no mundo à época, e que deixou um legado significativo para a construção do constitucionalismo democrático no país.

15.4. O ESTADO NOVO

As décadas de 1920 e 1930 foram célebres pela circulação de ideias antiliberais de cunho fascista ou stalinista. Mussolini na Itália, Stalin na União Soviética e Hitler na Alemanha dão o colorido de realidade ao que circulou no ideário político da época. No Brasil, Alberto Torres, Oliveira Vianna e Francisco Campos propagandeiam suas decepções com o liberalismo e esperanças em modelos autoritários. A quebra da bolsa de valores nos Estados Unidos gera a descrença no capitalismo e no modelo liberal, ao qual a concepção econômica capitalista havia se associado. Integralismo e comunismo no Brasil ganham seus partidos. Há uma tendência mundial e nacional de valorização do viés político do autoritarismo.

O fracasso da Primeira República, com o liberalismo oligárquico, acrescentou mais decepção às esperanças liberais, criando expectativas sobre o que fazer no Brasil. O caminho para o autoritarismo estaria traçado por quase todos os grupos em disputa, conservadores, esquerda e até os liberais que, diante do temor das reformas sociais de esquerda, sentiam seus interesses político-econômicos ameaçados. O Estado autoritário deveria surgir como solução aos conflitos políticos e sociais, estabelecendo a ordem e promovendo, a partir do Estado forte, o desenvolvimento econômico e social do Brasil, constituindo o que se convencionou por modernidade conservadora. Comunistas e integralistas não participavam do núcleo de tal pensamento autoritário, apenas ajudavam a reforçar o sentimento de que uma ditadura era inevitável, a centralidade das ideias autoritárias e conservadoras partiam, no campo da prática política, especialmente de militares ligados a Getúlio, os quais, durante os anos 1930, souberam articular a caserna e preparar a recepção da ditadura que também não era estranha ao ideário militar, desde a Proclamação da República.

A conjuntura política compreendida entre o término dos trabalhos da Assembleia Constituinte de 1934 e os últimos meses de 1937 foi de grande turbulência política. Greves, choques entre integralistas e antifascistas, formação da ANL (Aliança Nacional Libertadora), Insurreição Comunista em 1935 e a disputa para a sucessão de Vargas ofereceram o cenário propício para a consolidação das ideias autoritárias como solução viável para o Brasil. Em 30 de março de 1935 é criada, sob a direção do capitão da Marinha Hercolino Cascardo e sob a presidência de honra de Luís Carlos Prestes, a ANL (Aliança Nacional Libertadora), que congregou comunistas, militares de esquerda e outros grupos políticos menores na luta pela suspensão do pagamento da dívida externa, pela nacionalização de empresas estrangeiras, pela reforma agrária e pelo compromisso com a formação de um governo autenticamente popular. O forte conteúdo nacionalista da ANL, além de captar o discurso corrente da época, fundava-se na visão que viria a ser reconhecida pela VII Internacional Socialista sobre a necessidade de união entre os grupos progressistas contra o perigo fascista que já se assentava na Europa. Na mesma época de formação da ANL o governo, ainda provisório, encaminhou ao Congresso o projeto da Lei de Segurança Nacional (LSN), como resposta aos crescentes conflitos políticos e greves que assustaram parcela da sociedade em 1934. Aprovada em 4 de abril de 1935, a lei instituiu crimes contra a ordem política e social, como a greve de servidores públicos, a provocação de animosidades nas Forças Armadas, a incitação ao ódio entre classes sociais, a propaganda subversiva, a organização de associações ou partidos que objetivassem a subversão da ordem política ou social. A Lei de Segurança Nacional foi uma clara resposta da aliança entre governo e liberais ao Integralismo e, especialmente, aos movimentos de esquerda que chegaram a contar com quase cem mil pessoas sob o auspício da ANL. Quando, em julho de 1935, Carlos Lacerda lê o manifesto de Luís Carlos Prestes conclamando a população pela revolução popular e, consequentemente, destituição de Getúlio, a ANL sobrevive na legalidade por mais seis dias até que em 11 de julho, por decreto, é fechada. Restou aos militares comunistas insurgirem-se por meio de três quarteladas: uma no Rio Grande do Norte, outra no Recife e a terceira no Rio de Janeiro, todas facilmente debeladas pelo governo central.

A insurreição comunista foi o estopim para um conjunto sucessivo de medidas repressoras que finalmente instituiriam uma ditadura sem apelidos temporais como o governo provisório. Seria o "Estado Novo", expressão que teve sua origem no vocabulário político de Oliveira Salazar, que a empregou pela primeira vez no início da década de 1930 para designar o regime autoritário instituído em Portugal, fundado na rejeição do liberalismo e na exaltação da ordem, da autoridade e da unidade nacional. A adoção do mesmo termo no Brasil, especialmente consagrada na Constituição outorgada de 1937, não foi mera coincidência terminológica, mas sim indicativa de uma afinidade ideológica. A designação revela a vinculação do regime varguista aos modelos autoritários europeus da época, particularmente ao fascismo italiano e ao corporativismo lusitano, denotando a subordinação conceitual e simbólica da ditadura de Getúlio Vargas a uma matriz político-ideológica autoritária de inspiração fascista[38].

---

[38] Edson Simões. *A luta pela República e democracia no Brasil*: de Vargas a Bolsonaro, p. 143.

O espectro do comunismo rondava as mentes liberais e conservadoras brasileiras em 1935, transformando o discurso político. O "fantasma" foi sendo exorcizado paulatinamente mediante a decretação do estado de sítio, as prisões de lideranças de esquerda, a criação da Comissão Nacional de Repressão ao Comunismo e do Tribunal de Segurança Nacional, que deveria ser chamado de exceção se todo o governo provisório não o fosse. O Tribunal de Segurança Nacional e a Comissão Nacional de Repressão ao Comunismo representavam a vontade do Estado, à época confundido muitas vezes com o próprio Getúlio, de extirpar da sociedade o pensamento de esquerda, notadamente o comunista, rompendo de forma não mais escamoteada com a liberdade de pensamento e expressão, vigente, mesmo que de forma simbólica, desde o Império. Com a aproximação das eleições para a sucessão de Vargas, marcadas para janeiro de 1938, as candidaturas começaram a surgir e se articularem. Assim Armando de Sales Oliveira, pelo Partido Constitucionalista, José Américo de Almeida, como candidato oficial de Getúlio, e Plínio Salgado, pelos integralistas, iniciaram a corrida ao Catete. Apesar da anunciada disputa, Vargas não desejava deixar o poder, porém como as elites gaúcha, paulista e baiana haviam pactuado pela manutenção da legalidade, o novo golpe seria difícil. Getúlio, no entanto, progressivamente afastou dos comandos militares legalistas, preparando-se para o golpe na vigência de seu próprio governo provisório. A deflagração do golpe foi proporcionada pela divulgação do plano Cohen, obra de ficção da lavra do Capitão Olímpio Mourão Filho que, à época, travestiu-se de Cohen e comunista para assinar sua obra ficcional cujo objetivo era justificar maior repressão aos comunistas ou até mesmo o próprio golpe. No documento assinado por Cohen (Mourão Filho), relatava-se um plano insurrecional de comunistas e suas consequências como massacres, saques, depredações, incêndios de igrejas. Não se sabe ao certo se o documento foi elaborado já com a intenção de justificar-se o golpe ou se após a sua elaboração o governo deu-se conta de sua serventia. Assim, apresentado à sociedade, através da Hora do Brasil, no dia 30 de setembro, o tal plano insurrecional levou o Congresso a aprovar o estado de guerra por noventa dias. Sem fortes resistências ao golpe que se iniciara, Getúlio encarrega Negrão de Lima, no início de outubro, da missão propagandista e articuladora do Estado Novo perante os governadores do norte e nordeste.

A oposição liberal, até então em êxtase pela gradual deslegitimação dos comunistas, percebe o golpe e apela aos militares pela legalidade, mas apenas aceleraram o processo que se conclui em 10 de novembro de 1937 com o fechamento do Congresso. Nessa data, que marca o encerramento do regime constitucional e o início do Estado Novo, Getúlio Vargas proferiu uma série de pronunciamentos oficiais. Entre eles, destaca-se uma declaração emblemática em que o chefe do Executivo exalta a atuação intervencionista e autoritária do Estado, ao estabelecer uma clara hierarquia entre os conceitos de autoridade e liberdade. Nesse discurso, Vargas legitima a suspensão de garantias constitucionais e a concentração do poder em nome da ordem e da estabilidade nacional, revelando o núcleo ideológico do novo regime: a prevalência do poder estatal sobre os direitos individuais, sob o pretexto de proteção da coletividade.

> Tenho suficiente experiência das asperezas do poder para deixar-me seduzir pelas suas exterioridades e satisfações de caráter pessoal. Jamais concordaria, por isso, em permanecer à frente dos negócios públicos se tivesse de ceder quotidiana-

> mente às mesquinhas injunções da acomodação política, sem a certeza de poder trabalhar, com real proveito, pelo maior bem da coletividade.
>
> Prestigiado pela confiança das forças armadas e correspondendo aos generalizados apelos dos meus concidadãos, só acedi em sacrificar o justo repouso a que tinha direito, ocupando a posição em que me encontro, com o firme propósito de continuar servindo à Nação.
>
> (...)
>
> Restauremos a Nação na sua autoridade e liberdade de ação: – na sua autoridade, dando-lhe os instrumentos de poder real e efetivo com que possa sobrepor-se às influências desagregadoras, internas ou externas; na sua liberdade, abrindo o plenário do julgamento nacional sobre os meios e os fins do Governo e deixando-a construir livremente a sua história e o seu destino[39].

Para viabilizar a consolidação do novo regime autoritário, Getúlio Vargas adotou uma estratégia deliberada de divisão e neutralização das forças políticas que poderiam se opor ao seu projeto de poder. A fragmentação dos antigos aliados da Revolução de 1930 foi acompanhada de um redesenho da elite governante, de modo que os principais cargos do Estado Novo passaram a ser ocupados por figuras que não desempenharam papel de destaque nos eventos revolucionários de 1930. Essa recomposição do núcleo dirigente permitiu a Vargas distanciar-se dos compromissos históricos assumidos com os setores que o haviam alçado ao poder, substituindo-os por quadros mais afinados com a lógica centralizadora e tecnocrática do novo regime.

15.4.1. As bases do autoritarismo

Vargas, único civil a comandar uma ditadura no Brasil era ao mesmo tempo a figura central de seu governo e o centro de sustentação do Estado. Contava com amplo apoio das Forças Armadas, principalmente do Exército, e buscava legitimidade a partir de uma política de massas, que beirava o fascismo, mas sem de fato o ser na essência do termo. Apoiava-se numa política de colaboração entre empregadores e empregados, tutelada pelo Estado e clara visão corporativa, onde o Executivo, que tinha poder extremado, buscava atender interesses de grupos e classes sociais, conciliando-as sempre que possível, mas na maior parte das vezes subjugando os mais fracos[40].

Haja vista a relação com os sindicatos. Para obter apoio dos patrões e manter a estabilidade do governo, Getúlio implantou o chamado "sindicalismo pelego", ou seja, sindicatos que não atuavam propriamente para atender aos interesses de seus representados, mas, sim, para funcionar como um amortecedor entre as tensões entre

---

39 Discurso lido no Palácio Guanabara e transmitido por rádio para todo o país, na noite de 10 de novembro de 1937. *Vide* ABL – Academia Brasileira de Letras. *Getúlio Vargas*: textos escolhidos. Disponível em: https://www.academia.org.br/academicos/getulio-vargas/textos-escolhidos. Acesso em: 29 jul. 2025.

40 Schwarcz e Starling, *Brasil*: uma biografia, p. 374-375.

empregadores e trabalhadores. Para tanto estabeleceu os sindicatos únicos por categoria e, com o controle dos valores arrecadados pelo imposto sindical, tinha como controlar a atuação dos sindicatos.

O resultado foi uma legislação trabalhista que trouxe menos benefícios para os trabalhadores do que tinham direito, e a propaganda ficou toda nos avanços obtidos, principalmente quando ocorre a sistematização e consolidação desses direitos com a CLT, em 1943, escamoteando os direitos e garantias trabalhistas que foram negados à classe operária, que ficou com menos do que tinha direito, mas principalmente aos trabalhadores do campo e empregados domésticos de uma maneira geral.

Essa propaganda exacerbada dos benefícios da CLT para os trabalhadores levou setores conservadores da sociedade a considerar, o tempo todo, a CLT como sendo um "custo" para o Brasil. E retirar as garantias históricas lá inseridas, em que pese vários direitos terem ficado de fora, tem sido a tônica de uma elite que não admite nada além da concentração de renda e da opressão aos segmentos economicamente menos favorecidos da população. Basta ligar tal fato a um sistema educacional precário, e, mesmo a classe média, principal beneficiária dos direitos trabalhistas, fará propaganda contra a garantia de seus direitos, talvez na falsa perspectiva de um dia virar opressor. É a receita para, paulatinamente, direitos serem retirados da classe trabalhadora.

Também ajudou nesse processo o sistema de repressão existente durante os anos do Estado Novo, mas que começou a se delinear ainda em 1935.

> As vigas mestras do sistema de repressão policial do Estado Novo foram instituídas antes do golpe de 1937, à medida que a Constituição de 1934 se desintegrava. A Lei de Segurança Nacional, de 1935, definia os crimes contra a ordem política e social, e o Tribunal de Segurança Nacional, instalado em 1936, servia para julgar sumariamente os atos políticos cometidos e mandar os condenados para a prisão. Antes disso, porém, em janeiro de 1933, Vargas criou, por decreto, na capital da República, sua polícia política. A Delegacia Especial de Segurança Política e Social (Desp) atuava exclusivamente na repressão política, e cuidava de receber denúncias, investigar, deter e encarcerar qualquer pessoa cuja atividade fosse considerada suspeita – sem necessidade de comprovar prática efetiva de crime. No comando da Desp – e da Polícia Civil – Vargas entronizou o capitão do Exército Filinto Müller na condição de chefe de polícia[41].

Filinto Strubing Müller nasceu em Cuiabá (MT), em 1900, pertencente a uma família tradicional na política daquele Estado. Seu pai, Júlio Frederico Müller, foi prefeito de Cuiabá por várias vezes durante a Primeira República e seus irmãos Fenelon e Júlio Müller foram interventores federais no estado durante o primeiro governo de Getúlio Vargas. Militar, participou dos movimentos tenentistas tanto em 1922 no Rio de Janeiro como em 1924 em São Paulo. Participou também da retirada dos revolucionários da cidade em direção ao estado do Paraná, mas não se juntou à coluna Prestes, preferindo exilar-se na Argentina. Em 1930, após a instalação do novo regime comandado por Vargas, foi nomeado oficial de gabinete do ministro da Guerra, general Leite de Castro.

---

41 Schwarcz e Starling, *Brasil*: uma biografia, p. 375.

Na sequência foi nomeado secretário do interventor federal em São Paulo, João Alberto. Em abril de 1933 alcança o posto de chefe de Polícia do Distrito Federal, permanecendo no cargo e fiel a Getúlio por praticamente uma década.

A atuação de Filinto Müller à frente da chefia de polícia demonstrou que ele não titubeou em "mandar matar, torturar ou deixar apodrecer nos calabouços da Desp suspeitos e adversários declarados do regime"[42]. Por diversas vezes, foi acusado de promover prisões arbitrárias e utilizar-se da tortura no trato aos prisioneiros. A favor do nazismo, mantinha relações amistosas e de troca de informações com a Gestapo – a polícia de Hitler, nela inspirando-se para sufocar os adversários políticos do regime. No final de 1937, visitou a Alemanha em caráter oficial, e lá se reuniu com Heinrich Himmler, chefe da polícia política nazista, a Gestapo. Foi por sua ordem que a judia alemã Olga Benário, grávida, militante comunista e mulher de Luís Carlos Prestes, foi deportada para um campo de concentração nazista na Alemanha, onde foi executada em 1942.

15.4.2. A Constituição de 1937 e as reformas trabalhistas

A Constituição de 16 de julho de 1934 é substituída em 10 de novembro de 1937 por texto elaborado por Francisco Campos e outorgado por Vargas. Foi a primeira vez que se impôs uma constituição sem debates preliminares, pois, se a outorga não era novidade na história brasileira, todas as cartas políticas tinham sido elaboradas por representações da sociedade, até mesmo a Constituição outorgada por Pedro I. Francisco Campos, ministro da Justiça de Vargas e autor do texto constitucional, inspirou-se na Constituição polonesa, e também no fascismo e no nazismo e provavelmente na Constituição Estadual do Rio Grande do Sul de 1890, além do Estado Novo português, de onde surgiram os elementos corporativistas presentes no texto constitucional.

Criada pelo governo provisório que se fundava num golpe de estado, a nova Constituição era fruto do autoritarismo e instrumento para o seu exercício, porém, aparentemente, preocupou-se com a legitimidade democrática de seu texto, quando fez previsão a plebiscitos que nunca foram realizados. Como afirma Bonavides, com exceção dos dispositivos que tinham serventia ao exercício do autoritarismo, quase todos os demais eram meras palavras em pedaços de papel e de nada serviram, pois nunca foram aplicados[43]. Nos instrumentos constitucionais efetivados, a marca do autoritarismo é exemplar como na confirmação ou não dos governadores eleitos, na possibilidade de edição de decretos-leis em todas as matérias federais e de aposentar servidores públicos segundo a conveniência do regime. Durante toda a ditadura o poder de legislar concentrou-se em Vargas, por meio dos decretos-leis, pois o estado de emergência foi constante, e as eleições, inexistentes. Foi o período de maior autoritarismo da história brasileira.

As estratégias de poder anunciadas na Assembleia Constituinte que elaborou a Constituição de 1934 confirmaram-se com exatidão a partir de 1937. Getúlio, que por intermédio de seus aliados havia promovido no texto de 1934 uma espécie de democra-

---

42 Schwarcz e Starling, *Brasil*: uma biografia, p. 375.

43 Paulo Bonavides, *História constitucional do Brasil*, p. 342.

cia corporativa, com mais liberdade e sem as limitações democráticas, põe em prática a política clientelista que reformou o sindicalismo incipiente da época e traz até hoje suas consequências. Para tanto, instituiu-se a unidade sindical e a hierarquização dos sindicatos; a primeira medida objetivava impossibilitar um pluralismo que proporcionasse dissidências e consequentemente maior dificuldade no controle, já a hierarquização fundava-se no mesmo elemento de controle, já que diante de uma estrutura hierárquica seria mais simples controlar os que ocupavam os postos superiores, e que estes liderassem ou subordinassem os inferiores. Outra medida, talvez a mais importante, tenha sido a criação do imposto sindical pelo qual todo trabalhador passou a ser obrigado a dar o valor equivalente a um dia de trabalho no ano para o sindicato; a centralização de tais recursos no governo faria do sindicato refém do governo. Assim, o governo Vargas pretendia fundar sua legitimidade estabelecendo relações de troca e controle com os sindicalistas superiores na expectativa de que estes fornecessem o apoio necessário para a conquista da legitimidade desejada por Vargas. Tais sindicalistas passaram a ser denominados pelegos em alusão ao couro de carneiro ou a qualquer outra espécie de forro cuja função seja amaciar o couro da cela e o peso do cavaleiro sobre o cavalo. Na analogia que produziu a denominação de um tipo de política entre sindicato empregador e governo buscou-se reconhecer o trabalhador como o cavalo que sustenta seu patrão ou as políticas do governo, mas apenas as conhece pela intermediação da liderança sindical, que, unitária e hierarquizada, impede qualquer tipo de tentativa dissidente fora dos quadros do sindicato. Apesar de seu reconhecimento como defensor dos trabalhadores, em 1937 Getúlio proibiu a greve de trabalhadores ou interrupção da produção e/ou prestação de serviços pelo empregador (*lockout*). Ainda sobre a relação de trabalho, posteriormente, Vargas criou a Consolidação das Leis do Trabalho (CLT), organizou a justiça do trabalho, também com representação classista, e criou o salário mínimo.

15.4.3. Principais características da Constituição de 1937

A nova ordem constitucional assentava-se, em primeiro lugar, na centralização absoluta do poder político nas mãos do Executivo, promovendo a supressão da lógica federativa tradicional, ainda que se mantivesse certa desconcentração administrativa para fins operacionais. Essa recentralização visava eliminar o chamado "divisionismo federativo" que, na visão do regime, comprometia a eficácia da administração e a unidade nacional. Outro traço marcante foi a institucionalização de órgãos técnicos, compostos por representantes das chamadas classes produtoras organizadas, com a função de assessorar diretamente o Presidente da República na formulação das diretrizes políticas e econômicas. Essa estrutura revelava a adoção de um modelo corporativista, inspirado nos regimes fascistas europeus, no qual o Estado se apresentava como mediador entre os diferentes setores da produção, legitimando-se como condutor da economia nacional[44].

Ademais, a Constituição de 1937 previu a obrigatoriedade da organização sindical por categorias profissionais, particularmente nas áreas urbanas, como forma de

[44] Vamireh Chacon, *Dicionário histórico-biográfico brasileiro*: pós-1930, p. 1567.

incentivar o espírito associativo controlado e fortalecer o vínculo entre trabalhadores e Estado. Esse sindicalismo compulsório, longe de promover a autonomia das classes laborais, era funcional ao projeto de arregimentação social e supressão do conflito de classes, típico do modelo autoritário.

No campo institucional, destacou-se a redução drástica das prerrogativas do Poder Legislativo, que foi esvaziado de suas funções tradicionais e submetido a severas restrições. Considerado pelo regime um espaço contaminado pelo "aventureirismo político", o Parlamento era visto como um dos principais vetores da crise da Primeira República e, por isso, teve seu papel limitado, quando não meramente decorativo, no novo arranjo estatal. Por fim, houve a dissolução dos partidos políticos, considerados fontes de instabilidade e fragmentação, o que consolidou o caráter monolítico do novo regime e eliminou as formas tradicionais de representação política[45].

Tais fatores ficaram evidentes no texto constitucional, entre os quais destacamos os seguintes pontos[46]:

- Concentração excessiva de poder nas mãos do chefe do Poder Executivo e de seu círculo mais próximo, rompendo com a autonomia federativa dos Estados e conferindo, pela primeira vez, um caráter plenamente nacional ao poder central.

- Paternalismo nas relações entre o Estado e os trabalhadores, permitindo o controle e a disciplina das organizações sindicais, sobretudo as operárias, mecanismo posteriormente utilizado para mobilizar as massas em favor do regime e contra seus opositores.

- Reorganização do Estado nas esferas social e econômica, por meio da concessão de amplos poderes de intervenção ao Presidente da República, viabilizando um modelo de administração unificada e intervencionista.

- Caráter laico e desvinculado de confissões religiosas, rompendo com qualquer orientação religiosa oficial.

- Inspirada predominantemente na Constituição polonesa de 1935 (a "Polaca"), mas também influenciada pelo fascismo italiano, pelo nazismo alemão e pelo corporativismo português, do qual inclusive retira a própria designação de "Estado Novo".

- Estabelecia que a integralidade de seus efeitos dependeria de ratificação por plebiscito (art. 187), o que jamais foi concretizado.

- Entre 1937 e 1945, o país foi governado sob estado de emergência.

- O regime foi sustentado por decretos-leis, mecanismo pelo qual o presidente concentrava as funções legislativa e constitucional, nomeando interventores estaduais e reservando para si o poder de modificar a Constituição. Exemplos notáveis são o Código Penal (Decreto-Lei n. 2.848/1940); Código de Processo Penal (Decreto-Lei n. 3.689/1941; Lei de Introdução às normas do Direito Brasileiro – Lindb (Decreto-Lei n. 4.657/1942); e a Consolidação das Leis do Trabalho – CLT (Decreto-lei n. 5.452/1943).

---

45 Vamireh Chacon, *Dicionário histórico-biográfico brasileiro*: pós-1930, 2001, p. 1567.

46 Edson Simões. *A luta pela República e democracia no Brasil*: de Vargas a Bolsonaro, p. 36-38.

– Houve a supressão dos símbolos estaduais e municipais, como bandeiras, hinos e brasões.

– O Legislativo encontrava-se sujeito à dissolução a qualquer tempo por decisão do Executivo, perdendo sua autonomia e relevância institucional.

– Criação do Conselho da Economia Nacional, composto por representantes das associações profissionais e sindicais, com funções técnicas como a organização corporativa da economia, regulação dos contratos coletivos de trabalho, desenvolvimento de ramos econômicos, apoio à pesquisa científica e racionalização da agricultura, indústria, crédito e trabalho, elementos inspirados no modelo corporativista fascista.

– Instituição da pena de morte no ordenamento jurídico. A Lei Constitucional n. 1, de 16 de maio de 1938, deu nova redação ao item 13 do art. 122 da Constituição[47].

– Mandato presidencial fixado em seis anos, com eleição indireta. Em caso de vacância, o substituto seria escolhido pelo Conselho Federal, entre seus membros ou conforme indicação do presidente da República.

– Foi a Constituição brasileira que mais previu a utilização do plebiscito, com menção expressa em nove dispositivos: art. 5º, parágrafo único; art. 63 e seu parágrafo único; art. 174, § 4º; arts. 175, 178 e 187. Vale observar que as Constituições anteriores (1824, 1891 e 1934) não contemplavam essa forma de consulta popular.

O caráter centralizador e antifederativo da Constituição de 1937 levou à extinção da Justiça Federal[48], em consonância com o projeto autoritário de concentração do poder no

---

47 "Art. 122 (...)

13) Não haverá penas corpóreas perpétuas. As penas estabelecidas ou agravadas na lei nova não se aplicam aos fatos anteriores. Além dos casos previstos na legislação militar para o tempo de guerra, a pena de morte será aplicada nos seguintes crimes:

a) tentar submeter o território da Nação ou parte dele à soberania de Estado estrangeiro;

b) atentar, com auxilio ou subsidio de Estado estrangeiro ou organização de caráter internacional, contra a unidade da Nação, procurando desmembrar o território sujeito à sua soberania;

c) tentar por meio de movimento armado o desmembramento do território nacional, desde que para reprimi-lo se torne necessário proceder a operações de guerra;

d) tentar, com auxilio ou subsidio de Estado estrangeiro ou organização de caráter internacional, a mudança da ordem política ou social estabelecida na Constituição;

e) tentar subverter por meios violentos a ordem política e social, com o fim de apoderar-se do Estado para o estabelecimento da ditadura de uma classe social;

f) a insurreição armada contra os Poderes do Estado, assim considerada ainda que as armas se encontrem em depósito;

g) praticar atos destinados a provocar a guerra civil, se esta sobrevém em virtude deles;

h) atentar contra a segurança do Estado praticando devastação, saque, incêndio, depredação ou quaisquer atos destinados a suscitar terror;

i) atentar contra a vida, a incolumidade ou a liberdade do Presidente da República;

j) o homicídio cometido por motivo fútil ou com extremos de perversidade".

48 "Art. 90. São órgãos do Poder Judiciário:

a) o Supremo Tribunal Federal;

b) os Juízes e Tribunais dos Estados, do Distrito Federal e dos Territórios;

c) os Juízes e Tribunais militares".

âmbito da União. À época, justificava-se tal medida com o argumento de que os tribunais estaduais estariam excessivamente submetidos às oligarquias locais, especialmente ao coronelismo rural, que exercia controle direto sobre a máquina judiciária e influenciava indevidamente o curso das decisões judiciais. Sob essa justificativa, o regime procurou desarticular os mecanismos jurisdicionais autônomos dos Estados, enfraquecendo a autonomia federativa e reforçando a tutela central sobre o sistema de Justiça[49].

Quanto ao Supremo Tribunal Federal, de modo geral, durante a Era Vargas (1930-1945), teve sua autoridade contestada sob múltiplas formas, sobretudo após a outorga da Constituição de 1937 (art. 97 a 102). Além de enfraquecer significativamente as garantias individuais, a nova ordem constitucional resultou na redução da autonomia e da força institucional do Poder Judiciário, subordinando-o de forma mais direta aos interesses e à lógica centralizadora do Executivo.

Segundo Lynch e Pereira[50], o judiciarismo, que outrora entusiasmara liberais como Rui Barbosa e Pedro Lessa, foi progressivamente esvaziado durante a Era Vargas. A faculdade conferida ao Presidente da República de sustar decisões do Supremo Tribunal Federal que declarassem a inconstitucionalidade de atos estatais, caso as considerasse contrárias ao bem-estar da nação, neutralizou a eficácia do controle jurisdicional de constitucionalidade. Já no início do Governo Provisório, uma das primeiras medidas adotadas foi a aposentadoria compulsória de seis ministros do Supremo, abrindo caminho para a recomposição gradual da Corte com nomeações feitas por Vargas, o que, em curto prazo, resultou em um tribunal majoritariamente alinhado ao Executivo. Com a outorga da Constituição de 1937 e a redução da idade para aposentadoria compulsória de 75 para 68 anos, outros cinco ministros foram afastados, aprofundando ainda mais o controle do governo sobre o Judiciário. Assim, mesmo antes da formalização do Estado Novo, o Supremo passou a proferir decisões consonantes com os interesses e diretrizes políticas do regime, revelando um ambiente institucional marcado pelo receio de novas retaliações e pela subordinação funcional do Judiciário à lógica autoritária do Executivo.

> No Estado Novo, o pensamento de Francisco Campos é representativo deste estado de coisas. Poucos dias depois da outorga da Constituição de 1937, Campos concedeu entrevista à imprensa em que declarava que o modelo de um Poder Judiciário como árbitro irrecorrível da constitucionalidade das leis, como ele vislumbrava que havia existido na Constituição de 1891, não existiria mais no regime constitucional brasileiro [...]. Em última instância, durante o Estado Novo, o Supremo deveria estar, desta maneira, à serviço do regime [51].

Costuma-se apontar semelhanças entre os dispositivos autoritários da Constituição de 1937 e os mecanismos adotados pelo regime militar instaurado no Brasil a partir de 1964. Entre os paralelos mais evidentes, destacam-se a utilização sistemática de decretos-leis, a instituição de estados de emergência, a suspensão de direitos e garantias individuais,

---

49 Edson Simões. *A luta pela República e democracia no Brasil*: de Vargas a Bolsonaro, p. 39.

50 Christian Edward Cyril Lynch, Wingler Alves Pereira, Capas pretas, um arsenal de livros, a Constituição: panorama histórico da autoridade do Supremo (1891-1988), p. 282.

51 Christian Edward Cyril Lynch, Wingler Alves Pereira, Capas pretas, um arsenal de livros, a Constituição: panorama histórico da autoridade do Supremo (1891-1988), p. 283.

bem como a criação de um colégio eleitoral para a escolha indireta do presidente e do vice-presidente da República. A explicação para essa convergência normativa e institucional reside no fato de que a Carta de 1937, concebida como instrumento jurídico da consolidação do Estado Novo, funcionou como um modelo originário de ordenamentos constitucionais de viés autoritário, oferecendo referenciais legais e teóricos para a legitimação de regimes ditatoriais posteriores[52]. Assim, a Constituição de 1937 não apenas representou a ruptura com a tradição liberal-republicana anterior, como também inaugurou uma lógica de exceção constitucional que reverberaria ao longo da história política e institucional brasileira do século XX.

Em síntese, a Constituição outorgada de 1937 traduziu um projeto de concentração do poder, supressão das liberdades políticas e reconfiguração autoritária do Estado, sob a justificativa de assegurar a ordem, o progresso e a unidade nacional frente às ameaças do liberalismo, do comunismo e da desagregação federativa.

15.5. QUARTA REPÚBLICA (1945-1964)

Em 1945 chegou ao cabo o Estado Novo.

A participação do Brasil na Segunda Guerra Mundial transmitiu aos brasileiros um sentimento de luta pela democracia, o que entrou em franca contradição com o modelo autoritário do Estado Novo e alimentou perspectivas democráticas, contribuindo para o fim da ditadura de Getúlio e a instituição de um tipo de ordem democrática até então inexistente na história brasileira. Desse processo resultou a elaboração da Constituição de 1946, obra das diversas forças políticas brasileiras em confronto político-ideológico.

Arquitetado para perdurar, o Estado Novo encerrou-se após oito anos de vigência, resultado de divergências internas e da crescente força da oposição – evidenciando as fragilidades do projeto político autoritário de Getúlio Vargas. Em meio à insatisfação social com o regime, o governo justificava sua continuidade com base no estado de guerra em que o Brasil se encontrava, prometendo eleições para um momento futuro de paz.

É nesse contexto – no qual a censura já não operava com a mesma eficácia e os periódicos passaram a registrar manifestações de descontentamento – que Vargas, por meio da Lei Constitucional[53] n. 9, de 28 de fevereiro de 1945, fixa o prazo de noventa dias para que fosse estabelecido, em lei, o calendário eleitoral. Atendendo às exigências dessa norma, o Decreto-Lei n. 7.586, de 28 de maio de 1945, definiu as regras para o processo eleitoral, marcando as eleições federais para 2 de dezembro de 1945 e as estaduais para 6 de maio de 1946.

---

52 Edson Simões. *A luta pela República e democracia no Brasil*: de Vargas a Bolsonaro, p. 39.

53 Lei Constitucional era a denominação das normas decretadas pelo Presidente da República e dotadas de poder para modificar o texto constitucional. Tal fundamento encontrava-se no art. 180 da Carta de 1937, que atribuía competência legislativa ordinária e constituinte ao Presidente da República enquanto o Parlamento Nacional não se reunisse.

A aproximação das eleições reconfigurou o cenário político nacional, reorganizando as principais forças em torno dos partidos – notadamente a União Democrática Nacional (UDN), o Partido Social Democrático (PSD) e o Partido Trabalhista Brasileiro (PTB). A UDN, formada por liberais e conservadores contrários ao Estado Novo, lançou o Brigadeiro Eduardo Gomes como candidato à presidência no pleito de 2 de dezembro. Apesar de seu discurso em defesa da ordem democrática, o partido apresentava um perfil conservador, moralista e fortemente marcado por tendências autoritárias, revelando ambiguidade ao tolerar ou fomentar iniciativas golpistas. Seus quadros demonstravam apego a uma visão moralizante da política, enfatizando o comportamento individual dos governantes em detrimento de avaliações institucionais mais amplas. Entre seus expoentes destacou-se Carlos Lacerda[54].

O Partido Social Democrático (PSD) foi constituído com o objetivo de capitalizar os vínculos previamente estabelecidos pelos interventores estaduais durante o Estado Novo, incorporando a estrutura administrativa regional à sua organização partidária e estendendo sua atuação até os eleitores em nível municipal. Responsável por oficializar a candidatura do general Eurico Gaspar Dutra, o PSD exerceu, até 1964, um papel central na sustentação da estabilidade institucional da República.

Com forte enraizamento regional e uma base eleitoral expressiva, o partido se destacava por sua gestão estratégica do poder político, marcada pela distribuição criteriosa de cargos e pela habilidade na formação de alianças. Entre seus principais líderes, figuravam nomes de projeção nacional como Tancredo Neves, Juscelino Kubitschek, Amaral Peixoto, José Maria Alkmin e Ulysses Guimarães, todos reconhecidos por sua capacidade de negociação e prestígio político. No plano regional, o controle partidário era exercido por lideranças influentes como Vitorino Freire (Maranhão), Benedito Valadares (Minas Gerais) e Pedro Ludovico (Goiás), cuja sustentação se apoiava em oligarquias locais e práticas políticas tradicionais de dominação.

O Partido Trabalhista Brasileiro (PTB) estruturou-se a partir dos sindicatos vinculados ao Estado Novo e do funcionalismo ligado ao Ministério do Trabalho. Embora não tenha sido criado como um partido dos trabalhadores, foi concebido para representá-los politicamente. Sua principal inovação estava no projeto trabalhista, que tratava a questão social como central e defendia a intervenção do Estado por meio de reformas legais para proteger os assalariados. Esse projeto foi simbolizado no getulismo, com Vargas como figura central, associado à proteção dos pobres e à valorização do trabalho[55].

O vínculo de Vargas com as políticas sociais e o desejo de continuidade de tais políticas consolidou a base popular do PTB, que cresceu como força política nacional. Ao longo dos anos 1950 e início dos anos 1960, o partido expandiu sua agenda, incorporando o nacionalismo, as reformas estruturais, bem como angariou relevante apoio entre trabalhadores rurais. Em paralelo, o PTB buscava se diferenciar da agenda da esquerda comunista, investindo em um socialismo não revolucionário. Nesse contexto, em que sua bancada parlamentar cresceu de forma consistente, o partido foi capaz de

---

54 Eder Aparecido de Carvalho, PSD, UDN e PTB, os três grandes partidos da Terceira República, p. 35-50.

55 Eder Aparecido de Carvalho, PSD, UDN e PTB, os três grandes partidos da Terceira República, p. 35-50.

produzir e revelar novas lideranças, como: João Goulart, sucessor político de Vargas, e Leonel Brizola, que radicalizou o projeto trabalhista em direção a um reformismo mais combativo[56].

Em 1945, as Forças Armadas – especialmente o Exército, então fiel aliado da ditadura de Getúlio Vargas – deixaram de ocupar uma posição subalterna no aparelho de Estado. Valendo-se de seu poder bélico e capacidade de coerção, os militares consolidaram seu papel como agentes de controle social. Nesse contexto, o Exército passou por um processo de transformação institucional que o integrou de forma ativa e estratégica à estrutura estatal. A partir daí, configurou-se como uma força politicamente autônoma, de perfil intervencionista, guiada pela convicção de que caberia aos militares formar uma elite nacional tecnicamente preparada para conduzir os destinos do país. Essa nova orientação rompeu com o legado dos oficiais republicanos de 1889 e dos tenentes da década de 1920, que ainda se viam subordinados ao poder civil ou vinculados à vontade popular.[57]

Às vésperas do colapso do Estado Novo, politicamente enfraquecido e sem respaldo efetivo das Forças Armadas, Getúlio Vargas, através do Decreto-Lei n. 7.474, de 18 de abril de 1945, decretou anistia a centenas de presos políticos. Foram anistiadas pessoas condenadas por crimes políticos e comuns de motivação política, cometidos entre 16 de julho de 1934 e a data de sua promulgação. O decreto fixou critérios distintos para civis e militares: o retorno de militares aos quadros ativos dependia de parecer favorável de comissões especiais designadas pelo Presidente da República; no caso dos civis, a reintegração estava condicionada à existência de vagas e à avaliação individual por comissões igualmente nomeadas pelo Executivo. O decreto vedou o pagamento de remunerações retroativas.

Entre os beneficiados pela anistia estava Luís Carlos Prestes, destacado líder comunista, cuja trajetória – marcada por exílio, prisão e atuação à frente da Coluna Prestes – o consagrou como figura simbólica de resistência. À época, sua notoriedade ultrapassava a influência do próprio Partido Comunista do Brasil (PCB), ao qual era filiado. Em 23 de maio de 1945, Prestes discursou em um comício promovido pelo PCB no estádio de São Januário, no Rio de Janeiro. Em um movimento considerado surpreendente, declarou apoio ao governo Vargas, defendeu a convocação de uma Assembleia Constituinte e propôs o adiamento das eleições presidenciais. Embora esse posicionamento estivesse alinhado à política soviética de apoio a governos aliados durante a Segunda Guerra Mundial, a decisão de Prestes gerou controvérsia, especialmente por implicar o endosso a um regime que extraditara sua companheira, Olga Benário – grávida na ocasião – à Alemanha nazista[58].

Para o PCB, então enfraquecido pela repressão, com atuação clandestina e reduzida presença social, a aliança com Vargas representava uma estratégia pragmática de sobrevivência e expansão. Ela possibilitava acesso ao movimento sindical, aproximação

---

56 Geralda Luiza de Miranda, Os partidos trabalhistas no sistema multipartidário: um estudo comparado das trajetórias do PTB (1945-1964) e do PT (1980-2002), p. 37-66.

57 Lilia Moritz Schwarcz e Heloisa Murgel Starling, *Brasil*: uma biografia, p. 654-655.

58 H. R. SILVA, *A democracia impressa*: transição do campo jornalístico e do político e a cassação do PCB nas páginas da grande imprensa, 1945-1948, p. 144-146.

com a base trabalhista vinculada a Getúlio e ganhos de legitimidade eleitoral. Os efeitos foram rápidos: em maio de 1945, o partido contava com cerca de 6.800 filiados; dois anos depois, esse número variava entre 180 mil e 220 mil. O crescimento do PCB foi acompanhado por uma ampliação de sua rede de simpatizantes, que incluía nomes de destaque no campo cultural e intelectual. Esses setores contribuiriam, nas décadas seguintes, para a construção de propostas alternativas de desenvolvimento social e político. Entre os apoiadores figuravam personalidades como Carlos Drummond de Andrade, Jorge Amado, Candido Portinari, Di Cavalcanti, Oscar Niemeyer, Graciliano Ramos, Monteiro Lobato, Nelson Pereira dos Santos, Dorival Caymmi e Francisco Mignone – uma constelação de expoentes culturais que conferia peso simbólico ao partido. Em 1945, os comunistas ocupavam posição de destaque no cenário cultural nacional[59].

Para Getúlio Vargas, o apoio de Prestes era politicamente útil, mas não central. Como era característico de sua atuação, Vargas manteve-se ambíguo: não deixava claro se pretendia conduzir o país a uma transição democrática ou preparar um projeto de continuidade no poder. O que se podia afirmar com segurança era que ele não foi surpreendido pela desagregação do Estado Novo. Pelo contrário, agiu estrategicamente ao apostar na mobilização de um novo ator político – os trabalhadores urbanos – como base de sustentação para seu reposicionamento no contexto da redemocratização[60].

Amparado por sua nova base social, Getúlio Vargas soube explorar politicamente o Queremismo – movimento popular que defendia a convocação de uma Assembleia Constituinte com sua permanência na presidência. Articulado em torno do slogan "Queremos Getúlio", o Queremismo constituiu uma ruptura significativa com a tradição política da República brasileira, historicamente marcada pela exclusão das classes populares dos canais institucionais de participação. Sua principal demanda – a continuidade de Vargas no poder – refletia a preocupação com a preservação dos direitos sociais e trabalhistas conquistados a partir da década de 1930. Com o enfraquecimento do Estado Novo, segmentos organizados da classe trabalhadora ocuparam as ruas, receosos de que, sem Vargas, o aparato legal de proteção ao trabalho fosse desmontado em favor dos interesses patronais[61].

Vargas, coerente com sua prática política ambígua, reiterava em público que não seria candidato à sucessão e que se limitaria a conduzir o processo eleitoral. No entanto, suas ações revelavam outra intenção. Estimulou abertamente o Queremismo: autorizou a transmissão dos comícios em rede nacional de rádio, concedeu apoio indireto por meio do Departamento de Imprensa e Propaganda (DIP) e do Ministério do Trabalho, e facilitou o acesso do movimento a recursos financeiros provenientes de empresários alinhados ao governo[62].

No segundo semestre de 1945, o Queremismo já contava com dezenas de comitês distribuídos em diferentes cidades do país, engajados em uma intensa agenda de mobilização política – panfletagens, coleta de assinaturas, comícios e manifestações

---

59 Lilia Moritz Schwarcz e Heloisa Murgel Starling, *Brasil*: uma biografia, p. 656-659.

60 Lilia Moritz Schwarcz e Heloisa Murgel Starling, *Brasil*: uma biografia, p. 656-659.

61 Jefferson José Queler, Os sentidos do queremismo: disputas políticas em torno do conceito na redemocratização de 1945, p. 19.

62 Lilia Moritz Schwarcz e Heloisa Murgel Starling, *Brasil*: uma biografia, p. 660-662.

públicas de apoio. Quando se confirmou que Vargas não deixaria o cargo em tempo hábil para disputar as eleições, os queremistas reformularam sua pauta e passaram a defender uma nova proposta, com maior definição política: a convocação de uma "Constituinte com Getúlio!"[63].

Apesar de sua expressiva adesão popular, o movimento enfrentava limitações estruturais. De natureza espontânea, com um programa restrito e escassa institucionalização, o Queremismo não dispunha de sustentação organizativa suficiente para consolidar um projeto de poder autônomo. Ainda assim, representou um avanço importante no processo de democratização do país ao promover a entrada efetiva de setores populares no espaço público e político[64].

Em outubro de 1945, Vargas adotou uma postura mais direta. Durante a cerimônia de inauguração da eletrificação dos trens suburbanos do Rio de Janeiro – evento de grande visibilidade –, conclamou os trabalhadores a se filiarem ao recém-fundado Partido Trabalhista Brasileiro (PTB). Argumentou que a criação do partido garantiria ao operariado participação efetiva na gestão dos assuntos públicos e o protegeria contra a manipulação recorrente de políticos que, após eleitos, ignoravam os compromissos assumidos com suas bases. Embora tal promessa fosse de difícil verificação empírica, também era difícil de ser refutada. Vargas encerrou o discurso defendendo o voto classista e consciente: os trabalhadores deveriam eleger representantes oriundos de seu próprio meio, capazes de expressar suas aspirações e interesses reais[65].

O queremismo acentuou o desconforto da oposição e a certeza de que Getúlio não deixaria o poder, precipitando, no complexo quadro político de então, a queda de Vargas. O ponto de inflexão da ordem estabelecida pela Lei Constitucional n. 9 se deu quando Getúlio afastou o chefe de polícia do Distrito Federal para substituí-lo por seu irmão Benjamim Vargas, provocando a reação do General Góis Monteiro, que mobilizou as tropas do Distrito Federal. Diante da recusa de Vargas em rever a nomeação, em 29 de outubro, resolveu-se o impasse por meio da renúncia forçada de Getúlio.

Com a deposição de Vargas, assumiu o poder o presidente do Supremo Tribunal Federal que, apesar de reprimir os movimentos de esquerda, em especial o Partido Comunista do Brasil (PCB), manteve eleições marcadas para 2 de dezembro de 1945, quando foi eleito Dutra para a presidência. A vitória de Dutra foi uma vitória política de Getúlio, que não tardaria a voltar ao poder – mas dessa vez eleito pelas urnas. Sob a presidência de Dutra, iniciou-se o processo constituinte, quando o Senado e a Câmara se reuniram compondo a Assembleia Constituinte que concluiria seus trabalhos em 18 de setembro de 1946.

Nas eleições mais representativas, até então, milhões de cidadãos compareceram às urnas para eleger o novo presidente da República e a Assembleia Constituinte. O General Dutra foi eleito presidente, enquanto o Brigadeiro Eduardo Gomes ficou sem segundo lugar na disputa. As eleições demonstraram a força de Vargas perante os

63 Jefferson José Queler, Os sentidos do queremismo: disputas políticas em torno do conceito na redemocratização de 1945, p. 3.

64 Lilia Moritz Schwarcz e Heloisa Murgel Starling, *Brasil*: uma biografia, p. 660-662.

65 Jorge Ferreira, *O imaginário trabalhista*: getulismo, PTB e cultura política popular (1945–1964), p. 75.

eleitores e o desprestígio da oposição a Getúlio, geralmente associada à elite. Vargas foi eleito senador pelo Rio Grande do Sul e por São Paulo e, ainda, deputado federal por sete estados, como permitia a legislação eleitoral. Além do PSD, da UDN e do PTB, o PCB despontou nas eleições com significativa importância. O principal líder comunista brasileiro, Luís Carlos Prestes, foi eleito senador pelo Distrito Federal e deputado por São Paulo, Rio de Janeiro, Pernambuco, Rio Grande do Sul e Rio de Janeiro, revelando a adesão de parcela significativa da população às proposições do PCB. Nas eleições para o Congresso, a aliança entre o PSD e o PTB assegurou maioria parlamentar. O PSD conquistou a maior bancada e, associado ao PTB, tinham maioria. A UDN consolidou-se como a segunda maior força e o PCB como a quarta.

15.5.1. A Constituinte de 1946 e seus dilemas jurídico-políticos iniciais

Em 1º de fevereiro de 1946, a Assembleia Constituinte reuniu-se, em caráter preparatório, sob a presidência do ministro Valdemar Falcão, então presidente do Tribunal Superior Eleitoral (TSE). Essas sessões inaugurais foram marcadas, entre outros pontos, por debates intensos acerca da chefia dos trabalhos e da definição do Regimento Interno. Na sessão inaugural, procedeu-se à recepção, verificação e diplomação dos parlamentares.

No plano normativo, o Decreto-Lei n. 8.708, de 17 de janeiro de 1946, editado pelo presidente José Linhares, fixou regras transitórias para a instalação da Constituinte até que esta deliberasse sobre seu próprio Regimento. O ato atribuiu ao TSE a condução dos procedimentos iniciais – recepção e verificação dos diplomas, publicação das listas de eleitos, suplentes e diplomas em dúvida, além da solução imediata de controvérsias –, previu a eleição da Mesa e exigiu o compromisso regimental antes do início dos trabalhos. Estabeleceu, ainda, que, até a aprovação de novo texto, vigoraria de forma subsidiária o Regimento da Constituinte de 1934.

Todos os decretos-leis do período amparavam-se no art. 180 da Constituição de 1937, dispositivo que conferia ao Presidente da República competência para expedir decretos-leis sobre matérias de competência legislativa da União enquanto não reunido o Parlamento. Paradoxalmente, o mesmo fundamento que sustentara o arranjo autoritário de 1937 foi mobilizado para disciplinar, provisoriamente, a organização interna de uma Assembleia Constituinte eleita pelo voto popular. Contra essa solução, insurgiu-se a bancada comunista, que repudiou a prorrogação dos efeitos do Decreto-Lei n. 8.708/1946 e defendeu a afirmação plena da autonomia normativa da própria Constituinte.

Na sessão inaugural, o constituinte Maurício Grabois (PCB) enfatizou a centralidade da soberania popular na Assembleia Constituinte, concebida como instância legítima e autônoma por emanar do sufrágio direto. Com base nessa premissa, sustentou o repúdio à sujeição da Casa a normas externas – em especial ao Decreto-Lei n. 8.708/1946 – cuja legitimidade considerava questionável por se apoiar na Constituição de 1937, qualificada por ele como caduca e "parafascista". Para afirmar a autonomia normativa, apresentou projeto de Regimento Interno próprio e evocou a tradição das

Constituintes de 1823 e 1891, nas quais os próprios membros redigiram o regimento e elegeram seu presidente[66].

Em sentido oposto, Café Filho propôs a adoção do Regimento da Constituinte de 1933[67], oferecendo um contraponto imediato às teses de autonomia defendidas na abertura dos trabalhos. Submetido ao requerimento de urgência para discussão e votação do projeto apresentado pela bancada comunista, o plenário rejeitou a urgência por 147 votos contra 77. Prevaleceu, nesse debate, a lógica política sobre a controvérsia estritamente jurídica: um acordo de lideranças consolidou a solução de compromisso, aprovando o Regimento de 1934 como norma provisória da Constituinte de 1946[68].

As sessões inaugurais da Assembleia Constituinte evidenciaram o clima de insegurança e excepcionalidade do período. Eleitos após longa experiência autoritária, os representantes – habituados à centralização do poder presidencial instaurada dezesseis anos antes e consolidada, nos oito últimos, sob a Carta de 1937 – ainda operavam sobre o fantasma e a institucionalidade do Estado Novo. Buscando afirmar a primazia político-jurídica do novo Parlamento, sobretudo os constituintes comunistas, formalmente alijados da vida política durante o regime anterior, empenharam-se em marcar a autoridade da Assembleia. Faziam-no, contudo, sob a sombra persistente da ordem de 1937 – sua Constituição, suas leis constitucionais e seus decretos-lei.

Nesse contexto, as duas primeiras sessões foram atravessadas por controvérsias de índole dogmática voltadas a contestar a permanência de poderes ancorados na ordem pretérita. Além da disputa em torno do Regimento, ganhou relevo a discussão sobre a legitimidade do exercício, pelo ministro Valdemar Falcão, da presidência provisória dos trabalhos, por se apoiar em dispositivos vinculados ao arcabouço normativo que a própria Constituinte se propunha a superar.

Em 4 de fevereiro de 1946, a Assembleia elegeu o senador mineiro Fernando de Melo Viana para a presidência, pondo termo à controvérsia acerca da direção provisória então exercida por autoridade externa ao corpo de constituintes. Na sessão solene do dia seguinte, declarou-se formalmente instalada a Assembleia. Para que os debates se voltassem, com maior densidade, ao conteúdo da futura Constituição, tornou-se imprescindível a aprovação de um Regimento Interno próprio. Com esse propósito, instituiu-se comissão encarregada de elaborar o anteprojeto, o qual, após ampla discussão, foi aprovado em 12 de março de 1946[69].

Na mesma data, iniciaram-se os trabalhos de elaboração do Projeto de Constituição com a criação da Comissão da Constituição – a denominada "Comissão dos 37" –, composta por 37 constituintes distribuídos proporcionalmente entre as bancadas partidárias (PSD, 19; UDN, 10; PTB, 2; e as demais agremiações, 1 cada). A Comissão foi subdividida em dez subcomissões temáticas: Organização Federal; Discriminação de Rendas; Poder Legislativo; Poder Executivo; Poder Judiciário; Declaração de Di-

---

66 BRASIL. *Anais da Assembleia Nacional Constituinte de 1946*, p. 4.

67 BRASIL. *Anais da Assembleia Nacional Constituinte de 1946*, p. 22

68 Brasil, *Anais da Assembleia Nacional Constituinte de 1946* p. 54-67.

69 Brasil, *Anais da Assembleia Nacional Constituinte de 1946*, p. 346.

reitos; Ordem Econômica e Social; Família, Educação e Cultura; Segurança Nacional; e Disposições Gerais e Transitórias[70].

Superada a disputa regimental, o debate jurídico-político adensou-se ao recair sobre a Constituição de 1937, ainda formalmente vigente. A pergunta recorrente era direta: o governo de transição operava sob a égide da Carta de 1937 ou esta já não produzia efeitos? Reunidos em Assembleia Constituinte – e, simultaneamente, atuando como agentes políticos vinculados a seus partidos –, deputados e senadores discutiram se a Constituinte poderia, antes da promulgação da nova Constituição, interferir no regime então em vigor.

Nesse quadro, a retificação de ata apresentada por Arruda Câmara registrou a rejeição, pela maioria, da indicação formulada pela União Democrática Nacional, cujo acolhimento importaria a revogação da Constituição de 1937. No mesmo pronunciamento, o orador sustentou que a Carta de 1937 deveria subsistir até a promulgação de um novo texto constitucional. O episódio evidencia a questão nuclear que perpassou os trabalhos: as deliberações ocorriam, de fato, sob a égide de 1937, ainda que se discutisse sua superação[71].

No curso do próprio debate regimental, passou-se a indagar em que medida o Regimento Interno – enquanto estatuto de organização dos trabalhos – teria virtualidade para derrogar dispositivos da Constituição de 1937, notadamente quanto à competência do Tribunal Superior Eleitoral e às regras sobre aceitação de cargos públicos. Daí decorria o problema central: poderia a Assembleia Constituinte produzir efeitos constitucionais antes da promulgação da nova Carta? O constituinte José Bonifácio, neste contexto, assinalou que a Carta de 1937 vinha sendo implicitamente reconhecida como vigente pela própria Assembleia, expondo a tensão entre a autolimitação do poder constituinte e sua pretensão de intervir na ordem instaurada[72].

Em declaração proferida em plenário, o PCB censurou a deliberação majoritária que, a seu ver, "legalizava" a Constituição outorgada de 1937, e defendeu sua revogação formal e definitiva. Tal intervenção evidencia a persistência do embate político-jurídico imediatamente subsequente à disputa regimental, ao problematizar a legitimidade de manter vigente a ordem de 1937 enquanto a Assembleia exercia o poder constituinte[73].

Nesse debate, consolidaram-se duas teses centrais. De um lado, a UDN sustentando a doutrina dos poderes constituintes ilimitados, ancorada na soberania da Assembleia: a esta caberia não apenas redigir a nova Constituição, mas também promulgar atos constitucionais provisórios de vigência imediata. De outro, o PSD advogou a limitação dos poderes aos termos fixados pelos atos convocatórios da própria Assembleia, preservando, até nova deliberação, a continuidade da ordem jurídica. A oposição, mais especificamente a UDN, o PCB e o PR, ainda contestou a validade desses atos; a impugnação, contudo, foi rejeitada em Plenário, consolidando a orientação de que a

70 Brasil, *Anais da Assembleia Nacional Constituinte de 1946*, p. 118. Veja, também: Luís Gustavo Faria Guimarães, *O presidencialismo de coalizão no*, p. 64.

71 Brasil, *Anais da Assembleia Nacional Constituinte de 1946*, p. 10-12.

72 Brasil, *Anais da Assembleia Nacional Constituinte de 1946*, p. 33-35.

73 Brasil, *Anais da Assembleia Nacional Constituinte de 1946*, p. 107-109.

Constituinte deveria avançar dentro dos marcos formais então reconhecidos enquanto se construía o novo texto constitucional[74].

Marcada para 2 de abril nova reunião da Comissão da Constituição, os debates estenderam-se até 27 de maio, quando a Comissão entregou à Mesa o Projeto, composto por 199 artigos. O texto foi anunciado ao Plenário – com o registro de 4.092 emendas – em 7 de abril. Mais adiante, em 9 de setembro, a Presidência comunicou o recebimento da redação final, que, após exame das emendas de redação, foi concluída em 17 de setembro e promulgada em 18 de setembro de 1946, com 218 artigos e 36 disposições transitórias.

Produto de uma Assembleia Constituinte majoritariamente conservadora, a Constituição de 1946 refletiu essa orientação em diversos dispositivos. No plano das liberdades, enfatizou os direitos individuais – com relevo para a proteção da propriedade –; na organização do Estado, reafirmou a separação de poderes; e, no domínio econômico, impôs limites à intervenção estatal. A par dessa matriz liberal-conservadora, incorporou comandos próprios do Estado Social, como a participação dos empregados nos lucros, o repouso semanal remunerado, a estabilidade no emprego e o direito de greve, entre outros, compondo "um Estado social de direito vazado na mais ampla tradição liberal dos juristas brasileiros"[75]. A efetividade dessas cláusulas, todavia, dependeriam de legislação e de políticas públicas que lhes dessem concretude.

No capítulo da ordem econômica, a Constituição de 1946, sob o fundamento da justiça social, consagrou a possibilidade de intervenção estatal para corrigir desequilíbrios de mercado, buscando compatibilizar a livre iniciativa com a valorização do trabalho humano. Nessa moldura, legitimou-se um Estado promotor do desenvolvimento, apto a induzir a industrialização e a articular crescimento com redistribuição de renda. Ainda sob o signo da justiça social, o texto consolidou um federalismo de cooperação, favorecendo a integração regional e a coordenação entre as unidades da Federação, com vistas à implementação de políticas de desenvolvimento e à redução das desigualdades regionais[76].

As promessas de transformação inscritas na Constituição de 1946 esbarraram em barreiras jurídicas e políticas que dificultaram sua realização prática. Paralelamente aos arranjos políticos de fato, a doutrina constitucional empenhou-se em explicar – e, por vezes, justificar – a inefetividade do texto por meio do debate acerca das normas programáticas, compreendidas como diretrizes destituídas de cogência imediata e dependentes de regulamentação infraconstitucional. Ao subordinar a execução desses preceitos à agenda do legislador ordinário e à capacidade de implementação do Executivo, tal leitura atenuou a força normativa da Constituição, retardando a efetivação de seu conteúdo social[77].

A controvérsia em torno da reforma agrária, que ganhou relevo no início da década de 1960, é emblemática das dificuldades de efetivação dos direitos sociais. O art. 156

---

74 Paulo Bonavides e Paes de Andrade, *História constitucional do Brasil*, p. 368. Sobre esta disputa, veja também: Cintya Chaves, Democracia sequestrada? O *topos* da "maioria" e a viabilização do estado de exceção na transição brasileira de 1945, p. 259.

75 Paulo Bonavides e Paes de Andrade, *História constitucional do Brasil*, p. 412.

76 Gilberto Bercovici, *Dilemas do Estado Federal Brasileiro*, p. 25-27; p. 42-47.

77 Marcus Firmino Santiago, *Liberalismo e bem-estar social nas Constituições brasileiras*, p. 358.

previa medidas para fixar o homem no campo, priorizando planos de colonização com base em terras públicas - especialmente voltados a regiões pobres e a trabalhadores desempregados -, assegurando ainda preferência aos posseiros na aquisição de terras devolutas e a possibilidade de conversão da posse em propriedade a quem as ocupasse e as tornasse produtivas por dez anos ininterruptos. Não obstante, transcorridos quinze anos desde a promulgação constitucional, nenhuma providência de grande alcance fora adotada para dar concreção a tais comandos, evidenciando a distância entre o texto normativo e sua efetividade social[78].

A crise sucessória de 1961 evidenciou a fragilidade da força normativa da Constituição de 1946 - e das próprias instituições estatais. Após a renúncia do presidente Jânio Quadros (25 de agosto), setores militares mobilizaram as Forças Armadas para impedir a posse do vice-presidente João Goulart. Para conter a escalada do conflito, engendrou-se uma solução de compromisso: a substituição do presidencialismo pelo parlamentarismo, por meio da Emenda Constitucional n. 4, de 2 de setembro de 1961. Submetido posteriormente a plebiscito, esse arranjo foi revertido pela Emenda Constitucional n. 6, de 23 de janeiro de 1963. Em síntese, diante do impasse político, recorreu-se à alteração constitucional como expediente de acomodação imediata de interesses, o que expôs a vulnerabilidade do ordenamento às urgências conjunturais[79].

O episódio é emblemático do clima de intensa instabilidade que acompanhou os 21 anos de vigência da Constituição de 1946, período em que a disputa pelo poder frequentemente se processou à margem do rito democrático. Entre 1950 e 1964, sucederam-se crises internas e tentativas de ruptura, culminando na deposição do governo de João Goulart, em 1º de abril de 1964, por ação liderada pelas Forças Armadas e respaldada por amplos setores da sociedade[80].

Não obstante as tensões do período, a Constituição de 1946 orientou a vida política brasileira e imprimiu um compasso democrático ao país: reforçou o protagonismo do Parlamento, consolidou o sistema partidário, assegurou relativa autonomia sindical e garantiu a periodicidade das eleições - a despeito de fraudes episódicas. Seu desenho, contudo, exibiu limites expressivos, como a exclusão dos analfabetos do sufrágio, as restrições ao direito de greve e a não extensão de direitos trabalhistas aos trabalhadores rurais, entre outros. Ainda assim, a experiência democrática então vivida não deve ser menosprezada: entre o final dos anos 1950 e o início dos 1960, avultaram sinais de aprofundamento democrático, com a mobilização dos trabalhadores rurais e a ampliação das demandas por inclusão social.

15.5.2. Constituição de 1946: entre o Liberalismo Institucional e o Compromisso Social

A Constituição de 1946 pode ser lida por duas chaves principais. A primeira, normativo-institucional, mostra como o

[78] Marcus Firmino Santiago, *Liberalismo e bem-estar social nas Constituições brasileiras*, p. 358.

[79] Marcus Firmino Santiago, *Liberalismo e bem-estar social nas Constituições brasileiras*, p. 358.

[80] Marcus Firmino Santiago, *Liberalismo e bem-estar social nas Constituições brasileiras*, p. 359.

texto recompôs o constitucionalismo após o Estado Novo: restaurou liberdades públicas, reativou freios e contrapesos e consolidou uma agenda social que amadurecia desde os anos 1930. Por isso se fala em um texto "dúplice": liberal na proteção de liberdades e na contenção do poder, e social na ambição de políticas redistributivas. A segunda chave de compreensão, histórico-política, enxerga a Carta como um compromisso possível na redemocratização: houve ganhos claros em garantias e organização do Estado, mas a efetividade ficou condicionada às forças em disputa.

Até o golpe de 1964, a Constituição de 1946 assegurou liberdades clássicas (opinião, reunião, imprensa, devido processo) e reabriu a vida política em moldes plurais. No plano dos direitos econômico-sociais, afirmou a função social da propriedade e mencionou a reforma agrária, deslocando a política social do velho enquadramento corporativista. Parte das normas tinha aplicação imediata; outra, de feição programática, dependia de legislação e de ambiente político favorável – daí frustrações recorrentes, como nas agendas de função social (art. 147) e reforma agrária (art. 156).

A Carta de 1946 ficou tensionada entre liberalismo e nacional-estatismo, com as Forças Armadas atuando, não raro, como corpo político dotado de autonomia em relação ao Executivo e com a pretensão de tutela da ordem jurídico-política. Essas características influenciaram a efetivação do texto e ajudam a explicar os limites para a sua efetividade[81]. Essas tensões sustentam leituras historiográficas distintas. Uma corrente enfatiza a "inefetividade" da tradição constitucional e qualifica a Carta de 1946 como "desatualizada e deficiente", ecoando a influência de Raimundo Faoro sobre a persistência do aparelho patrimonialista. Outra contesta esse rótulo e rejeita "tábuas rasas", lembrando que 1946 não foi mera antessala do fracasso. Também é possível ler o período a partir das "tensões subjacentes" e dos "riscos e desafios" próprios de todo processo constituinte. Somam-se a isso contribuições da sociologia histórica, que evidenciam a reprodução aristocrática de elites e a deferência institucional ao poder – fatores que explicam por que promessas constitucionais esbarram em barreiras práticas[82].

Apesar das críticas acerca da capacidade de a Constituição de 1946 dar efetividade a todas as prescrições nela dispostas, o período sob sua vigência (com exceção daquele posterior ao golpe de 1964) registrou eleições regulares, ampla liberdade de imprensa e crescimento contínuo do eleitorado alfabetizado maior de 18 anos. Persistiram, contudo, barreiras estruturais: analfabetos permaneceram excluídos do sufrágio, e militares abaixo do oficialato não tinham o mesmo *status* político dos oficiais. Ainda assim, o corpo de eleitores cresceu. A experiência democrática sofreu abalos nos anos 1950, mas mostrou resiliência até 1964, quando os direitos de liberdade, como os direitos políticos, foram restringidos gravemente.

No período democrático da ordem jurídico-política de 1946, houve dois marcos legais para regime eleitoral: A Lei Agamenon e o Código Eleitoral de 1950. A Lei Agamenon (Decreto-Lei 7.586/1945), produzida sob o regime de 1937, organizou o alistamento e as primeiras eleições da redemocratização, excluindo analfabetos, "mendigos" e militares (salvo oficiais). O Código Eleitoral de 1950 substituiu esse padrão,

---

81 Christian Edward Cyril Lynch, Cultura política brasileira, p. 44.

82 Christian Edward Cyril Lynch e José Vicente Santos de Mendonça, Por uma história constitucional brasileira: uma crítica pontual à doutrina da efetividade, p. 9-10; p. 12-13; p. 25.

exigindo saber exprimir-se em língua nacional e disciplinou mais detidamente as categorias militares. As isenções ao voto também foram revistas, mas a Justiça Eleitoral manteve-se como eixo do processo (TSE, TREs, juízes e juntas).

Para a Câmara dos Deputados e as Assembleias Legislativas manteve-se o sistema proporcional; para o Poder Executivo e o Senado, aplicou-se o sistema majoritário (vence quem obtém mais votos). Em 1950, mudou-se a regra para repartir as "sobras" do proporcional: adotou-se o método das maiores médias, em substituição ao critério de 1945, que destinava as sobras ao partido mais votado e, na prática, o favorecia. No contencioso eleitoral, houve continuidade institucional, mas com regras recursais mais precisas (encadeamento estável das instâncias). Quanto aos partidos, ambos os marcos exigiram registro na Justiça Eleitoral e adesão a princípios democráticos; em 1945, a abrangência partidária nacional era aferida por um critério numérico explícito, enquanto em 1950 o foco deslocou-se para o procedimento de registro e de sua comprovação. Sob essa ordem política, o multipartidarismo ganhou corpo com doze legendas nacionais e protagonismo de PSD, PTB e UDN. Entre 1945 e 1962, partidos menores ampliaram espaço; a base conservadora (UDN, PSD, PR) encolheu; PTB e PSP cresceram. Tal tendência é confirmada por pesquisas do Ibope, que, em 1964, indicaram adesão social à democracia e rejeição a argumentos golpistas, às vésperas da ruptura[83].

A oscilação entre a defesa dos direitos sociais e sua rejeição é uma marca do liberalismo do pós-1945, que, no âmbito jurídico-institucional, promoveu tensões entre a pauta social-constitucional e uma cultura jurídica hierárquica e formalista. Nesse contexto, a consolidação de direitos sociais que, em longa perspectiva, origina-se nos anos 1930, é redesenhada pelo texto de 1946, que integrou a Justiça do Trabalho ao Poder Judiciário, encerrando a fase administrativa inaugurada nos anos 1930. No mesmo movimento, o Conselho Nacional do Trabalho foi convertido em Tribunal Superior do Trabalho (Decreto-Lei 9.797/1946). O efeito foi duplo: maior independência do julgamento trabalhista e progressiva judicialização de conflitos coletivos e individuais sob um desenho orgânico de tribunais[84].

A Constituição de 1946, no campo da jurisdição constitucional, reafirmou o Supremo Tribunal Federal como intérprete último da Carta e como pilar do regime democrático, ao restaurar garantias institucionais e ampliar a autonomia administrativa da Corte. Para racionalizar o crescente volume de causas federais, instituiu-se o Tribunal Federal de Recursos, reservando ao STF a apreciação das matérias constitucionais e federativas[85].

Apesar da recuperação formal de competências, o Supremo não exerceu, nesse período, o mesmo protagonismo jurídico-político que viria a assumir após 1988. A cultura jurídica da época, marcada por hierarquismo e formalismo, reforçou o predomínio de poderes burocráticos em detrimento da atuação política da Corte.

---

83 Rodrigo Patto Sá Motta, O golpe de 1964 e a ditadura nas pesquisas de opinião, p. 5-11.

84 Rafael Lamera Giesta Cabral, Processo histórico de formação da Justiça do Trabalho no Brasil: do Conselho Nacional do Trabalho ao Tribunal Superior do Trabalho, p. 270-271; p. 288. Veja também: Marcus Firmino Santiago, *Liberalismo e bem-estar social nas Constituições brasileiras*, p. 357-358.

85 Marcelo Casseb Continentino, História contextual do controle de constitucionalidade: uma crítica à tradicional narrativa doutrinária brasileira, p. 2534-2535; p. 2537; 2539.

Essa limitação fez com que crises políticas que se transbordaram em crises institucionais – como a de 1961, decorrente da renúncia de Jânio Quadros e da posse de João Goulart – não fossem solucionadas pelo STF, mas arbitradas por instâncias políticas. Nessa ocasião, a flexibilidade do texto constitucional foi testada ao extremo com a adoção do parlamentarismo por emenda constitucional, posteriormente revogado por referendo.

O alinhamento do STF ao *status quo* não se mostrou suficiente para afastar crises institucionais. Em 1963, ao restringir a elegibilidade apenas a oficiais e, assim, vedar a candidatura de suboficiais e sargentos, a Corte desencadeou tensões que culminaram na chamada Revolta dos Sargentos. Na ocasião, grupos da Aeronáutica e da Marinha ocuparam prédios estratégicos em Brasília – entre eles o antigo DFSP, a Rádio Nacional e o órgão de telefonia. O levante foi rapidamente sufocado, mas deixou evidente o atrito entre a hierarquia militar e as demandas de representação política, em um contexto que antecedia diretamente o golpe de 1964.

As tensões entre nacional-estatismo e liberalismo, somadas à frágil integração cívica, mostram que a tentativa de dar função social à propriedade e de construir uma democracia mais inclusiva enfrentou resistências tanto materiais quanto culturais. Em 1964, abriu-se outro ciclo: o AI-1 manteve a Constituição de 1946 "naquilo em que não colidisse" com o Ato, subordinando-a a um poder supraconstitucional; em 1966, o AI-4 declarou que o texto já não atendia às exigências nacionais e encaminhou sua substituição pela Constituição de 1967. Em termos de cultura política, permaneceram estratégias de conservação hegemônica em nome da ordem, com apoio de segmentos burocráticos e empresariais, o que justifica avaliar-se a efetividade da ordem de 1946 por meio de práticas e agentes concretos[86].

A Constituição de 1946 representa um ponto de inflexão no constitucionalismo brasileiro: reabriu o espaço público, restabeleceu os freios e contrapesos, projetou uma agenda social e reorganizou a jurisdição (STF, TFR e Justiça do Trabalho). Contudo, os limites ao exercício do poder derivaram menos de prescrições normativas abstratas e mais da correlação de forças políticas, visível nas disputas sobre normas programáticas, nas ambiguidades do arranjo eleitoral e nos testes de tolerância do pluralismo – como a cassação do PCB.

A inflexão de 1946 foi significativa, mas insuficiente sem práticas e atores efetivamente comprometidos com a Constituição. O próprio marco fundador da Carta revela-se menos uma ruptura do que um acordo provisório. A deposição de Getúlio Vargas em 1945, seguida de sua renúncia, integrou um processo de redemocratização negociada que não eliminou as culturas jurídicas e políticas autoritárias forjadas no passado recente (ordens de 1930/1934 e 1937), tampouco as tradições liberais excludentes mais remotas (ordem de 1891/1899).

Assim, a Constituição de 1946, apesar de seus avanços institucionais, não consolidou de forma estável nem uma cultura de limites materiais ao poder, nem uma cultura democrática plenamente enraizada.

---

86 Christian Edward Cyril Lynch, Cultura política brasileira. *Revista da Faculdade de Direito da UFRGS*, p. 17. Veja também: Rodrigo Jurucê Mattos Gonçalves, *Os juristas orgânicos da ditadura e a Revista Brasileira de Filosofia (1964-1968)*, p. 82-86.

15.5.3. Poder Judiciário e o STF

Na República de 1946, o Poder Judiciário consolidou certa autonomia em relação ao Poder Executivo, especialmente por meio da garantia da inamovibilidade dos juízes, o que assegurou estabilidade e segurança jurídica tanto aos processos quanto aos magistrados. Também foi estabelecida a autogestão, permitindo aos tribunais elegerem seus presidentes e vice-presidentes, prerrogativa que, na ordem constitucional anterior, pertencia ao chefe do Poder Executivo. Contudo, a mudança mais significativa para a ordem jurídica ocorreu com a extinção da competência da Câmara dos Deputados para manter a validade de atos normativos declarados inconstitucionais, conforme previsto no parágrafo único do art. 96 da Constituição de 1937, fortalecendo o Supremo Tribunal Federal (STF) no exercício da jurisdição constitucional[87].

Apesar do ambiente político democrático e do aumento de autonomia do Poder Judiciário, a atuação institucional do Supremo Tribunal Federal não destoou muito pouco do período anterior. Durante os governos de Juscelino Kubitschek e Jânio Quadros, o STF não foi confrontado com questões tão graves quanto as dos anos anteriores e, de modo geral, manteve uma postura de maior deferência aos demais poderes até o golpe de 1964. Ainda assim, sua autoridade passou a ser objeto de debate crescente[88].

Entre 1946 e 1964, as decisões políticas do (STF) refletiram uma leitura conservadora da Constituição de 1946. Essa postura estava alinhada com a valorização da ordem e com as posições predominantes entre as elites nacionais, a Igreja Católica e os militares. Um exemplo claro disso foi a negativa da Corte em reconhecer o direito do Partido Comunista e de seus membros de manterem atividades políticas após a cassação do registro da legenda pelo Tribunal Superior Eleitoral, em 1947[89].

15.5.3.1 Repressão Seletiva: a cassação do PCB

O início da ordem jurídica de 1946 coincidiu com a consolidação da Guerra Fria e com a reconfiguração do tabuleiro político interno sob o signo do anticomunismo. Nesse ambiente, a administração Dutra encontrou pretextos e instrumentos para restringir a presença do PCB na arena pública, articulando respostas jurídicas, policiais e políticas que se reforçaram mutuamente.

A escalada culminou, no plano jurídico-eleitoral, com a cassação do registro do PCB pelo Tribunal Superior Eleitoral em maio de 1947. A decisão apoiou-se, de um lado, na alegação de vínculo do partido com a Internacional Comunista (entre outros indícios, o uso do designativo "do Brasil" em vez de "brasileiro"); de outro, em quali-

---

87 Marcelo Casseb Continentino, História contextual do controle de constitucionalidade: uma crítica à tradicional narrativa doutrinária brasileira, p. 2534-2535.

88 Christian E. C. Lynch e Wingler Alves Pereira, *Capas pretas, um arsenal de livros, a Constituição*: panorama histórico da autoridade do Supremo (1891-1988), p. 284.

89 Christian E. C. Lynch e Wingler Alves Pereira, *Capas pretas, um arsenal de livros, a Constituição*: panorama histórico da autoridade do Supremo (1891-1988), p. 284.

ficação ideológica ancorada no Ato Adicional de 1946, que atribuía ao PCB atuação antidemocrática. No início de 1948, o Congresso Nacional cassou os mandatos parlamentares da legenda. O desfecho foi a clandestinidade e a perda de representação institucional, com militantes submetidos a crescente repressão estatal[90].

O arranjo normativo consolidou-se em paralelo a iniciativas de judicialização e policiamento. Em 23 de março de 1946 – menos de dois meses após a posse de Dutra – dois deputados trabalhistas impugnaram, na Justiça Eleitoral, o registro do PCB, arguindo tratar-se de organização internacional marxista-leninista, contrária às instituições nacionais, e imputando-lhe a incitação à luta de classes, o fomento de greves e a produção de desordem. Embora o procurador-geral da República, Temístocles Cavalcanti, tenha opinado pelo indeferimento (por insuficiência de fundamentação e risco do precedente), o TSE, por três votos a dois, determinou a abertura de investigações pelo Tribunal Regional do Distrito Federal sobre a atuação do partido no movimento operário, na imprensa e nas manifestações públicas. O tema repercutiu na Constituinte, que aprovou o art. 141, § 13, vedando o funcionamento de partidos e associações cujos programas contrariassem o regime democrático (pluralismo partidário e direitos fundamentais), e atribuiu à Justiça Eleitoral a competência para registrar e cassar partidos (art. 119, I), dispositivos que seriam posteriormente invocados para justificar o fechamento do PCB[91].

No plano da ordem pública, episódios sucessivos consolidaram o clima de exceção seletiva. Em 26 de março de 1946, a nova declaração de Prestes – de que apoiaria a URSS em caso de guerra "imperialista", ainda que com o endosso do Brasil – foi recebida como traição, alimentando a retórica de repressão. Em maio, comício comemorativo de um ano de legalidade do partido, planejado para o Largo da Carioca, foi transferido de última hora para Ipanema por ordem do chefe de polícia, desencadeando tumulto e tiroteio. Em 15 de agosto de 1946, o ministro da Justiça, Carlos Luz, amparado em legislação do Estado Novo, suspendeu por quinze dias o jornal Tribuna Popular, provocando protestos parlamentares. Pouco depois, o envenenamento de um jovem no Rio de Janeiro deflagrou manifestações atribuídas aos comunistas por veículos como O Globo; seguiu-se a invasão policial da sede do partido e a prisão de diversas pessoas, com reações isoladas no Legislativo[92].

Simultaneamente, a conjuntura socioeconômica – marcada por inflação do custo de vida e compressão salarial – sustentou um ciclo de greves, ao qual o governo respondeu combinando repressão e vigilância. Em setembro, tropas foram retiradas da sede do PCB e alguns presos libertados, sem que cessassem, contudo, as medidas persecutórias. A seletividade do aparato estatal ficou patente quando, ao mesmo tempo, os integralistas, reorganizados sob nova legenda, foram poupados de iniciativas análogas.

O ciclo 1946-1948 ilustra a montagem de um antagonismo de Estado ao comunismo que operou por múltiplas frentes: normativa (competências eleitorais para registrar e cassar partidos), judicial (processos e investigações), policial (restrições e intervenções em eventos e imprensa) e parlamentar (cassações). A conjugação desses vetores produziu a expulsão institucional do PCB, ao mesmo tempo em que revelou a

---

90 Lilia Moritz Schwarcz e Heloisa Murgel Starling, *Brasil*: uma biografia, p. 673.

91 Emília Viotti da Costa, *O Supremo Tribunal Federal e a construção da cidadania*, p. 114-115.

92 Emília Viotti da Costa, *O Supremo Tribunal Federal e a construção da cidadania*, p. 115.

assimetria do sistema repressivo – seletivo com adversários e leniente com aliados –, traço recorrente do período[93].

15.5.3.2 O Governo Café Filho e a Crise de 1955: entre o direito e a força

Um dos episódios mais eloquentes da fragilidade institucional brasileira no período foi a tentativa de João Café Filho de reassumir a presidência, em 1955, após seu afastamento. Amparado em decisão política sustentada pelos militares sob a liderança do general Henrique Lott, ministro da Guerra, o ex-presidente recorreu insistentemente ao Supremo Tribunal Federal por meio de mandados de segurança e *habeas corpus*, buscando ver reconhecido seu direito de retorno ao cargo. O Judiciário, contudo, esbarrou no limite imposto pela realidade do poder militar. No voto mais emblemático, o Ministro Nelson Hungria reconheceu que, diante da ordem direta do Ministério da Guerra que impedia Café Filho de retomar suas funções, não havia meios concretos para que a Corte impusesse decisão contrária à força das armas. Assim, o Supremo admitia sua impotência diante da ruptura entre legalidade constitucional e prática política, expondo a distância entre o direito formal e a realidade do poder[94].

O contexto dessa crise tem início com a morte de Getúlio Vargas, em agosto de 1954, quando Café Filho assumiu a presidência. Seu primeiro gesto de maior impacto foi a formação de um gabinete marcado pela presença de udenistas e por forte orientação americanófila. Esse alinhamento foi imediatamente notado pela imprensa internacional, especialmente pelo New York Times, e materializou-se em medidas de abertura ao capital estrangeiro, como a Instrução 113 da SUMOC, que concedia vantagens cambiais a empresas internacionais, e na transferência das ações da Panair do Brasil a um consórcio internacional. O ponto culminante dessa política de aproximação com os Estados Unidos ocorreu em agosto de 1955, com a assinatura do Tratado Atômico bilateral, que simbolizou a consolidação de um eixo político-econômico externo distante do nacional-desenvolvimentismo varguista[95].

A disputa sucessória acentuou o quadro de instabilidade. As eleições presidenciais de outubro de 1955 deram vitória a Juscelino Kubitschek, do PSD, com 36% dos votos, seguido por Juarez Távora (UDN), Ademar de Barros (PSP) e Plínio Salgado (integralista). João Goulart foi eleito vice-presidente. O resultado, porém, foi imediatamente contestado por setores conservadores, que acusavam a "baixa representatividade" de Kubitschek e atribuíam seu triunfo ao apoio indireto do Partido Comunista, então ilegalizado[96].

A escalada de tensões atingiu novo patamar em 1º de novembro de 1955, durante o funeral do general Canrobert Pereira da Costa, quando o coronel Bizarria Mamede, chefe da Escola Superior de Guerra, proferiu discurso considerado subversivo. O general Lott recomendou sua punição, mas a recusa presidencial em atender à solicitação resultou na

---

93 Lilia Moritz Schwarcz e Heloisa Murgel Starling, *Brasil*: uma biografia, p. 673.

94 Emília Viotti da Costa, *O Supremo Tribunal Federal e a construção da cidadania*, p. 130.

95 Fábio Konder Comparato, *A oligarquia brasileira*: visão histórica, p. 184. Veja, também: Emília Viotti da Costa, *O Supremo Tribunal Federal e a construção da cidadania*, p. 130.

96 Emília Viotti da Costa, *O Supremo Tribunal Federal e a construção da cidadania*, p. 130.

renúncia do ministro da Guerra. Pouco depois, Café Filho sofreu um ataque cardíaco e foi internado, cedendo lugar ao presidente da Câmara dos Deputados, Carlos Luz. Este, ao igualmente se negar a punir Mamede, alimentou suspeitas de envolvimento em conspiração para impedir a posse dos eleitos[97].

Diante da ameaça de ruptura, Lott reassumiu sua pasta e mobilizou as tropas do Exército, que cercaram instalações da Marinha e da Aeronáutica. Carlos Luz, apoiado por civis e militares simpáticos ao golpe, tentou resistir, mas acabou deposto. O movimento, que ficou conhecido como "Contragolpe de 11 de Novembro", preservou a ordem constitucional e abriu caminho para a posse de Juscelino Kubitschek e João Goulart. O episódio, entretanto, reafirmou a centralidade das Forças Armadas como árbitro político da República, em detrimento da autoridade civil[98].

No plano jurídico, o Supremo decidiu, por maioria, suspender o julgamento até a posse de Kubitschek, tornando a demanda sem efeito prático. A Corte, sem meios para se contrapor ao poder militar, limitou-se a reconhecer sua incapacidade. A ideia de uma autoridade moral da Justiça revelou-se frágil, quase inócua. De modo pragmático, o Supremo optou pela não decisão, ilustrando os limites do constitucionalismo em um cenário dominado pela lógica da força[99].

Outro caso politicamente relevante envolveu a elegibilidade dos sargentos, associados à esquerda de João Goulart. Em 11 de setembro de 1963, o Supremo rejeitou o recurso de um sargento, confirmando a decisão do Tribunal Superior Eleitoral que o declarara inelegível para disputar cargos políticos. No dia seguinte, em protesto, centenas de sargentos, cabos e soldados ocuparam prédios de vários ministérios em Brasília. Durante a mobilização, o Ministro do STF Victor Nunes Leal foi detido temporariamente. Sua liberação só ocorreu após a intervenção de um grupo de parlamentares junto aos militares amotinados[100].

No caso de Café Filho, diante da mobilização militar liderada pelo Ministro da Guerra, o Supremo entendeu que uma decisão contrária à cúpula das Forças Armadas teria pouca ou nenhuma efetividade, já que não poderia ser imposta. Já no episódio dos sargentos, embora também se tratasse de uma questão militar, a Corte adotou outra postura. Por envolver militares de baixa patente, a possibilidade de resistência à decisão judicial aparentemente não foi considerada no cálculo político-jurídico do Tribunal. Ainda assim, os desdobramentos demonstraram que a autoridade da decisão foi desafiada pelos próprios sargentos[101].

****

Ao longo da Primeira República, o STF alternou momentos de afirmação e de retração institucional. De um lado, sob a liderança de juristas como Rui Barbosa e

---

97 Emília Viotti da Costa, *O Supremo Tribunal Federal e a construção da cidadania*, p. 131.

98 Emília Viotti da Costa, *O Supremo Tribunal Federal e a construção da cidadania*, p. 131.

99 Christian E. C. Lynch e Wingler Alves Pereira, *Capas pretas, um arsenal de livros, a Constituição*: panorama histórico da autoridade do Supremo (1891-1988), p. 285.

100 Christian E. C. Lynch e Wingler Alves Pereira, *Capas pretas, um arsenal de livros, a Constituição*: panorama histórico da autoridade do Supremo (1891-1988), p. 286.

101 Christian E. C. Lynch e Wingler Alves Pereira, *Capas pretas, um arsenal de livros, a Constituição*: panorama histórico da autoridade do Supremo (1891-1988), p. 285.

Pedro Lessa, consolidou-se a tutela do *habeas corpus* como instrumento de proteção das liberdades. De outro, vozes liberais – notadamente Afonso Arinos de Mello Franco – apontaram a fragilidade da Corte diante do Poder Executivo, diagnóstico que se agravaria no ciclo varguista, frequentemente caracterizado como autoritário e refratário ao Estado de Direito[102].

Embora inscrito na tradição judiciarista do pensamento político-constitucional brasileiro (isto é, a aposta no Judiciário como instância de contenção do poder), Afonso Arinos manteve ceticismo quanto à capacidade do STF de funcionar como verdadeiro guardião da Constituição ou como herdeiro, em chave republicana, do antigo Poder Moderador. Seu argumento central era empírico: reiteradas vezes o Executivo ignorou decisões judiciais, esvaziando a autoridade prática da Corte. No caso Café Filho, por exemplo, Arinos advertiu que confiar na autoridade do Supremo soaria como idealismo ingênuo, dada a discrepância entre a enunciação dos princípios e sua efetiva execução pelo sistema político[103].

Em *Presidencialismo ou Parlamentarismo?*, Afonso Arinos e Raul Pilla sustentam que, ao contrário do que ocorreu nas experiências inglesa e americana, faltou ao STF uma tradição judiciária robusta. Essa debilidade resultaria de uma dupla herança: (i) a incorporação, no Brasil monárquico, de traços de caudilhismo militar característicos de partes da América Latina – onde a força tende a prevalecer sobre a lei –; e (ii) a desconfiança francesa em relação ao Judiciário, legada pela Revolução Francesa, que intencionalmente limitou a atuação das cortes para evitar freios ao Legislativo. Segundo Arinos, a Constituição de 1824 absorveu essa concepção; e, com a República, muitos juízes formados sob o Império não dispunham da mentalidade nem da tradição institucional compatíveis com a independência judicial pressuposta pela Constituição de 1891. O resultado, na leitura de Arinos, foi o fracasso do Supremo em momentos críticos – a exemplo dos governos Floriano, Hermes e Vargas – quando se demandava uma reação institucional mais assertiva[104].

A experiência histórica sugere que a autoridade judicial do STF varia conforme o contexto político-constitucional. Sob cartas democráticas – como a de 1946 –, ampliam-se as condições para uma atuação mais efetiva do Tribunal, ainda que nem sempre acompanhada de meios concretos para fazer cumprir suas decisões. Em arranjos autoritários, por sua vez, a autoridade do STF rareia, quer por restrição normativa, quer pelo não cumprimento de suas determinações pelo Executivo, o que confirma a condicionalidade político-institucional do controle de constitucionalidade no Brasil[105].

O balanço que emerge – especialmente a partir de Afonso Arinos – combina méritos históricos (a consolidação do *habeas corpus* e a afirmação episódica do STF) com uma crítica persistente: a ausência de uma tradição judiciária suficientemente

---

[102] Wingler Alves Pereira, Considerações sobre a mobilização do conceito de guardião constitucional no pensamento de Afonso Arinos de melo franco (1960-1967).

[103] Wingler Alves Pereira, Considerações sobre a mobilização do conceito de guardião constitucional no pensamento de Afonso Arinos de melo franco (1960-1967).

[104] Afonso Arinos de Melo Franco e Raul Pila. *Presidencialismo ou parlamentarismo?*, p. 5-6.

[105] Christian E. C. Lynch e Wingler Alves Pereira, *Capas pretas, um arsenal de livros, a Constituição*: panorama histórico da autoridade do Supremo (1891-1988), p. 284.

robusta para conter o Executivo nas crises. Em suma, a autoridade do Supremo não é apenas um problema de texto constitucional, mas também de práticas, mentalidades e correlação de forças no sistema político, variando de acordo com o regime e com a disposição efetiva dos demais poderes em acolher – ou ignorar – as decisões da Corte.

Durante a Primeira República, o Supremo Tribunal Federal apresentou momentos de afirmação institucional, notadamente com a consolidação do *habeas corpus* por Rui Barbosa e Pedro Lessa. No entanto, juristas liberais, como Afonso Arinos de Mello Franco, apontaram sua fragilidade frente ao Executivo, percepção que se agravou no período varguista, quando o regime foi visto como autoritário e contrário ao Estado de Direito. Afonso Arinos, embora ainda ligado à tradição judiciarista do pensamento político-constitucional brasileiro, manifestava ceticismo quanto à capacidade do STF de atuar como guardião da Constituição ou herdeiro do Poder Moderador imperial. Seu diagnóstico era ancorado na recorrente incapacidade da Corte de exercer tal função diante das frequentes investidas arbitrárias do Poder Executivo, que costumava ignorar suas decisões. No julgamento do caso Café Filho, por exemplo, Arinos sustentou que confiar na autoridade do Supremo seria um idealismo ingênuo[106].

Segundo Afonso Arinos, em *Presidencialismo ou Parlamentarismo?*, obra escrita com Raul Pilla, diferentemente das cortes inglesas e americanas, faltou ao STF uma tradição judiciária robusta. Tal fragilidade institucional foi agravada pela herança da Monarquia, que absorveu tanto o caudilhismo militar latino-americano – onde a força prevalecia sobre a lei – quanto a desconfiança francesa em relação ao Judiciário, herdada da Revolução Francesa, que enfraqueceu propositalmente as funções judiciais para evitar que as cortes limitassem o poder legislativo. Essa concepção foi incorporada pela Constituição de 1824, e, com a República, os juízes formados sob o Império não tinham a mentalidade nem a tradição institucional necessárias para a independência judicial que a Constituição de 1891 previa. Assim, o Supremo fracassou em momentos cruciais, como nos governos de Floriano, Hermes e Vargas.

O exercício da autoridade judicial varia conforme o contexto político: sob cartas democráticas, como a de 1946, há melhores condições para o STF atuar, embora nem sempre com meios para fazer cumprir suas decisões; já sob arranjos autoritários, essa autoridade tende a rarear.

15.6. A INSTITUCIONALIZAÇÃO JURÍDICA DO GOLPE DE 1964

A crise institucional que culminou no golpe civil-militar de 1964 foi precedida por uma sequência articulada de manifestações populares, levantes militares e ações estratégicas conduzidas por setores civis conservadores, com apoio decisivo das Forças Armadas. Entre os episódios mais simbólicos desse processo, destaca-se a Marcha da Família com Deus pela Liberdade, realizada em São Paulo no dia 19 de março de 1964, que revelou a confluência entre religião, anticomunismo e a retórica da

106 Wingler Alves Pereira, Considerações sobre a mobilização do conceito de guardião constitucional no pensamento de Afonso Arinos de melo franco (1960-1967).

defesa da democracia como legitimadoras da ruptura da ordem constitucional. Poucos dias depois, a Revolta dos Marinheiros expôs o grau de polarização dentro das próprias instituições militares, agravando o clima de instabilidade e fornecendo aos articuladores do golpe os argumentos necessários para justificar a intervenção "salvadora".

O que se seguiu foi uma escalada rápida e eficaz do processo golpista. Com a mobilização de tropas regionais, a hesitação de alguns governadores e a adesão de outros, a resistência do presidente João Goulart foi neutralizada antes mesmo de um confronto direto. A declaração de vacância do cargo presidencial, enquanto o titular ainda se encontrava em território nacional, sintetiza o rompimento das normas democráticas sob o pretexto da ordem institucional. Com o poder efetivo transferido para uma junta militar e legitimado pelo Ato Institucional n. 1, o novo regime rapidamente iniciou a repressão política e a desmontagem dos mecanismos do Estado de Direito, dando início a duas décadas de autoritarismo formalizado por uma arquitetura jurídico-burocrática que buscava, paradoxalmente, simular legalidade.

15.6.1. A marcha da família com Deus pela liberdade e as revoltas militares

A iniciativa da chamada "Marcha da Família com Deus pela Liberdade", realizada na cidade de São Paulo em 19 de março de 1964, é comumente atribuída à freira Ana de Lourdes, neta de Rui Barbosa,e cujo verdadeiro nome era Lucília Batista Pereira, embora sua efetivação tenha sido conduzida também pelo deputado Cunha Bueno, que acumulava à época o cargo de diretor da Willys do Brasil. O evento contou com ampla cobertura da imprensa paulista, que o apresentou como um levante cívico em defesa da Constituição e em oposição ao presidente João Goulart e aos setores identificados como "comunistas". Estima-se que mais de cem mil pessoas tenham se reunido na Praça da Sé naquela data[107].

Entre as figuras proeminentes que marcaram presença, destacaram-se o governador Ademar de Barros, o senador Auro de Moura Andrade, o jornalista Carlos Lacerda, o general Nelson de Mello e o padre Calazans. A manifestação foi acompanhada pela Banda da Guarda Civil e culminou com a celebração de uma missa, simbolicamente voltada à "salvação da democracia".

Na ocasião, Auro de Moura Andrade, presidente do Senado, em um discurso que falsamente defende a democracia, declarou:

Pela consciência cristã do Brasil, estamos presentes a esta manifestação. Hoje é dia decisivo para a existência do Brasil. Confiemos nas Forças Armadas, confiemos na democracia, ergamos as mãos pela democracia[108].

Poucos dias depois, em 25 de março, ocorreu a chamada Revolta dos Marinheiros, protagonizada por cerca de dois mil militares reunidos na sede do Sindicato dos Metalúrgicos, no Rio de Janeiro. O encontro, realizado para comemorar o segundo

[107] Heloísa Menandro, *Dicionário histórico-biográfico brasileiro*: pós-1930, p. 4940.

[108] Heloísa Menandro, *Dicionário histórico-biográfico brasileiro*: pós-1930, p. 4940.

aniversário da Associação dos Marinheiros e Fuzileiros Navais do Brasil, uma entidade tida como irregular pelas autoridades, descambou em afronta direta ao comando da Marinha, que havia ordenado a prisão de seus doze dirigentes. O ministro da Marinha, almirante Sílvio Mota, considerou o episódio uma instrumentalização política em favor das reformas de base do governo de João Goulart e uma plataforma de penetração ideológica comunista[109].

A reunião contou com a participação de personalidades como Leonel Brizola, o então ministro da Justiça Abelardo Jurema e o general Osvaldo Alves. O cabo José Anselmo, líder do movimento e posteriormente identificado como informante da repressão, fez discurso virulento contra o imperialismo e as estruturas fundiárias, exaltando as reformas sociais como instrumento de libertação dos trabalhadores do campo, da cidade, dos navios e dos quartéis. Os marinheiros também reivindicavam o reconhecimento de sua associação, melhores condições alimentares nos navios e aquartelamentos, além da revisão do regulamento disciplinar da Marinha, exigindo anistia para os presentes à assembleia.

Apesar da ordem expressa de dissolução do ato, o contra-almirante Cândido Aragão, então comandante do Corpo de Fuzileiros Navais, recusou-se a cumpri-la. No dia seguinte, Quinta-Feira Santa, uma tropa enviada ao Palácio do Aço, onde os marinheiros estavam aquartelados, acabou por aderir à mobilização. Somente com o envio de forças conjuntas das três Armas é que a insubordinação foi contida, com a prisão dos revoltosos. Contudo, em decisão que causou perplexidade entre os altos comandos militares, o presidente João Goulart determinou, pouco depois, a libertação dos detidos.

A crise política se intensificou rapidamente. Em 30 de março, o presidente participou, a convite, de cerimônia comemorativa do 40º aniversário da Associação dos Subtenentes e Sargentos da Polícia Militar, no Automóvel Clube do Brasil, no Rio de Janeiro. O evento, transmitido por rádio e televisão, transformou-se em palco para discursos inflamados que acirraram ainda mais os ânimos entre os setores militares e civis contrários ao governo.

No dia 31 de março, o general Olympio Mourão Filho, comandante da 4ª Região Militar em Minas Gerais, com o apoio do governador Magalhães Pinto, dá início ao movimento que culminaria na deposição de Goulart e concretização do Golpe, em 1º de abril de 1964. Em São Paulo, o governador Ademar de Barros e o general Amaury Kruel, comandante do II Exército, também aderem ao levante. No Recife, tropas do IV Exército cercam o Palácio do Campo das Princesas para prender o governador Miguel Arraes. No Rio de Janeiro, militares tentam deter Carlos Lacerda no Palácio Guanabara, sem êxito. Já no Paraná e no Rio Grande do Sul, os governadores Ney Braga e Ildo Meneghetti optam por aguardar o desenrolar dos acontecimentos[110]. Enquanto isso, Leonel Brizola ensaia uma reedição da "Cadeia da Legalidade"[111].

---

109 Sérgio Lamarão, *Dicionário histórico-biográfico brasileiro*: pós-1930, p. 4992.

110 Edson Simões. *A luta pela República e democracia no Brasil*: de Vargas a Bolsonaro, p. 227.

111 No fim de agosto de 1961, o Brasil foi abruptamente lançado em uma grave crise institucional após a inesperada renúncia de Jânio Quadros à Presidência da República, oficializada em 25 daquele mês. A saída de cena do presidente, sem qualquer aviso prévio, surpreendeu o país e abriu espaço para a articulação de setores civis e militares que se opunham à posse constitucional do vice-presidente João Goulart. Esses grupos, alegando pretensas inclinações comu-

Diante do avanço do movimento e sem apoio efetivo para resistir, Goulart deixa o Rio de Janeiro rumo a Brasília, e, de lá, segue para Porto Alegre. No Congresso Nacional, o presidente do Senado, Auro de Moura Andrade, declara vaga a presidência da República, apesar de o presidente legitimamente eleito ainda estar em território nacional. João Goulart exila-se no Uruguai e, em seu lugar, assume interinamente o presidente da Câmara dos Deputados, Ranieri Mazzilli.

Com a consolidação do movimento, institui-se o Comando Supremo da Revolução, formado por figuras como o general Artur da Costa e Silva, o almirante Augusto Rademaker e o brigadeiro Francisco de Assis Correia de Mello. Esse núcleo de poder logo passa a emitir os primeiros atos do novo regime: cassações de mandatos parlamentares e cargos militares, intervenções em universidades, imposição de censura à imprensa, aumento do controle estatal sobre a sociedade civil e a promulgação do Ato Institucional n. 1 (AI-1), marco inaugural do regime de exceção que perduraria por duas décadas.

A consolidação do golpe civil-militar de 1964, que depôs João Goulart, foi resultado da confluência de múltiplos vetores: o desgaste político do presidente, a instabilidade interna nas Forças Armadas com temor da ruptura da hierarquia, o medo das classes médias diante do espectro do comunismo em plena Guerra Fria e a articulação de setores civis e empresariais em torno de um projeto de desenvolvimento autoritário de corte capitalista. Fontes posteriores confirmam, ainda, o apoio logístico e político dos Estados Unidos à conspiração, reforçando o caráter transnacional da ofensiva contra o governo Goulart[112]. A tomada do poder foi, portanto, menos um ato exclusivamente militar do que uma operação articulada por elites civis, militares e empresariais comprometidas com a remodelação do Estado e da economia brasileira.

Após a deposição de João Goulart e a declaração de vacância do cargo presidencial pelo Congresso Nacional, coube ao então presidente da Câmara dos Deputados, Paschoal Ranieri Mazzilli, assumir interinamente a chefia do Executivo, no período compreendido entre 2 e 15 de abril de 1964. Apesar de seu cargo formal, o exercício efetivo do poder era conduzido por uma junta militar composta pelo general Artur da Costa e Silva, pelo vice-almirante Augusto Rademaker e pelo brigadeiro Francisco

---

nistas de Goulart, ainda que sem fundamentos concretos, mobilizaram-se para obstruir sua ascensão ao cargo, deflagrando uma das mais tensas crises da história republicana brasileira. Diante da ameaça à ordem constitucional, Leonel Brizola, então governador do Rio Grande do Sul, assumiu a linha de frente na defesa da legalidade democrática. Foi ele o protagonista da chamada "Campanha da Legalidade", deflagrada entre os últimos dias de agosto e os primeiros de setembro de 1961. Reunindo setores militares legalistas, lideranças civis e o apoio popular, Brizola transformou o Palácio Piratini, sede do governo gaúcho, em centro de resistência à tentativa de golpe. A partir dali, instituiu a "Rede da Legalidade", um sistema de comunicação radiofônica criado com o auxílio de técnicos e militantes, por meio do qual conclamava a população à mobilização em defesa da Constituição e do respeito à linha sucessória presidencial. A tensão no país atingiu níveis alarmantes, com o risco real de confronto armado entre forças militares legalistas e facções dispostas a impedir a posse de Goulart. A firme atuação de Brizola e seus aliados, somada à pressão popular, acabou por forçar uma solução de compromisso: o Congresso Nacional aprovou a adoção do parlamentarismo, restringindo temporariamente os poderes presidenciais como condição para a posse de João Goulart. Dessa forma, evitou-se uma ruptura institucional e adiou-se, por breve período, a eclosão de uma nova crise que, anos depois, desembocaria no golpe de 1964.

112 Edson Simões. *A luta pela República e democracia no Brasil*: de Vargas a Bolsonaro, p. 227.

de Assis Correia de Mello, grupo que viria a se consolidar, num primeiro momento, como núcleo dirigente do novo regime.

Um dos primeiros atos da administração provisória de Mazzilli, sob orientação das Forças Armadas, foi a extinção do Instituto Superior de Estudos Brasileiros (Iseb), instituição acusada de funcionar como centro de difusão de ideologias marxistas. Essa medida simbolizou a ofensiva imediata do novo regime contra o pensamento progressista e os núcleos intelectuais que, até então, haviam participado ativamente do debate sobre as reformas estruturais no Brasil.

No dia 10 de abril, com fundamento no recém-editado AI-1, o presidente interino determinou a cassação do mandato de quarenta parlamentares, que também tiveram seus direitos políticos suspensos por uma década. Além desse grupo, outras 58 pessoas foram igualmente atingidas pela medida, incluindo nomes de expressão como o senador Amauri Silva e os deputados Almino Afonso, Abelardo Jurema, Francisco Julião, Leonel Brizola e José Aparecido de Oliveira. Em outra leva de perseguições, figuraram personalidades como Luiz Carlos Prestes, João Goulart, Jânio Quadros, Darcy Ribeiro, Josué de Castro, João Pinheiro Neto e Dante Pelacani. No plano estadual, três governadores democraticamente eleitos também foram destituídos: Seixas Dória, de Sergipe; Miguel Arraes, de Pernambuco; e Badger Teixeira da Silveira, do então Estado do Rio de Janeiro[113].

> No dia 11 de abril de 1964, o Congresso Nacional, já sob forte pressão dos militares e com a oposição política fragilizada, elegeu o general Humberto de Alencar Castello Branco para a Presidência da República, tendo José Maria Alkmin como vice. Com a posse do novo chefe do Executivo em 15 de abril, Ranieri Mazzilli retornou à presidência da Câmara dos Deputados, encerrando assim sua breve passagem pelo comando do país.

15.6.2. Os Atos Institucionais e a Constituição de 1967

O golpe de 1964, promovido pelas elites econômicas brasileiras, com franca colaboração de setores da classe média, promoveu a ruptura com a ordem jurídica e democrática, vigente desde a promulgação da Constituição de 1946. A nova ordem, autoritária em sua gênese e em suas práticas cotidianas, recorreu a juristas de renome nacional, como Francisco Campos, para construir a sua legitimidade jurídica. O desafio intelectual dos juristas foi enfrentado desde o primeiro ato jurídico-constitucional da recém-nascida ditadura, como se observa no preâmbulo do AI-1, de 9 de abril de 1964:

> A revolução vitoriosa se investe no exercício do Poder Constitucional. Este se manifesta pela eleição popular ou pela revolução. Esta é a forma mais expressiva e mais radical do Poder Constituinte. Assim, a revolução vitoriosa, como o Poder Constituinte, se legitima por si mesma.

113 Edson Simões. *A luta pela República e democracia no Brasil*: de Vargas a Bolsonaro, p. 229.

O golpe, autoproclamando-se revolução, depositou em si mesmo o fundamento para o exercício pleno do poder constitucional, ou seja, do poder constituinte originário que, por supor-se originário, seria a livre e absoluta expressão da soberania. Evidencia-se o esforço dos juristas da ditadura em diversos momentos da institucionalização desta, mas, em seu nascedouro, diante da inexistência de teorias que justificassem o golpe, o manejo da teoria jurídica orientou-se pela legitimação deste como puro ato de poder, desprovido de qualquer tipo de juridicidade, como, em outro trecho, o AI-1 evidencia:

> Fica, assim, bem claro que a revolução não procura legitimar-se através do Congresso. Este é que recebe deste Ato Institucional, resultante do exercício do Poder Constituinte, inerente a todas as revoluções, a sua legitimação.

O AI-1 também enunciava: "A revolução vitoriosa necessita de se institucionalizar e se apressa pela sua institucionalização". Os líderes do Golpe de 1964 preocupavam-se intensamente com a repercussão, na Europa e nos Estados Unidos, da ruptura da ordem jurídica brasileira, pois a caracterização do golpe como tal, aliado à percepção de longevidade do movimento golpista, imporia, aos novos detentores do poder, a necessidade de explicações e justificativas pouco críveis. Dentro de dois anos (1964-1966), o Brasil, ora usurpado de sua democracia mais estável, foi vitimado com a edição de quatro atos institucionais e quinze emendas constitucionais que reestruturaram o exercício do poder em suas artérias mais caudalosas: Legislativo, Judiciário, Sistema Financeiro e, também, tributário.

O AI-1 estabeleceu: (a) que os Comandantes-em-Chefe, autores do AI-1, poderiam suspender direitos políticos, cassar mandatos legislativos federais, estaduais e municipais[114]; (b) a eleição indireta para Presidente e Vice-Presidente da República, a ser realizada, dentro de dois dias, a contar da data de publicação do AI-1, ou seja, dez dias após o golpe, em sessão pública e votação nominal; (c) a possibilidade de o Presidente

---

[114] "No dia 10 de abril, a junta militar divulgou a primeira lista dos atingidos pelo AI-1, composta de 102 nomes. Foram cassados os mandatos de 41 deputados federais e suspensos os direitos políticos de várias personalidades de destaque na vida nacional, entre as quais João Goulart, o ex-presidente Jânio Quadros, o secretário-geral do proscrito Partido Comunista Brasileiro (PCB) Luís Carlos Prestes, os governadores depostos Miguel Arrais, de Pernambuco, o deputado federal e ex-governador do Rio Grande do Sul Leonel Brizola, o desembargador Osni Duarte Pereira, o economista Celso Furtado, o embaixador Josué de Castro, o ministro deposto Abelardo Jurema, da Justiça, os ex-ministros Almino Afonso, do Trabalho, e Paulo de Tarso, da Educação, o presidente deposto da Superintendência da Política Agrária (Supra) João Pinheiro Neto, o reitor deposto da Universidade de Brasília Darci Ribeiro, o assessor de imprensa de Goulart Raul Riff, o jornalista Samuel Wainer e o presidente deposto da Petrobras, marechal Osvino Ferreira Alves. A extensa lista incluía ainda 29 líderes sindicais, alguns deles bastante conhecidos, como o presidente do então extinto Comando Geral dos Trabalhadores (CGT), Clodsmith Riani, além de Hércules Correia, Dante Pellacani, Osvaldo Pacheco e Roberto Morena, 122 oficiais foram também expulsos das forças armadas. [...] No dia 14 de abril, o comando revolucionário divulgou nova lista de cassações, incluindo 67 civis e 24 oficiais das forças armadas, entre os quais os generais-de-brigada Argemiro de Assis Brasil, chefe do Gabinete Militar de Goulart, Luís Tavares da Cunha Melo e Nélson Werneck Sodré, e os almirantes Cândido de Aragão e Pedro Paulo de Araújo Suzano. Entre os civis incluíam-se deputados estaduais e federais além de intelectuais como Franklin de Oliveira e o editor Ênio Silveira." Disponível em: http://www.fgv.br/cpdoc/acervo/dicionarios/verbete-tematico/atos-institucionais. Acesso em: 23 out. 2025.

da República remeter ao Congresso Nacional: projetos de emenda da Constituição e projetos de lei sobre qualquer matéria; (d) que o Presidente da República poderia decretar o estado de sítio, ou prorrogá-lo, pelo prazo máximo de trinta dias, devendo tal ato ser submetido ao Congresso Nacional, dentro de 48 horas; (e) a suspensão por 6 meses das garantias constitucionais ou legais de vitaliciedade e estabilidade, dentre outros profissionais, de magistrados, diplomatas, servidores públicos e de empregados que, mediante investigações sumárias, poderiam ser demitidos ou dispensados; (f) que os inquéritos e processos, visando à apuração da responsabilidade pela prática de crime contra o Estado ou seu patrimônio e a ordem política e social ou de atos de guerra revolucionária, poderiam ser instaurados individual ou coletivamente.

O AI-1, ao permitir que a junta militar que o decretou escolhesse os deputados que elegeriam o presidente, institucionalizou a ditadura que viria a ser comandada por alguém de confiança dos golpistas, corporativamente liderados pela junta militar composta por: Arthur da Costa e Silva (General); Francisco Correia de Melo (Brigadeiro) e Augusto Rademaker Grunewald (Almirante).

Na esteira do processo de burocratização do autoritarismo e da centralização dos poderes da ditadura, o Ato Institucional n. 2 (AI-2), de 27 de outubro de 1965, além de extinguir os partidos políticos, permitiu ao chefe do executivo decretar o recesso do Congresso Nacional, das assembleias legislativas e das câmaras de vereadores, estabelecendo também que, durante o recesso parlamentar, o ditador poderia legislar mediante decretos-leis, em todas as matérias previstas na Constituição. O AI-2 escancarou o autoritarismo, permitindo que os aliados do golpe começassem a duvidar da propalada transitoriedade do movimento de 1964 e da breve recuperação da democracia. Naquele contexto a "democracia" se exercia através da eleição indireta pelos aliados da ditadura, o que se estenderia, com o AI-3, de 5 de fevereiro de 1966, aos Estados.

> Art. 1º – A eleição de Governador e Vice-Governador dos Estados far-se-á pela maioria absoluta dos membros da Assembleia Legislativa, em sessão pública e votação nominal.
>
> (...)
>
> Art. 4º – Respeitados os mandatos em vigor, serão nomeados pelos Governadores de Estado, os Prefeitos dos Municípios das Capitais mediante prévio assentimento da Assembleia Legislativa ao nome proposto.
>
> (...)

Entre 1965 e 1966, Castello Branco produziu três atos institucionais, 36 complementares, 312 decretos-leis e 3.746 atos punitivos, todos sob o manto da cláusula da excludência, construção jurídico-legislativa que eliminava, até mesmo, do Judiciário e, portanto, de qualquer outro Poder a competência para a revisão dos atos do chefe do executivo[115]. A suspensão dos direitos individuais, da separação dos poderes e do voto direto e secreto (princípios fundamentais do Estado Liberal e da Democracia Liberal) enterrou, por definitivo, a esperança na provisoriedade do novo regime de exceção.

---

[115] Paulo Bonavides e Paes de Andrade, *História Constitucional do Brasil*.

A ditadura viria para ficar e o contínuo investimento, do novo regime, em aparatos jurídico-burocráticos, como a Constituição de 1967, deve ser compreendido como uma forma de escamotear o sentido autoritário do novo regime.

A instituição de uma nova Constituição respondeu à necessidade de propagação de uma normalidade jurídica, de um estado de direito, ainda que este, no mundo real, inexistisse. Colaboraram, à época, para com a instituição do tom de normalidade jurídica, os juristas: Levi Carneiro, Orozimbo Nonato e Temístocles Brandão Cavalcanti que, sob a presidência do primeiro, elaboram o anteprojeto da Constituição de 1967. Miguel Seabra Fagundes também fez parte da comissão, mas, por discordar da manutenção das eleições indiretas no anteprojeto, bem como por considerar que o Congresso poderia apenas emendar a Constituição de 1946 e nunca se transmutar em titular do poder constituinte originário, desligou-se antes da conclusão dos trabalhos. O anteprojeto de constituição, ao fim, acabou por ser rejeitado por Castello Branco. Carlos Medeiros Silva, Ministro da Justiça, nomeado pelo presidente, acabou por concluir o anteprojeto de constituição de 1967[116].

A necessidade de aprovar uma carta constitucional, institucionalizadora do regime militar e legitimadora do golpe, impôs, aos seus líderes, a difícil tarefa de fazer com que o texto constitucional fosse promulgado e não outorgado. Porém, a promulgação não poderia ser feita por uma Assembleia Constituinte, pois os chefes militares temiam que uma eleição, para a composição da Assembleia constituinte, trouxesse seus opositores e críticos ao centro do debate sobre a nova Constituição[117]. Assim, a Constituição não deveria ser outorgada pelo chefe do executivo, mas, por outro lado, não poderia ser promulgada por uma Assembleia Constituinte escolhida livre e democraticamente pelo voto popular. A alternativa encontrada foi a utilização do Congresso, uma vez que os críticos e os principais opositores do governo já haviam sido cassados, o que tornara o Congresso suficientemente dócil aos anseios dos chefes militares.

O Ato Institucional n. 4 (AI-4), de 12 de dezembro de 1966, seguindo o propósito de institucionalizar a ditadura, convocou o Congresso Nacional, durante o período de festas de final de ano, para que os parlamentares remanescentes, entre 12 de dezembro de 1966 a 24 de janeiro de 1967, discutissem e aprovassem o texto da Constituição da Ditadura, cujo projeto fora encaminhado, ao parlamento, pelo chefe do executivo. A Constituição de 1967 nasceu subordinada aos poderes instituídos pelos atos das lideranças do golpe, portanto, fragilizada como carta jurídico-política e desprovida de força normativa.

15.6.3. A Constituição de 1967

Desqualificado, pelo chefe do executivo, o anteprojeto de Constituição, elaborado pelos juristas escolhidos pelos próprios golpistas, foi descartado como projeto oficial do

116 Disponível em: http://www.fgv.br/cpdoc/acervo/dicionarios/verbete-biografico/miguel-seabra-fagundes. Acesso em: 9 set. 2018; Paulo Bonavides e Paes de Andrade, *História Constitucional do Brasil*, p. 435.

117 Contudo, essa preocupação não nos impede de constatar que a verdadeira Constituição daqueles anos foram os atos institucionais. Paulo Bonavides e Paes de Andrade, *História Constitucional do Brasil*, p. 429-430.

governo. Nem os juristas da livre escolha dos chefes militares puseram no papel o que as lideranças da ditadura desejavam. No ritmo do arbítrio que marcou, desde o AI-1, a relação dos novos detentores do poder com o parlamento, o texto proposto pelo chefe do executivo foi aprovado com pequenas modificações, previamente admitidas em reuniões com as lideranças do Executivo no Senado e na Câmara. Em 24 de janeiro de 1967, com a missão de encobrir internacionalmente a dura realidade imposta ao Legislativo e ao povo como um todo, "promulgou-se" uma nova Carta constitucional.

Durante o processo de análise do projeto de constituição de 1967, boatos de cassações de mandatos ecoavam no Congresso, intimidando o parlamento, especialmente aqueles que ainda reservavam sensos críticos ao Regime Autoritário. Adauto Lúcio Cardoso, presidente da Câmara, declarou aos deputados que não haveria cassação de mandatos na Câmara dos Deputados[118]. Mas houve, e, no dia 12 de outubro, as novas cassações se tornaram públicas[119].

O clima de insegurança política era constante e contrastava com a leveza, muitas vezes liberal, dos textos legais. Existiam dois Brasis, o dos textos e o do contexto. O primeiro representava a ordem falseada e travestida de liberal, enquanto e o segundo era o da falta de liberdades políticas, da opinião calada, da expressão emudecida, do medo e da insegurança. A farsa era irônica, como disposto no art. 1º da Constituição de 1967, em seu § 1º todo o poder emana do povo e em seu nome deverá ser exercido.

Nem tudo na Constituição de 1967 era farsa, a maioria de seus dispositivos assentava princípios e regras próprias do estado autoritário e centralizador, como, entre outras coisas: a limitação à autonomia dos estados, a invenção ou recuperação de antigas espécies normativas, como os decretos-leis e as leis delegadas; a eleição indireta para presidente e vice-presidente da República; ampliação da competência legislativa do chefe do executivo; novas regras sobre inelegibilidade mais restritivas; limitações à liberdade de pensamento; restrições à pluralidade ética e moral; suspensão dos direitos políticos e maior interferência estatal mercado.

A estratégia da ordem jurídica, prescrita pela Carta de 1967, foi transferir a competência para determinação da abrangência dos direitos individuais para o legislador ordinário, como prescrito em seu art. 150, mantendo, no texto constitucional, direitos e garantias individuais que, ironicamente, visavam realização da justiça social, bem como a preservação e o aperfeiçoamento do regime democrático, como expôs o Ministro da Justiça, Carlos Medeiros Silva, no ofício de encaminhamento do projeto final da Constituição.

Todo o esforço para a construção de uma sensação de normalidade política, através da Constituição, foi em vão em 13 de dezembro de 1968, quando o AI-5 tornou-se uma realidade. Ao assumir o poder, em março de 1967, Costa e Silva parecia se inclinar ao respeito da juridicidade inventada pela própria ditadura, mas a radicalização da linha dura, grupo que apoiara a chegada de Costa e Silva ao poder, impôs ao general o endurecimento da ditadura. Nesse contexto de radicalização da extrema direita, a resistência à ditadura começa a resplandecer através de passeatas estudantis e de mani-

---

118 Paulo Bonavides e Paes de Andrade, *História Constitucional do Brasil*, p. 438.

119 Paulo Bonavides e Paes de Andrade, *História Constitucional do Brasil*, p. 440.

festações públicas de lideranças artísticas e políticas, compondo o explosivo ambiente que desembocaria no mais cruel dos atos jurídicos da Ditadura, o AI-5.

Entre as diversas manifestações políticas, o discurso do deputado Márcio Moreira Alves, na Câmara dos Deputados, denunciando torturas e associando os militares a gorilas, serviu como justificativa para o aprofundamento do regime autoritário. O estado de sítio foi descartado pelo Conselho de Segurança que, sob a pressão dos fatos políticos, optou pela radicalização do regime em sua reunião de 13 de dezembro, na qual foi aprovado o texto do Ato Institucional n. 5 (AI-5), redigido pelo Ministro Gama e Silva, titular da pasta da Justiça. Apenas o vice-presidente, Pedro Aleixo, votou contra a proposta. O AI-5, representou o ápice da maquinação jurídica da ditadura e, além de incluir itens presentes nos atos anteriores, inovou radicalizando o autoritarismo ditatorial ao suspender a garantia do *habeas corpus* (nos casos de crimes políticos, contra a segurança nacional, a ordem econômica e social e a economia popular) e possibilitar ao Presidente da República: (a) decretar intervenção nos Estados e Municípios, sem as limitações previstas na Constituição. Os interventores, nos Estados ou Municípios, seriam nomeados pelo Presidente da República; (b) suspender, sem as limitações previstas na Constituição, os direitos políticos de quaisquer cidadãos pelo prazo de 10 anos e, ainda, cassar mandatos eletivos federais, estaduais e municipais[120]; (c) suspender as garantias constitucionais ou legais de: 1) vitaliciedade, 2) inamovibilidade e 3) estabilidade, bem como a de exercício em funções por prazo certo, podendo, através de mero decreto, demitir, remover, aposentar ou pôr em disponibilidade e (d) decretar o estado de sítio e prorrogá-lo, fixando o respectivo prazo.

É evidente que a verdadeira Constituição não estava formalizada em texto, pois este – o da Constituição de 1967 – foi a todo tempo aviltado pelos detentores do poder, a começar pelo AI-5. A Carta de 1967 continuou a se despedaçar, no percurso histórico da ditadura, como quando da Emenda n. 1, de 1969, uma nova Constituição de fato que incorporava vários dispositivos dos atos institucionais. A tentativa de legitimação jurídica da ordem autoritária não foi de todo bem-sucedida, pois a fragilidade da Constituição de 1967, diante do poder arbitrário dos donos do poder, era revelada pela dura realidade da censura e da repressão policial, da tortura e da cassação de opositores. Criada "para inglês ver", a Constituição não foi capaz nem mesmo de cumprir esse papel, pois era um conjunto de folhas de papéis sem qualquer força normativa.

Entre suas principais características podemos destacar que a Constituição de 1967 foi outorgada pelo Governo Militar (o Congresso Nacional foi convocado para aprovar o projeto apresentado pelo Presidente, sem possibilidades de discutir a versão encaminhada) em 24 de janeiro de 1967 e entrou em vigor no dia 15 de março de 1967. Alicerçada na Doutrina da Segurança Nacional manteve a Tripartição de Poderes e a Federação, mas concentrou as principais atribuições do Estado na esfera da União e

---

120 A suspensão dos direitos políticos compreendia em: 1) cessação de privilégio de foro por prerrogativa de função; 2) suspensão do direito de votar e de ser votado nas eleições sindicais; 3) proibição de atividades ou manifestação sobre assunto de natureza política e 4) aplicação das seguintes medidas de segurança: (i) liberdade vigiada; (ii) proibição de frequentar determinados lugares e (iii) domicílio determinado. O ato que decretar a suspensão dos direitos políticos poderia fixar restrições ou proibições ao exercício de quaisquer outros direitos públicos ou privados.

no Executivo, que legislava por decreto-lei. Os direitos individuais, especialmente os políticos, foram bastante reduzidos, sendo que o Ato Institucional n. 5, de 1968, enrijeceu a ditadura, autorizando inclusive o Presidente a suspender o Congresso Nacional, Assembleias Estaduais e Câmaras de Vereadores, assumindo suas atribuições.

No dia 17 de outubro de 1969, a Junta Militar que então governava o País, composta em caráter extraordinário após a enfermidade do presidente Costa e Silva, outorgou, de maneira unilateral e autoritária, a Emenda Constitucional n. 1. Para tanto, amparou-se em um conjunto de dispositivos de legalidade excepcional: o art. 3º do AI-16, o § 1º do art. 2º do AI-5 e, sobretudo, na prerrogativa assumida pelo Executivo federal de legislar durante o recesso do Congresso Nacional, determinado pelo Ato Complementar n. 38, de 13 de dezembro de 1968. Com base nessa lógica distorcida, segundo a qual a supressão do Poder Legislativo autorizaria o Executivo a reformar a própria Constituição, estabeleceu-se a primeira grande reconfiguração formal do regime autoritário, consolidando um novo marco constitucional sem qualquer traço de legitimidade democrática[121].

A Emenda Constitucional n. 1/1969 promoveu alterações de profunda gravidade institucional, acentuando a concentração de competências no Executivo federal, com especial destaque para a figura do Presidente da República. Ampliaram-se as hipóteses de intervenção federal nos estados, esvaziando-se, por consequência, a autonomia federativa e enfraquecendo o pacto constitucional. Paralelamente, impuseram-se severas restrições ao Poder Legislativo, tanto no que diz respeito às suas competências quanto às garantias individuais de seus membros. A liberdade de expressão e as liberdades civis em geral foram comprimidas sob justificativas de ordem moral ou de segurança institucional, revelando a imposição de um projeto centralizador e unitarista que reduziu o federalismo brasileiro a uma ficção jurídica[122].

Mais do que transformar o Executivo em polo de comando político, administrativo e econômico, a nova ordem institucional consagrou a figura presidencial como árbitro absoluto dos destinos nacionais. Essa concentração não se limitou ao texto da Emenda: consolidou-se uma prática política e jurídica que, na maioria das vezes, extrapolava as previsões formais do próprio dispositivo constitucional, tornando o novo arranjo institucional uma expressão incompleta e, em certo sentido, inverídica, da realidade autoritária então vigente. A esse processo somaram-se outros instrumentos de exceção, como o Ato Institucional n. 13, de 6 de setembro de 1969, que instituiu a pena de banimento do território nacional, e o Ato Institucional n. 14, de 9 de setembro do mesmo ano, que introduziu a pena de morte para delitos como "guerra psicológica adversa" e "subversão revolucionária", conforme definidos na Lei de Segurança Nacional[123].

Esses dispositivos foram editados no contexto do sequestro do embaixador norte-americano Charles Burke Elbrick, levado por militantes da resistência armada que exigiram, como condição para sua libertação, o envio de presos políticos ao exílio. A resposta do regime não se limitou à repressão direta: ampliou-se o aparato normativo de exceção e consolidou-se um modelo constitucional impermeável a qualquer

---

[121] Oscar Dias Correia, *Dicionário histórico-biográfico brasileiro: pós-1930*, p. 1995.

[122] Oscar Dias Correia, *Dicionário histórico-biográfico brasileiro: pós-1930*, p. 2000.

[123] Oscar Dias Correia, *Dicionário histórico-biográfico brasileiro: pós-1930*, p. 2000.

controle externo ou interno. A Emenda Constitucional n. 1/1969, em vez de servir como instrumento de organização normativa do Estado, passou a funcionar como veículo de legitimação da força. Nos anos seguintes, esse texto foi sendo gradualmente modificado por meio de outras dezoito emendas constitucionais, todas igualmente concebidas sob a lógica de um poder constituinte permanente, autorreferente e refratário ao pluralismo democrático.

15.6.4. Atos Institucionais e a opressão

A autoritária Constituição de 1967, elaborada pelos juristas ligados à ditadura e convalidada por um Congresso submetido ao Poder executivo, de certa forma incorporou o disposto nos quatro primeiros atos institucionais do regime militar. Mas, mesmo com a nova "ordem constitucional", que dava aparência de legalidade à ditadura, novos atos institucionais foram redigidos e publicados. Além dos quatro anteriores à Constituição de 1967, mais treze foram editados até a Emenda Constitucional de 1969, sendo todos por ela encampados, inclusive o mais autoritário de todos, o famoso AI-5, de 13 de dezembro de 1968, que estabeleceu de vez a censura em todas as redações do país, além de inúmeras limitações aos direitos e à liberdade dos cidadãos quando se trata de uma ordem democrática. Vale ressaltar que a Constituição de 1967 não foi totalmente revogada pelos atos institucionais, de maneira que era possível invocar dispositivos da referida Carta Maior que não colidissem com os novos dispositivos. Exemplo é o disposto no § 11 do art. 150:

> Não haverá pena de morte, de prisão perpétua, de banimento, ou confisco, salvo nos casos de guerra externa psicológica adversa, ou revolucionária ou subversiva nos termos que a lei determinar. Esta disporá também, sobre o perdimento de bens por danos causados ao Erário, ou no caso de enriquecimento ilícito no exercício de cargo, função ou emprego na Administração Pública, Direta ou Indireta.

Em nenhum ato institucional, nem mesmo no AI-5, existia disposição expressa que autorizasse o assassinato, a tortura ou a prática de crimes sexuais contra pessoas detidas, mesmo contra aqueles acusados de crimes políticos. Ora, portanto, o poder estatal deveria seguir o disposto na Carta de 1967, ficando claro que as atrocidades cometidas durante o regime militar foram totalmente ilegais, mesmo quando realizadas com determinação dos poderes estatais. Evidente que as atrocidades cometidas caracterizam não só a desumanidade dos governantes da época e do regime de exceção, mas também crimes de violação dos direitos humanos, sendo imprescritíveis e, de forma alguma, deveriam estar abarcados pela Lei da Anistia aprovada em 1979, devendo ser punidos tanto os governantes da época como seus asseclas que praticavam tamanha violência, como de fato ocorreu nos países vizinhos ao Brasil que passaram pelas mesmas mazelas. Afinal, interrogatórios realizados com tortura, crimes sexuais e assassinatos que ocorreram à exaustão durante o regime militar no Brasil são barbaridades que jamais devem ser toleradas e muito menos acobertadas pela sociedade ou pelos governos. Para realmente virar a página dessa terrível história brasileira a punição exemplar, mesmo que tardia, é extremamente necessária.

A censura prevista nos atos institucionais ajudou a acobertar os horrores do regime militar, além de gerar impactos no desenvolvimento de diversos setores culturais e educacionais do Estado brasileiro. Um dos exemplos que se pode mencionar como vítima da censura é o teatro brasileiro. Afinal, o teatro, o cinema e a música popular funcionavam como forma de contestação ao regime ditatorial. E como forma de expressão cultural foram duramente atingidos a partir da edição do AI-5. No teatro foi evidente a redução do número de peças em cartaz e o respectivo afastamento do público. Para evitar atrasos na produção e perda de dinheiro, os próprios produtores começaram a não aceitar peças que tivessem abordagem política ou pudessem trazer problemas com os censores, estabelecendo uma espécie de autocensura, que ajudou a alienar o público e calou os defensores da democracia.

Algo similar aconteceu com as produções televisivas, mas que funcionou a partir de uma tática diferente. O regime militar incentivou e financiou emissoras de TV, como a Rede Globo, que tinham por foco unificar, a partir dos ideais conservadores das principais sociedades urbanas apoiadoras do golpe, como São Paulo e Rio de Janeiro, "as heterogêneas audiências nacionais de TV no Brasil, além de produzir programas que visavam aumentar a audiência, especialmente entre as classes média e baixa, e vender bens de uso popular"[124].

A cultura, quando cooptada pelo sistema da indústria cultural, facilmente vira instrumento de dominação, inclusive política, ainda mais quando se deixa de lado a produção heterogênea e as homogeneíza.

> O estímulo estatal à criação das redes de televisão aberta não deve ser menosprezado pelos investigadores do período da ditadura militar: ele é claramente um sintoma da modernização da própria forma da administração social no país. Como em todos os lugares, o Brasil também entrava nesses anos na época da administração total. [...] a televisão é autoritária, exige submissão do espectador, isola-o, é regressiva e impõe um tipo artificial de socialização: nesse sentido, ela cria condições objetivas que dificultam consideravelmente a produção cultural autônoma. Como ela também ajuda a calar a voz da sociedade, seu êxito e alcance torna supérfluo e desnecessário a uso da censura[125].

Afinal as censuras eram recorrentes e acabaram por conseguir seu intento. Primeiro com uma ação específica dos órgãos repressores. Posteriormente, com uma espécie de autocensura oriunda de uma população alienada, com reflexos ainda na atualidade. "O governo dos militares carregava consigo uma proposta de silêncio, e utilizou a censura política como ferramenta de desmobilização e supressão do dissenso"[126]. Em suma, a censura é das grandes responsáveis pela manipulação dos mecanismos de memória e interpretação da realidade nacional. Aliada à produção de massa capitaneada pela televisão, é a realidade dos detentores do poder econômico e ideológico, oriunda das farsas disseminadas como consequência da Guerra Fria que se tornam realidade no

---

124 Natalia Ap. Morato Fernandes, A política cultural à época da ditadura militar, p. 181.

125 R. Franco, *Itinerário político da produção cultural*: indústria da cultura e práticas de resistência após 1964, p. 23.

126 Schwarcz e Starling, *Brasil:* uma biografia, p. 464.

imaginário popular. Atualmente, com a difusão das redes sociais, que também se utiliza da superficialidade como base de informação, mesmo sem censura estatal, enorme contingente populacional expõe sem vergonha, e sem perceber, seu estado de marionetes, como aqueles que dizem sem constrangimento que o nazismo era de esquerda, ou aos que se opõem a qualquer política social afirmando tratar-se de proposta comunista, demonstra, assim, total letargia diante da realidade nacional e mundial, funcionando como massa de manobra de interesses obscuros.

15.6.5. Atos Institucionais e o Poder Judiciário

O regime militar instaurado em 1964 foi um período de repressão e violência que durou 21 anos, até 1985, com a eleição pelo colégio eleitoral de Tancredo Neves para Presidente da República. Diferentemente de outras ditaduras latino-americanos, no Brasil fez-se uso dos chamados atos institucionais, utilizados pelas Forças Armadas para dar ares de legalidade a seu regime autoritário e de exceção, que contou com o apoio de amplos setores da sociedade civil, principalmente empresários.

O período ditatorial no Brasil, diferentemente dos outros regimes militares latino-americanos, caracterizou-se pelo uso do aparato legal como forma de sustentação e legitimação perante a sociedade civil, mantendo, com exceção de alguns períodos, o Congresso Nacional em atividade. Durante o regime, o sistema partidário estava organizado em apenas dois partidos, a Aliança Renovadora Nacional (Arena), partido apoiado pela situação (militares e civis adeptos do golpe de 1964), e o Movimento Democrático Brasileiro (MDB), que era a única forma de a oposição atuar, sendo composto por uma miríade de concepções ideológicas que, ao final do regime de exceção, deu origem a inúmeros partidos políticos.

Na realidade tratava-se de manter as aparências, pois os membros do Congresso Nacional, diante das constantes ameaças e tentativas de coerção por parte dos militares, não conseguiam exercer seus mandatos de forma livre e imparcial. Havia apenas uma aparência de legalidade, sendo os militares os que de fato legislavam. Para tanto se utilizavam dos atos institucionais, atos complementares e decretos-leis, sendo o Congresso Nacional, na verdade, mero fantoche que servia para dar aparência de democracia à ditadura estabelecida. Ao todo, durante o regime ditatorial, foram editados dezessete atos institucionais e inúmeros atos complementares e decretos-leis, mostrando que o verdadeiro poder de legislar havia sido subtraído dos representantes do povo, que seriam os parlamentares.

A partir do disposto no AI-1, o controle judicial manteve-se restrito a formalidades, ficando excluídos de qualquer apreciação judicial os atos praticados com fundamento nos atos institucionais. O mesmo aconteceu com o mais severo e antidemocrático dos atos institucionais, o AI-5, de 13 de dezembro de 1968, que também excluiu seus atos da apreciação por parte do Poder Judiciário, além de permitir que o governo federal pudesse decretar recesso no Congresso Nacional, em Assembleias Legislativas e Câmaras Municipais. Em conjunto com o AI-5, foi publicado o Ato Complementar n. 38, determinando o fechamento do Congresso Nacional, que permaneceu fechado por quase um ano.

Para tornar visível a castração sofrida pelo Poder Judiciário em face da hipertrofia do Poder Executivo, no início de 1969, como consequência do AI-5, além da cassação do mandato de inúmeros deputados federais e senadores, três ministros do STF foram aposentados. São eles Hermes Lima, Victor Nunes Leal e Evandro Lins e Silva, que foram seguidos por uma saída voluntária do presidente do tribunal na época, Antônio Gonçalves de Oliveira, e do ministro Antônio Carlos Lafayette de Andrada, bem como um Ministro do Superior Tribunal Militar: Peri Constant Bevilacqua. Ou seja, cinco dos onze Ministros do STF foram tolhidos de sua atuação jurisdicional pela ditadura. Tal fato serve como mensagem para os demais juízes, ou seja, ficam com o temor de, dependendo da decisão que tomarem, também sofrerem com uma cassação.

O regime militar afirmou a preponderância do Poder Executivo sobre os demais, que ficavam sob o comando direto do Presidente da República. Verifica-se, portanto, uma utilização do Poder Executivo como instrumento de poder por parte das Forças Armadas, desrespeitando a ideia clássica de separação de poderes, que deveriam operar de forma harmônica e independente entre si. Evidente que não se estabeleceu limite ao exercício do Poder Executivo, nem se respeitou a autonomia dos poderes, pois o Legislativo e o Judiciário viram-se submetidos ao Executivo, controlado pelos militares, além de terem de obedecer ao disposto nos Atos Institucionais e seus complementos assim como à Lei de Segurança Nacional.

A supremacia do Executivo pode ser entendida como reflexo da perda de força política do Legislativo, cuja atuação foi minimizada. Além disso, por disposições expressas do AI-1 e do AI-5, afastou-se do Poder Judiciário, explícita e implicitamente, sua competência para apreciar alguns direitos e garantias fundamentais. Sem contar a conivência de parte do Poder Judiciário, que por questão socioeconômica ou de origem social, encaparam o autoritarismo do regime ditatorial.

Com o endurecimento progressivo do regime militar, especialmente a partir do final da década de 1960, constitucionalistas alinhados ao autoritarismo, como Carlos Medeiros, Miguel Reale e Manoel Gonçalves Ferreira Filho, passaram a reatualizar o pensamento de Francisco Campos, segundo o qual o Supremo Tribunal Federal não deveria se contrapor, em termos políticos ou institucionais, à orientação do governo de exceção. Para esses juristas, caberia à Corte Constitucional a guarda das liberdades civis apenas na medida em que estas não comprometessem a preservação da ordem pública. Nesse contexto, o exercício de direitos fundamentais, como a concessão do *habeas corpus*, passou a ser interpretado sob uma lógica de exceção: o Estado não poderia ser privado dos instrumentos necessários à repressão de condutas classificadas como subversivas ou lesivas à segurança nacional[127].

A promulgação do AI-5, em dezembro de 1968, acentuou ainda mais as restrições impostas ao Supremo Tribunal Federal, que viu significativamente reduzida sua jurisdição e, por conseguinte, seu espaço de atuação política. A partir desse marco, a Corte passou a ocupar uma posição ambígua, ora prestando alguma resistência pontual às medidas mais arbitrárias, ora contribuindo para legitimar, ainda que de forma indireta, os mecanismos de coerção e controle impostos pelo regime. Nomeações ministeriais durante esse

---

127 Christian Edward Cyril Lynch e Wingler Alves Pereira, *Capas pretas, um arsenal de livros, a Constituição*: panorama histórico da autoridade do Supremo (1891-1988), p. 289.

período revelavam um desenho institucional voltado à docilidade do Judiciário perante o Executivo, comprometendo seriamente a independência funcional do Supremo.

Mesmo no período de abertura política, inaugurado com a ascensão do general Ernesto Geisel à Presidência da República, o Tribunal permaneceu em posição secundária diante das reformas jurídicas que começavam a ser discutidas. A atuação da Corte, longe de assumir protagonismo no processo de transição, manteve-se alinhada aos limites impostos pela lógica autoritária. Com efeito, desde 1968 o Poder Judiciário, em especial o STF, foi gradualmente afastado de suas atribuições constitucionais mais sensíveis, tendo sua competência reduzida àquilo que não ameaçasse os interesses do aparato militar. Esse estado de limitação institucional perduraria até o processo de redemocratização iniciado na segunda metade dos anos 1980. Até então, o Supremo não apenas evitou confrontos diretos com o regime como também colaborou com ele em momentos cruciais. Um dos episódios mais emblemáticos dessa postura foi sua anuência à manutenção do Colégio Eleitoral como instância responsável pela escolha do último presidente do ciclo ditatorial, o general João Euclides Figueiredo, solução que favorecia diretamente a continuidade da estrutura autoritária sob aparência de legalidade[128].

O Relatório da Comissão Nacional da Verdade, de 2014, deixa evidente a dificuldade de atuação do STF durante a ditadura instaurada em 1964, perdendo espaço para a Justiça Militar.

> No âmbito do STF, verificaram-se três tipos de atitudes: num primeiro momento, o STF omitiu-se, não conhecendo pedidos de habeas corpus em que a autoridade coatora fosse militar; em etapa posterior, porém, passou não somente a conhecê-los como também, no mérito, a conceder a ordem, deferindo, entre o golpe de 1964 e as vésperas da entrada em vigor do AI-5, a maioria dos pedidos. Com a vigência do AI-5, porém, o STF, impossibilitado agora de conhecer pedidos de habeas corpus impetrados por acusados dos crimes previstos no ato institucional, foi reduzido, nessa matéria, à condição de ator secundário, a quem, quando provocado, na maioria das vezes se declarava incompetente. No sistema de justiça do regime inaugurado em 1964, o protagonismo em tudo que dissesse respeito aos crimes contra a segurança nacional passou a ser, depois do AI-5, da Justiça Militar. Isso significou submeter as pessoas acusadas de crimes previstos no art. 10 do AI-5 ao julgamento por juízes que tendiam a orientar-se por aquilo que julgavam ser interessante, conveniente e oportuno para a dita "revolução"[129].

15.7. A NOVA REPÚBLICA

Denomina-se Nova República o período histórico que se inicia ao fim do regime autoritário que fora inaugurado pelo Golpe de 1964. É um período de grandes transformações

---

128 Christian Edward Cyril Lynch e Wingler Alves Pereira, *Capas pretas, um arsenal de livros, a Constituição*: panorama histórico da autoridade do Supremo (1891-1988), p. 290.

129 Brasil, Comissão Nacional da Verdade, Relatório/Comissão Nacional da Verdade, p. 945.

políticas, sociais, econômicas e jurídicas que aceleraram a consolidação da democracia representativa no Brasil, mas, longe de ser um período de grandes calmarias, a institucionalidade da Nova República foi intensamente testada desde o seu primeiro dia.

15.7.1. A Transição para a Democracia

A Ditadura civil-militar assentou-se, sobretudo, em duas ordens: a política; e a econômica. Ambas sob o comando dos militares. No entanto, a ordem econômica sofria decisiva influência da elite que prescrevia o seu modelo de desenvolvimento econômico. A ordem política travestia-se de democracia com a manutenção de Congresso politicamente controlado que também servia como correia de transmissão aos pleitos dos apoiadores do Regime Ditatorial. A aparência, notória preocupação militar, justificou a manutenção do Congresso, de partidos políticos, de eleições e da alternância periódica do exercício direto do poder, o que permitiu também que grupos da corporação militar e civis apoiadores da Ditadura se associassem em disputas sucessórias, garantindo o equilíbrio de forças e a legitimidade no seio dos apoiadores do regime autoritário[130].

A transição para a democracia representativa foi complexa e muito longa, o que deu sobrevida à Ditadura, fazendo-a se dissolver lentamente com o passar dos anos. Esse processo foi defendido e atacado pelos donos do poder, contudo manteve, por exemplo, ao contrário da Argentina, um único bloco temporal, sem interregnos democráticos. Didaticamente, pode-se dividir o processo de transição para a democracia representativa em três períodos: (i) de 1974 a 1982, que se confundia com uma mera reforma do regime; (ii) de 1982 a 1985, que se notabilizou como o período de transferência do poder para os civis eleitos; e (iii) de 1985 a 1990, que culminou com a efetivação da democracia representativa[131].

15.7.1.1. Primeira Fase (1974-1982)

Em 1974, com a chegada do General Ernesto Geisel ao poder (1974-1979), a distensão gradual se iniciou e algumas concessões à democracia foram providenciadas, como a parcial revogação da censura à imprensa e as eleições de 1974, estas realizadas sem ampla liberdade política e com diversas lideranças cassadas e exiladas. A Ditadura, que em seu nascedouro não tinha ampla legitimidade política, com as vitórias do MDB (único partido de oposição admitido pelo regime autoritário) nas eleições de 1974, evidenciou-se fragilizada, o que já era percebido antes do pleito eleitoral e contribuíra para o próprio início da distensão, pois alguns segmentos militares já buscavam uma saída digna para a corporação.

---

130 Maria Paula Nascimento Araujo, Redemocratização e Justiça de Transição no Brasil, p. 69.

131 Cf. Maria D'Alva G. Kinzo, A democratização brasileira: um balanço do processo político desde a transição, p. 4-5.

As medidas de abertura causaram muito desconforto nas Forças Armadas, cuja linha dura reagiu intensificando a repressão policial, especialmente em São Paulo. Geisel exonerou o comandante das Forças Armadas de São Paulo e, para apaziguar os militares mais exaltados, promoveu a cassação dos mandatos de alguns parlamentares de oposição. Até o final de seu mandato, Geisel controlou os militares da linha dura e o próprio processo político que deu vitória ao seu candidato em sua sucessão[132].

Ainda sob o governo de Geisel, o Congresso promulgou a Emenda Constitucional n. 11 que revogou todos os atos institucionais, principais símbolos jurídicos do autoritarismo, mas a EC n. 11 foi além e confirmou a disposição do regime autoritário em caminhar para a democracia, ao alterar o texto constitucional para garantir, por meio do art. 32, a inviolabilidade dos senadores e dos deputados por opiniões, palavras e votos expressados no exercício de seus mandatos. A imunidade parlamentar, no entanto, encontrou como limite a prática do famigerado crime contra a Segurança Nacional, cuja extensa e subjetiva definição servia como barreira ao amplo exercício da atividade parlamentar. De fato, o crime contra a segurança nacional era o trunfo da Ditadura contra a opinião de parlamentares, pois o seu procedimento colocava nas mãos de um de seus títeres – o Procurador Geral da República – a legitimidade para requerer a suspensão do exercício do mandato, a ser julgado pelo STF, composto por apoiadores do regime ditatorial.

A EC n. 11 entrou em vigor em 1979, mesmo ano em que a Lei de Anistia (Lei n. 6.683, de 28 de agosto de 1979), esta já sob o governo do sucessor de Geisel, passou a produzir seus efeitos. A anistia, à época da Ditadura, permitiu que políticos, cujos mandatos haviam sido cassados, assim como militantes, que corriam risco de morte ou de cerceamento de liberdade por força de suas opiniões políticas, fossem reintegrados à vida política brasileira. Ainda em 1979, a Lei n. 6.767/1979, pôs fim ao bipartidarismo criado em 1965.

O Golpe de 1964, de pronto, não extinguiu os partidos políticos; alterou calendários e suprimiu eleições presidenciais, mas, até 1965, manteve o sistema partidário para as eleições de deputados, senadores e governadores. Era uma maneira de legitimar o novo regime e, também, de agradar a ala mais liberal dos militares. A aversão ao multipartidarismo evidenciou-se em julho de 1965 com a entrada em vigor da Lei n. 4.740 (Lei Orgânica dos Partidos Políticos), que impôs rígidas restrições à diversidade partidária. No entanto, o regime bipartidário viria a ser instituído apenas após a fragorosa derrota dos golpistas nas eleições de 1965, quando, para surpresa dos generais, elegeram-se Negrão de Lima, no Estado da Guanabara (antigo Distrito Federal) e Israel Pinheiro, em Minas Gerais. O fracasso eleitoral foi completado pela derrota da União Democrática Nacional (UDN), partido que concentrava a maior parte dos apoiadores do golpe. Das onze eleições disputadas, a UDN perdeu nove. As regras do jogo deveriam ser mudadas.

O AI-2 foi a resposta dos golpistas ao seu próprio fracasso eleitoral. A democracia não lhes servia e era necessária uma nova institucionalidade que se aparentasse com a democracia, mas sem o ser. O AI-2 extinguiu todos os partidos políticos, ratificou as condições de registro prescritas pela Lei Orgânica dos Partidos Políticos de 1965 e, entre outras coisas, instituiu a eleição indireta para Presidente da República. Apesar da

---

132 Cf. Celso Castro e Maria Celina D'Araújo, *Dossiê Geisel*, p. 19.

já extensa regulação, fundado no art. 30 do AI-2, segundo o qual o Presidente poderia baixar atos complementares sobre matéria de segurança nacional, o General Castello Branco, que governou o País de 1964 a 1967, por ato de vontade, mandou publicar o Ato Complementar n. 4, no qual se exigia que os partidos tivessem 120 deputados federais e 20 senadores, o que permitia a existência de, no máximo, três partidos, algo improvável e indesejado pelos generais. Assim, em 1965, pôs-se fim ao pluripartidarismo no Brasil. Quase uma década e meia após o fim do multipartidarismo, em 1979, a diversidade partidária retornou ao mundo político brasileiro. Foi um importante passo em direção à democracia representativa, mas, para os generais, significou uma das etapas do lento processo de retirada.

15.7.1.2. Segunda Fase (1982-1985)

Novos partidos, políticos cujos direitos de cidadania haviam sido cassados, artistas e intelectuais perseguidos e pessoas que se autoexilaram proporcionaram pleitos eleitorais, em 1982, que não se via há décadas, ou melhor, desde 1965. O ano de 1982 marcou a ratificação da abertura política e a sensação de que a plena democracia representativa era irreversível. Dois projetos convergiam: o dos militares e o da retomada democrática, mas a cadência do processo político foi controlada por aqueles, que usavam a linha dura como ameaça contra os que "afoitamente" desejavam a democracia; a ameaça de retrocesso era premente, constante.

O ritmo da abertura seguiu a cadência das marchas militares, e, nesse compasso, o governo garantiu a maioria no colégio eleitoral que elegeria o próximo Presidente da República. Para os militares e seus aliados civis, a lentidão do processo servia para que os ânimos fossem domados, para que as brutalidades fossem sedimentadas em áreas recônditas da memória e para que documentos fossem eliminados. Bem-sucedida, a estratégia evitaria a revanche dos torturados, dos cassados e dos exilados. Em 1982, tudo parecia funcionar, mas um dos governadores eleitos irritava os militares e seus aliados. Tratava-se de Leonel Brizola, ex-governador do Rio Grande do Sul, que se insurgira contra o Golpe de 1964 e, em 1961, assumira a liderança contra os golpistas que tentaram excluir João Goulart da sucessão de Jânio Quadros.

O gaúcho Leonel Brizola voltava à cena política no Rio de Janeiro, unidade da federação que unira os antigos Distrito Federal e Estado do Rio de Janeiro. Herdeiro do Trabalhismo, mesmo sem ter conseguido registrar sua legenda, o PTB, Brizola galgou alguns apoios, mas sem a expressão necessária para uma vitória eleitoral. Miro Teixeira, seu adversário nesse pleito, era o candidato do PMDB, ou seja, era candidato das forças oposicionistas ao Regime Militar. Em outro espectro da disputa, Moreira Franco concorria pelo PDS, grupo político herdeiro da Arena, partido da Ditadura Militar.

Em um Estado dominado, durante a ditadura, por grupos que se acomodaram nas candidaturas de Moreira Franco e de Miro Teixeira, Brizola reverteu todas as tendências eleitorais e galgou apoio dos opositores da Ditadura que, por força das articulações das lideranças, deveriam votar em Miro Teixeira.

Em 1982 as eleições não eram eletrônicas, utilizavam-se cédulas de papel que eram totalizadas após o pleito. Nessa eleição houve a contratação de uma empresa –

Proconsult – para a totalização dos votos no Rio de Janeiro, mas descobriu-se que, no processo de totalização das cédulas, transferia-se votos nulos e brancos para Moreira Franco. Houve a recontagem dos votos e Leonel Brizola, que contava com Darcy Ribeiro como candidato a vice-governador, sagrou-se vitorioso[133].

Excetuado o episódio eleitoral envolvendo Leonel Brizola, as elites políticas dominantes possuíam confiança na morosidade da abertura política. No entanto, em 1983, o PMDB, por meio do deputado Dante de Oliveira, propôs uma emenda que alteraria o regime indireto de eleição presidencial para o sufrágio universal (PEC n. 3) caso fosse aprovada. Para a agonia do Regime Militar, houve manifestações pela aprovação da Emenda de Dante de Oliveira em todo o Brasil. A magnitude do apoio popular fez com que o jornal O Globo, notório aliado do Regime Militar, noticiasse em sua primeira página que o comício de 10 de abril de 1984 "foi a maior manifestação política da história do Rio de Janeiro"[134]; no dia 17 de abril de 1984, o mesmo diário publicou, também em sua página principal, que "a passeata de ontem, em São Paulo, pelas eleições diretas superou o comício do Rio do dia 10"[135]. Em 25 de fevereiro de 1984, O Globo já havia publicado que uma multidão "participou ontem do ato pelas eleições diretas, em Belo Horizonte"[136]. Apesar das intensas manifestações, que expressaram a esperança por um país democrático, a emenda não foi aprovada no Congresso.

A marcha cadenciada derrotou a acelerada esperança por democracia. Para a vitória contra as eleições diretas, o governo militar não poupou esforços, chegando a cooptar, em troca de cargos, deputados do PTB, algo que no vocabulário político denominou-se fisiologismo. Diante da adesão do Congresso e da iminente derrota na votação da emenda pelas eleições diretas, o PMDB, maior partido da oposição, recusou-se a aproveitar a mobilização popular em favor de caminhos mais curtos à democracia e, com a derrota efetivada, optou por apresentar candidato à disputa no pleito indireto à Presidência da República[137].

O candidato escolhido pelo PMDB para concorrer à Presidência foi Tancredo Neves, cuja difícil eleição necessitaria de apoios por parte dos defensores do Regime Militar, o que ocorreu quando uma dissidência na base governista abraçou a campanha de Tancredo e indicou o candidato a vice-presidente na chapa do PMDB. A defecção do grupo de apoiadores da ditadura, que viria a se transformar no PFL (Partido da Frente Liberal), indicou José Sarney como candidato a vice-presidente.

A eleição indireta foi realizada em 15 de janeiro de 1985 e Tancredo foi eleito (480 votos contra 180, com 26 abstenções), derrotando o candidato oficial do Regime Militar, Paulo Maluf. Tancredo, no entanto, às vésperas de sua posse, foi hospitalizado e apenas José Sarney, notório apoiador da Ditadura, foi empossado. Em 21 de abril de 1985, Tancredo faleceu e Sarney sagrou-se o primeiro presidente da Nova República,

---

133 Conrado Ferreira Arcoleze, O Caso Proconsult não morreu: repercussão na campanha presidencial de Leonel Brizola de 1989, p. 401.

134 O Globo, p. 1.

135 O Globo, p. 1.

136 O Globo, p. 1.

137 Cf. Maria D'Alva G. Kinzo, A democratização brasileira: um balanço do processo político desde a transição, p. 6-7.

da nova democracia. A frustração dos opositores do Regime Militar alimentou os questionamentos sobre a sua posse, mas, novamente, a espada falou mais alto e o general Leônidas Pires Gonçalves, ministro de Sarney, deu o tom da legalidade necessária para a transição de Figueiredo para Sarney. Mais uma vez, agora sob desígnios do improvável, a transição operou-se lentamente cadenciada.

15.7.1.3. Terceira Fase (1985-1990)

O Governo de José Sarney nasceu deslegitimado pelas novas forças que se organizavam na política; transpirava o antigo regime, o que era do agrado apenas daqueles que desejavam passos muito curtos em direção a governos de opositores à ditadura. A difícil legitimação política de Sarney era cotidianamente consolidada pela crise econômica, herdada do regime militar: entre 1986 e 1994, o país mudou quatro vezes de moeda; havia incerteza sobre a possibilidade de opositores assumirem os postos-chaves da política nacional; as Forças Armadas e policiais eram institucionalmente fracas e dirigidas política e ideologicamente pelos colaboradores da ditadura. Sob os escombros do regime autoritário, com a paulatina revogação das medidas que limitavam o exercício das liberdades civis e políticas, o Brasil construiu sua transição para a democracia representativa, cujo ápice jurídico foi a promulgação da Constituição de 1988[138].

A eleição presidencial de 1989 e a posse do presidente eleito foi o ato final da transição para a democracia representativa, cujo Golpe de 1964 privara a sociedade de sua institucionalidade. Setenta e dois milhões de eleitores foram às urnas e puderam optar entre candidatos opositores à ditadura e outros a ela simpáticos. Entre estes, Paulo Maluf (PDS), com menos de 9% dos votos, amargou a quinta colocação. Os principais candidatos oposicionistas foram: Lula (PT), Brizola (PDT) e Mario Covas (PSDB). No entanto, sagrou-se vitorioso, no primeiro e no segundo turno, Fernando Collor de Mello (PRN), que conquistou o eleitorado com discursos centrados na "modernidade" e na "caça aos marajás" (servidores públicos com grandes vencimentos), o que tirou o foco do debate político e recolocou-o no plano da moralidade. Collor, em discursos preparados por profissionais do marketing, prometera uma cruzada, uma caça epopeica contra os responsáveis pela penúria e miséria dos brasileiros, o que foi um sucesso. A partir da eleição de 1989, o marketing político marcou presença em todas as eleições brasileiras.

15.7.2. A Assembleia Constituinte de 1987

Entre as posses de José Sarney, marco inicial da Nova República, e a de Fernando Collor de Mello, data de consolidação da transição para a democracia representativa, elaborou-se e foi promulgada a nova Constituição brasileira, a Consti-

[138] Cf. Adriano Nervo Codato, Uma história política da transição brasileira: da ditadura militar à democracia, p. 93, 99-100; Gilberto Bercovici, O direito constitucional passa, o direito administrativo permanece: a persistência da estrutura administrativa de 1967, p. 87.

tuição cidadã. Os debates e as deliberações que determinaram o Texto Constitucional de 1988 realizaram-se no seio da Assembleia Constituinte, nos anos de 1987 e 1988, mas seus antecedentes remontam a 1977, quando a leitura da Carta aos Brasileiros, realizada por Goffredo Teles Júnior, na Faculdade de Direito do Largo de São Francisco, conclamava o povo a defender a convocação de uma Assembleia Constituinte. Além do professor da Faculdade de Direito da Universidade de São Paulo e da comunidade acadêmica, a OAB, que desde o final da década de 1970 se posicionara de forma crítica ao Regime Militar, também protestava pela convocação de uma Assembleia Constituinte[139].

Em 27 de novembro de 1985, após envio da proposta de Emenda à Constituição (proposta de Emenda n. 43/1985), por José Sarney, ao Congresso Nacional, aprovou-se, por meio da Emenda Constitucional n. 26, a convocação de uma Assembleia Nacional Constituinte e, também, anistiou-se todos aqueles que sofreram restrições por força de opiniões políticas durante o regime autoritário. Segundo a Emenda Constitucional n. 26, a Assembleia Nacional Constituinte, composta pelos membros da Câmara dos Deputados e do Senado Federal, reunir-se-ia em uma única câmara a partir de 1º de fevereiro de 1987 e deveria, após dois turnos de discussão e votação, promulgar a Constituição pela maioria absoluta dos seus membros.

Sarney, em 18 de julho de 1985, antes da convocação da Assembleia Constituinte, instituiu, com o Decreto n. 91.450, de 18 de julho de 1985, a Comissão de Estudos Constitucionais, que deveria colaborar com os trabalhos da Assembleia Nacional Constituinte. Composta de 50 membros, dentre eles o seu presidente, o jurista Afonso Arinos de Melo Franco, a comissão concluiu seus trabalhos, em 18 de setembro de 1986, com a elaboração de um anteprojeto de Constituição, o qual não foi recebido pela Assembleia Constituinte com esse *status*, mas contribuiu com o debate constituinte.

Em 15 de novembro de 1986, foram eleitos pelo povo 487 deputados e 72 senadores, todos membros da Assembleia Constituinte, que foi devidamente instalada no dia 1º de fevereiro de 1987, sob a direção provisória do presidente do STF, Ministro Moreira Alves. No dia seguinte, o Deputado Ulysses Guimarães foi eleito presidente da Assembleia Nacional Constituinte e a presidiu até a promulgação da Constituição, em 5 de outubro de 1988. O primeiro desafio da Constituinte foi a organização de seus próprios trabalhos, pois, como o Anteprojeto Afonso Arinos não fora considerado base para o texto constitucional, inexistia um projeto oficial a ser emendado e aprovado. A solução encontrada pelos constituintes, formalizada pela Resolução n. 2, de 24 de março de 1987, foi a criação de oito comissões que continham três subcomissões e uma quarta comissão, esta a responsável pela sistematização dos textos originados nas demais comissões. Com efeito, a Comissão de Sistematização se tornou a mais importante, pois dela surgiria o texto constitucional.

As 24 subcomissões concluíram seus trabalhos no dia 25 de maio de 1987; em 9 de julho do mesmo ano, a comissão de sistematização terminou sua tarefa e aguardou a chegada das emendas populares, cujo prazo para protocolo, na Assembleia Constituinte, era até 12 de agosto de 1987. Entre essas emendas, a que defendia a reforma agrária contou com um milhão de assinaturas e a que previa a estabilidade no emprego, por sua vez, contou com quinhentas mil assinaturas. Esses números expressivos

---

139 Cf. Paulo Bonavides e Paes de Andrade, *História Constitucional do Brasil*, p. 451-452.

indicavam o espírito que comandava o momento histórico brasileiro, uma época de muita esperança na capacidade de a democracia fazer com que o Brasil avançasse na construção de uma sociedade mais justa, mais igualitária e mais livre, mas nem todos comungavam desses valores.

No seio da Assembleia Constituinte, surgiu um grupo de parlamentares que, organizados, opunham-se aos trabalhos da comissão de sistematização, concluídos em 18 de novembro. Insatisfeitos com os rumos dos trabalhos, esses constituintes, batizados como Centrão, portavam ideais conservadores e defendiam os interesses da elite econômica. Como o Centrão não tinha rígida coesão, não foram capazes de desintegrar o que já fora sistematizado pela Constituinte, mas passaram a pairar, como fantasmas, sob a Assembleia Constituinte até a conclusão de seus trabalhos[140].

As datas simbólicas sugeridas para a promulgação da Constituição (7 de setembro de 1987 e 21 de abril de 1988) foram sucessivamente adiadas pela necessidade de ampliação do debate e da articulação política. No dia 27 de janeiro de 1988, às vésperas de completar um ano de trabalhos, iniciou-se a votação, em primeiro turno, do texto do projeto. Essa fase assistiu, em 22 de março de 1988, acalorados debates sobre a forma de governo e, também, sobre o mandato presidencial. O quórum atingido foi o máximo e 343 parlamentares apoiaram o presidencialismo, enquanto 213 defenderam o parlamentarismo; houve três abstenções. O mantado do presidente foi fixado em cinco anos, com a aprovação de 304 parlamentares[141].

As relações entre o Presidente da República e a Assembleia, após o primeiro turno, foram estremecidas quando, em 26 de julho de 1988, em manifestação transmitida simultaneamente por todos os veículos de comunicação, o Presidente José Sarney proferiu duras críticas ao projeto de Constituição que, segundo ele, promoveria a ingovernabilidade do Brasil[142]. Sarney buscava pressionar a Constituinte para que reformas de cunho social, que onerariam o Estado, fossem excluídas no segundo turno. O Brasil, que se acostumara com presidentes autocratas, preocupou-se com o discurso de Sarney, um antigo aliado do poder ditatorial. Em defesa da Assembleia Constituinte, Ulysses Guimarães, presidente da Assembleia Constituinte, manifestou-se no dia seguinte, também em todos os veículos de comunicação. O parlamentar defendeu o projeto elaborado pela Constituinte, acentuando a legitimidade conquistada por meio das intensas discussões e deliberações. Ulysses rebateu Sarney e afirmou que a governabilidade estava no social, pois ingovernável era o país da fome, da miséria, da ignorância e da doença[143].

À pressão de Sarney, a Assembleia Constituinte respondeu com a aprovação do projeto por 408 votos. Apenas 18 parlamentares votaram contra e 55 se abstiveram. Restava, no entanto, a discussão de 1.744 destaques, o que se concluiu em 22 de setembro de 1988 e contou com a aprovação de 474 parlamentares; 15 votaram contra

---

140 Cf. Oscar Vilhena Vieira, *A batalha dos poderes*: da transição democrática ao mal-estar constitucional, p. 126-127.

141 Cf. Paulo Bonavides e Paes de Andrade, *História Constitucional do Brasil*, p. 463-464.

142 José Sarney, A Futura Constituição do Brasil. Disponível em: http://www.biblioteca.presidencia.gov.br/presidencia/ex-presidentes/jose-sarney/discursos/1988/65.pdf/view. Acesso em: 9 jan. 2022.

143 Cf. Ulysses Guimarães, A Constituição cidadã, p. 12150 e 12151.

a aprovação e seis se abstiveram. Os 15 votos contrários foram oferecidos por parlamentares do Partido dos Trabalhadores (PT), que se opusera ao texto por tê-lo como conservador[144].

15.7.2.1. O perfil da Constituinte

Eleita apenas dois anos após o fim do regime autoritário, a Assembleia Constituinte ainda respirava o ar pesado e contaminado da ditadura. Havia medo, um receio que disputava com a esperança o protagonismo nos debates sobre mudanças. Era como se houvesse um sensor de plantão na mente de todos, um sujeito fardado que julgava condutas, opiniões e ideias. O temor de retorno à ditadura, forma de biopoder que se consolidou nos 21 anos de disciplinamento antidemocrático, amainou as oposições, mas surpreendentemente não produziu uma Constituição conservadora.

O perfil da Assembleia Constituinte é objeto de diversos estudos de cientistas políticos[145], juristas[146] e sociólogos[147] que, em sua maioria, destacam a fragmentação política e ideológica da Constituinte. Os 21 anos de ditadura militar impediram a construção de tradições políticas e partidárias, o que, no contexto da Constituinte, promoveu a baixa organicidade da maioria dos grupos políticos, mas, ainda assim, dois grandes grupos foram percebidos: os conservadores, compostos por apoiadores explícitos e silenciosos da ditadura e seus opositores, dentre eles – inclusive – antigos aliados dos militares. Eram conservadores, "conservadores-democratas", "liberal-democratas", social-democratas e socialistas-democratas que, sem disciplina, cultura ou tradição política própria, apresentavam-se, muitas vezes, desprovidos de eixos político-ideológicos claros.

A eleição para a Assembleia Constituinte guardou sua novidade para a atuação dos constituintes de esquerda, pois o índice de renovação de 49%, que seguiu o padrão político anterior, e o baixo índice de parlamentares de primeiro mandato (24,2%) revelam quão baixa foi a renovação política da Assembleia Constituinte. Ou seja, o eleitor optou por candidatos já conhecidos e, em sua maioria, composta por conservadores, o que se confirma por meio do índice de parlamentares de esquerda eleitos: 9% da Assembleia[148].

Os partidos de esquerda eram numericamente pequenos, mas tinham programas e identidades político-ideológicas claras, como o PDT (Partido Democrático Trabalhista), o PCB (Partido Comunista Brasileiro), o PCdoB (Partido Comunista do Brasil) e o PT (Partido dos Trabalhadores). O PDT era o herdeiro político do antigo

---

144 Cf. Paulo Bonavides e Paes de Andrade, *História Constitucional do Brasil*, p. 467-468.

145 Cf. Maria D'Alva. O quadro partidário na Constituinte; Márcia Teixeira de Souza, O processo decisório na Constituição de 1988: práticas institucionais, p. 37-59.

146 Cf. Daniel Sarmento, 21 Anos da Constituição de 1988: a Assembleia Constituinte de 1987/1988 e a Experiência Constitucional Brasileira sob a Carta de 1988.

147 Cf. Bolivar Lamounier, *Partidos e utopias:* o Brasil no limiar dos anos 90.

148 Cf. Daniel Sarmento, 21 Anos da Constituição de 1988: a Assembleia Constituinte de 1987/1988 e a Experiência Constitucional Brasileira sob a Carta de 1988, p. 13-14.

PTB, do trabalhismo de Getúlio Vargas e de João Goulart; o PCB e o PCdoB, fundados em 1922, mesmo na clandestinidade mantiveram, ainda que de forma precária, seus debates e sua organicidade, o que lhes proporcionava unidade para a ação política na Constituinte. O PT, partido fundado por intelectuais, sindicalistas e representantes de diversos movimentos sociais e políticos, rapidamente se organizou e, em torno de programas políticos, manteve consistente unidade.

A falta de grandes partidos, dotados de consistentes programas políticos, em um contexto de explosão do sentimento da necessidade de participação política e social, incentivou a congregação de pessoas em torno de movimentos sociais, grupos de pressão política (*lobbies*), associações diversas e movimentos religiosos, dentre outros. É perceptível, na Constituinte, a existência de eixos temáticos, movidos por convicções e/ou interesses, que atravessavam os partidos e se constituíam suprapartidários. No entanto, a partir das votações no plenário, os constituintes polarizaram-se em dois blocos bem definidos: os defensores do projeto da Comissão de Sistematização e o Centrão, que tinha por missão a adequação do texto às premissas liberal-econômicas. A polarização acabou por desenvolver métodos de votação e de relacionamento político, como o acerto entre lideranças, que permitiram o avanço das votações segundo procedimentos fragilmente consensualizados, mas suficientes para a conclusão dos trabalhos da constituinte[149].

A Assembleia de 1987/1988, dentre as demais Constituintes, foi a que houve mais participação popular. Dez mil pessoas, representantes de trabalhadores, indígenas, sem-terra, estudantes, empresários, aposentados, servidores públicos, entre outros, circularam pelas dependências do Congresso Nacional. Causas múltiplas e diversas determinaram essa intensa participação, tais como: a relevância da Constituição para a organização do Estado, o que em 1987 era substancialmente mais reconhecida do que em 1946 ou em 1934; a euforia social pela retomada da democracia; as condições materiais de acesso à informação e aos meios de participação. O ápice dessa participação foram as propostas populares encaminhadas à Assembleia que, apesar de não terem sido aproveitadas no texto do projeto da Comissão de Sistematização, presentificaram, por intermédio das emendas e das defesas orais de seus textos, o povo no parlamento[150].

15.7.3. Constituição de 1988

O Brasil possuiu seis Constituições: a de 1824, no período imperial, e todas as demais na República. Entre todos os textos constitucionais, como observado anteriormente, aquele que gozou de maior participação popular, em sua elaboração, foi o de 1988. As Assembleias Constituintes que deram origem às Constituições de 1934, por meio da representação classista, e a de 1946, com a participação das esquerdas, obtiveram o envolvimento popular, mas

[149] Cf. Júlio Aurélio Vianna Lopes, O amálgama constitucional do desenvolvimento na ordem de 1988, p. 285-286.

[150] Cf. Paulo Bonavides e Paes de Andrade, *História Constitucional do Brasil*, p. 475.

nenhuma participação foi tão significativa e expressiva como a experimentada na elaboração da Constituição de 1988.

A promulgação da Carta de 1988 representou o início do processo de reconstitucionalização, que promoveu a transição para o exercício democrático dos poderes soberanos, o que pôs fim ao arranjo autoritário da Ditadura Civil-Militar. O Legislativo, com a promulgação da nova Carta Constitucional, realmente recuperou o seu poder, o que é perceptível nos diversos dispositivos que garantem a ampla fiscalização do Executivo pelo Legislativo. Com o afastamento do modelo autoritário de se fazer política e com a dilatação das funções legislativas, a reelaboração das técnicas políticas de governar foi necessária e o Presidencialismo de Coalizão, presente na memória, na cultura política e na ordem jurídico-política anterior à Ditadura (1946 a 1964), foi resgatada e reelaborada.

O Presidencialismo de Coalizão, interrompido pelo Regime Autoritário, assentou-se no Brasil em 1946, momento em que o sistema político consolidou uma ordem de freios e contrapesos que dificultava a formação de uma maioria parlamentar pelo Presidente da República. Contribuem para essa dificuldade: a grande quantidade de estados federativos e de partidos políticos; um sistema eleitoral proporcional para a eleição de deputados e majoritário para senadores, este contando com o mesmo número de senadores por estado-membro. Nesse modelo, a redução da complexidade política (interesses e valores) é de baixa eficácia nas diversas instâncias do sistema político, o que provoca sobrecarga na Presidência da República que deve, mediante a legitimidade do voto popular e da liderança pessoal do presidente, construir a sua governabilidade por meio da coalizão política. A Constituição de 1988 alargou os poderes do presidente para a propositura de políticas públicas, porém as submeteu a aprovação de leis, o que conferiu ao Congresso os poderes necessários para o bloqueio das propostas governamentais, revalorizando o Presidencialismo de Coalizão[151].

A necessidade de maioria parlamentar é imperativa, especialmente para governos que possuem propostas sociais ou que intentem reformar o texto da constituição. Repleta de princípios de inspiração liberal e social, a Constituição, em seus primeiros anos, fomentou expectativas diversas sobre sua eficácia[152] e proporcionou a retomada do debate constituinte que opusera defensores da redemocratização e do Regime Autoritário. A efetividade constitucional ganhou o centro do debate jurídico e delineou as escolas de pensamento constitucional que, em maior ou menor grau, desejavam ou se opunham à autossuficiência dos princípios constitucionais.

A polêmica é de fácil compreensão. Os direitos de liberdade, grosso modo, exigem, para sua concretização, a não intervenção do Estado, que, até então, era marcado pelo autoritarismo militar; os direitos sociais, como direitos típicos da intervenção estatal, necessitavam, ao contrário, de políticas públicas, de investimentos públicos e, natural-

---

151 Cf. Sérgio Abranches, *Raízes e evolução do modelo político brasileiro*, p. 75-89.

152 Eficácia, segundo Hans Kelsen, é a efetiva aplicação da norma em geral ou em casos isolados (Cf. Hans Kelsen, *Teoria pura do Direito*, p. 235-236). Nos termos de José Afonso da Silva, é a eficácia social (Cf. José Afonso da Silva, *Aplicabilidade das normas constitucionais*, p. 55) que Luís Roberto Barroso, por sua vez, denomina de efetividade (Cf. Luís Roberto Barroso, *O direito constitucional e a efetividade de suas normas*: limites e possibilidades da Constituição Brasileira, p. 85).

mente, de autorizações legislativas. Caso os princípios pudessem ser aplicados tal como prescrito no texto da Constituição, os governos não necessitariam de maioria parlamentar e todas as políticas públicas poderiam ser produzidas por atos administrativos.

Em oposição à efetividade constitucional, Manoel Gonçalves Ferreira Filho, entre outros juristas, argumentava que a realidade econômica do país não permitia a consecução de todos os princípios sociais da Constituição; defendia, no plano da Teoria Constitucional, que os princípios de direitos sociais seriam programas desprovidos de eficácia, ou seja, um conjunto de intenções e compromissos do Estado brasileiro para com a sociedade que não poderiam ser aplicados por falta de instrumentos legais, estruturais e econômicos[153].

Sob a influência das teorias sociais sistêmicas, Marcelo Neves observou que a programaticidade do texto constitucional, em si, não determinaria a ineficácia constitucional, pois o fator decisivo para a sua eficácia seria a convergência de poderes comprometidos com a sua concretização. Constituições como a de 1988, em seus aspectos programáticos, não eram novidade ao constitucionalismo brasileiro, já que, desde a Carta de 1824, elementos meramente simbólicos estiveram presentes nas constituições, como na Constituição do Império que, apesar de eivada de elementos liberais, tolerou a escravidão, criou o poder moderador e instituiu cidadãos ativos e inativos[154]. Em 1891, manteve-se a separação entre cidadãos e aumentou-se em apenas 1% o colégio eleitoral[155], mas o novo texto republicano, identificado com a Constituição estadunidense, constituiu a "imagem de um Estado brasileiro tão 'democrático' e 'constitucional' como o seu modelo"[156]. Segundo Neves, as demais constituições simbólicas, como as de 1934 e 1946, fracassaram em suas tarefas concretizadoras de Direitos, mas foram eficazes como elementos simbólico-ideológicos de legitimação dos poderes instituídos[157].

O debate sobre a eficácia constitucional não era um tema exclusivamente brasileiro e não fora provocado necessariamente pela Constituição de 1988. Presente na Alemanha desde antes da Constituição de Weimar (1919), ainda durante a Ditadura Militar, em 1967, foi objeto de análise e publicação específica de José Afonso da Silva[158]. Na Nova República, muitas das ideias germânicas ingressaram no debate brasileiro por meio de juristas portugueses, como J. J. Gomes Canotilho, e serviram de inspiração para muitos constitucionalistas brasileiros que também incorporaram o consistente debate italiano, constituindo um profícuo campo de discussões.

A doutrina da Constituição Dirigente de Canotilho[159] popularizou-se entre os constitucionalistas brasileiros nas décadas de 1980 e 1990. Segundo a perspectiva do

---

153 Cf. Manoel Gonçalves Ferreira Filho, *Constituição e governabilidade*: ensaio sobre a (in)governabilidade brasileira, p. 34-38.

154 Cf. Marcelo Neves, A constitucionalização simbólica, p. 103 e 154. Sobre as diferentes categorias de cidadãos, confira: José Antônio Pimenta Bueno, *Direito público brasileiro e análise da Constituição do Império*, p. 459-481.

155 Cf. José Murilo Carvalho, *Os bestializados*: Rio de Janeiro e a República que não foi, p. 43.

156 Marcelo Neves, *A constitucionalização simbólica*, p. 157.

157 Sobre o simbolismo das Constituições de 1934 e 1946, ver: Marcelo Neves, *A constitucionalização simbólica*, p. 157-158.

158 Cf. José Afonso da Silva, *Aplicabilidade das normas constitucionais*, p. 55.

159 Cf. José Joaquim Gomes Canotilho, *Constituição dirigente e vinculação do legislador*.

jurista português, a Constituição seria um programa para o futuro do Estado Constitucional, no qual sociedade e Estado estariam intrinsecamente vinculados e o direito constitucional teria o papel de transformar a realidade. Gilberto Bercovici, jurista que mais se dedicou, no Brasil, ao estudo e à análise das teorias da Constituição Dirigente, ao final da década de 1990, anunciava sua decadência e, frente a descaracterização do texto constitucional pelas reformas liberais, vaticinou sua infertilidade e denunciou a inversão da Constituição Dirigente que passara a ser interpretada segundo os interesses econômicos do mercado, e não a partir de seu núcleo político-constitucional[160].

Durante os quinze primeiros anos da Constituição de 1988, com a redução do interesse intelectual pelas teorias da Constituição Dirigente, o debate constitucional concentrou-se excessivamente nas discussões hermenêuticas e no controle de constitucionalidade, o que cegou os constitucionalistas para a realidade política, econômica e social brasileira. Asilado na Filosofia do Direito Constitucional e com a crença, inaudita, de que o Poder Judiciário reformaria o Brasil, o debate, grosso modo, ignorou as teorias políticas, econômicas, sociológicas e do Estado e privilegiou o Judiciário como espaço para a realização da democracia, relegando à Constituição de 1988 o mero papel de instrumento de governança estatal[161].

Segundo Oscar Vilhena e Ana Laura Barbosa[162], a Constituição de 1988 articulou de forma singular uma ambição normativa elevada com uma notável flexibilidade institucional. Sua resiliência textual – compreendida como a capacidade de absorver pressões sem comprometer sua identidade estrutural – permitiu sucessivas atualizações sem que os fundamentos do pacto constitucional fossem comprometidos. A combinação entre um texto detalhado e um arranjo político baseado no consenso teria favorecido sua adaptabilidade ao longo do tempo, assegurando, ao mesmo tempo, a preservação dos elementos centrais do projeto constituinte.

Essa leitura, no entanto, não é unânime. Constitucionalistas como Paulo Bonavides adotaram uma perspectiva crítica, sustentando que a Constituição sofreu uma profunda desfiguração já em seus primeiros dez anos de vigência. Para Bonavides, essas alterações comprometeram os núcleos fundantes da Carta de 1988, caracterizando o que qualificou como um golpe institucional travestido de legalidade.

Vilhena[163] também destaca que a abertura e a inacabada natureza do texto constitucional mantiveram a Constituição como eixo da vida política nacional. Em vez de um corpo normativo fechado, ela funcionaria como uma agenda em permanente disputa, permitindo a atuação de múltiplos atores sociais na definição das regras do jogo político. Isso teria reforçado sua legitimidade e ampliado o compromisso das diversas forças sociais com o pacto democrático. Nesse cenário, o Poder Judiciário passou a exercer um papel de mediação e equilíbrio entre os demais Poderes, funcionando como um moderador institucional. A Constituição, por ser inclusiva e negociável em pontos específicos, de-

---

160 Cf. Gilberto Bercovici, A Constituição Dirigente e a Constitucionalização de Tudo (ou do Nada; Daniel Sarmento, *A Constitucionalização do Direito*: fundamentos teóricos e aplicações específicas.

161 Cf. Gilberto Bercovici, A Constituição dirigente e a crise da Teoria da Constituição, p. 76-77.

162 Oscar Vilhena Vieira e Ana Laura Pereira Barbosa, Do compromisso maximizador à resiliência constitucional, p. 375-393.

163 Oscar Vilhena Vieira, Do Compromisso Maximizador ao Constitucionalismo Resiliente, p. 21-24.

monstraria resistência a transformações radicais, contribuindo para a estabilidade política e viabilizando a concretização gradual de seus objetivos estruturantes.

A doutrina carioca ou fluminense da efetividade, sob o peso do acúmulo de poderes que a Constituição de 1988 conferiu ao Ministério Público e ao Poder Judiciário, defendeu a efetivação do texto constitucional por vias judiciais. Composta por juristas do Rio de Janeiro, como Luís Roberto Barroso[164], Cláudio Pereira de Souza Neto[165] e Daniel Sarmento[166], a doutrina da efetividade se opôs à tese de José Afonso da Silva que identificava, entre diversos tipos normativo-constitucionais, algumas normas constitucionais como "não autoaplicáveis" e dependentes da mediação legislativa ordinária.

Essa doutrina defendia a máxima eficácia constitucional e argumentava que as normas constitucionais: (i) revogam atos normativos anteriores ao texto constitucional com ele conflitante; e (ii) impunham a inconstitucionalidade aos atos normativos posteriores ao texto constitucional que com ele entrassem em conflito. As normas constitucionais, segundo a doutrina carioca ou fluminense, concederiam aos cidadãos os direitos de (i) oposição, por meio do devido processo legal, à violação constitucional de seus interesses; e (ii) obtenção das prestações jurisdicionais segundo a orientação constitucional[167].

A doutrina da efetividade, que influenciou uma larga geração de juristas, assenta seus fundamentos imediatos no texto constitucional, mas seus pressupostos teóricos podem ser encontrados na obra de Konrad Hesse, jurista alemão que, dotado de um moderado realismo, considerava depender a força normativa da Constituição da capacidade que seu texto teria para aliar, em sua defesa, quem poderia violá-lo e, após ultrapassados os inevitáveis tempos de crise, a Constituição instituir-se-ia por sua própria força, viva e apta a proteger o Estado contra o arbítrio[168].

No contexto da teoria da constituição dirigente, fomentou-se a ilusão na autossuficiência normativa, reforçando o instrumentalismo constitucional. Tal abordagem propôs uma leitura autocentrada da Constituição, na qual seus dispositivos seriam, por si sós, aptos a produzir transformações sociais significativas. Com isso, desconsidera-se a imprescindibilidade das mediações institucionais e políticas, relegando-se a segundo plano o Estado e a dinâmica própria da política. O paradoxo dessa formulação reside no fato de que a efetividade constitucional depende justamente da atuação desses elementos que a teoria ignora ou minimiza[169].

---

164 Cf. Luís Roberto Barroso, Neoconstitucionalismo e constitucionalização do direito: o triunfo tardio do direito constitucional no Brasil.

165 Cf. Cláudio Pereira de Souza Neto, *Teoria constitucional e democracia deliberativa*: um estudo sobre o papel do direito na garantia das condições para a cooperação na deliberação democrática.

166 Cf. Daniel Sarmento, *O neoconstitucionalismo no Brasil*: direitos fundamentais e estado constitucional.

167 Luís Roberto Barroso, *O direito constitucional e a efetividade de suas normas*: limites e possibilidades da Constituição Brasileira, p. 120.

168 Konrad Hesse, *A força normativa da Constituição*, p. 25.

169 Enzo Bello, Gilberto Bercovici e Martonio Mont'Alverne Barreto Lima, O fim das ilusões constitucionais de 1988?, p. 5

No Brasil, o grande aliado da Constituição foi a alta burocracia jurídica: Poder Judiciário e o Ministério Público que juntos promoveram a Judicialização da Política e a subordinação da Política pelo Direito. A capacidade de interferência do Poder Judiciário no campo político foi uma das principais características da ordem jurídico-política inaugurada pela Carta de 1988. A Judicialização, no entanto, não é fruto apenas do ativismo judicial permitido pelas teorias da efetividade constitucional, mas também pelo *overload*, ou seja, pelo aumento das funções legislativas sem que os legislativos possuam capacidade para exercê-las, pois se empenham diariamente em discussões de política geral e partidária, o que faz com que o Poder Legislativo abdique correntemente de suas funções em favor do Executivo e do Judiciário[170]. Essa cultura jurídico-política, constituída contra o autoritarismo do Executivo (Ditadura Civil-Militar de 1964), transferiu poderes ao Judiciário como nunca houvera feito qualquer outra ordem jurídica brasileira. A consequência da Judicialização foi a politização do Judiciário, que passou a interferir não apenas em políticas públicas que efetivassem a Constituição, mas também, por meio de juízos políticos, distantes da imparcialidade desejável à Magistratura e ao Ministério Público, em questões de cunho político-partidário.

Em *Towards Juristocracy*, Ran Hirschl apresenta uma crítica incisiva à visão tradicional do constitucionalismo contemporâneo. Segundo ele, a constitucionalização dos direitos e o fortalecimento do controle de constitucionalidade não resultam de demandas populares nem do altruísmo de elites esclarecidas, mas de estratégias de elites políticas, econômicas e judiciais para preservar sua hegemonia. Afinal, o Poder Judiciário não é uma instituição neutra ou natural e sua configuração é fruto de construções políticas. Hirschl argumenta que o constitucionalismo reflete, sobretudo, um cálculo de autointeresse. Além disso, observa que, embora os direitos constitucionais sejam eficazes na proteção de liberdades individuais, têm se mostrado limitados na promoção de mudanças significativas em termos de justiça distributiva[171].

O Judiciário tem progressivamente ampliado sua influência sobre o campo político, reinterpretando a Constituição conforme seus próprios entendimentos. Isso tem levado à substituição da supremacia da Constituição pela supremacia das cortes constitucionais. Um dos principais instrumentos desse processo é a chamada mutação constitucional, que permite alteração do significado de normas constitucionais sem passar pelos trâmites formais de emenda. Justificada como uma adaptação do texto constitucional aos tempos atuais, essa prática evita o debate legislativo e escapa do controle judicial posterior, tornando-se um recurso central da juristocracia – ainda que não seja nomeado como tal. Sob o pretexto da harmonia entre os Poderes, o Judiciário acaba reconfigurando, de forma unilateral, o sentido do pacto constitucional original[172].

---

170 Mauro Cappelletti, *Juízes legisladores*, p. 43.

171 Ran Hirschl, *Towards juristocracy: the origins and consequences of the new constitutionalism*, p.47-49. Apesar das análises de Hirschl ter priorizado estudos sobre o Canadá, Israel, Nova Zelândia e sobre a África do Sul, a ideia de uma juristocracia, resguardadas as diferenças estruturais em relação ao Brasil, pode servir de inspiração para que se observe a distribuição de poderes no Estado constitucional brasileiro pós 1988, como o fez Oscar Vilhena em: Oscar Vilhena Vieira, Supremocracia, p. 441-463.

172 Enzo Bello, Gilberto Bercovici e Martonio Mont'Alverne Barreto Lima, O fim das ilusões constitucionais de 1988?, p. 12-13.

15.7.4. A Constituição Federal de 1988 e a defesa da cultura indígena

Urge em nossa sociedade o fim de uma política assimilacionista dos povos indígenas à ideologia e cultura dominantes. Reconheceu-se, a partir de determinados artigos da Constituição Federal de 1988, como o art. 231, que os povos indígenas são sujeitos de direitos portadores de uma cultura diferenciada e que devem ser respeitados como tais, excluindo-se qualquer tentativa de "civilizá-los", garantindo-se a eles o reconhecimento de sua identidade e o direito de vivenciá-la com plenitude em seus territórios tradicionais. É fundamental garantir aos povos indígenas o reconhecimento de sua auto-organização e da diversidade étnico-cultural.

O previsto em nossa Constituição Federal foi, sem dúvida, grande avanço em relação ao pensamento anterior que dominava a cultura política e a própria legislação sobre o tema. É que desde o século XIX, com o advento da Constituição do Império, de 1824, o que se viu foi a imposição da cultura europeia em nosso país, que incentivava a política de aculturação em detrimento da valorização da diversidade cultural. Vendia-se a ideia de que o grau civilizatório estava diretamente associado ao desenvolvimento tecnológico, portanto, aderir ao modo de vida europeu era fundamental para "civilizar" os bárbaros que viviam nos outros continentes, inclusive na América do Sul. Com isso, do mesmo modo que havia ocorrido durante o período colonial brasileiro, a cultura indígena, na qual está incluída a jurídica, era totalmente descartada, desconsiderada, não sendo diferente durante praticamente todo o século XX.

São mais de quinhentos anos de brava resistência das comunidades indígenas ao etnocídio, o que por si só caracteriza enorme resistência ao aculturamento, ainda mais quando se leva em conta que o Estado brasileiro praticou, até vinte anos atrás, a política da assimilação, e não a do respeito à diversidade. Historicamente negou-se aos povos indígenas o reconhecimento de sua cultura, inclusive da importância dessa cultura para a formação nacional, que vai da língua à culinária. Em relação à cultura jurídica, pior encaminhamento teve a questão, já que desde o início da colonização foi ela totalmente descartada, não sendo diferente na atualidade, admitindo-se apenas que seja o direito indígena utilizado nas relações entre indígenas.

A importância da Constituição Federal de 1988 na questão indígena pode ser observada principalmente pelo abandono da perspectiva assimilacionista, que considerava os indígenas categoria social transitória, fadada ao desaparecimento. Além disso, garantiu a eles, enquanto direitos originários, o acesso às suas terras, nas quais é possível a preservação de suas culturas em aspecto amplo. É o que determina o art. 231 da CF:

> São reconhecidos aos índios sua organização social, costumes, línguas, crenças e tradições, e os direitos originários sobre as terras que tradicionalmente ocupam, competindo à União demarcá-las, proteger e fazer respeitar todos os seus bens.

Por incrível que pareça, foi só com a atual Constituição Federal que se garantiu aos indígenas o direito de serem diferentes, ou seja, o direito de continuarem a serem indígenas. Abre-se a perspectiva não só da plena utilização de suas línguas, mas também de estabelecer processos próprios de aprendizagem no ensino básico, como previsto no art. 210, § 2º, da CF. A Lei n. 9.394/1996, a Lei de Diretrizes e Bases da Educação, trata das questões educacionais indígenas nos arts. 78 e 79, buscando, entre outros itens, fortalecer as práticas socioculturais e a língua materna de cada comunidade indígena, manter a formação de pessoal especializado destinado à educação escolar nas comunidades indígenas, desenvolver currículos e programas específicos incluindo os conteúdos culturais correspondentes às respectivas comunidades.

É fundamental que cada um dos 241 povos indígenas que vivem no Brasil tenha sua cultura respeitada, inclusive a jurídica. Os povos indígenas têm o direito de preservar, expressar e desenvolver livremente sua personalidade cultural, em todos os seus aspectos, livres de qualquer tentativa de assimilação.

15.7.5. O Governo Collor e o início da marcha liberalizante da ordem jurídica de 1988

Fernando Collor de Mello foi eleito presidente da República em 1989 com um discurso centrado na modernização do Estado, na moralização da administração pública e no combate à inflação. Para enfrentar a última, implementou, já no início de seu mandato em 1990, o Plano Collor, formalmente denominado Plano Brasil Novo, que constituiu em um conjunto de medidas econômicas de forte intervenção estatal, voltadas à contenção da hiperinflação e ao enfrentamento da crise da dívida externa.

Inspirado por uma agenda de liberalização econômica, o plano incluiu o congelamento de preços, o bloqueio temporário de recursos em contas bancárias e aplicações financeiras, a redução do funcionalismo público e o início de um processo de privatizações. Tais medidas foram justificadas, por Collor e sua equipe, pela gravidade do quadro econômico, mas buscavam, também, consolidar a imagem de Collor como um agente reformador comprometido com a estabilização monetária e com a inserção do Brasil na economia global. Apesar de obter, inicialmente, algum êxito na contenção da inflação, o plano produziu efeitos recessivos severos, com retração do PIB, desemprego e aumento da insatisfação social[173].

Durante o governo de Fernando Collor (1990-1992), iniciou-se um processo decisivo de liberalização econômica e privatizações, que representou uma inflexão profunda na condução da política econômica brasileira[174]. Além do Plano Collor, um conjunto de outras reformas com o objetivo declarado de reduzir o déficit público e modernizar o Estado foram tomadas. A agenda oficial era guiada por três eixos centrais: privatização, desregulamentação e liberalização de preços e salários. Alinhado a princípios do liberalismo econômico, seu governo eliminou barreiras às importações e iniciou um processo gradual de redução das tarifas alfandegárias. Simultaneamente, promoveu a desregulamentação de diversos setores econômicos e buscou integrar o

---

173 Brasilio Sallum Jr., Crise política e *impeachment*, p. 188.

174 Maria Vitória Junho Pena, Um aspecto da reoligarquização collorida do Estado: a reforma administrativa, p. 130-132.

Brasil de forma mais ativa ao mercado internacional, esforço que incluiu a criação do Mercosul em 1991.

A liberalização foi apresentada como condição necessária para racionalizar o setor público, controlar a inflação e realinhar a economia brasileira aos parâmetros do mercado global. Nesse contexto, o programa de privatizações emergiu como tentativa de reconstruir um bloco político e econômico favorável à abertura econômica, à atração de capital estrangeiro e à redução do papel do Estado na economia. Lançado durante o governo Collor, o Programa Nacional de Desestatização (PND) foi um marco nesse processo[175].

O PND, estruturado pela Lei 8.031 de 12 de abril de 1990, tinha, conforme o seu texto, a finalidade de redefinir a atuação do Estado na economia e promover a transferência de atividades econômicas à iniciativa privada, objetivando a redução da dívida pública, o estímulo ao investimento, a modernização industrial e o fortalecimento do mercado de capitais, através do estabelecimento de mecanismos de alienação do controle acionário de empresas públicas ou estatizadas, excetuando-se aquelas vinculadas a competências exclusivas da União, como o Banco do Brasil e empresas estratégicas do setor energético.

O processo de privatização deveria ser gerido, segundo o PND, por uma Comissão Diretora vinculada diretamente à Presidência da República, responsável pela coordenação, supervisão e aprovação das alienações, condições de venda, critérios de avaliação e formas de pagamento. Previa-se ampla publicidade e prestação de contas, com exigência de relatório anual contendo justificativas, indicadores financeiros e sociais, e informações sobre os passivos e investimentos públicos.

A lei admitia diversas modalidades de privatização, da alienação direta à abertura de capital e reorganizações societárias, e permitia a manutenção de ações de classe especial pela União, assegurando poderes de veto em matérias sensíveis. Nos casos de empresas prestadoras de serviços públicos, a privatização condicionava-se à prévia delegação do serviço, acompanhada da definição de regulamentações específicas. A norma ainda fixou responsabilidades pessoais para administradores e agentes públicos que obstaculizassem os procedimentos de alienação e determinava auditoria externa obrigatória das operações do FND.

Politicamente, Collor adotou um estilo de governo centralizador, distanciando-se do Congresso Nacional e das estruturas partidárias. Em vez de construir uma coalizão de sustentação estável, preferiu operar por meio de alianças circunstanciais, negligenciando os canais tradicionais de negociação política. Esse comportamento acentuou seu isolamento institucional e alimentou o descontentamento no Legislativo. A crise econômica, associada ao desgaste do plano de estabilização, intensificou a perda de apoio popular e abriu espaço para a reorganização da oposição em defesa da ordem democrática[176].

A partir de 1991, o Congresso começou a reagir politicamente, e, em 1992, a conjuntura agravou-se com denúncias de corrupção formuladas pelo irmão do presidente, que implicavam diretamente Collor em esquemas ilícitos de financiamento político. Tais denúncias alteraram o cenário político e impulsionaram a formação de uma Comissão Parlamentar Mista de Inquérito (CPMI), ao mesmo tempo que fortaleceram

---

175 Ricardo Antunes, *A desertificação neoliberal no Brasil: Collor, FHC e Lula*, p. 10.

176 Brasilio Sallum Jr., Crise política e *impeachment*, p. 190.

a atuação de uma coalizão de oposição formada por partidos de centro-esquerda (PMDB, PSDB, PT)[177].

O processo de *impeachment* começou a ganhar tração com a ampliação do apoio político e social à sua instauração. O *impeachment*, enquanto mecanismo institucional extremo, é acionado quando o presidente perde a capacidade de exercer liderança política e de mobilizar sustentação parlamentar suficiente para manter-se no cargo. No caso de Collor, o avanço do processo foi favorecido por uma convergência entre fatores institucionais, estratégicos, sociais e simbólicos, que inviabilizaram sua permanência no poder[178].

A mobilização da sociedade civil, em especial dos estudantes organizados pela União Nacional dos Estudantes (UNE) e pela da União Brasileira dos Estudantes Secundaristas (Ubes) foi decisiva. Movimentos como o "Movimento pela Ética na Política", integrado pela UNE e outras organizações, aliados à cobertura crítica da imprensa, contribuíram para a construção de um consenso público em torno da necessidade de destituição do presidente. A entrevista de seu ex-motorista, que apresentou provas de seu envolvimento direto nos esquemas ilegais, tornou a crise política irreversível. Com o avanço da oposição, setores conservadores e empresariais também aderiram ao movimento pelo *impeachment*.

O clímax desse processo se deu com as manifestações populares de grande escala, como o chamado "Domingo Negro", que consolidaram a percepção de que o *impeachment* era a única via institucional legítima para a recomposição da ordem democrática. A renúncia de Collor, apresentada antes da votação final no Senado, não impediu o prosseguimento do julgamento político, que resultou em sua condenação e na sanção de inabilitação para o exercício de funções públicas por oito anos. A posse do vice-presidente Itamar Franco marcou a transição para uma nova configuração política, mais sintonizada com os princípios e valores consagrados pela Constituição de 1988[179].

O governo Collor deu início a um projeto de orientação liberal, caracterizado pela abertura comercial, desregulamentação econômica e privatização. O objetivo central era reduzir a intervenção estatal na economia e inserir o Brasil de forma mais integrada ao circuito global de capitais. Apesar da interrupção de seu mandato por meio do *impeachment*, as diretrizes adotadas foram mantidas e aprofundadas pelos governos posteriores.

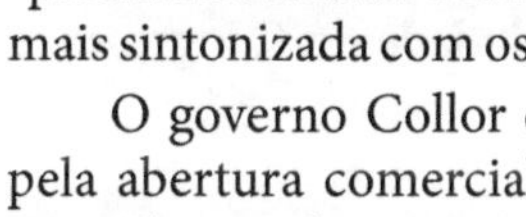

15.7.6. O Governo Itamar Franco e a inflexão político-econômica brasileira: entre instabilidade institucional e inflexão liberal

O governo de Itamar Franco (1992-1994) constituiu uma transição singular na história do Brasil pós-ditadura. Situado entre o colapso do governo Collor e a ascensão de Fernando Henrique Cardoso à presidência, o período caracterizou-se pela tentativa de reconstrução institucional em meio à instabilidade política e à hiperinflação crônica.

---

177 Brasilio Sallum Jr., Crise política e *impeachment*, p. 202.

178 Brasilio Sallum Jr., Crise política e *impeachment*, p. 165-186.

179 Brasilio Sallum Jr., Crise política e *impeachment*, p. 199.

Do ponto de vista político, revelou os limites do presidencialismo de coalizão em um contexto de fragilidade partidária e crise institucional.

O presidencialismo de coalizão caracteriza-se como um arranjo institucional no qual o presidente da República, para garantir a governabilidade, é compelido a formar alianças amplas e heterogêneas com partidos representados no Congresso Nacional. Esse modelo decorre da combinação entre o sistema presidencialista e um sistema partidário altamente fragmentado, o que torna improvável que o partido do presidente detenha maioria legislativa. Dessa forma, a formação de coalizões torna-se necessária para aprovar leis e sustentar a agenda do Executivo. O resultado é uma elevação os custos políticos da ação governamental, o que favorece práticas de barganha política. Tal dinâmica foi apontada por Fernando Collor como fator de instabilidade para seu governo, ao afirmar que sua recusa em aderir ao fisiologismo inerente ao presidencialismo de coalizão comprometeu sua capacidade de governar[180].

Do ponto de vista econômico, assistiu-se, no governo Itamar Franco, a uma inflexão liberal e ao fortalecimento de uma agenda de estabilização monetária que preparou o terreno para o neoliberalismo do governo de Fernando Henrique Cardoso, cuja atuação, como ministro da Fazenda do governo Itamar, foi decisiva na reversão do quadro hiperinflacionário e na reconfiguração do papel do Estado na economia.

A grande expectativa jurídica para o período foi a Revisão Constitucional, prevista na Constituição de 1988 para cinco anos após sua promulgação. A revisão, apesar de ter promovido relativa mobilização nacional e intensa articulação institucional em 1993, não alcançou seus objetivos reformadores. Em verdade, a CPI do Orçamento, que revelou um amplo esquema de corrupção parlamentar, aglutinou as atenções da sociedade, das lideranças políticas e comprometeu a credibilidade do Congresso, esvaziando politicamente a revisão[181].

15.7.6.1 Plano Real e a transição do Estado Constitucional de 1988 para uma nova ordem jurídico-econômica

Fernando Henrique Cardoso assumiu o Ministério da Fazenda em maio de 1993, em um contexto de descrédito das políticas econômicas. A inflação medida pelo índice de preços ao consumidor amplo (IPCA), ainda hoje referência para mensuração inflacionária, foi de 1.708,62% entre maio de 1992 e maio de 1993; já entre abril e maio de 1993 o índice de inflação (IPCA) atingiu 63,12%. Os índices eram altíssimos, o que pode ser facilmente percebido por uma comparação simples com a inflação brasileira atual.

---

180 Sérgio Abranches, *Presidencialismo de coalizão:* raízes e evolução do modelo político brasileiro, p. 39-43. Ver também: Cláudio Gonçalves Couto, Rogério Bastos Arantes, *A tentação constitucional*: o presidencialismo de coalizão e a instabilidade governamental, *passim*.

181 Leonardo Augusto de Andrade Barbosa, *História constitucional brasileira: mudança constitucional, autoritarismo e democracia no Brasil pós-1964*, p. 304, 305, 312.

Entre maio de 2024 e maio de 2025, mensurada pelo IPCA, a inflação foi de 5,80%; já entre abril e maio de 2025 foi de 0,69%[182].

Diante desse quadro, Fernando Henrique Cardoso articulou uma equipe técnica que, entre outros, incluía Edmar Bacha, Pedro Malan e Pérsio Arida, e iniciou o desenho do que viria a ser o Plano Real. Implementado em 1994, o Plano Real representou um marco decisivo de transição do Brasil para uma nova ordem econômica e institucional. Tal inflexão deve ser entendida no contexto da expansão do neoliberalismo, da resiliência da hiperinflação e da fragilidade das instituições econômico-políticas, recém-inauguradas com a Constituição de 1988[183].

De forma sintética, o neoliberalismo é um conjunto de ideias, práticas políticas e econômicas que, a partir da década de 1970, consolidou-se como resposta à crise do capitalismo. Seu núcleo é a defesa de que a sociedade deve ser organizada segundo a lógica de mercado, com ênfase na livre concorrência, na redução do papel do Estado na economia, na privatização de empresas e serviços públicos, na desregulamentação e na flexibilização das relações de trabalho. Trata-se não apenas de um projeto econômico, mas também de um projeto político e ideológico, voltado a reconfigurar as instituições e as políticas públicas com o objetivo de subordinar a vida social às normas do mercado[184].

O Plano Real foi um dos instrumentos que reconfigurou as relações entre Estado, mercado e sociedade, operando por meio de alterações legais e constitucionais. Reformas no texto constitucional permitiram privatizações em setores estratégicos, desregulação econômica, flexibilização dos direitos sociais e novos marcos de governança fiscal[185]. O Estado passou a atuar menos como promotor do desenvolvimento e mais como garantidor da estabilidade, o que implicou no enfraquecimento das bases do constitucionalismo econômico de viés social da Constituição de 1988. Tais mudanças foram viabilizadas por interpretações da Constituição de 1988 que privilegiaram a estabilidade monetária como valor jurídico fundamental, mesmo em detrimento de dispositivos de justiça social e proteção ao trabalho e ao trabalhador[186]. Tal processo conduziu à erosão do pacto constitucional originário da Nova República, e inaugurou um ciclo político-institucional no qual o direito se tornou ferramenta para a reconfiguração do regime político, sem necessidade de ruptura formal.

As mudanças promovidas a partir da estruturação do Plano Real, ou mesmo antes, sob o governo de Collor, corresponderam a uma ruptura com os princípios estruturantes do Estado Constitucional de 1988, substituindo-os por uma racionalidade neoliberal que passou a priorizar o pagamento da dívida pública e o superávit primário em detrimento de políticas redistributivas. Essa agenda impulsionou a concentração do capital, a desindustrialização e a valorização de ativos financeiros, deslocando o centro

---

182 Os cálculos foram realizados na calculadora do IPCA do IBGE, disponível em: https://www.ibge.gov.br/explica/inflacao.php.

183 Brasilio Sallum Jr., O Brasil sob Cardoso: neoliberalismo e desenvolvimentismo, p. 23-47.

184 Christian Lynch, Nada de novo sob o sol: teoria e prática do neoliberalismo brasileiro, p. 17-34, *passim*.

185 Carlos Henrique Lopes Rodrigues e Vanessa Follmann Jurgenfeld, Desnacionalização e financeirização: um estudo sobre as privatizações brasileiras (de Collor ao primeiro governo FHC), p. 397.

186 Alexandre Aranha Arbia, Ascensão e declínio da Nova República (1988-2018), p. 588.

da acumulação do setor produtivo para o financeiro[187]. Esse processo de financeirização veio acompanhado da desnacionalização da economia brasileira, que promoveu privatizações como as da Companhia Siderúrgica Nacional (CSN), da Empresa Brasileira de Aeronáutica (Embraer), da Telecomunicações Brasileiras (Telebrás) e da Companhia Vale do Rio Doce (Vale), empresas estratégicas que foram vendidas com forte presença de capital estrangeiro, muitas vezes a preços baixos e em condições pouco claras[188].

Nesse quadro, o STF ganhou importância, tornando-se fiador das reformas econômicas ao neutralizar, no âmbito judicial, as resistências às transformações políticas[189], o que contribuiu para a estabilidade econômica promovida pelo Plano Real, bem como para o início de uma reviravolta sobre o sentido social da Constituição de 1988.

15.7.7. O Supremo Tribunal Federal nos Governos Collor e Itamar

Nos governos de Fernando Collor de Mello (1990-1992) e Itamar Franco (19921994), o STF encontrava-se em uma posição ainda periférica no cenário político nacional, apesar das significativas inovações institucionais introduzidas pela Constituição de 1988. A nova ordem constitucional ampliou os canais de acesso ao Tribunal, fortalecendo sua posição como guardião da Constituição. Todavia, a jurisprudência inicial da Corte caracterizou-se por uma postura restritiva, limitando o alcance prático desses novos mecanismos.

O percurso histórico do mandado de injunção (MI) ilustra as posturas do STF. O MI, disposto na Constituição de 1988, surgiu como instrumento para viabilizar o exercício de direitos constitucionais diante de omissões legislativas. No MI 107, julgado em 1989, o STF decidiu que, diante de omissões legislativas, caberia apenas comunicar formalmente o órgão competente, afastando a possibilidade de suprir a lacuna normativa. Assim, diante do silêncio do texto constitucional quanto ao alcance de uma decisão em sede de MI, o STF entendia que seu papel se limitava a notificar o órgão em mora, sem criar qualquer regra provisória ou garantir ao impetrante o exercício imediato do direito. Esse entendimento, que se fundamentou na separação dos poderes, promoveu, na prática, a ineficácia do MI[190].

Essa orientação foi superada em 2007, quando o STF, ao julgar MIs relacionados ao direito de greve dos servidores públicos (art. 37, VII, da Constituição), reconheceu

---

187 François Chesnais, *A mundialização do capital*, p. 239-276.

188 Carlos Henrique Lopes Rodrigues e Vanessa Follmann Jurgenfeld, Desnacionalização e financeirização: um estudo sobre as privatizações brasileiras (de Collor ao primeiro governo FHC), p. 404-414.

189 Cristina Carvalho Pacheco, *Supremo Tribunal Federal e reforma do Estado*: uma análise das ações diretas de inconstitucionalidade julgadas durante o primeiro mandato de Fernando Henrique Cardoso.

190 Cláudio Pereira de Souza Neto e Daniel Sarmento, *Direito Constitucional*: teoria, história e métodos de trabalho, p. 443-445. Veja, também: Diego Werneck Arguelhes e Leandro Molhano Ribeiro, Criatura e/ou Criador: transformações do Supremo Tribunal Federal sob a Constituição de 1988, p. 421-422.

a possibilidade de exercício imediato do direito, aplicando, de forma subsidiária, as regras da Lei n. 7.783/1989 (que regulamenta a greve no setor privado) até a edição da lei específica para o serviço público. Antes de 2007, prevalecia o entendimento de que o art. 37, VII, condicionava o exercício do direito de greve à futura edição de lei. Assim, o percurso histórico do MI evidencia o deslocamento do STF de uma postura autocontida para uma atuação mais afirmativa, capaz de garantir a efetividade de direitos constitucionais diante de omissões legislativas[191].

Como lembram Cláudio Pereira de Souza Neto e Daniel Sarmento, caso assemelhado ocorreu com o art. 192, § 3º, da Constituição Federal (revogado pela Emenda Constitucional n. 40), que estabelecia o teto de 12% ao ano para juros reais. Apesar de o dispositivo ter redação clara e do conceito de "juros real" ser amplamente consolidado no campo econômico, o Tribunal condicionou a eficácia da norma constitucional à edição de lei que tipificasse a conduta – cobrança de juros acima de 12% – como delituosa. Esse posicionamento do STF determinou a ineficácia da norma constitucional, mas, em verdade, foi menos uma dificuldade técnica de interpretação e mais um juízo de conveniência política e econômica[192].

Outros casos também ilustram certa timidez do STF, como a restrição do acesso ao controle abstrato de constitucionalidade. Embora o art. 103 da Constituição tenha ampliado o rol de legitimados, o Tribunal distinguiu entre legitimados "universais" e "especiais", restringindo estes últimos (como confederações sindicais e entidades de classe) a matérias diretamente relacionadas à sua atividade. Assim, limitou-se a participação de atores sociais que o constituinte buscara incluir no processo de fiscalização constitucional[193].

Ainda em defesa do *status quo* vigente, mas em sentido oposto ao das interpretações restritivas ora indicadas, observou-se um movimento de expansão interpretativa em casos pontuais, como a consolidação do entendimento, a partir do MS 21.648/1993, de que parlamentares poderiam impetrar mandado de segurança contra a tramitação de propostas de emenda constitucional tendentes a violar cláusulas pétreas. Esse entendimento ampliou a atuação do STF para o controle preventivo de constitucionalidade, não previsto de forma explícita no texto constitucional[194].

No plano político mais amplo, o Tribunal ainda não exercia a centralidade que assumiria a partir dos anos 2000. Tanto a ciência política da época, voltada sobretudo para a análise do "presidencialismo de coalizão", quanto parte significativa da doutrina jurídica, avaliavam o STF como um ator institucional de pouca relevância, frustrando

---

191 Cláudio Pereira de Souza Neto e Daniel Sarmento, *Direito Constitucional*: teoria, história e métodos de trabalho, p. 443-445.

192 Cláudio Pereira de Souza Neto e Daniel Sarmento, *Direito Constitucional*: teoria, história e métodos de trabalho, p. 445-446.

193 Diego Werneck Arguelhes e Leandro Molhano Ribeiro, Criatura e/ou Criador: transformações do Supremo Tribunal Federal sob a Constituição de 1988, p. 421.

194 Diego Werneck Arguelhes e Leandro Molhano Ribeiro, Criatura e/ou Criador: transformações do Supremo Tribunal Federal sob a Constituição de 1988, p. 424-425.

expectativas de um papel mais ativo no processo de consolidação democrática[195]. Em síntese, pode-se afirmar que, sob os governos Collor e Itamar, o STF vivia uma fase de transição: dispunha de novos e amplos poderes constitucionais, mas permanecia autocontido em sua utilização. Essa postura contribuiu para que a Corte fosse percebida, naquele momento, como um ator secundário no jogo político, diferentemente da centralidade que assumiria nas décadas seguintes.

INDICAÇÃO DE FILME

O país dos tenentes (Brasil). Direção de João Batista de Andrade. 1987.

O filme resgata as memórias de um general da reserva, que participou de diversas revoluções de inspiração tenentista, como a Revolta dos 18 do Forte de Copacabana.

A guerra dos pelados (Brasil). Direção de Sylvio Back. 1970.

O filme retrata a Guerra do Contestado, que foi um conflito armado ocorrido entre 1912 e 1916, na região fronteiriça entre Paraná e Santa Catarina, travado entre a população cabocla do local e a polícia e o exército brasileiro, deixando mais de oito mil mortos.

O caso dos irmãos Naves (Brasil). Direção de Luís Sérgio Person. 1967.

O filme é uma adaptação da obra de João Alamy Filho, chamado *O caso dos irmãos Naves: um erro judiciário.* O filme retrata o que foi considerado o maior erro do Judiciário brasileiro, ocorrido em 1937, em que dois irmãos foram condenados pela morte de um comerciante. Em 1952, o comerciante é encontrado vivo, e, em 1953, em revisão criminal, os irmãos são declarados inocentes.

Guerra de Canudos (Brasil). Direção de Sérgio Rezende. 1997.

O filme retrata conflito ocorrido no sertão nordestino, entre 1896 e 1897, em que uma comunidade, liderada por Antônio Conselheiro, diante da miséria das populações da zona rural, propunha autossustentabilidade e governo próprio, lutando bravamente contra o Exército Republicano.

Canta Maria (Brasil). Direção de Francisco Ramalho Jr. 2006.

O filme é baseado na obra de Francisco J. C. Dantas, chamada *Os desvalidos.* O filme conta a história de um triângulo amoroso, tendo como pano de fundo o cangaço dos anos 1930.

---

[195] Diego Werneck Arguelhes e Leandro Molhano Ribeiro, Criatura e/ou Criador: transformações do Supremo Tribunal Federal sob a Constituição de 1988, p. 406-407.

Parahyba mulher macho (Brasil). Direção de Tizuka Yamasaki. 1983.

O filme retrata a vida da poetisa paraibana Anaíde Beiriz que, ao final dos anos 1920, escandalizou a sociedade com seu vanguardismo. Ainda é abordado o assassinato, em 1930, de João Pessoa, Governador da Paraíba, o que contribuiu para a eclosão da Revolução de 1930.

Cabra marcado para morrer (Brasil). Direção de Eduardo Coutinho. 1984.

É um documentário seminal do cinema brasileiro que reconstrói a história interrompida do líder camponês João Pedro Teixeira, assassinado em 1962 na Paraíba por defender a reforma agrária. Iniciado como uma obra ficcional com a participação de camponeses reais – incluindo a viúva Elizabeth Teixeira no papel de si mesma –, o filme teve sua produção interrompida pelo golpe militar de 1964. Duas décadas depois, Coutinho retoma o projeto em formato documental, mesclando as imagens de 1964 com entrevistas atuais para revelar o impacto da repressão política sobre os trabalhadores rurais e a memória da resistência no campo. A obra tornou-se um marco da retomada democrática e um tributo à força da narrativa popular.

Lula, o filho do Brasil (Brasil). Direção de Fábio Barreto. 2009.

É uma cinebiografia que narra a trajetória de Luiz Inácio Lula da Silva desde sua infância pobre no interior de Pernambuco até sua ascensão como líder sindical no ABC paulista durante os anos 1970. Baseado no livro homônimo de Denise Paraná, o filme retrata os desafios enfrentados por Lula, a migração para São Paulo, o abandono do pai, a perda precoce da esposa e as lutas operárias durante a ditadura militar, destacando sua formação política e humana. Com tom emocional e épico, o longa constrói uma narrativa de superação individual alinhada à história recente do Brasil, servindo como uma representação simbólica do país em transformação.

Que bom te ver viva (Brasil). Direção de Lúcia Murat. 1989.

É um filme híbrido que mescla documentário e ficção para retratar o impacto da ditadura militar brasileira na vida de mulheres que participaram da luta armada. Baseado em depoimentos reais de ex-presas políticas – incluindo a própria diretora –, o filme intercala essas narrativas com a performance ficcional da atriz Irene Ravache, que interpreta uma sobrevivente tentando reconstruir sua subjetividade após a tortura. Com linguagem poética e intimista, a obra não só denuncia a violência do regime, mas também reflete sobre trauma, memória, resistência e o papel da mulher na história política do Brasil.

Real: o plano por trás da história (Brasil). Direção de Rodrigo Bittencourt Ribeiro. 2017.

É um drama político que retrata os bastidores da criação do Plano Real durante o governo Itamar Franco. A trama acompanha o economista Gustavo Franco e sua equipe enquanto enfrentam resistências políticas e disputas internas para estabilizar a economia brasileira após anos de hiperinflação. Com base em fatos reais, o filme mostra como decisões técnicas e econômicas foram decisivas em um momento-chave da transição democrática, revelando o embate entre política e economia na consolidação de um novo modelo de país.

QUESTÕES

1. Como as questões sociais foram tratadas durante o período conhecido como República do café com leite? Cite exemplos.
2. O que justifica o golpe da República, de 15 de novembro de 1889, ter sido capitaneado por um monarquista convicto, o Marechal Deodoro da Fonseca?
3. Qual a influência do movimento tenentista na Revolução de 1930 e o respectivo grau de participação dos líderes desse movimento nos governos de Getúlio Vargas?
4. Considerando que os Direitos Humanos de primeira dimensão ligam-se à liberdade (direitos individuais, civis e políticos), e os de segunda dimensão, à igualdade (direitos econômicos, sociais e culturais), como foram esses direitos regulados pelas Constituições brasileiras de 1934 e de 1937, respectivamente?
5. A transição "lenta, gradual e segura" entre 1974 e 1990 é apresentada em fases e com instrumentos variados (distensão controlada, manutenção do Congresso, eleições indiretas, colégio eleitoral etc.). Em que medida essa engenharia de transição moldou os repertórios institucionais da Nova República e condicionou a legitimidade do novo arranjo civil-militar e do sistema partidário que emergiu?
6. A Constituinte de 1987/1988 combinou alta participação social, arquitetura procedimental própria (comissões, subcomissões, Comissão de Sistematização) e um conflito estruturante entre "projeto" e "Centrão". Discuta como esses vetores produziram uma Constituição simultaneamente "ambiciosa" e "flexível", e avalie os ganhos e custos dessa solução para a estabilidade do pacto constitucional ao longo do tempo.
7. O presidencialismo de coalizão reaparece como técnica de governabilidade em 1988, num contexto de federalismo complexo, fragmentação partidária e sobrecarga legislativa. Examine as tensões entre governabilidade e *accountability* nesse arranjo, articulando-o às teses da "efetividade constitucional", à judicialização da política e ao papel expandido da alta burocracia jurídica (Poder Judiciário e Ministério Público).
8. Traçando um arco que vai da autocontenção inicial à atuação afirmativa, analise a trajetória do STF no período: desenho do controle (abstrato e "preventivo"), mandado de injunção, mutação constitucional e expansão do papel moderador. Em diálogo com a literatura de juristocracia/supremocracia, discuta limites e riscos de substituição da supremacia da Constituição pela supremacia das cortes.

9. Entre o choque inicial de liberalização (Collor) e a estabilização monetária (Plano Real), o texto aponta uma reconfiguração jurídico-econômica (privatizações, desregulação, financeirização/desnacionalização) que teria erodido o compromisso social de 1988 sem ruptura formal. Avalie essa tese: que mecanismos jurídico-institucionais permitiram tal inflexão? Em que medida o STF atuou como fiador dessa agenda e com quais implicações para o constitucionalismo social de 1988?

BIBLIOGRAFIA

ABL – Academia Brasileira de Letras. *Getúlio Vargas* – textos escolhidos. Disponível em: https://www.academia.org.br/academicos/getulio-vargas/textos-escolhidos. Acesso em: 29 jul. 2025.

ABRANCHES, Sérgio. *Presidencialismo de coalizão:* raízes e evolução do modelo político brasileiro. São Paulo: Companhia das Letras, 2018.

ABREU, Alzira Alves de *et al.* (coord.). *Dicionário histórico-biográfico brasileiro*: pós-1930. 2. ed. Rio de Janeiro: FGV, 2001, 5 v.

ADORNO, Sérgio. *Os aprendizes do poder*. Rio de Janeiro: Paz e Terra, 1988.

AGUIAR, Renan; MACIEL, José Fabio Rodrigues. A Revolta de 5 de julho de 1924 – contexto histórico. *In*: MIRANDA, Aarão; ASSUNÇÃO, Moacir (org.). *Onze olhares sobre a Revolução de 1924*. São Paulo: Minemosine, 2025, p. 15-37.

ALTAVILA, Jayme de. *Origem dos direitos dos povos*. 6. ed. São Paulo: Ícone, 1989.

ALVES, José Carlos Moreira. *Direito romano*. 13. ed. Rio de Janeiro: Forense, 2002. 2 v.

ANDERSON, Perry. *Passagens da Antiguidade ao feudalismo*. São Paulo: Brasiliense, 2000.

ANTUNES, Ricardo. *A desertificação neoliberal no Brasil*: Collor, FHC e Lula. São Paulo: Autores Associados, 2005.

ARAÚJO FILHO, J. R. de. O café, riqueza paulista. *Boletim Paulista de Geografia*, n. 23, p. 78-134, jul. 1965.

ARAUJO, Maria Paula Nascimento. Redemocratização e Justiça de Transição no Brasil. *Studia Historica – Historia Contemporánea* (SHHC), Universidad de Salamanca, 33, p. 67-85, 2015.

ARBIA, Alexandre Aranha. Ascensão e declínio da Nova República (1988-2018). *Revista Libertas*, Juiz de Fora, v. 20, n. 2, p. 579-601, jul./dez. 2020.

ARCOLEZE, Conrado Ferreira. O Caso Proconsult não morreu: repercussão na campanha presidencial de Leonel Brizola de 1989. *Faxes da História*, Assis, São Paulo, v. 7, n. 1, p. 400-419, jan./jun. 2020.

ARENDT, Hannah. *Entre o passado e o futuro*. 5. ed. Trad. Mauro W. Barbosa de Almeida. São Paulo: Perspectiva, 2000.

ARENDT, Hannah. *A condição humana*. 10. ed. Trad. Roberto Raposo. Rio de Janeiro: Forense Universitária, 2005.

ARGUELHES, Diego Werneck; RIBEIRO, Leandro Molhano. Criatura e/ou Criador: transformações do Supremo Tribunal Federal sob a Constituição de 1988. *Revista Direito GV*, São Paulo, v. 12, n. 2, p. 405-440, maio/ago. 2016.

ARISTÓTELES. *A constituição de Atenas*. São Paulo: Hucitec, 1995.

ASCENSÃO, José de Oliveira. Pessoa, direitos fundamentais e direito da personalidade. In: *Questões controvertidas no novo Código Civil*. v. 6. São Paulo: Método, 2007, p. 105-128.

ASSUNÇÃO, Moacir. *São Paulo deve ser destruída*: a história do bombardeio à capital na revolta de 1924. Rio de Janeiro: Record, 2015.

AUSTIN, J. L. A plea for excuses. *In*: LYAS, C. (ed.). *Philosophy and Linguistics*. Controversies in Philosophy. Londres: Palgrave, 1971.

BARBOSA, Leonardo Augusto de Andrade. *História constitucional brasileira*: mudança constitucional, autoritarismo e democracia no Brasil pós-1964. Brasília: Edições Câmara, 2017.

BARROSO, Luís Roberto. *O direito constitucional e a efetividade de suas normas*: limites e possibilidades da Constituição Brasileira. 4. ed. rev. e atual. Rio de Janeiro: Renovar, 2000.

BARROSO, Luís Roberto. Neoconstitucionalismo e constitucionalização do direito: o triunfo tardio do direito constitucional no Brasil. *Bol. Fac. Direito U. Coimbra*, v. 81, 2005.

BASCHET, Jérôme. *A civilização feudal:* do ano mil à colonização da América. Trad. Marcelo Rede. São Paulo: Globo, 2006.

BASTOS, Aurélio Wander. *O ensino jurídico no Brasil*. Rio de Janeiro: Lumen Juris, 1998.

BELLO, Enzo; BERCOVICI, Gilberto; LIMA, Martonio Mont'Alverne Barreto. O Fim das Ilusões Constitucionais de 1988? *Revista Direito e Práxis*, Rio de Janeiro, 2018.

BERCOVICI, Gilberto. *Dilemas do Estado Federal Brasileiro*. Porto Alegre: Livraria do advogado, 2004.

BERCOVICI, Gilberto. Instabilidade constitucional e direitos sociais na era Vargas (1930-1964). *In*: BITTAR, Eduardo C. B. (org.). *História do direito brasileiro*: leituras da ordem jurídica nacional. São Paulo: Atlas, 2003.

BERCOVICI, Gilberto. A constituição dirigente e a constitucionalização de tudo (ou do nada). *In*: SOUZA NETO, Cláudio Pereira; SARMENTO, Daniel. *A Constitucionalização do Direito*: fundamentos teóricos e aplicações específicas. Rio de Janeiro: Lumen Juris, 2007.

BERCOVICI, Gilberto. A Constituição dirigente e a crise da Teoria da Constituição. *In*: SOUZA NETO, Cláudio Pereira de et al. *Teoria da Constituição*: estudos sobre o lugar da política no Direito Constitucional. Rio de Janeiro: Lumen Juris, 2003.

BERCOVICI, Gilberto. O direito constitucional passa, o direito administrativo permanece: a persistência da estrutura administrativa de 1967. *In*: SAFATLE, Vladimir; TELES, Edson. *O que resta da ditadura*: a exceção brasileira. São Paulo: Boitempo, 2010.

BERCOVICI, Gilberto. A questão agrária na Era Vargas. História do Direito. *Revista IBHD*, Curitiba, v. 1, n. 1, p. 176–218, jul./dez. 2020.

BILLIER, Jean-Cassien Billier; MARYYIOLI, Aglaé. *História da filosofia do direito*. Trad. Maurício de Andrade. São Paulo: Manole, 2005.

BLOCH, Marc Leopold Benjamin. *A sociedade feudal*. Lisboa: Edições 70, 1998.

BLOCH, Marc Leopold Benjamin. *Introdução à história*. Trad. Maria Manuel *et al.* Lisboa: Publicações Europa-América, 1997.

BLOCH, Marc Leopold Benjamin. *Os reis taumaturgos*: o caráter sobrenatural do poder régio, França e Inglaterra. São Paulo: Companhia das Letras, 1993.

BONAVIDES, Paulo; ANDRADE, Paes de. *História constitucional do Brasil*. Rio de Janeiro: Paz e Terra, 1991.

BOSI, Alfredo. *Dialética da colonização*. 2. ed. São Paulo: Companhia das Letras, 1992.

BOURDÉ, Guy; MATIN, Hervé. *As escolas históricas*. Lisboa: Publicações Europa-América, s.d.

BOUZON, Emanuel. *O Código de Hamurabi*. 4. ed. Petrópolis: Vozes, 1987.

BRASIL. Comissão Nacional da Verdade. Relatório/Comissão Nacional da Verdade. Recurso eletrônico. Brasília: CNV, 2014. Disponível em: http://memoriasreveladas.gov.br/administrator/components/com_simplefilemanager/uploads/CNV/relat%C3%B3rio%20cnv%20volume_1_digital.pdf.Acesso em: 22 set. 2018.

BRASIL. *Anais da Assembleia Nacional Constituinte de 1946*. Livro I. Rio de Janeiro: Imprensa Nacional, 1946.

BRASIL. *Anais da Assembleia Nacional Constituinte de 1946*. Livro III. Rio de Janeiro: Imprensa Nacional, 1946.

BRAUDEL, Fernand. *O mediterrâneo e o mundo mediterrânico na época de Filipe II*. Lisboa: Martins Fontes, 1983.

BRAUDEL, Fernand. *On History*. Chicago: The University of Chicago Press, 1982.

BROTERO, José Maria Avellar. *Princípios de direito natural compilados*. Rio de Janeiro: Typographia Imperial e Nacional, 1829.

BUENO, José Antônio Pimenta. *Direito público brasileiro e análise da Constituição do Império*. Brasília: Senado, 1978.

BURKE, Peter. *A Escola dos Annales (1929-1989)*: a Revolução Francesa da historiografia. São Paulo: Unesp, 1997.

BURKE, Peter. *O que é História Cultural?* 2. ed. Rio de Janeiro: Zahar, 2008.

BURKE, Peter (org.). *A escrita da história*: novas perspectivas. São Paulo: Unesp, 1992.

CABRAL, Rafael Lamera Giesta. Processo histórico de formação da Justiça do Trabalho no Brasil: do Conselho Nacional do Trabalho ao Tribunal Superior do Trabalho. *Revista Jurídica*, Curitiba, v. 1, n. 54, p. 266–291, 2019.

CAENEGEM, R. C. van. *Uma introdução histórica ao direito privado*. São Paulo: Martins Fontes, 1999.

CANCELLI, Elizabeth. Vargas, a paixão de um suicídio: o irracional e a magia do ato. Textos de História. *Revista do Programa de Pós-Graduação em História da UnB*, Brasília, v. 2, n. 4, p. 100-110, 1994.

CANO, Wilson. Crise e industrialização no Brasil entre 1929 e 1954: a reconstrução do Estado Nacional e a política nacional de desenvolvimento. *Revista de Economia Política*, v. 35, n. 3, p. 444-460, 2015.

CANOTILHO, José Joaquim Gomes. *Constituição dirigente e vinculação do legislador*. Coimbra: Coimbra Editora, 1982.

CAPPELLETTI, Mauro. *Juízes legisladores*. Porto Alegre: Safe, 1999.

CARVALHO, Eder Aparecido de. PSD, UDN e PTB, os três grandes partidos da Terceira República. *CSOnline – Revista Eletrônica de Ciências Sociais*, Juiz de Fora, v. 5, n. 1, p. 35–50, jan./jun. 2011.

CARVALHO, José Murilo. *Os bestializados*: Rio de Janeiro e a República que não foi. São Paulo: Companhia das Letras, 1987.

CARVALHO, José Murilo. *Pontos e bordados*: escritos de história e política. Belo Horizonte: UFMG, 1998.

CARVALHO, José Murilo. *A Construção da Ordem – A elite política imperial/O Teatro das Sombras – A política imperial*. Rio de Janeiro: Civilização Brasileira, 2008.

CASTRO, Celso; D'ARAÚJO, Maria Celina. *Dossiê Geisel*. São Paulo: FGV, 2012.

CERRI, Luís Fernando. *Non Ducor, Duco*: a ideologia da paulistanidade e a escola. *Revista Brasileira de História*, São Paulo, v. 18, n. 36, p. 115-136, 1998.

CHACON, Vamireh (Colab. Especial). *In*: ABREU, Alzira Alves de *et al.* (coord.). *Dicionário histórico-biográfico brasileiro*: pós-1930, 2. ed. Rio de Janeiro: FGV, 2001, 5 v.

CHARTIER, Roger. *A Ordem dos Livros*: leitores, autores e bibliotecas na Europa entre os séculos XIV e XVIII. Brasília: UnB, 1999,

CHAVES, Cintya. Democracia sequestrada? O *topos* da "maioria" e a viabilização do estado de exceção na transição brasileira de 1945. *Revista Tempos Históricos*, v. 28, n. 1, 2024, p. 259.

CHESNAIS, François. *A mundialização do capital*. São Paulo: Xamã, 1996.

CICCO, Cláudio de. *História do pensamento jurídico e da filosofia do direito*. 3. ed. São Paulo: Saraiva, 2006.

CODATO, Adriano Nervo. Uma história política da transição brasileira: da ditadura militar à democracia. *Revista de Sociologia e Política*, p. 83-106, 2005.

COMPARATO, Fábio Konder. *A oligarquia brasileira*: visão histórica. São Paulo: Contracorrente, 2017.

CONTINENTINO, Marcelo Casseb. História contextual do controle de constitucionalidade: uma crítica à tradicional narrativa doutrinária brasileira. *Quaestio Iuris*, Rio de Janeiro, v. 10, n. 4, p. 2521–2543, 2017.

CORREIA, Alexandre; SCIASCIA, Gaetano. *Manual de direito romano*. 3. ed. São Paulo: Saraiva, 1957. v. 1.

CORREIA, Oscar Dias (Colaborador especial). *In*: ABREU, Alzira Alves de *et al*. (coord.). Dicionário histórico-biográfico brasileiro: pós-1930. 2. ed. Rio de Janeiro: FGV, 2001, 5 v.

COSTA, Emília Viotti da. *O Supremo Tribunal Federal e a construção da cidadania*. 2. ed. São Paulo: Editora Unesp, 2006.

COULANGES, Numa Denis Fustel de. *A cidade antiga*. Trad. Jean Melville. São Paulo: Martin Claret, 2006.

COUTO, Cláudio Gonçalves; ARANTES, Rogério Bastos. *A tentação constitucional*: o presidencialismo de coalizão e a instabilidade governamental. São Paulo: Fundação Konrad Adenauer; Brasília: Instituto Pólis, 2003. (Série Debates)

CRETELLA JR., José. *Curso de direito romano*. 30. ed. Rio de Janeiro: Forense, 2007.

CRUZ, Marcelo Freitas Soares de Moraes. *Resgate – Revista Interdisciplinar de Cultura*, Campinas, v. 25, n. 2 [34], p. 167-190, jul./dez. 2017.

CUNHA, Manuela Carneiro da (org.). *História dos índios no Brasil*. São Paulo: Companhia das Letras, 1992.

DALLARI, Dalmo de Abreu. *Elementos de teoria geral do Estado*. 31. ed. São Paulo: Saraiva, 2012.

DAVID, René. *Os grandes sistemas do direito contemporâneo*. Trad. Hermínio A. Carvalho. 4. ed. São Paulo: Martins Fontes, 2002.

DOSSE, François. *A história em migalhas*: dos "Annales" à "nova história". São Paulo: Ensaios, 1992.

DUBY, Georges. *Senhores e camponeses*. São Paulo: Martins Fontes, 1990.

ENDEMANN, Peter; TOURINHO, Emmanuel Zagury. Linguagem e Instituições Sociais em Skinner e Austin. *Acta Comportamentalia – Revista Latina de Análisis de Comportamiento*, Universidad Veracruzana, Veracruz, México, v. 15, n. 2, p. 207-228, dez. 2007.

ENDERS, Armelle. *A história do Rio de Janeiro*. 3. ed. Rio de Janeiro: Gryphus, 2015.

FAORO, Raimundo. *Os donos do poder*. 3. ed. Rio de Janeiro: Globo, 2001.

FAUSTO, Boris. *História do Brasil*. São Paulo: Edusp, 2003.

FEBVRE, Lucien. *Combates pela história*. 3. ed. Lisboa: Presença, 1989.

FEBVRE, Lucien. *Le problème de l'incroyance au XVIe siècle*: la religion de Rabelais. Paris: Éditions Albin Michel, 1968.

FERNANDES, Guilherme Vilela. Tributação e escravidão: o imposto da meia siza sobre o comércio de escravos na província de São Paulo (1809-1850). *Almanack Braziliense*. n. 2, p. 102-113, nov. 2005.

FERNANDES, Natalia Ap. Morato. A política cultural à época da ditadura militar. *Contemporânea - Revista de Sociologia da UFSCar*, São Carlos, v. 3, n. 1, p. 173-192, jan./jun. 2013.

FERRAZ JR., Tercio Sampaio. *Introdução ao estudo do direito*. 8. ed. São Paulo: Atlas, 2015.

FERREIRA, Jorge. *O imaginário trabalhista*: getulismo, PTB e cultura política popular (1945-1964). Rio de Janeiro: Civilização Brasileira, 2005.

FERREIRA, Waldemar. Congregação da Faculdade de direito de São Paulo na Centuria de 1827 a 1927. *Revista da Faculdade de direito de São Paulo*, v. XXIV, p. 41-42, 1928.

FERREIRA FILHO, Manoel Gonçalves. *Constituição e governabilidade*: ensaio sobre a (in) governabilidade brasileira. São Paulo: Saraiva, 1995.

FIGUEIREDO, Ney Lima. *Como ganhar uma eleição*: lições de campanha e marketing político. São Paulo: Cultura Editores Associados, 1990.

FLEISCHER, David. Comportamento do eleitorado brasileiro na eleição presidencial de 1989. *Revista de Ciências Humanas*, UFSC, v. 24, n. 1, p. 129-146, 1990, p. 23; 25.

FONSECA, Ricardo Marcelo. A história no direito e a verdade no processo: o argumento de Michel Foucault. *Genesis - Revista de direito Processual Civil*. Curitiba, n. 17, jul./set. 2000.

FOUCAULT, Michel. *Em defesa da sociedade*: curso no Collège de France (1975-1976). São Paulo: Martins Fontes, 1999.

FOURQUIN, Guy. *Senhorio e feudalidade na Idade Média*. Lisboa: Edições 70, 1987.

FRAGOSO, Heleno Cláudio. *Lições de direito penal*: parte geral. 13. ed. Rio de Janeiro: Forense, 1991.

FRANCO, Afonso Arinos de Melo; PILA, Raul. *Presidencialismo ou parlamentarismo?* Brasília: Senado Federal, Conselho Editorial, 1999.

FRANCO, R. Itinerário político da produção cultural: indústria da cultura e práticas de resistência após 1964. Tese de Livre Docência, Faculdade de Ciências e Letras, Araraquara, Unesp, 2003.

FREIRE, Felisbello. *História Constitucional da Republica dos Estados Unidos do Brasil*. 2. ed. Rio de Janeiro: Typ Aldina, 1894.

FREITAS, Augusto Teixeira de. *Consolidação das Leis Civis*. ed fac-sím. Brasília, Senado Federal, 2003. v. I. (Coleção História do Direito Brasileiro)

GILISSEN, John. *Introdução histórica ao direito*. 3. ed. Lisboa: Fundação Calouste Gulbenkian, 2002.

GIORDANI, Mario Curtis. *História da antiguidade oriental*. 11. ed. Petrópolis: Vozes, 2001.

GONÇALVES, Paulo Cesar. A cidade de São Paulo: um entreposto de braços para a lavoura cafeeira. *Revista Cordis: Revista Eletrônica de História Social da Cidade*, PUC-SP, p. 1-20.

GONÇALVES, Rodrigo Jurucê Mattos. *Os juristas orgânicos da ditadura e a Revista Brasileira de Filosofia (1964–1968)*. São Paulo: Pimenta Cultural, 2022.

GRAHAM, Richard. Nos tumbeiros mais uma vez? O comércio interprovincial de escravos no Brasil. *Afro-Ásia*, Universidade Federal da Bahia, Salvador, n. 27, p. 121-160, 2002.

GRINBERG, Keila. *O fiador dos brasileiros*: cidadania, escravidão e direito civil no tempo de Antonio Pereira Rebouças. Rio de Janeiro: Civilização Brasileira, 2002.

GROSSI, Paolo. *El orden jurídico medieval*. Trad. Francisco Tomás y Valiente y Clara Álvarez. Madrid: Marcial Pons, 1996.

GROSSI, Paolo. *La propiedad y las propiedades*. Un análisis histórico. Madrid: Civitas, 1992.

GUIMARÃES, Luís Gustavo Faria. *O presidencialismo de coalizão no Brasil*. São Paulo: Editora Blucher, 2020.

GUIMARÃES, Ulysses. A Constituição cidadã. *In*: BRASIL. *Diário da Assembleia Constituinte*. Ano II, n. 282, Brasília, 28 de julho de 1988.

GUSMÃO, Neusa M. M. de. Os direitos dos remanescentes de quilombos. *Revista Cultura Vozes*, n. 6, nov./dez. 1995, p. 7-28.

HESPANHA, António Manuel. *Panorama histórico da cultura jurídica europeia*. Lisboa: Europa--América, 1997.

HESPANHA, António Manuel. *A história do direito na história social*. Lisboa: Horizonte, 1978.

HESPANHA, António Manuel. *História das instituições*: épocas medieval e moderna. Coimbra: Almedina, 1982.

HESPANHA, António Manuel (org.). *Justiça e litigiosidade: história e prospectiva*. Lisboa: Fundação Calouste Gulbenkian, 1993.

HESSE, Konrad. *A Força normativa da Constituição*. Trad. Gilmar Ferreira Mendes. Porto Alegre: Sérgio A. Fabris, 1991.

HIPPOLITO, Lucia. Vargas e a gênese do sistema partidário brasileiro. *Plenarium*, Brasília, ano II, n. 2, nov. 2005.

HIRSCHL, Ran. *Towards juristocracy*: the origins and consequences of the new constitutionalism. Cambridge: Harvard University Press, 2004.

HOLANDA, Sérgio Buarque de. *Raízes do Brasil*. 26. ed. São Paulo: Companhia das Letras, 1995.

IHERING, Rudolf von. *A luta pelo direito*. 23. ed. Trad. João Vasconcelos. Rio de Janeiro: Forense, 2006.

JASMIN, Marcelo Gantus. História dos conceitos e teoria política e social: referências preliminares. *Revista Brasileira de Ciências Sociais*, São Paulo, v. 20, n. 57, p. 27-38, fev. 2005.

JOSÉ, Oiliam. *Tiradentes*. Belo Horizonte: Itatiaia, 1985.

KASER, Max. *Direito privado romano*. Trad. Samuel Rodrigues e Fedinand Hämmerle. Lisboa: Fundação Calouste Gulbenkian, 1999.

KELSEN, Hans. *Teoria pura do Direito*. 6. ed. São Paulo: Martins Fontes, 1998.

KINZO, Maria D'Alva G. A democratização brasileira: um balanço do processo político desde a transição. *São Paulo em perspectiva*, v. 15, n. 4, p. 3-12, 2001.

KINZO, Maria D'Alva G. O quadro partidário na Constituinte. *In*: LAMOUNIER, Bolívar (org.). *De Geisel a Collor*: o balanço da transição. São Paulo: Idesp, 1990.

KLABIN, Aracy Augusta Leme. *História geral do direito*. São Paulo: Revista dos Tribunais, 2004.

KOSELLECK, Reinhart. *Futuro passado*: para una semántica de los tiempos históricos. Barcelona: Paidós, 1993.

KOSELLECK, Reinhart. Uma história dos conceitos: problemas teóricos e práticos. *Teoria e História*, v. 5, n. 10, 1992.

LAIDLER, Christiane. A Lei do Ventre Livre: interesses e disputas em torno do projeto de abolição gradual. *Revista Escritos*, n. 5, p. 169-205, 2011.

LAMARÃO, Sérgio (Colaborador especial). *In*: ABREU, Alzira Alves de *et al*. (coord.). Dicionário histórico-biográfico brasileiro: pós-1930. 2. ed. Rio de Janeiro: FGV, 2001, 5 v.

LAMOUNIER, Bolivar. *Partidos e utopias:* o Brasil no limiar dos anos 90. São Paulo: Edições Loyola, 1989.

LEAL, Victor Nunes. *Coronelismo, enxada e voto.* 2. ed. São Paulo: Alfa Ômega, 1975.

LE GOFF, Jacques *A civilização do ocidente medieval.* Bauru: Edusc, 2005.

LE GOFF, Jacques. *As raízes medievais da Europa.* Trad. Jaime A. Clasen. Petrópolis: Vozes, 2007.

LENTZ, Rodrigo. *República de segurança nacional*: militares e política no Brasil. São Paulo: Expressão Popular; Fundação Rosa Luxemburgo, 2022.

LOPES, José Reinaldo de Lima. *O direito na história*: lições introdutórias. 3. ed. São Paulo: Atlas, 2008.

LOPES, Júlio Aurélio Vianna. O amálgama constitucional do desenvolvimento na ordem de 1988. *Cadernos do Desenvolvimento*, v. 8, n. 12, p. 285-295, 2018.

LOSANO, Mario G. *I grandi sistemi giuridici.* Roma: Giulio Einaudi, 1982.

LYNCH, Christian Edward Cyril. Do Direito à Política: a Gênese da Jurisdição Constitucional Norte-Americana. *Revista de Ciências Sociais (UGF)*, v. 20, p. 15-40, 2010.

LYNCH, Christian Edward Cyril. *O Momento Monarquiano*: o Poder Moderador e o pensamento político imperial. 2007. Tese (Doutorado em Ciência Política) – Iuperj. Rio de Janeiro, 2007.

LYNCH, Christian Edward Cyril. Cultura política brasileira. *Revista da Faculdade de Direito da UFRGS*, Porto Alegre, n. 36, p. 4-19, ago. 2017.

LYNCH, Christian Edward Cyril. Nada de novo sob o sol: teoria e prática do neoliberalismo brasileiro. *Insight Inteligência*, v. 91, p. 17-34, 2021.

LYNCH, Christian Edward Cyril; MENDONÇA, José Vicente Santos de. Por uma história constitucional brasileira: uma crítica pontual à doutrina da efetividade. *Revista Direito e Práxis*, Rio de Janeiro, v. 8, n. 2, p. 942-973, 2017.

LYNCH, Christian Edward Cyril; SOUZA NETO, Cláudio Pereira de. O Constitucionalismo da inefetividade: a Constituição de 1891 no cativeiro do estado de sítio. *Revista Quaestio Iuris*, Rio de Janeiro, v. 5, n. 2, p. 85-136, 2012.

LYNCH, Christian Edward Cyril; PEREIRA, Wingler Alves. Capas pretas, um arsenal de livros, a Constituição: panorama histórico da autoridade do Supremo (1891-1988). *REI – Revista Estudos Institucionais*, v. 10, n. 2, p. 270-298, maio-ago. 2024. Disponível em: https://www.estudosinstitucionais.com/REI/article/view/829. Acesso em: 23 jul. 2025.

MACIEL, José Fabio Rodrigues. *Teoria geral do direito:* segurança, valor, hermenêutica, princípios, sistema. São Paulo: Saraiva, 2004.

MACIEL, José Fabio Rodrigues, AGUIAR, Renan. O Golpe de 1964, os Atos institucionais e o caminho escolhido para institucionalizar um regime militar no Brasil – o direito como pano de fundo para a legitimação de regimes autoritários e a salvaguarda oriunda dos direitos humanos como vetor de superação. *In*: Renan Aguiar. (org.). *Diálogos entre o passado e o presente*: Constituição, Direitos Fundamentais e desenvolvimento no Brasil. Rio de Janeiro: Letra Capital, 2024, p. 13-35.

MARKY, Thomas. *Curso elementar de direito romano.* 8. ed. São Paulo: Saraiva, 1995.

MARTINS JUNIOR, J. Izidoro. *História do direito nacional.* Rio de Janeiro: Typographia da Empreza Democrática, 1895.

MARX, Karl. *A questão judaica.* 5. ed. São Paulo: Centauro, 2000.

MARX, K.; ENGELS, F. *O manifesto comunista.* Rio de Janeiro: Contraponto, 1998.

MEDINA, Paulo Roberto de Gouvêa. A organização judiciária do Brasil Colônia. *Revista Brasileira de Direito Comparado*, Rio de Janeiro, n. 40/41, 2012.

MENANDRO, Heloísa (Colaboradora especial). *In*: ABREU, Alzira Alves de *et al.* (coord.). Dicionário histórico-biográfico brasileiro: pós-1930. 2. ed. Rio de Janeiro: FGV, 2001, 5 v.

MENDONÇA, Joseli Nunes. *Cenas da abolição*: escravos e senhores no parlamento e na justiça. São Paulo: Fundação Perseu Abramo, 2001.

MIRANDA, Geralda Luiza de. Os partidos trabalhistas no sistema multipartidário: um estudo comparado das trajetórias do PTB (1945–1964) e do PT (1980–2002). *Revista Eletrônica dos Pós-Graduandos em Sociologia Política da UFSC - Em Tese*, Florianópolis, v. 4, n. 2, p. 37–66, jan./jul. 2008.

MOTTA, Rodrigo Patto Sá. O golpe de 1964 e a ditadura nas pesquisas de opinião. *Revista Tempo*, Niterói, v. 20, 2014.

MUMFORD, Lewis. *A cidade na história*: suas origens, transformações e perspectivas. Trad. Neil R. da Silva. 4. ed. São Paulo: Martins Fontes, 1998.

NABUCO, Joaquim. *O abolicionismo*. São Paulo: Publifolha, 2000.

NEVES, Marcelo. *A constitucionalização simbólica.* São Paulo: Acadêmica, 1994.

NICOLAU, Jairo. *História do voto no Brasil.* Rio de Janeiro: Zahar, 2002.

NINO, Carlos Santiago. *Introducción al análisis del derecho*. Buenos Aires: Astrea, 1998.

O GLOBO. Rio de Janeiro, 11 abr. 1984.

O GLOBO. Rio de Janeiro, 17 abr. 1984.

O GLOBO. Rio de Janeiro, 25 fev. 1984.

OTTONI, Paulo. John Langshaw Austin e a Visão Performativa da Linguagem. *Delta*, São Paulo, v. 18, n. 1, p. 117-143, 2002.

PACHECO, Cristina Carvalho. *Supremo Tribunal Federal e reforma do Estado*: uma análise das ações diretas de inconstitucionalidade julgadas durante o primeiro mandato de Fernando Henrique Cardoso. 2006. Tese (Doutorado em Ciência Política) - Universidade Estadual de Campinas, Instituto de Filosofia e Ciências Humanas. Campinas, SP.

PENA, Maria Vitória Junho. Um aspecto da reoligarquização collorida do Estado: a reforma administrativa. *In*: TAVARES, Maria da Conceição (org.). *Aquarela do Brasil*: ensaios políticos e econômicos sobre o governo Collor. Rio de Janeiro: Rio Fundo Ed., 1991.

PEREIRA, Wingler Alves. *Considerações sobre a mobilização do conceito de guardião constitucional no pensamento de Afonso Arinos de Melo Franco* (1960-1967). [*S.l.*: s.n.], [s.d.].

PIMENTA BUENO, José Antonio. *Direito publico brazileiro e analyse da Constituição do Imperio.* Rio de Janeiro: Typographia e imp. e const. de J. Villeneuve E C., 1857.

PIMENTA BUENO, José Antônio. *Direito público brasileiro e análise da Constituição do Império*. Brasília: Senado, 1978.

POLETTI, Ronaldo. *Constituições brasileiras*, 1934, v. III, 3. ed., Brasília: Senado Federal, 2012.

PRADO JÚNIOR, Caio. *Evolução Política do Brasil e outros ensaios*. São Paulo: Companhia das Letras, 2012.

QUEIROZ, Péricles Aurélio Lima de. IPM "República do Galeão": uma abordagem histórica e jurídica. *Revista do Ministério Público Militar*, Brasília, v. 1, n. 4, p. 117-141, jul./dez. 2014.

QUELER, Jefferson José. Os sentidos do queremismo: disputas políticas em torno do conceito na redemocratização de 1945. *Revista Tempo*, Niterói, v. 17, n. 31, p. 141-162, jan./jun. 2012.

RADCLIFFE-BROWN, Alfred R. *Estrutura e função na sociedade primitiva*. Petrópolis: Vozes, 1973.

REIS, João José; GOMES, Flávio dos Santos Gomes; CARVALHO, Marcus J. M. de. *O Alufá Rufino*: tráfico, escravidão e liberdade no Atlântico Negro. São Paulo: Companhia das Letras, 2010. *E-book*.

REIS, José Carlos. *A Escola dos Annales*: a inovação em história. São Paulo: Paz e Terra, 2000.

RIBAS, Antonio Joaquim. *Direito administrativo brasileiro*: noções preliminares. Rio de Janeiro: F. L. Pinto e C. Livreiros Editores, 1866.

RICOEUR, Paul. *História e verdade*. Rio de Janeiro: Forense, 1968.

RODRIGUES, Carlos Henrique Lopes; JURGENFELD, Vanessa Follmann. Desnacionalização e financeirização: um estudo sobre as privatizações brasileiras (de Collor ao primeiro governo FHC). *Economia e Sociedade*, v. 28, n. 2, p. 393-420, 2019.

ROUSSEAU, Jean-Jacques. Do contrato social. 2. ed. Trad. Lourdes Santos Machado. São Paulo: Abril Cultural, 1978. (Coleção Os Pensadores)

SAFATLE, Vladimir; TELES, Edson. *O que resta da ditadura*: a exceção brasileira. São Paulo: Boitempo, 2010.

SALES, Alberto. *A pátria paulista*. Brasília: UnB, 1983.

SALLUM JR., Brasilio. O Brasil sob Cardoso: neoliberalismo e desenvolvimentismo. *Tempo social*, v. 11, p. 23-47, 1999.

SALLUM JR., Brasilio. Crise política e impeachment. *Novos Estudos Cebrap*, São Paulo, v. 35, n. 2, p. 183-203, jul. 2016.

SALLUM JR., Brasilio. O impeachment do presidente Collor: a literatura e o processo. Lua Nova: *Revista de Cultura e Política*, São Paulo, n. 82, 2011.

SANCHEZ, Wagner Lopes. Pluralismo e modernidade. *Revista Pensamento & realidade*, Faculdade São Luís, ano V, n. 10, jul./dez. 2002.

SANTIAGO, Marcus Firmino. Liberalismo e bem-estar social nas Constituições brasileiras. *História Constitucional*, n. 16, 2015.

SANTOS, Boaventura de Sousa. *O discurso e o poder*: ensaio sobre a sociologia da retórica jurídica. Porto Alegre: Sérgio A. Fabris, 1988.

SANTOS, Boaventura de Sousa. *A crítica da razão indolente*: contra o desperdício da experiência. São Paulo: Cortez, 2000.

SANTOS, Boaventura de Sousa. *Pela mão de Alice*: o social e o político na pós-modernidade. São Paulo: Cortez, 1995.

SANTOS, Boaventura de Sousa. Notas sobre a história jurídico-social de Pasárgada. *DHnet*. Disponível em: http://www.dhnet.org.br/direitos/militantes/boaventura/boaventura1d.html. Acesso em: 20 out. 2025.

SARMENTO, Daniel. 21 Anos da Constituição de 1988: a Assembleia Constituinte de 1987/1988 e a Experiência Constitucional Brasileira sob a Carta de 1988. *Direito Público*, v. 6, n. 30, 2009.

SARMENTO, Daniel. *O neoconstitucionalismo no Brasil. Direitos Fundamentais e Estado Constitucional*. São Paulo: Revista dos Tribunais, 2009.

SARNEY, José. A Futura Constituição do Brasil. *Discursos presidenciais de 1988*. Brasília: Biblioteca da Presidência da República. Disponível em: http://www.biblioteca.presidencia.gov.br/presidencia/ex-presidentes/jose-sarney/discursos/1988/65.pdf/view. Acesso em: 9 jan. 2022.

SCHWARCZ, Lilia Moritz; STARLING, Heloisa Murgel. *Brasil*: uma biografia. São Paulo: Companhia das Letras, 2015.

SEELAENDER, Airton L. Cerqueira Leite. A polícia e o rei-legislador: notas sobre algumas tendências da legislação portuguesa no Antigo Regime. In: Bittar, Eduardo C. B. (org.). *História do direito brasileiro*: leituras da ordem jurídica nacional. São Paulo: Atlas, 2003.

SERNA, Justo; PONS, Anaclet. *La historia cultural. Autores, obras, lugares*. Madrid: Akal, 2005.

SILVA, H. R. *A democracia impressa*: transição do campo jornalístico e do político e a cassação do PCB nas páginas da grande imprensa, 1945-1948. São Paulo: Editora Unesp; Cultura Acadêmica, 2009.

SILVA, José Afonso da. *Aplicabilidade das normas constitucionais*. 3. ed. 2. tir. rev., ampl. e atual. São Paulo: Malheiros, 1999.

SIMÕES, Edson. *A luta pela República e democracia no Brasil*: de Vargas a Bolsonaro. São Paulo: Almedina 2022, v. 5.

SKINNER, Quentin. Meaning and Understanding in the History of Ideas. *In*: SKINNER, Quentin. *Visions of Politics*. Cambridge: Cambridge University Press, 2002. v. I.

SKINNER, Quentin. *Razão e retórica na filosofia de Hobbes*. São Paulo: Unesp, 1999.

SOUZA, Márcia Teixeira de. O processo decisório na Constituição de 1988: práticas institucionais. *Lua Nova*, v. 58, p. 37-59, 2003.

SOUZA NETO, Cláudio Pereira de. *Teoria constitucional e democracia deliberativa*: um estudo sobre o papel do direito na garantia das condições para a cooperação na deliberação democrática. Rio de Janeiro: Renovar, 2006.

SOUZA NETO, Cláudio Pereira de; SARMENTO, Daniel. *A Constitucionalização do Direito*: fundamentos teóricos e aplicações específicas. Rio de Janeiro: Lumen Juris, 2007.

SOUZA NETO, Cláudio Pereira de; SARMENTO, Daniel. *Direito Constitucional*: teoria, história e métodos de trabalho. Belo Horizonte: Fórum, 2024. p. 443-445.

SPENCER, Herbert. *El indivíduo contra El Estado*. Madrid: Jucar, 1977.

STARLING, Heloísa. *Ser Republicano do Brasil colônia*. São Paulo: Companhia das Letras, 2018. *E-book*.

STEFANI, Jaqueline; BORBA, Andreia. John Austin e a filosofia analítica da linguagem. *Controvérsia*, Unisinos, v. 8, n. 2: 28-37, maio/ago. 2012.

TAVARES, António Augusto. *As civilizações pré-clássicas*: guia de estudo. 3. ed. Lisboa: Estampa, 1995.

TUCCI, Rogério Lauria. *Jurisdição, ação e processo penal*: subsídios para a teoria geral do direito processual penal, Belém: Cejup, 1984.

TULLY, James. *Meaning and Context*: Quentin Skinner and His Critics. Princeton: Princeton University Press, 1988.

VAINFAS, Ronaldo (coord.). *Dicionário do Brasil Colonial*. Rio de Janeiro: Objetiva, 2000.

VALLADÃO, Haroldo. *História do direito, principalmente do direito brasileiro*. 4. ed. Rio de Janeiro: Freitas Bastos, 1980.

VENÂNCIO FILHO, Alberto. *Das arcadas ao bacharelismo*. São Paulo: Perspectiva, 1982.

VICTAL, Jane; ASSUMPÇÃO, Rodrigo Vitorino. Fluxo, migração e fixação na Capitania de São Vicente: o vetor de expansão urbana no Vale do Paraíba. *Cadernos de Arquitetura e Urbanismo*, v. 22, n. 31, 2º sem. 2015.

VIEHWEG, Theodor. *Tópica y filosofía del derecho*. Barcelona: Gedisa, 1991.

VIEIRA, Oscar Vilhena. *A batalha dos poderes*: da transição democrática ao mal-estar constitucional. São Paulo: Companhia das Letras, 2018.

VIEIRA, Oscar Vilhena. Supremocracia. *Revista Direito GV*, v. 4, p. 441-463, 2008.

VIEIRA, Oscar Vilhena. Do Compromisso Maximizador ao Constitucionalismo Resiliente. *In*: DRIMOULIS, Dimitri *et al*. *Resiliência constitucional*: compromisso maximizador, consensualismo político e desenvolvimento gradual. São Paulo: Direito GV, 2013. (Série Pesquisa Direito GV)

VIEIRA, Oscar Vilhena; BARBOSA, Ana Laura Pereira. Do compromisso maximizador à resiliência constitucional. *Novos estudos Cebrap*, v. 37, n. 3, p. 375-393, 2018.

VISCONDE DO URUGUAY. *Ensaio sobre o direito administrativo*. Rio de Janeiro: Typographia Nacional, 1862.

WEHLING, Arno. *Administração portuguesa no Brasil de Pombal a D. João (1777-1808)*. Brasília: Fundação Centro de Formação do Servidor Público, 1986.

WEHLING, Arno; WEHLING, Maria José. *Formação do Brasil colonial*. Rio de Janeiro: Nova Fronteira, 1999.

WEHLING, Arno; WEHLING, Maria José. A atividade judicial do Tribunal da Relação do Rio de Janeiro, 1751-1808. *Revista do Instituto Histórico e Geográfico Brasileiro*, Rio de Janeiro, ano 156, v. 386, p. 79-92, jan./mar. 1995.

WEHLING, Arno; WEHLING, Maria José. *Direito e justiça no Brasil colonial*: o Tribunal da Relação do Rio de Janeiro (1751-1808). Rio de Janeiro: Renovar, 2004.

WIEACKER, Franz. *História do direito privado moderno*. Lisboa: Fundação Calouste Gulbenkian, 1980.

WILSON, John. *La cultura egipcia*. Trad. Florentino Torner. 2. ed. México: Fondo de Cultura Económica, 1992.

WOLKMER, Antonio Carlos. *História do direito no Brasil*. 3. ed. Rio de Janeiro: Forense, 2003.

WOLKMER, Antonio Carlos. *Pluralismo jurídico*. 3. ed. São Paulo: Alfa-Omega, 2001.

WOLKMER, Antonio Carlos (org.). *Fundamentos de história do direito*. 4. ed. Belo Horizonte: Del Rey, 2009.

WOLKMER, Antonio Carlos (org.). *Direito e justiça na América indígena*: da conquista à colonização. Porto Alegre: Livraria do Advogado, 1998.

10 1 2 3 4 5 6 7 8 9
2026